Andreas Beierwaltes

Demokratie und Medien

Der Begriff der Öffentlichkeit und seine Bedeutung
für die Demokratie in Europa

Nomos Verlagsgesellschaft
Baden-Baden

Für Christine

Die Deutsche Bibliothek – CIP-Einheitsaufnahme

Ein Titeldatensatz für diese Publikation ist bei der
Deutschen Bibliothek erhältlich. (http://www.ddb.de)

ISBN 3-7890-8016-0

2. unveränderte Auflage 2002
© Nomos Verlagsgesellschaft, Baden-Baden 2002. Printed in Germany. Alle Rechte, auch die des Nachdrucks von Auszügen, der photomechanischen Wiedergabe und der Übersetzung, vorbehalten. Gedruckt auf alterungsbeständigem Papier.

Inhalt

Vorwort 7

1. Demokratie und Medien 9
1.1. Einführung 9
1.2. Fragestellung und Methodik der Untersuchung 15
1.3. Standortbestimmung 18

2. Demokratie und Kommunikation 25
2.1. Sprache und Gemeinschaft 25
2.2. Kommunikation in modernen Gesellschaften 28
2.3. Demokratie und Kommunikation 34
2.4. Demokratie und Öffentlichkeit 56
2.5. Einendes und Trennendes in den Ansätzen der Demokratietheorie 60

3. Elitentheorie der Demokratie und Medien 63
3.1. Grundzüge der Elitentheorie der Demokratie 63
3.2. Elitentheorie der Demokratie und Öffentlichkeit 79
    3.2.1 Der Öffentlichkeitsbegriff in der Elitentheorie 79
    3.2.2 Eliten und der Zugang zur Öffentlichkeit 82
    3.2.3 Politische Institutionen und Öffentlichkeit 100
3.3. Elitentheorie der Demokratie und Medien - Eine Beurteilung 117

4. Pluralismustheorie der Demokratie und Medien 123
4.1. Grundzüge der Pluralismustheorie der Demokratie 123
4.2. Pluralismustheorie der Demokratie und Öffentlichkeit 135
    4.2.1 Der Öffentlichkeitsbegriff in der Pluralismustheorie 135
    4.2.2 Interessengruppen und Öffentlichkeit 141
    4.2.3 Interessengruppen und der Zugang zur Öffentlichkeit 146
4.3. Pluralismustheorie der Demokratie und Medien - Eine Beurteilung 156

5.	*Partizipationstheorie der Demokratie und Medien*	159
5.1.	Grundzüge der Partizipationstheorie der Demokratie	159
5.2.	Partizipationstheorie der Demokratie und Öffentlichkeit	170
	5.2.1 Der Öffentlichkeitsbegriff in der Partizipationstheorie	170
	5.2.2 Begrenzungen des öffentlichen Diskurses	175
	5.2.3 Internet und Demokratie	188
5.3.	Partizipationstheorie der Demokratie und Medien - Eine Beurteilung	200
6.	*Demokratie und Medien - Europäische Perspektiven*	203
6.1.	Demokratie und Medien - Eine systematische Beurteilung	203
6.2.	Demokratie und Europa	213
	6.2.1 Das Demokratiedefizit der Europäischen Union	213
	6.2.2 Kommunikationsbedingungen und -strukturen in Europa	220
	6.2.3 Trägheitsmomente einer europäischen Öffentlichkeit	229
	6.2.4. Mehrsprachigkeit und Demokratie	236
6.3.	Europäische Demokratie und Medien - Lösungsansätze für den Weg zu einem gemeinsamen Europa	238

Literaturverzeichnis 247

Personenregister 277

Sachregister 283

Autor 291

Vorwort

Als vor etwa 50 Jahren das Fernsehen Einzug in die Wohnstuben hielt, sahen nicht wenige darin ein neues Fenster zur Welt, das den Horizont jedes Individuums auf grundlegende Weise erweitern könnte. Mit Hilfe moderner Kabel-, Übertragungs- und Satellitentechnik würden die Menschen auf dieser Welt zugleich auch in einem „globalen Dorf" zusammengeführt und in die Lage versetzt, unter den neuen technischen Bedingungen in ein gemeinsames Gespräch einzutreten, so die damals euphorische Prognose. Am Ende des 20. Jahrhunderts könnte diese Realität geworden zu sein: die Agora der Antike scheint ihre Wiedererstehung in den unendlichen Weiten des Internets zu feiern. Parallel zu dieser Entwicklung ging jedoch die anfängliche Euphorie verloren. Immer häufiger artikulierte sich ein generelles Unbehagen an der Medienentwicklung. Medien, einst als Freiheit sicherndes Instrument gefeiert, werden - auch angesichts der totalitären Erfahrungen in diesem Jahrhundert - zunehmend auch als Bedrohung für die Demokratie empfunden. Doch ist diese pessimistische Sicht überhaupt gerechtfertigt? Stehen Demokratie und Medien denn wirklich einander gegensätzlich gegenüber? Der Frage nach dem oft prekären Spannungsverhältnis von Demokratie und Medien nachzugehen, hat sich die vorliegende Studie zur Aufgabe gemacht.

Mein besonderer Dank gilt all denen, die mir während der Forschungsarbeiten in konstruktiven Gesprächen wertvolle Hinweise gegeben und damit wichtige Schritte im Fortkommen ermöglicht haben, insbesondere Prof. Dr. Ludger Kühnhardt, Prof. Dr. Wolfgang Jäger und Prof. Dr. Klaus Neumann-Braun. Für hilfreiche Hinweise und vielfältige Unterstützung in den verschiedenen Entstehungsphasen des nun vorliegenden Buches danke ich besonders Dr. habil. Xuewu Gu, Dr. Frank Ronge, Christoph Dorau und Thomas Gschwend.

Karlsruhe, im Oktober 1999   Andreas Beierwaltes

1. Demokratietheorie und Medien

1.1. Einführung

Es gibt keine Demokratie ohne Medien. Dies ist die Ausgangsthese der folgenden Untersuchung. Auf den ersten Blick mag diese These als eine Selbstverständlichkeit erscheinen. Die Bezeichnung „Informations- und Mediengesellschaft" veranschaulicht bereits, wie sehr Individuen und Gemeinschaften von der Mediatisierung der Lebenswelt betroffen sind. Der Umgang mit einer Vielzahl von Medien ist heute schon fast alltäglich geworden und auch die Tatsache, daß die Politik nahezu vollständig durch die Medien wahrgenommen wird, scheint die These vom Zusammenhang zwischen Medien und Demokratie zu stützen.

Von einem solchen Zusammenhang kann jedoch nicht fraglos ausgegangen werden, denn die historischen Erfahrungen mit der Demokratie weisen nicht ohne weiteres auf eine derartige Verbindung hin. So repräsentieren die Demokratie im antiken Griechenland oder auch die frühen, zumeist noch lokal orientierten Demokratien in der Schweiz historische Formen, in denen kein Zusammenhang zwischen Kommunikationsmitteln und Demokratie bestand. Sie zeichneten sich durch ein hohes Maß an Direktheit in der Kommunikation aus und machten damit die Vermittlung durch eine *technische Infrastruktur* gänzlich überflüssig.

Unter diesem Gesichtspunkt scheint die eingangs formulierte These zunächst nur bedingt Plausibilität für sich in Anspruch nehmen zu können und in hohem Maße erklärungs- und begründungsbedürftig zu sein. Legt man dieser These jedoch eine moderne Lesart von Demokratie zugrunde, dann ergibt sich auch eine gänzlich neue Perspektive.

Zur Erläuterung dieser Eingangsthese bedürfen zunächst die verwendeten Begriffe einer genaueren Analyse. Bereits das Wort „Medien" wird in der wissenschaftlichen Literatur sehr weit gefaßt. Dem Lateinischen entnommen, bedeutet „medium" zunächst nichts anderes als „Mitte" bzw. „Vermittler". Bei Talcott Parsons, einem Begründer der Systemtheorie, heißt es noch ebenso allgemein, Medien seien als „generalisierte Austauschmittel" zu verstehen, „...um im Handeln bestimmte Absichten deutlich zu machen und durchzusetzen"[1] und Niklas Luhmann spricht, unter Aufgabe der von Talcott Parsons entwickelten Unterteilung eines allgemeinen Handlungssystems zugunsten einer funktionalistischen Differenzierung in eine System-Umwelt-Differenzierung, von mindestens neun verschiedenen Medien. Es seien dies Macht, Liebe, Wahrheit, Geld/Eigentum, Recht, Kunst, Glaube, Einfluß und Wertbindung[2].

---

1 Talcott Parsons; Zur Theorie sozialer Systeme; Opladen 1976; S.290-293 und 302-307.
2 Vgl. dazu Jan Künzler; Grundlagenprobleme der Theorie symbolisch generalisierter Kommunikationsmedien bei Niklas Luhmann; in: Zeitschrift für Soziologie, 16. Jg., 5/1987, S. 317 (Anmerkung 2).

In diesem weiten Sinne soll der Begriff „Medien" hier jedoch nicht verwendet werden. Vielmehr ist unter „Medien" in der Folge das zu verstehen, was Gerhard Maletzke in seinem Buch „Psychologie der Massenkommunikation" als in den Kommunikationsprozeß „eingeschaltetes Verbreitungsmittel"[3] versteht. Der Politikwissenschaftler Hans J. Kleinsteuber konkretisiert: Medien „...bezeichnen den Teil technischer Verbreitungsmittel für Informationen (Medien im eigentlichen Sinne), der sich mit seinen Aussagen an eine breite Öffentlichkeit richtet, also an eine Empfängerschaft, die prinzipiell nicht begrenzt oder personell definiert ist."[4]

Medien sollen also in diesem Zusammenhang i.S. einer technischen Infrastruktur, als Mittel des Austausches von Kommunikation, verstanden werden, die es ermöglicht, Aussagen bzw. Kommunikationsinhalte an andere Personen über mehr oder weniger große Distanzen hinweg zu vermitteln. Damit umfaßt diese Definition so divergierende Medientypen wie den Druck von Flugblatt, Plakat, Buch, Zeitung und Zeitschrift, sowie die audio-visuellen Verbreitungsmittel des Telephons, des Hörfunks, des Fernsehens und schließlich die Möglichkeiten der modernen Computertechnologie (Stichwort: Internet).

In der wissenschaftlichen Literatur wird zugleich bedauerlicherweise häufig eine Begrenzung der zu beachtenden Medien angestrebt. So ist Kleinsteuber der Auffassung, daß sich bei der politikwissenschaftlichen Analyse eine enge Definition der Medien - nämlich Presse und Rundfunk - anbiete[5] und auch Heribert Schatz meint, eine solche Eingrenzung der Medien sei gerechtfertigt. Schatz begründet diese Beschränkung mit der hohen Attraktivität, die einerseits gerade diese Medien aufgrund des angenommenen hohen Wirkungspotentials für das politisch-administrative System besäßen und man deshalb vermuten könne, daß die Politik einen größeren Einfluß auf diese Medien ausüben würde[6].

Diese Einschränkung soll hier nicht grundsätzlich vorgenommen werden. Dennoch ergibt sich zwangsweise eine Konzentration auf Presse und Rundfunk. Dies liegt daran, daß zum einen spezifische Medientypen und ihre Bedeutung für die politische Kommunikation der Gegenwart, z.B. das Flugblatt, nur wenig erforscht sind, zum anderen haben sich speziell das Fernsehen und die Presse hinsichtlich der politischen Kommuni-

---

3   Gerhard Maletzke; Psychologie der Massenkommunikation; Hamburg 1963; S.34.
4   Hans J. Kleinsteuber; Massenmedien und Medienpolitik. Presse und Rundfunk als Thema der Politischen Wissenschaft; in: Stephan von Bandemer / Göttik Wever (Hg.); Regierungssystem und Regierungslehre. Fragestellungen, Analysekonzepte, Forschungsstand. Opladen 1989; S. 170.
5   Vgl. ebenda.
6   Heribert Schatz; Ein theoretischer Bezugsrahmen für das Verhältnis von Politik und Massenkommunikation; in: Wolfgang R. Langenbucher (Hg.); Politik und Kommunikation. Über die öffentliche Meinungsbildung; München u.a. 1979; S. 82.

kation zu „Leitmedien"[7] entwickelt: die Wahrnehmung der Politik findet nahezu ausschließlich über diese beide Medientypen statt.

Sehr viel schwieriger gestaltet sich die definitorische Eingrenzung des Begriffes „Demokratie". Zu Recht hat Herbert Uppendahl darauf aufmerksam gemacht, daß es sich hierbei um einen „Cluster-Begriff" handelt, der sich von taxonomisch definierbaren Begriffen vor allem dadurch unterscheide, „...daß es unmöglich ist, das Spektrum der für sie konstitutiven Eigenschaften verbindlich festzulegen"[8] und Kurt Lenk spricht gar von „...inhaltlicher Beliebigkeit, ja Uferlosigkeit", die den modernen Demokratiebegriff kennzeichne[9].

Die Ursache dieses Mangels liegt wohl primär im Wort selbst. Der griechischen Sprache entstammend bedeutet „Demokratie" zunächst nur, daß das Volk (Demos) herrsche (kratein). Keine Auskunft hingegen gibt es zunächst aus sich selbst darüber, *wie* denn das Volk herrscht: regiert es sich mit den Mitteln und Möglichkeiten unmittelbarer Teilhabe oder ist Herrschaft mit Zustimmung des Volkes bereits ein ausreichendes Kriterium?

Dieses Problem zeigt sich u.a. an dem bekannten Versuch einer Bestimmung des Demokratiebegriffes durch den ehemaligen Präsidenten der Vereinigten Staaten von Amerika, Abraham Lincoln, demgemäß Demokratie „government of the people, by the people, and for the people" sei. Das Definitionselement „by the people" ist allerdings zu unpräzise und kann bei einer extremen Strapazierung des Wortes auch Herrschaftssysteme wie den Stalinismus rechtfertigend mit einbeziehen. Der Charakter der Formel „... leitet sich von der Person Lincolns her. Im Munde eines anderen könnte sie leicht etwas bedeuten, was Lincoln nicht im Sinne hatte"[10]. Deshalb ist, so Iring Fetscher, diese Definition nicht mehr als eine „Zauberformel", in der zugleich „...alle Hoffnungen und alle Probleme der Demokratie als politischer Form menschlichen Zusammenlebens verborgen" sind[11].

---

7   Vgl. u.a. Wolfgang Bergsdorf; Legitimität aus der Röhre. Zur Konstruktion von Realität durch das Fernsehen; in: Publizistik, 28. Jg., 1/1983, S. 41-42; - Das Medium „Fernsehen" gelte insbesondere deshalb als besonders glaubwürdig, so Bergsdorf, weil es neben der sprachlichen Information auch Bilder und Filme anbiete, denen Beweischarakter zukomme; neuere Untersuchungen legen allerdings nahe, daß die Zeitung gegenüber dem Fernsehen zumindest an Bedeutung zugenommen hat. So nutzen 90% der Deutschen die Zeitungen (82% das Fernsehen), um sich über die Politik im eigenen Land zu informieren. Hinsichtlich kommunalpolitischer Ereignisse ist die Diskrepanz noch weit höher (Zeitung: 83%, Fernsehen: 26%); vgl. Das Parlament; 16./23. Oktober 1998; S. 15.
8   Herbert Uppendahl, Repräsentation und Responsivität. Bausteine einer Theorie responsiver Demokratie, in: Zeitschrift für Parlamentsfragen, 12.Jg., 1/1981, S. 123.
9   Kurt Lenk, Probleme der Demokratie, in: Hans-Joachim Lieber (Hg.); Politische Theorien von der Antike bis zur Gegenwart; Bonn[2] 1993; S. 933.
10 Giovanni Sartori; Demokratietheorie; Darmstadt 1992; S. 45.
11 Iring Fetscher; Wieviel Konsens gehört zur Demokratie?; in: Bernd Guggenberger / Claus Offe (Hg.); An den Grenzen der Mehrheitsdemokratie. Politik und Soziologie der Mehrheitsregel. Opladen 1984; S. 196.

Das bis heute noch als Ursprungsland der Demokratie bezeichnete antike Griechenland stellte - von einzelnen Ausnahmen abgesehen - die wohl stärkste mögliche Annäherung an die etymologische Bedeutung des Wortes „Demokratie" dar. Aristoteles beschrieb sie in seinem Hauptwerk „Politik" als eine Herrschaftsform, in der das Volk „...mit Rücksicht auf den Nutzen der Mittellosen"[12] regiere. Die unmittelbare Teilhabe am Diskussions- und Entscheidungsprozeß sicherte dabei dem Volk die umfangreiche Wahrnehmung seiner Souveränität.

Die Tradition der griechischen, insbesondere der aristotelischen Philosophie ist in der Demokratietheorie bis heute ungebrochen. Sie ist das Vorbild vor allem lokaler Demokratien oder zum Beispiel kommunitär ausgerichteter Ansätze in der amerikanischen Philosophie[13] geblieben. Aber auch neuere Überlegungen über die Neuorganisation politischer Gemeinwesen im Kontext der Globalisierungsdiskussion nehmen die griechische Demokratie zum Vorbild[14].

Die griechische Demokratie, wie sie Aristoteles der Nachwelt überliefert hat, bestand in erster Linie in der Aufhebung der Unterordnung in der Mitbeteiligung an Herrschaft, in der jeder Polis-Bewohner[15] Herrscher und Beherrschter zugleich war. Intendiert war eine Einheit von Herrschern und Beherrschten. Der gewaltige soziale Transformationsprozeß in der Mitte des zweiten Jahrtausends führte zunächst jedoch zu einer steten Vergrößerung der politischen Machtbereiche und schließlich zur Ausbildung hochgradig binnendifferenzierter Massengesellschaften. Der demokratische Anspruch, daß das Volk sich selbst regiere, mußte dabei freilich fallengelassen werden, denn die großen räumlichen Distanzen zwischen den Teilen der Gesellschaft machten es der Gesamtheit des Volkes praktisch unmöglich, regelmäßig zusammenzukommen, um über die anliegenden und notwendigen Entscheidungen hinsichtlich der Zukunft des Gemeinwesens zu beraten und schließlich abzustimmen.

So sollte die Idee der Repräsentation eine zunehmend wichtigere Rolle spielen. Seit dem Spätmittelalter wurde sie zu einem Zentralbegriff für das Verhältnis des gesellschaftlichen Ganzen zu seinen Teilen und bezeichnete den Anspruch eines bestimmten, an der Spitze plazierten Teils, den Sinn des Ganzen in besonders prominenter und vollständiger Weise darzustellen. Allerdings gelang es nur langsam, das Prinzip der Repräsentation mit dem Demokratiegedanken zu einem in sich konsistenten Konstrukt zu vereinigen.

---

12 Aristoteles, Politik, 1279b; [Übersetzung von Franz F. Schwarz]; Stuttgart 1989; S. 170.
13 Vgl. u.a. Benjamin Barber; Strong Democracy. Participatory Politics for a New Age; Berkeley u.a. 1984.
14 Vgl. u.a. Christian Hunold; Lokal denken, global handeln: Globalisierung und lokale Demokratie; in: Leviathan, 24. Jg., 4/1996, S. 564-567.
15 Genauer: „...jeder 'Bürger' der Polis...". Bürger waren aber nur Männer ab einem Alter von 20 Jahren. Frauen, Kinder, Sklaven oder Metöken besaßen keine Mitwirkungsrechte. Das zu politischen Handlungen berechtigte *Volk* war also, im Gegensatz zum heutigen Verständnis, nur als Teil der gesamten Bevölkerung zu verstehen.

Moderne Demokratien sind repräsentative Demokratien. In diesem Sinne soll in der hier vorliegenden Untersuchung der Begriff „Demokratie" verstanden werden. Dabei spielt es keine entscheidende Rolle, ob bei der Taxierung von Demokratie und Repräsentation das eine oder das andere Prinzip stärker betont wird[16].

Auf der Basis dieser Konkretisierungen läßt sich nun auch die eingangs geäußerte These, Demokratie sei auf die Existenz von Medien angewiesen, präziser formulieren. Demnach sind es in erster Linie die modernen Demokratien, die auf die Existenz einer Kommunikationsinfrastruktur angewiesen sind. Medien, so die These, bilden gewissermaßen die Voraussetzung dafür, daß das Volk weiterhin souverän ist bzw. seine Souveränität wahrnehmen kann. Dies geschieht durch Kommunikation zwischen den verschiedenen Teilen der Gesellschaft und der Politik, also den Repräsentanten des Volkes und dem Volk selbst. Die Wahrnehmung von Souveränität ist eine im hohen Maße kommunikative Tätigkeit, die in einer Massengesellschaft nur durch eine technische Infrastruktur gewährleistet werden kann.

Die wissenschaftliche Forschung ist diesem interessanten und zugleich wichtigen Zusammenhang bislang nur ansatzweise gerecht geworden. Dies gilt im besonderen Maße für die Politikwissenschaft, die sich diesem Thema bisher weitgehend weder durch empirische, noch durch theoretische Ansätze[17] zugewandt hat. 1979 bemerkt dazu ganz allgemein Schatz:

> „Da soziale Wirklichkeit [...] in jeder ihrer Facetten zum Gegenstand von Massenkommunikation, aber auch zum Gegenstand politisch-administrativer Willensbildungs- und Entscheidungsprozesse werden kann, könnte man die Frage nach den Gegenständen politikwissenschaftlichen Interesses im Bereich der Massenkommunikation mit einem pauschalen 'Alles' beantworten, nur hilft das nicht viel weiter"[18]

und Colin Seymour-Ure bemerkt, daß gerade das Fernsehen ein „...integral part of the environment within which political life takes place"[19] sei. Deshalb müsse sich langsam die Erkenntnis durchsetzen, so Ulrich Sarcinelli,

> „...daß die moderne deutsche Politikwissenschaft im allgemeinen und die politische Kulturforschung im besonderen dem Bereich der Massenkommunikationsforschung bisher zu wenig Interesse geschenkt hat. Die geringe Zurkenntnisnahme der vergleichsweise weit fortgeschrittenen Medienwirkungsforschung, aber auch die mangelnde Berücksichtigung von Kommunikatorstudien sowie Medien- und Inhaltsanalysen verwundert umso mehr,

---

16 So ist z.B. die repräsentative Demokratie in Deutschland stärker dem Repräsentationsgedanken verpflichtet, als z.B. die Schweiz, die das Demokratieprinzip stärker betont. Zweifelsohne ist aber auch das Regierungssystem der Schweiz ein System, das mit zahlreichen repräsentativen Institutionen ausgestattet ist und umgekehrt gibt es auch in Deutschland, vorwiegend auf kommunaler und landespolitischer Ebene die Tendenz, stärker direktdemokratische Verfahren auch durch die Verfassung zu garantieren.
17 Barbara Pfetsch; Politische Folgen der Dualisierung des Rundfunksystems in der Bundesrepublik Deutschland; Baden-Baden 1991; S.11.
18 Heribert Schatz; Ein theoretischer Bezugsrahmen; a.a.O.; S. 89.
19 Colin Seymoure-Ure; Prime Ministers' Reactions to Television; in: Media, Culture and Society, 11. Jg., 3/1989, S. 308.

als mit der Ausweitung des Massenkommunikationssystems der Austausch zwischen den Eliten und den Nichteliten ein ganz überwiegend medialer, akteursbeeinflußter Prozeß der 'Politikvermittlung' ist"[20].

„Wissenschaft", so der Politikwissenschaftler Heinrich Oberreuter, „...sollte man meinen, findet hier reichlich Stoff für empirische Analysen; tatsächlich ist das Feld jedoch so gut wie unbestellt geblieben"[21]. Empirische Daten bestätigen dies: So beschäftigten sich zwischen 1970 und 1998 in Fachzeitschriften gerade einmal 2% der Aufsätze mit dem Thema „Medien"[22].

Diese Kritik am Forschungsdefizit in diesem Bereich ist gleichwohl nicht nur aus politikwissenschaftlicher Perspektive zu vernehmen. Stefan Müller-Dohm und Klaus Neumann-Braun machen aus der Sicht der Soziologie deutlich, daß auch in dieser Disziplin ein eklatantes Mißverhältnis zwischen realer Durchdringung des Alltagslebens durch die Medien und der Forschung darüber besteht. Ihrer Ansicht nach fristet auch die „...Soziologie der Massenmedien seit Jahrzehnten ein vergleichsweise stiefmütterliches Dasein im Gesamtspektrum soziologischer Forschungsanstrengungen". Zwar stelle die rasant verlaufende Evolution der Informations- und Kommunikationstechnologie die Mediensoziologie vor schier unlösbare Probleme, aber dies könne wohl kaum ein Argument sein, sich der Forschung fast gänzlich zu verweigern[23].

So bedauernswert die gegenwärtige Forschungssituation im ganzen auch sein mag, so darf dies allerdings nicht darüber hinwegtäuschen, daß in diesem Themenfeld durchaus Bewegung positiver Art eingetreten ist. Vor allem im deutschen Sprachraum ist hier auf die Untersuchungen von Heinrich Oberreuter und Ulrich Sarcinelli hinzuweisen. Ihre Aufsätze und Monographien zum Thema haben die wissenschaftliche Diskussion in Deutschland deutlich beeinflußt und zugleich zentrale politikwissenschaftliche Fragestellungen hervorgehoben[24]. Dies gilt in besonderem Maße auch für die Untersuchung

20 Ulrich Sarcinelli; Symbolische Politik und politische Kultur. Das Kommunikationsritual als politische Wirklichkeit; in: Politische Vierteljahresschrift, 30. Jg., 2/1989, S. 292.
21 Heinrich Oberreuter; Parlament und Medien in der Bundesrepublik Deutschland; in: Uwe Thaysen / Roger H. Davidson / Robert G. Livingston (Hg.); US-Kongreß und Deutscher Bundestag. Bestandsaufnahme im Vergleich; Opladen 1988; S.501. - s.a. Ulrich Sarcinelli; Überlegungen zur Kommunikationskultur: Symbolische Politik und politische Kommunikation; in: Walter A. Mahle (Hg.); Medienangebot und Mediennutzung. Entwicklungstendenzen im entstehenden dualen Rundfunksystem; Berlin 1989; S. 129.
22 Vgl. v. a. Max Kaase; Massenkommunikation und politischer Prozeß; in: ders. (Hg.); Politische Wissenschaft und Politische Ordnung. Analysen zu Theorie und Empirie demokratischer Regierungsweise (Festschrift zum 65. Geburtstag von Rudolf Wildenmann); Opladen 1986; S. 359.
23 Vgl. Stefan Müller-Dohm / Klaus Neumann-Braun; Öffentlichkeit, Kultur, Massenkommunikation - Bezugspunkte für die Aktualisierung der Medien- und Kommunikationssoziologie; in: dies. (Hg.); Öffentlichkeit, Kultur, Massenkommunikation. Beiträge zur Medien und Kommunikationssoziologie; Oldenburg 1991; S. 8-9.
24 Vgl. u.a. Heinrich Oberreuter; Legitimität und Kommunikation; in: Erhard Schreiber / Wolfgang R. Langenbucher / Walter Hömberg; Kommunikation im Wandel der Gesellschaft. Otto B. Roegele zum 60.Geburtstag; Düsseldorf 1980; S. 61-76; - Heinrich Oberreuter; Stimmungsdemokratie. Strömungen im politischen Bewußtsein; Zürich 1987; - Heinrich Oberreuter (Hg.); Parteiensystem am Wendepunkt? Wahlen in der Fernsehdemokratie; München 1996; - Ulrich Sarcinelli; Symboli-

von Wolfgang Jäger, der mit seiner ländervergleichenden Studie „Fernsehen und Demokratie" einen beachtenswerten Beitrag zur Diskussion eingebracht hat. Seine Schrift bietet einen ersten wichtigen Schritt, „...kommunikationswissenschaftliche Forschung [...] in den Dienst politikwissenschaftlicher Fragen"[25] zu stellen.

Eine ähnlich veränderte Situation ist auch in der englischsprachigen Forschung zu verzeichnen. Neben der dort schon traditionell stärker ausgeprägten empirischen Forschung sei dabei vor allem auf die ideengeschichtlich orientierten Schriften von John Keane sowie die im Kontext der „Political Communication-Forschung" herausgegebenen Sammelbände verwiesen[26], die einen guten Überblick über den politikwissenschaftlichen Forschungsstand in diesem Problemfeld bieten.

1.2. Fragestellung und Methodik der Untersuchung

Die hier vorliegende Untersuchung zum Thema „Demokratie und Medien" hat sich im Kontext dieses Forschungsbereiches mit der Frage auseinandergesetzt, welche Bedeutung die verschiedenen Ansätze der Demokratietheorie der Kommunikation bzw. den Medien beigemessen haben und wie sie inhaltlich auf die Transformation im Mediensystem reagiert haben. Dabei wurde zugleich versucht aufzuzeigen, wo die untersuchten Theorieansätze zugleich auch Defizite aufweisen. Im abschließenden Kapitel dieser Arbeit veränderte sich die Perspektive. Aus Ermangelung einer, die Herausforderungen transnationaler Herrschaftsverbände reflektierenden Demokratietheorie wurde dem Verhältnis von Demokratiemund Medien aus einer empirischen Sicht nachgegangen und die Frage untersucht, welche Aufgaben sich bei der Formulierung eines solchen Ansatzes ergeben.

Diese Untersuchung ist von der Prämisse ausgegangen, daß Sprache bzw. Kommunikation das herausragende Mittel gegenseitiger Verständigung und sozialer Weiterentwicklung ist. Davon ausgehend wird deshalb zunächst allgemein zu zeigen sein, daß dies in besonderem Maße für Gemeinschaften gilt, die sich unter einer modernen, repräsentativen Demokratien zusammengefunden haben (Kapitel 2).

Mit der Entwicklung der Demokratie im 19. Jahrhundert haben sich auch verschiedene Ansätze einer Theorie der Demokratie herausgebildet. So benennt Manfred G. Schmidt

---

sche Politik. Zur Bedeutung symbolischen Handelns in der Wahlkampfkommunikation der Bundesrepublik Deutschland; Opladen 1987; - Ulrich Sarcinelli; Repräsentation oder Diskurs? Zu Legitimität und Legitimitätswandel durch politische Kommunikation; in: Zeitschrift für Politikwissenschaft, 8. Jg., 2/1998, S. 547-567.

25 Wolfgang Jäger; Fernsehen und Demokratie. Scheinplebiszitäre Tendenzen und Repräsentation in den USA, Großbritannien, Frankreich und Deutschland; München 1992; S. 3.

26 Vgl. u.a. John Keane; The Media and Democracy; Padstow 1991; - James Curran / Michael Gurevitch; Mass Media and Society, London u.a. 1991; - David L. Paletz (Hg.); Political Communication Research. Approaches, Studies, Assessments; Norwood 1987; - Brian McNair; An Introduction to Political Communication; London u.a. 1995.

in seinem Band „Demokratietheorien" allein sieben mehr oder weniger grundlegend verschiedene Ansätze, die versuchen, Demokratie in einen theoretischen Rahmen zu fassen[27]. Die Vielfalt solcher Überlegungen verdeutlicht zunächst einmal nur, daß es *die* Theorie der Demokratie nicht gibt. Zugleich aber darf die Vielfalt solcher Ansätze nicht darüber hinwegtäuschen, daß sich mancher Ansatz bewußt als Kombination anderer Ansätze versteht. So schreibt der Begründer der komplexen Demokratietheorie Fritz W. Scharpf, ihm ginge es ganz bewußt um eine Verbindung verschiedener Zielwerte, die in der westlichen Demokratietradition verankert seien:

> „Was hier vorgetragen wurde, ist der Versuch einer empirisch informierten, normativen Demokratietheorie, die darauf verzichtet, einen einzigen Zielwert zu maximieren, und sich statt dessen darum bemüht, eine Mehrzahl jener Zielvorstellungen, die in unserer westlichen Demokratietradition als relevant anerkannt werden, in einem komplexen Modell zu akkommodieren."[28]

Die folgende Untersuchung hat sich dabei auf *die* drei Ansätze der Demokratietheorie konzentriert, die die inhaltliche Diskussion der letzten Jahrzehnte nachhaltig bestimmt haben und - jede für sich - bestimmte Spezifika und Zielwerte der Demokratie besonders in den Vordergrund gestellt haben: die „Elitentheorie", die die Notwendigkeit von politischen Eliten in einer repräsentativen Demokratie in den Vordergrund gestellt haben[29], die Pluralismustheorie, die den Zielwert einer pluralen Gesellschaft betont hat, sowie die Partizipationstheorie der Demokratie, die vor allem der politischen Teilhabe des „Demos" nachhaltige Aufmerksamkeit geschenkt hat (Kapitel 3 bis 5).

Den jeweils ersten Teil der jeweiligen Kapitel umfaßt eine *auf die Fragestellung hin* fokussierte Analyse des jeweiligen Theorieansatzes. Das heißt zugleich aber auch, daß der jeweilige Ansatz nicht in seinem ganzen Umfang und seinen verschiedenen Dimensionen untersucht werden soll. Bei dieser Analyse stand stets die erkenntnisleitende

---

27 Vgl. Manfred G. Schmidt; Demokratietheorien. Eine Einführung; Opladen 1995; - Der zweite Teil seiner Untersuchung stellt die zentralen Thesen der verschiedenen Ansätze dar. Dabei benennt er zwar insgesamt sieben verschiedene Theorien, allerdings ist einschränkend zu vermerken, daß die elitistische Demokratietheorie und die ökonomische Theorie der Demokratie in zentralen Aspekten große Ähnlichkeiten aufweisen. So zählt Manfred G. Schmidt Joseph Schumpeter zu den ökonomischen Theorieansätzen, in der Literatur hingegen wird er häufig den elitentheoretischen Ansätzen zugeordnet; vgl. u.a. Elmar Wiesendahl; Neue soziale Bewegungen und moderne Demokratietheorie. Demokratische Elitenherrschaft in der Krise; in: Roland Roth / Dieter Rucht (Hg.); Neue soziale Bewegungen in der Bundesrepublik Deutschland. Frankfurt am Main u.a. 1987; S. 364-387.

28 Fritz W. Scharpf; Demokratietheorie zwischen Utopie und Anpassung; Konstanz 1970; S.92.

29 Der Begriff „Elitentheorie der Demokratie" ist in gewisser Hinsicht mißverständlich, denn er könnte ebenso suggerieren, daß der Schwerpunkt dieses Ansatzes in der Erforschung der „Eliten in einer Demokratie" liegen würde. Dies ist allerdings damit nicht gemeint. Vielmehr wurden die verschiedenen, hier untersuchten Schriften deshalb als Bestandteil der „Elitentheorie der Demokratie" aufgefaßt, da diese Ansätze der Beziehung zwischen dem „Demos" und den gewählten Eliten sowohl räumlich, aber auch inhaltlich einen prominenten Platz einräumen. Ansonsten - und dies teilt die Bezeichnung auch mit den anderen Etikettierungen - sind solche Kurzbezeichnungen insgesamt unglücklich, weil sie den komplexen Gegenstand, um den es dabei geht, zu sehr reduzieren.

Fragestellung im Vordergrund, welche Bedeutung diese Theorien der Notwendigkeit der Kommunikation zugemessen haben und an welchen Stellen ihres Ansatzes sich dies wiederfinden läßt. Der jeweils zweite Teil umfaßt schließlich die Aufarbeitung der, die spezifische Dimension von Kommunikation untersuchende empirische Forschung um schließlich drittens der Frage nachzugehen, ob die zentralen Vorstellungen der jeweiligen Ansätze angesichts der Dominanz *medialer* Kommunikation anschlußfähig sind - ein erhebliches Forschungsdesiderat, das auch Rainer Geißler konstatiert: „Im Mittelpunkt der Demokratieforschung stehen Regierung, Parlament, Parteien, Verbände, Eliten oder Wahlen, Fragen der Massenkommunikation werden nur am Rande berührt"[30].
Die bereits oben angezeigte Forschungslücke in diesem Themenfeld führt dabei nicht selten zu der (bedauerlichen) Konsequenz, daß eine einigermaßen befriedigende Antwort nur dann gegeben werden kann, wenn auch auf empirische Forschung zurückgegriffen werden kann. Dort, wo keine Untersuchungen vorliegen bzw. die Dimensionen noch zu wenig ausgeleuchtet sind, kann diese Arbeit nur Fragen aufwerfen und lediglich Hypothesen skizzieren, die in einem späteren Forschungsvorhaben zu verfolgen wären.
Demokratie und Demokratietheorie waren in der Vergangenheit stets auf den Nationalstaat bezogen. Mit der Entstehung eines nationenübergreifenden Herrschaftsverbandes in Europa ist zugleich das Problem verbunden, daß ein solcher Verband auch demokratischer Legitimität bedarf - angesichts der Vielsprachigkeit einerseits und einer fehlenden, Öffentlichkeit (mit-) konstituierenden Medienstruktur andererseits ein nicht zu vernachlässigendes Problemfeld. Das abschließende Kapitel (Kapitel 6) möchte sich deshalb der Frage zuwenden, welche Bedeutung die in den vorangegangenen Kapiteln gesammelten Erkenntnisse bei der Formulierung einer transnationalen Demokratietheorie haben können. Dabei ist es jedoch nicht das Ziel, eine solche Theorie selbst schon in seinen Grundzügen zu formulieren, sondern es sollen lediglich Orientierungspunkte eines solchen Unternehmens aufgezeigt werden.
Die Skizze dieses Forschungsvorhabens macht deutlich, daß es in dieser Untersuchung *nicht* um die Analyse einer, an Zielwerten der Demokratie orientierten Medienpolitik geht. Vielmehr liegt der Schwerpunkt dieser Untersuchung auf der gewissermaßen „täglichen" politischen Kommunikation. Aus diesem Grund spielt auch die „kommunikative Sondersituation" des Wahlkampfes keine herausragende Rolle. Otfried Jarren et al. haben darauf verwiesen, daß im Wahlkampf die verschiedenen Momente der täglichen politischen Kommunikation lediglich „extreme" Züge annehme[31].

---

30 Rainer Geißler; Massenmedien, Basiskommunikation und Demokratie. Tübingen 1973; S. 13.
31 Vgl. Otfried Jarren / Thorsten Grothe / Christoph Rybarczyk; Medien und Politik – eine Problemskizze; in: Wolfgang Donsbach u.a.; Beziehungsspiele - Medien und Politik in der öffentlichen Diskussion. Fallstudien und Analysen; Gütersloh 1993; S. 19; - Zur Übersicht über die Rolle der Medien im Wahlkampf vgl. Winfried Schulz / Klaus Schönbach (Hg.); Massenmedien und Wahlen; München 1983; - Christina Holtz-Bacha; Politikvermittlung und Probleme der Wirkungsforschung von Wahlspots; in: Rundfunk und Fernsehen, 42. Jg., 3/1994, S. 340-350.

1.3. Standortbestimmung

Zum Abschluß dieser einleitenden Überlegungen seien noch einmal ein paar Bemerkungen zur grundsätzlichen Problematik dieses Forschungsgebietes formuliert. Die oben exemplarisch aufgeführten Befunde zum Stand der Forschung in der Politikwissenschaft und Soziologie muß überraschen, denn der Mittelpunkt des Forschungsinteresses der jeweiligen Disziplin ist ganz allgemein gesprochen: die Erforschung der sozialen Realität. Abhilfe, so scheint es, könnten hier vielleicht im Sinne einer Hilfswissenschaft Medien- und Kommunikationswissenschaft sein, denn ihr Gegenstand *ist* schließlich die Untersuchung der Entwicklung und der Bedeutung der Medien. Dennoch haben die dort unternommenen Forschungsanstrengungen für Politikwissenschaft und Soziologie nur geringfügige Ergebnisse erzielen können. Einige Gründe seien dafür abschließend angeführt:

1. Ein großer Teil der Medien- und Kommunikationsforschung bemüht sich, Daten über die Verbreitung und die Nutzung von Medientechnik sowie über Konzentrations- und Verflechtungsprozesse auf Seiten der Medienproduzenten zu erheben. Diese Daten können zwar durchaus von entscheidender Bedeutung für die weitere Forschung sein, sie sagen aber, wie Stefan Müller-Dohm und Klaus Neumann-Braun zu Recht betonen, nichts über die sozialen Beziehungen aus, die durch die Existenz der Medien verändert oder gar erst konstruiert bzw. konstituiert werden[32]. Ferner geben sie auch keine Auskunft darüber, inwieweit speziell die Demokratie aufgrund von Konzentrationsprozessen unter Begründungszwang kommt bzw. ob und wie diese Prozesse die Demokratie gefährden könnten[33].

---

32   Stefan Müller-Dohm / Klaus Neumann-Braun; Öffentlichkeit, Kultur, Massenkommunikation a.a.O.; S. 10.
33   Die Verfechter der „Telekratie-These" machen sich über die Konsequenzen von Konzentrationsprozessen kaum hinreichend Gedanken. Sie gehen prinzipiell von der Prämisse aus, daß für ein Individuum, ausgestattet mit ausreichend Medienmacht, die Chance besteht, sich mit Hilfe des Mediensystems in Machtpositionen wählen zu lassen. Der Prototyp dieser Form von Politik ist der ehemalige Ministerpräsident Italiens Silvio Berlusconi; - Vgl. u.a. Stefan Wallisch; Aufstieg und Fall der Telekratie. Silvio Berlusconi, Romano Prodi und die Politik im Fernsehzeitalter, Wien u.a. 1997; - Giovanni Ruggeri / Mario Guarino; Berlusconi. Showmaster der Macht; Berlin 1994; - Interessanterweise machen sich die gleichen Autoren über die Frage keine Gedanken, wie auf der Basis ihrer Prämissen zugleich der politische Abstieg des italienischen Ministerpräsident zu erklären sei. Schlüssige Antworten sind dort zumeist nicht zu finden. Das Motiv für diese Unterlassung ist jedoch ebenso einfach wie einleuchtend: die Autoren müßten nämlich eingestehen, daß die Macht der Medien keineswegs so unbegrenzt ist, wie die Bezeichnung „Telekratie" suggerieren möchte. Die Regierung Berlusconis scheiterte schließlich nicht an mangelnder Medienpräsenz, sondern in der geringen programmatischen Kohärenz des Wahlbündnisses und der politischen Unfähigkeit Berlusconis, diese Kohärenz zu überwinden; vgl. dazu u.a. Reimut Zohlnhöfer; Die Transformation des italienischen Parteiensystems in den 90er Jahren; in: Zeitschrift für Politikwissenschaft, 8. Jg., 4/1998, S. 1390.

2. Ein nicht unbeachtlicher Teil der empirischen Medienforschung ist Auftragsforschung. Dies betrifft vor allem die Medieninhalts- und Mediennutzungsforschung. Diese Tatsache soll hier nicht im Sinne eines Vorwurfes festgestellt werden, denn viele Erkenntnisse sind gerade dieser Forschung zu verdanken. Problematisch wird Auftragsforschung jedoch dann, wenn in ihr das wissenschaftliche Instrumentarium und die Verständigung über zentrale Begrifflichkeiten vernachlässigt wird. Dies gilt z. B. für die Forschung im Zusammenhang der „Konvergenzthese"[34], kann aber auch an anderen Forschungsfeldern nachgewiesen werden. Von größerer Bedeutung ist jedoch ein indirekter Effekt der Auftragsforschung. Indem sie zu einer Umleitung finanzieller Ressourcen auf Forschungsvorhaben führt, die einen unmittelbaren kommerziellen Verwertungserfolg versprechen, bedeutet dies in seiner Konsequenz die Vernachlässigung zentraler Grundfragen menschlichen Zusammenlebens. Dies gilt z.B. auch für die Frage, in welchem Verhältnis Demokratie und Medien zueinander stehen[35].

3. Die Medien- und Kommunikationswissenschaft leidet an einer fehlenden Sensibilität für makroanalytische Perspektiven[36]. Dies hat zur Folge, daß diese Disziplinen nur in beschränktem Maße Fragestellungen und Ergebnisse liefern können, die der politikwissenschaftlichen Erforschung von Institutionen und Entscheidungsprozessen dienlich sein können[37]. Studien über die Auswirkungen der Medien auf soziale, politikrelevante Strukturen, und vielmehr noch auf Norm- und Wertvorstellungen bilden doch eher die Ausnahme, als die Regel.

4. Perzeptionen und Vermutungen über den Umfang des potentiellen Manipulationscharakters der Medien spielen in der Medienforschung eine maßgebliche Rolle - sie sind zweifelsfrei sogar die Ursache für jede Art der Medienforschung gewe-

---

34 Die „Konvergenzthese" besagt, daß die öffentlich-rechtlichen Sendeanstalten sich dem Programm der privatrechtlichen Sendeanstalten zunehmend angleichen. Doch was unter dem Begriff „Konvergenz" zu verstehen ist, darüber besteht keine Einigkeit und deshalb ist es auch kaum verwunderlich, wenn der im Auftrag der öffentlich-rechtlichen Anstalten tätige Udo-Michael Krüger 1989 zu dem Ergebnis kommt, es sei keine Konvergenz nachweisbar und 1993 konstatiert, die privaten Fernsehsender hätten sich dem öffentlich-rechtlichen Programm angeglichen. Zugleich aber stellt Klaus Merten im Auftrag des Verbandes Privater Rundfunk und Telekommunikation eine dreifache Konvergenz der öffentlich-rechtlichen Medien hin zum Programm der privaten Fernsehanstalten fest; vgl. u.a. Udo-Michael Krüger; Konvergenz im dualen Fernsehsystem? Programmanalyse 1989; in: Media Perspektiven, 12/1989, S. 776-808; - Klaus Merten; Konvergenz der Deutschen Fernsehprogramme. Eine Langzeituntersuchung 1980 - 1993; Münster u.a. 1994; s. dazu die kritische Diskussion: Heribert Schatz; Rundfunkentwicklung im „dualen System": die Konvergenzhypothese; in: Otfried Jarren (Hg.); Politische Kommunikation in Hörfunk und Fernsehen [Gegenwartskunde Sonderheft]; Opladen 1994; S. 67-79.

35 siehe dazu auch: Ulrich Saxer; Medien- und Gesellschaftswandel als publizistikwissenschaftlicher Forschungsgegenstand; in: Otfried Jarren (Hg.); Medienwandel - Gesellschaftswandel? 10 Jahre dualer Rundfunk in Deutschland. Eine Bilanz; Berlin 1994; S. 339.

36 Vgl. Heinrich Oberreuter; Wirklichkeitskonstruktion und Wertwandel. Zum Einfluß der Massenmedien auf die politische Kultur; in: Aus Politik und Zeitgeschichte, B27/1987, 4.7.1987, S. 22.

37 Wolfgang Jäger; Fernsehen und Demokratie; a.a.O.; S. 1.

sen. Vor allem die Erfahrungen mit der Propagandamaschinerie des Nationalsozialismus schienen die These zu bestätigen, daß Massen mit Hilfe der Medien politisch beliebig manipulierbar seien[38]. Die frühen systematischen Wirkungsuntersuchungen, wie sie u.a. Paul F. Lazarsfeld in seiner Studie „The People's Choice" durchführte, zeigten jedoch zunächst ein ernüchterndes Ergebnis. Sie schienen nur ein geringes Wirkungspotential medialer Beeinflussung feststellen zu können.

Auch wenn immer wieder vereinzelt andere Ergebnisse der „Ohnmachts-These" zu widersprechen schienen, so konnte zu Beginn der sechziger Jahre der Kommunikationswissenschaftler Joseph T. Klapper in seiner Studie über die Kommunikationsforschung der letzten zwei Jahrzehnte resümierend feststellen, daß Medien „...are more likely to reinforce than to change"[39].

Diese Auffassung sollte sich zu Beginn der siebziger Jahre ändern. Mit den Untersuchungen im Kontext des „Schweigespiralen-Theorems" von Elisabeth Noelle-Neumann schien die These von der Wirkungslosigkeit der Medien widerlegt, zumindest jedoch fragwürdig geworden zu sein[40]. Die theoretischen Überlegungen und die empirischen Ergebnisse im Kontext dieses Ansatzes haben die generelle Ansicht über das Wirkungspotential entscheidend verändert. Der vermeintliche Nachweis, daß ein tendenziell politisch sozialdemokratisch orientiertes Mediensystem die Wahl zugunsten des damaligen Kanzlers Helmut Schmidt beeinflussen konnte[41], hat nicht nur auf die Einführung des Privatfernsehens in der Bundesre-

---

[38] Es wäre historisch falsch, Medienforschung erst in der Mitte des 20. Jahrhunderts beginnen zu lassen, denn bereits in den zwanziger Jahren begannen vor allem in den USA erste Forschungsbemühungen. Die vermeintliche Beeinflussung im Kontext des Nationalsozialismus durch die Medien trug auf politischer Seite nachhaltig zu einer Legitimation dieses Forschungszweiges bei.

[39] Joseph T. Klapper; The Effects of Mass Communication; Glencoe ³1963; S. 8.

[40] So spricht Elisabeth Noelle-Neumann hinsichtlich der sogenannten „Reinforcement-These" von einem „Nullergebnis" der Wirkungsforschung; vgl. Elisabeth Noelle-Neumann; Kumulation, Konsonanz und Öffentlichkeitseffekt. Ein neuer Ansatz zur Analyse der Wirkung der Massenmedien; in: Maximilian Gottschlich; Massenkommunikationsforschung. Theorieentwicklung und Problemperspektiven; Wien 1987, S. 156; - Zur Theorie der Schweigespirale siehe u.a. Elisabeth Noelle-Neumann; Massenmedien und Meinungsklima im Wahlkampf; in: Winfried Schulz / Klaus Schönbach (Hg.); Massenmedien und Wahlen; a.a.O.; S. 377-405; - Elisabeth Noelle-Neumann; Neue Forschungen im Zusammenhang mit der Schweigespiralen-Theorie; in: Ulrich Saxer (Hg.); Politik und Kommunikation. Neue Forschungsansätze; München 1983; S. 133-144; - Eine kritische Diskussion der Theorie der Schweigespirale: Charles T. Salmon / F. Gerald Kline; The Spiral of Silence. Ten Years later. An Examination and Evaluation; in: K.R. Sanders / L.L. Kaid / D. Nimmo (Hg.); Political Communication Yearbook; Carbondale 1985; S. 3-30.

[41] Die empirischen Belege für diese These sind äußerst dürftig. Vielmehr scheint das Gegenteil zutreffender zu sein. So fand die Forschungsgruppe um Rudolf Wildenmann in ihrer umfangreiche Studie über die Führungsschicht in der Bundesrepublik Deutschland heraus, daß - nimmt man die Parteipräferenz als geeigneten Indikator - insgesamt 55,2% der Medieneliten eine Präferenz für die Unionsparteien angaben und nur 21,3% sich der SPD verbunden sahen; s.a. Ursula Hoffmann-Lange; Eliten, Macht und Konflikt in der Bundesrepublik; Opladen 1992; S. 168; - Max Kaase; Massenkommunikation und politischer Prozeß; a.a.O.; S. 363; - James Curran; Mass Media and Democracy: A Reappraisal; in: ders. / Michael Gurevitch; Mass Media and Society; a.a.O.; S. 88.

publik Deutschland einen erheblichen Einfluß gehabt[42], sondern vor allem die Ansicht wiederbelebt, wer die Medien beherrsche, beherrsche auch das Volk[43].

Solche „Globalantworten" und „-thesen" verführen stets dazu, die Medien in ihrer Gesamtheit entweder zu unterschätzen oder durch die Überbetonung ihres Wirkungspotentials gar in Opposition zur Demokratie selbst zu stellen. Gerade in einer Demokratie kann eine nachhaltige Wirkung der Medien durchaus erwünscht und zugleich für die Demokratie stabilisierend sein. Darüber hinaus ist aus demokratietheoretischer Sicht weniger die *Wirkung* von Bedeutung, sondern vielmehr *wer* diese Wirkung *wann* im politischen Kommunikationsprozeß erzielt (Stichwort: Verantwortlichkeit in der Demokratie[44]). Diesen Fragen hat sich die Medienwirkungsforschung in der Vergangenheit allerdings nicht ausreichend gestellt.

5. Ein sehr viel entscheidenderer Aspekt für die unbefriedigende Forschungssituation ist allerdings nicht in den spezifischen Fragestellungen der verschiedenen Disziplinen zu finden, sondern im Gegenstand selbst. Wohl kaum ein Bereich hat in den letzten vier Jahrzehnten eine derartige Entwicklung und Transformation erlebt, wie die Medien. Die explosionsartige Vermehrung[45] der Medientypen und die ebenso rasche Verbreitung in der Gesellschaft haben die Kommunikationsstrukturen in ihr so rasch verändert, daß selbst eine noch so dynamische Wissenschaft weder theoretisch, noch empirisch darauf rechtzeitig zu reagieren vermag.

Schließlich liegt die Ursache der als unbefriedigend zu bezeichnenden Forschungssituation darin begründet, daß Medien die Alltagswelt in ihren zentralen Facetten nachhaltig durchdringen. Dies mag zwar in der Zwischenzeit einen Gemeinplatz darstellen, es verdeutlicht aber umso mehr die notwendige Einsicht, daß Medienforschung nicht die Domäne einzelner Disziplinen sein kann. Erklärungsversuche der einen oder anderen Disziplin greifen, für sich isoliert genommen, notgedrungen zu kurz, denn sie können auf-

---

42 Vgl. u.a. Hans J. Kleinsteuber; Massenmedien und Medienpolitik; a.a.O.; S. 178. - Klaus von Beyme; Die politische Klasse im Parteienstaat; Frankfurt am Main 1993; S. 79; - Max Kaase; Massenkommunikation und politischer Prozeß; a.a.O.; S. 362.
43 Zur Schweigespirale siehe: Elisabeth Noelle-Neumann; Die Schweigespirale. Über die Entstehung der öffentlichen Meinung; in: dies.; Öffentlichkeit als Bedrohung. Beiträge zur empirischen Kommunikationsforschung [Herausgegeben von Jürgen Wilke]; Freiburg i. Brsg. ²1979; S. 169-203; - Es soll hier bewußt darauf verzichtet werden, sich mit der „Theorie der Schweigespirale" eingehender zu beschäftigen oder diese gar zu bewerten. Entscheidend ist hier vielmehr, daß sie die These von der Allmacht der Massenmedien wieder neu belebt hat. Neuere Forschungen scheinen aber zunehmend zu bestätigen, daß von einem einfachen Wirkungsmuster nicht mehr ausgegangen werden kann und Globalantworten nur wenig plausibel sind.
44 Vgl. dazu u.a. Mathias Kepplinger; Ereignismanagement. Wirklichkeit und Massenmedien; Zürich u.a. 1992; S. 149-158; - Ludger Kühnhardt; Wieviel Bytes verträgt der Staat?; in: MUT. Forum für Kultur, Politik und Geschichte, Nr. 357, Mai 1997, S. 36.
45 Dies verdeutlicht die sehr anschauliche Graphik von Klaus Merten; vgl. Klaus Merten; Hör zu - Schau hin - Schalt ab; in: Landeszentrale für politische Bildung Baden-Württemberg (Hg.); „Man muß dran glauben...". Politik und Publizistik (5. Forum der Landeszentrale für politische Bildung); Stuttgart 1996; S. 26.

grund der eigenen Spezialisierung nur bestimmte und begrenzte Facetten der sozialen Wirklichkeit erfassen. Gerade bei einem Themenkomplex aber, der in die verschiedensten Dimensionen des Lebens hineinwirkt und dort sehr unterschiedliche Folgen auslösen kann, kann eine Annäherung an den Gegenstand nur dann Erfolg haben, wenn die Forschung darüber „multidisziplinär" angelegt ist[46].

Eine solche Forderung nach „Multi- bzw. Interdisziplinarität" in diesem Themenkomplex ist nicht neu, aber ebenso wenig ist sie problemlos:

> „Disziplingrenzen werden zu Erkenntnisgrenzen, die eine Wirklichkeitsfremdheit bedingen. Im Wissenschaftsdiskurs führt das z.B. zu einem Dilettantismus, wenn Forscher in ihnen nur wenig vertrauten Nachbardisziplinen und -fächern 'wildern', um ihre partikulare Sicht der Dinge zum legitimieren. Mit der Widerspenstigkeit der nichtdisziplinären Wirklichkeit tut sich die Wissenschaft schwer, es besteht eine Asymmetrie von Problementwicklung und disziplinärer Entwicklung der Wissenschaftsforschung."[47]

Doch trotz dieser berechtigten Mahnung vor dem allzu schnellen Blick über den „Tellerrand" kann und darf dies umgekehrt nicht zu einem Rückzug in die jeweils eigene Fachdisziplin führen. Gerade die politikwissenschaftliche Forschung muß das Risiko eingehen, ganz im Sinne der Autoren des eben zitierten Aufsatzes, eine „Interdisziplinarität von unten"[48] zu fördern und zu betreiben, auch auf die Gefahr hin, daß der Lernprozeß der eigenen Disziplin Doppelungen mit anderen Disziplinen zur Folge haben wird.

Die Politikwissenschaft steht trotz aller Fortschritte bei der Erforschung der Medien erst am Anfang. Sie wäre dabei gut beraten, wenn sie der oftmals weitgehend undifferenziert medienkritischen Literatur nur wenig Beachtung schenken würde. Erheblichen Einfluß auf die tendenziell negative Wahrnehmung der Medien dürften unter anderem die in den siebziger und achtziger Jahren erschienenen und äußerst populären Monographien von Neil Postman gehabt haben[49]. Seine pessimistische Sicht über die Zukunft der Menschheit in einer immer stärker auf Medientechnologien angewiesenen Welt, ergibt sich aus einer Analyse gegenwärtiger Medienkultur. Diese betrachtet er als das Ergebnis eines kontinuierlichen Zerfallsprozesses, in dem das ehemals vorhandene Aufklärungspotential von einer aggressiven Unterhaltungsindustrie verdrängt worden sei - eine Kritik, die auch nachhaltigen Einfluß auf die Wahrnehmung der Medien gehabt haben dürfte. Mit dieser, z.T. höchst subjektiven Kritik alleine kann man dem Komplex der neuen Medi-

---

46 Vgl. Erich Feldmann; Theorien der Massenmedien. Eine Einführung in die Medien- und Kommunikationswissenschaft. München u.a. 1972; S. 85.
47 Stefan Müller-Dohm / Klaus Neumann-Braun; Öffentlichkeit, Kultur, Massenkommunikation; a.a.O.; S. 26.
48 ebenda.
49 Vgl. u.a. Neil Postman; Wir amüsieren uns zu Tode. Urteilsbildung im Zeitalter der Unterhaltungsindustrie [Übersetzung von Reinhard Kaiser]; Gütersloh 1994; - Neil Postman; Das Technopol. Die Macht der Technologien und die Entmündigung der Gesellschaft; Frankfurt am Main 1992; - Es ist geradezu bezeichnend, daß Postman sein Buch „Das Technopol" mit der Sequenz aus dem „Phaidros" des Platon beginnt (S. 11-28).

en- und Informationstechnologien allerdings kaum gerecht werden, denn zumeist verstellt sie den Blick auf die Medien mehr, als daß sie zu neuen Erkenntnissen führt. Bedauerlicherweise sind es aber gerade Autoren solcher Medienkritik, die im öffentlichen Diskurs stärkere Berücksichtigung zu finden scheinen. Zugleich verengen sie damit aber auch den Blickwinkel auf die Medien[50].

Die Angst vor einer (angeblichen) Allmacht der Medien, die von Autoren wie Neil Postman eher gefördert werden, muß jedoch vermutlich mehr als eine Angst vor dem Menschen verstanden werden:

„Diejenigen, die Angst vor Medien schüren, haben in Wirklichkeit Angst vor dem Menschen. Sie trauen ihm nicht zu, eine für ihn sinnvolle Auswahl zu treffen. Wer behauptet, der Mensch ließe sich willenlos durch die Technik beherrschen, es drohe allgemeine Apathie durch 'zu viel Fernsehen', der hält offenbar nicht viel von Mündigkeit und Selbstverantwortung."[51]

Vorurteile gegenüber den Medien sind auch in Deutschland weit verbreitet und sie können - entgegen so mancher Vermutung - keiner bestimmten politischen bzw. weltanschaulichen Richtung zugeordnet werden. Die Kampagne gegen „Schmutz und Schund", die sich in der Mitte der fünfziger Jahre gegen die aufkommende Faszination für den Comics als Jugendmedium richtete, und die Diskussion um die Einführung des Kabelfernsehens sind ein klarer Ausdruck einer medienskeptischen Grundhaltung in Deutschland; auch in der Debatte um die Multimedia-Technologien waren diese kritischen Stimmen erneut zu hören[52]. Dabei spielen zumeist dieselben pauschalisierenden Argumente eine Rolle, die dann in den unterschiedlichsten Kontexten vorgetragen werden: die Furcht vor einer Massen- bzw. Häppchenkultur (Stichwort: McDonaldisierung der Fernsehens), die generelle Kritik am kommerziellen Interesse der Medienbetreiber (Stichworte: Einschaltquote, „Profitdenken der Medienmacher"), der Verlust von physischer Unmittelbarkeit sowie die alles vernichtende Kritik, insbesondere das Fernsehen sei aufgrund seiner Inhaltslosigkeit ein „Nullmedium"[53].

Es geht nicht darum, die Medien einer grundsätzlichen Kritik zu entziehen, allerdings ist eine solchermaßen pauschalisierende Kritik nicht dazu geeignet, einen Beitrag zur Analyse des Mediensystems und damit zugleich zu einem Erkenntnisfortschritt beizutragen - und in gewisser Weise ist sie sogar problematisch, denn die Alternative wäre

---

50 Vgl. Josef Hackforth; Neue Medien und gesellschaftliche Konsequenzen; in: Aus Politik und Zeitgeschichte, B3/1986, 18.1.1986, S. 3.
51 Hans H. Klein / Werner Lauff; Neue Medientechnik - neues Rundfunkrecht; in: Aus Politik und Zeitgeschichte, B51/1981, 19.12.1981, S. 16.
52 Vgl. Klaus Beck / Gerhard Vowe; Multimedia aus Sicht der Medien. Argumentationsmuster und Sichtweisen in der medialen Konstruktion; in: Rundfunk und Fernsehen, 43. Jg., 4/1995, S. 554-555.
53 Hans Magnus Enzensberger; Das Nullmedium oder Warum alle Klagen gegen das Fernsehen gegenstandslos sind; in: ders.; Mittelmaß und Wahn; Frankfurt am Main 1988; S. 89-103; - Siehe dazu auch die Ausführungen von Dieter Prokop; Medien-Macht und Massen-Wirkung; Freiburg i. Brsg. 1995; S. 320-325.

dann, entweder die Medien unter eine verstärkte inhaltliche Aufsicht zu stellen - dies widerspricht in fundamentaler Weise den Anforderungen einer auf freier Kommunikation basierenden Ordnung - oder auf die Nutzung dieser Hilfsmittel zu verzichten. Sofern man jedoch der These zustimmt, daß eine Gesellschaft der Kommunikation bedarf und diese in Massengesellschaften eine zumeist medial vermittelte ist, würde eine solche Alternative den partiellen Austritt aus der „Kommunikationsgemeinschaft" bedeuten.

Medien, insbesondere das Fernsehen, sind in ihrer Anfangszeit gerne als das „Fenster zur Welt" bezeichnet worden. In der Tat spricht vieles dafür, daß nur durch die Medien ein Blick in die Welt außerhalb der eigenen, physisch erfahrbaren Lebenswelt möglich ist. Dieser Blick in die andere Welt verweist zugleich aber auch auf die eigene Person. In der Wahrnehmung des Anderen und des Nicht-Vertrauten erweitern Menschen nicht nur unser Wissen über andere, sondern erkennen in dieser Differenz zu den anderen außerhalb der eigenen Lebenswelt lebenden Menschen uns selbst. Daß die Medien einen solchen Beitrag zum Bewußtsein der individuellen Identität und zugleich zur sozialen Integration leisten (können), ist in der Zwischenzeit zu einer gesicherten Erkenntnis der Medienforschung geworden. Medienkritik, die wirksam sein will, kann also nicht bei pauschalen und damit zugleich trivialen Urteilen über die Medien stehen bleiben. Vielmehr muß sie die realen Widersprüche in ihrer Analyse aufdecken und nach Lösungen suchen, die sich im Kontext des unhintergehbaren Horizontes einer grundsätzlich auf Medien angewiesenen Gesellschaft bewegt.

Die folgende Untersuchung dieses Problembereiches wird sich an diesem Anspruch messen lassen müssen. Unter dem Primat einer wertfreien Wissenschaft mag diese Auffassung eine Selbstverständlichkeit sein, doch die Erfahrung mit der untersuchten Literatur hat gezeigt, daß sich dieser Anspruch nur zu selten auch in den Publikationen und Forschungen wiederfindet.

2. Demokratie und Kommunikation

2.1. *Sprache und Gemeinschaft*

„Alle Menschen hatten die gleiche Sprache und gebrauchten die gleichen Worte. Als sie von Osten aufbrachen, fanden sie eine Ebene im Land Schinar und siedelten sich dort an. Sie sagten zueinander: Auf, formen wir Lehmziegel, und brennen wir sie zu Backsteinen. So dienten ihnen gebrannte Ziegel als Steine und Erzpech als Mörtel. Dann sagten sie: Auf, bauen wir uns eine Stadt und einen Turm mit einer Spitze bis zum Himmel, und machen wir uns damit einen Namen, dann werden wir uns nicht über die ganze Erde zerstreuen. Da stieg der Herr herab, um sich Stadt und Turm anzusehen, die die Menschenkinder bauten. Er sprach: Seht nur, *ein* Volk sind sie und *eine* Sprache haben sie alle. Und das ist erst der Anfang ihres Tuns. Jetzt wird ihnen nichts mehr unerreichbar sein, was sie sich auch vornehmen. Auf, steigen wir hinab und verwirren wir dort ihre Sprache, sodaß keiner mehr die Sprache des anderen versteht. Der Herr zerstreute sie von dort aus über die ganze Erde, und sie hörten auf, an der Stadt zu bauen. Darum nannte man die Stadt Babel (Wirrsal), denn dort hat der Herr die Sprache aller Welt verwirrt, und von dort aus hat er die Menschen über die ganze Erde zerstreut".

Die in Genesis Kapitel 1, Vers 1-9 zu findende Erzählung vom Turmbau zu Babel ist das vielleicht eindrucksvollste und zugleich prägnanteste Beispiel, das die Bedeutung der Sprache bzw. allgemeiner Kommunikation für soziale Gemeinschaften herausstellt. Diese Geschichte legt zugleich zwei zentrale Momente des Menschseins offen: die Fähigkeit des Menschen zur Sprache bzw. zur Kommunikation mit anderen und die Tatsache, daß gemeinsame Handlungen an die Grundvoraussetzung gelungener Verständigung gebunden sind. Es sind diese gemeinsamen Handlungen, die eine Gemeinschaft als eine solche konstituieren[1]; es ist gewissermaßen eine Voraussetzung kultureller Leistungen, daß sie auf gelungene Verständigung angewiesen sind[2].

Die Philosophie der Antike hat die Sprache als konstitutives Element des Menschseins von Beginn an auch in ihre politisch-sozialen Überlegungen mit einbezogen. Mit seinen aufeinander bezogenen Definitionen des Menschen als „zoon logon echon" und „zoon politikon" machte Aristoteles im 5. Jahrhundert v. Chr. deutlich, daß Vernunft und die Sprache bzw. Befähigung zu Kommunikation eine dem Menschen innewohnende Eigenschaft sei. Sie ermögliche nicht nur den „räumlich funktionalen Verkehr"[3], sondern vor allem die Verständigung in der Sache. Da diese im Verständnis der griechischen, insbesondere der platonischen Philosophie primär im Dialog zu erreichen sei, führt dies

---

1   Vgl. u.a. Hermann Heller; Staatslehre [In der Bearbeitung von Gerhard Niemeyer]; Tübingen ⁶1983; S. 102.
2   Vgl. James W. Carey; Communication as culture. Essays on Media and Society. Boston u.a. 1989; S.13-36.
3   Peter Steinbach; Zur Theorie der Institutionen in der praktisch-politischen Philosophie von Platon und Aristoteles. Ein Diskussionsbeitrag; in: Gerhard Göhler / Kurt Lenk / Herfried Münkler / Manfred Walther (Hg.); Politische Institutionen im gesellschaftlichen Umbruch; Opladen 1990; S. 76.

direkt zu der zweiten, zugleich auch bekannteren Definition vom Menschen, demnach dieser ein Gemeinschaftswesen, d.h. ein auf die Gemeinschaft bezogenes und nur in ihr lebensfähiges Wesen sei. Zu Beginn seiner „Politik" hebt Aristoteles diesen Zusammenhang mit aller Deutlichkeit hervor. Er führt aus:

> „Doch die Sprache ist da, um das Nützliche und das Schädliche klarzulegen und in der Folge davon das Gerechte und das Ungerechte. Denn das ist im Gegensatz zu den anderen Lebewesen den Menschen eigentümlich, daß nur sie allein über die Wahrnehmung des Guten und des Schlechten, des Gerechten und des Ungerechten und anderer solcher Begriffe verfügen. Doch die Gemeinschaft mit diesen Begriffen schafft Haus und Staat"[4]

Die eigene Identität ist nicht als etwas Monologisches, nur auf sich selbst Bezogenes begreifbar, als etwas also, was jeder einzelne für sich alleine auszubilden in der Lage wäre, sondern sie wird stets im Dialog mit anderen Menschen definiert[5] oder mit anderen Worten: Kommunikation ist das zentrale Instrument individueller Identitätsbildung und zugleich Mittel, diese Identität in einen gemeinschaftlichen Kontext einzubetten.

Mit der im Mittelalter maßgeblichen lateinischen Übersetzung der Schriften des Aristoteles durch Wilhelm von Moerbeke, die zugleich über Jahrhunderte Grundlage der Aristoteles-Rezeption wurde, ging jedoch nicht nur das spezifisch politische Moment der Philosophie des Aristoteles verloren, auch der Blick auf die Kommunikationsfähigkeit des Individuums selbst trat in den Hintergrund. In der Übersetzung von „zoon politikon" zu „animal civile" und der eindimensionalen Übertragung von „Logos" in „Ratio" (i.S. von Vernunft) wird der Mensch zwar noch als vernunftbegabtes Wesen angenommen, seine Sprach- und Kommunikationsfähigkeit hingegen bleibt sekundär.

Zugleich trat die Sprache bzw. die Kommunikation als Grundelement für die Ausbildung einer Gemeinschaft aber auch in einer, auf anthropologischen Prämissen aufbauenden, politischen Theorie nicht mehr in Erscheinung[6]. Bis weit in das 13. Jahrhundert hinein dominierte vor allem die Gattung des Fürstenspiegels, bis in einer ersten intensiven Rezeption der aristotelischen Schriften durch Thomas von Aquin auch zunehmend

---

4   Aristoteles, Politik, 1253a 1; a.a.O.; S. 78.
5   Vgl. Charles Taylor; Das Unbehagen an der Moderne [Übersetzung von Joachim Schulte]; Frankfurt am Main 1995; S. 42; - Der eindrucksvollste Beleg für diese These ist der zynische Menschenversuch des Stauferkaisers Friedrich II., der Kinder ohne Kommunikation aufwachsen lassen wollte, um zu erforschen, welche Sprache sie denn sprechen würden - das Ergebnis ist bekannt: alle Kinder starben; - Vgl. Wolfgang Bergsdorf; Politik und Sprache; München 1978; S. 16; s.a. die Beschreibung in den „Historien" des Herodot, Historien Buch II, 1-2 [Übersetzung von Walter Marg]; München 1991.
6   Es steht außer Frage, daß Sprache in der mittelalterlichen Philosophie und Theologie sehr wohl eine herausragende Bedeutung gespielt hat. In den Ansätzen politisch-theoretischer Werke des Mittelalters zeigt sich dies jedoch eher weniger. Jürgen Miethke macht in seinem zusammenfassenden Aufsatz über die Politische Theorie des Mittelalters sogar darauf aufmerksam, daß es „Politische Theorien" im modernen Sinne im Mittelalter gar nicht gegeben habe. Zwar gab es durchaus beachtenswerte Ansätze, doch im Wesentlichen dominierte im Mittelalter die Textgattung des Fürstenspiegels, die ihren Höhepunkt in der Schrift „Il principe" von Niccolò Machiavelli fand; - Vgl. Jürgen Miethke; Politische Theorie im Mittelalter; in: Hans-Joachim Lieber (Hg.); Politische Theorien von der Antike bis zur Gegenwart; Bonn 21993; S. 48.

wieder die politische Anthropologie eine Bedeutung erhielt. Doch erst mit dem Aufkommen kontraktualistischer Ansätze im 16. Jahrhundert, wie z.B. bei Thomas Hobbes oder John Locke[7], fand die Sprache wieder nachhaltige Beachtung bei der Konzeption genuin politischer Theorien. Anders als Aristoteles gingen die Kontraktualisten zwar nicht von einer sozialen Naturanlage des Menschen aus[8], aber dennoch macht z.B. Hobbes gleich zu Beginn seines „Leviathan" deutlich, daß die Verbindung von Selbstsucht und Vernunft den Menschen den Urzustand als unerträglich empfinden ließe und er sich deshalb des Mittels der Sprache bediene, um den „Krieg aller gegen alle"[9] in ein friedliches Miteinander zu überführen. Durch die Sprache, so Hobbes, werde übertragen, was wir denken, und durch sie könne der Mensch dem anderen seine Gedanken und Begriffe, Wünsche, Besorgnisse usw. darstellen. Doch die eigentliche Bedeutung des Sprechens liegt für ihn in der Möglichkeit, dadurch zu einem friedlichen Gemeinwesen zusammenzukommen. Ohne Sprache, so schreibt Hobbes, sei „...unter den Menschen Gemeinwesen, Gesellschaft, Vertrag, Frieden ebensowenig [möglich; Erg. A.B.], wie unter Löwen, Bären und Wölfen"[10]. Damit wird die Sprachbefähigung bei ihm wieder zu einem Konstitutivum des Menschen und zugleich zu einer Grundvoraussetzung der Staatsbildung. Ein Staat entsteht eben aus der nur durch Sprache zu gewinnenden Erkenntnis des Wertes, daß Krieg ein allgemeines Übel darstellt[11].

Daß die Sprache konstitutives Element jeder Gesellschafts- bzw. Staatsbildung ist, ist eine Erkenntnis, die für alle kontraktualistischen Ansätze gilt, denn diese zielen auf eine inhaltliche Bestimmung der Herrschafts- und Gesellschaftsverträge. Sie müssen bereits *strukturell* immer auf einem Gespräch gründen, denn einerseits geht es um das Ausloten jener *Übereinkunft*, die Grundlage des zu konstruierenden Gemeinwesens werden soll und für die Glieder der Gemeinschaft verbindliche Geltung beanspruchen will, sowie andererseits darum, daß dieser gewonnene Konsens Grundlage weiterer, ebenfalls auf Kommunikation beruhender, gemeinsamer Handlungen sein soll. Ein strikter Dezisionismus, der auf vorherige konsensorientierte Verständigung verzichtet, kann - und konnte auch von den Philosophen der frühen Neuzeit - noch nicht einmal theoretisch an-

---

7   So spricht John Locke in §77 der 2. Abhandlung über die Regierung von der Ausstattung des Menschen mit Vernunft und Sprache als Grundlage der Vergesellschaftung: vgl. John Locke; Zwei Abhandlungen über die Regierung (Herausgegeben und eingeleitet von Walter Euchner) [Übersetzung von Hans Jörn Hoffmann]; Frankfurt am Main [6]1995; S. 248; - Noch deutlicher formuliert er diesen Zusammenhang an anderer Stelle: „God, having designed man for a sociable creature, made him not only with an inclination and under a necessity to have fellowship with those of his own kind, but furnished him also with language, which was to be the great instrument and common tie of society."; John Locke; An Essay concerning Human understanding (Herausgegeben von Thaddeus O´Mahony); London 1881; S. 321.
8   Vgl. Heinz-Horst Schrey; Dialogisches Denken; Darmstadt 1970; S. 4.
9   Thomas Hobbes; Leviathan [Übersetzung von Jacob Peter Mayer]; Stuttgart 1980; S. 115.
10 ebenda; S. 28.
11 Vgl. Anja Lemke; Überlegungen zur Sprachphilosophie bei Thomas Hobbes; in: Zeitschrift für Politik, 43. Jg (NF), 1/1996, S. 2.

genommen werden, denn ein zu schließender Vertrag basiert sachlogisch *immer* auf der Verständigung von mindestens zwei Personen über den Inhalt bzw. das gemeinsame Ziel des Vertrages: „...das Band, welches die Bürger miteinander verbindet, wird als Vertrag, als Übereinkunft und gegenseitiges Ver*sprechen* [Hervorhebung von A.B.] freier und gleicher Rechtssubjekte gedeutet"[12].

Diese Voraussetzung im Kontraktualismus zeigt sich explizit auch in den Überlegungen *moderner* Vertragstheoretiker. John Rawls, dessen Theorie der Gerechtigkeit[13] vielleicht als der wichtigste Beitrag zur Moralphilosophie der letzten Jahre gelten kann[14], konstruierte in Form eines Gedankenexperimentes eine „original position", in der durch ein *Gespräch* die am Vertrag teilnehmenden Individuen allgemeine Grundsätze der Gerechtigkeit aushandeln sollten. Damit die Teilnehmer in dieser Vertragsaushandlung keine individuellen Interessen voranbringen können, bedeckt Rawls die Akteure mit dem Schleier des Nichtwissens („veil of ignorance") und setzt sie somit in Unkenntnis über ihre eigenen physischen und psychischen Eigenschaften sowie ihre historisch-soziale Lage.

Trotz aller Kritik an der Konzeption von Rawls bleibt festzuhalten, daß er in beispielhafter Weise das Gespräch als Grundlage seiner Konzeption reflektiert hat[15]. Es ist eine nicht zu unterschätzende Leistung des Kontraktualismus, daß er an die Tradition einer auf das Konstitutivum der Sprache rekurrierenden Theorie der Politik wieder angeknüpft hat. Tatsächlich ist das Zusammenfinden zu einer Gemeinschaft und die Integration in diese Gemeinschaft nachhaltig auf die Existenz eines gemeinsamen Codes der Verständigung angewiesen. Kommunikation schafft die Voraussetzung, etwas Gemeinsames entstehen zu lassen.

2.2. *Kommunikation in modernen Gesellschaften*

Bis heute ist die Erkenntnis, daß menschliche Gemeinschaften ohne Kommunikation nicht denkbar sind, ein unhintergehbarer Ausgangspunkt geblieben[16]. So unbestritten diese allgemeine Erkenntnis vor allem in der Antike ihre Gültigkeit zu besitzen schien, so muß sie doch unter den Bedingungen der Moderne größere Aufmerksamkeit erfahren bzw. sie muß deutlich präzisiert werden. Anders als in der Antike kann durch die geographische Ausdehnung und damit verbundene zunehmende funktionale Differenzie-

---

12 Karl Graf Ballestrem; Vertragstheoretische Ansätze in der politischen Philosophie; in: Zeitschrift für Politik, 30. Jg. (NF), 1/1983, S. 4; - Diese Aussage über die Basis und den Verpflichtungscharakter des Vertrages läßt im übrigen die Theorie des impliziten Gesellschaftsvertrages unberührt; s. dazu die Anmerkungen von Karl Graf Ballestrem in: ebenda; S. 13-17.
13 Vgl. John Rawls; Eine Theorie der Gerechtigkeit; Frankfurt am Main 61991.
14 Vgl. Ralf Dahrendorf; Fragmente eines neuen Liberalismus; Stuttgart 1987; S. 263.
15 Vgl. dazu auch Wolfgang Kersting; Die politische Philosophie des Gesellschaftsvertrags; Darmstadt 1994; S. 269-271.
16 Vgl. u.a. Wolfgang Bergsdorf; Politik und Sprache; a.a.O.; S. 17.

rung moderner Gesellschaften, direkte Kommunikation zwischen den *Menschen* nicht mehr vorbehaltlos als gesichert gelten, denn wie sollten Menschen, die räumlich weit voneinander entfernt leben, in ein gemeinsames Gespräch eintreten können und damit ihren Zusammenhalt bekräftigen?

Schon sehr frühzeitig fand dieses Problem Aufmerksamkeit. So widmete sich Platon an zwei Stellen in seinen Dialogen der Frage nach der optimalen Größe einer Gemeinschaft. In seinem Dialog „Der Staat" formuliert er zwar noch recht allgemein, daß die Wächter in der Hauptsache darüber zu wachen hätten, daß die Einheit der Stadt gewahrt bliebe – die Stadt also weder zu klein, noch zu groß werde[17] – in seinem letzten Werk, den „Nomoi" („Die Gesetze"), benennt er jedoch schließlich konkret die Zahl von 5040 Wohnstätten[18], was mit Einberechnung von Frauen, Kindern und Sklaven eine Größe von ca. 50000 Mitgliedern einer Polis ergeben würde. Grundlage seiner Berechnung ist das Prinzip, daß sich die Größe einer Gemeinschaft an dem allgemeinen Grundsatz orientieren müsse, daß eine gut regierte Polis auf der Grundlage gemeinsamer Anschauungen beruhen müsse, auf geteilten Überzeugungen bezüglich Recht und Unrecht und einer persönlichen Intimität zwischen Führern und Geführten. Da aber solche Übereinstimmungen als Ergebnisse eines Verständigungsprozesses angesehen wurden und zugleich Mittel zur Verbreitung von Gesprächsinhalten über größere Distanzen zu einer großen Anzahl an Personen nur rudimentär existierten, mußte die politische Gemeinschaft zahlenmäßig stark limitiert sein[19].

Mittel bzw. Medien zum Transport von Kommunikationsinhalten waren zwar in der Antike nicht mehr ganz unbekannt[20], nahmen jedoch keinen überragenden Stellenwert ein und dort, wo bereits Mittel zur Speicherung bzw. Weitergabe existierten, trafen sie auf nachhaltige Skepsis. So heißt es z.B. im „Phaidros" zur Schrift als *eine* Voraussetzung[21] zur Speicherung von Wissen durch Medien:

---

17 Vgl. Platon, „Der Staat" [423 St.] (Band 5, S.138).
18 Vgl. Platon, „Gesetze" [740 St.] (Band 7, S.163).
19 Vgl. dazu auch Carl J. Friedrich; Der Verfassungsstaat der Neuzeit; Berlin 1953; S. 275; -s.a. Alexander Rüstow; Ortsbestimmung der Gegenwart. Eine universalgeschichtliche Kulturkritik (Band 1: Ursprung der Herrschaft); Erlenbach u.a. 1950; S. 266-269; - Dort macht Rüstow darauf aufmerksam, daß Platon insbesondere in den öffentlichen Festen und Opfermahlen die Funktion sah, daß sich die Menschen direkt begegnen und sich miteinander vertraut machen können, gemeinhin also diese Anlässe „medialen" im Sinne von „vermittelnden" Charakter hatten; s. dazu auch Werner Faulstich; Das Medium als Kult. Von den Anfängen bis zur Spätantike (8. Jahrhundert); Göttingen 1997.
20 Moses I. Finley weist zwar zu Recht darauf hin, daß Medien in unserem heutig geläufigen Sinne in dieser Welt der Polis nicht existierten (Vgl. Moses I. Finley; Antike und moderne Demokratie [Übersetzung von Edgar Pack]; Stuttgart 1980; S.22), dies darf aber nicht darüber hinwegtäuschen, daß sehr wohl „Medien" existierten; - Vgl. dazu die ausgezeichnete Studie von Werner Faulstich; Das Medium als Kult; a.a.O.; -s.a. den zweiten Band der Mediengeschichte von Werner Faulstich; Medien und Öffentlichkeiten im Mittelalter: 800-1400; Göttingen 1996.
21 Vgl. dazu auch: Werner Faulstich; Das Medium als Kult; a.a.O.; S. 130.

"Als er aber bei der Schrift war, sagte Theuth: 'Dieser Lehrgegenstand, o König, wird die Ägypter weiser und gedächtnisfester machen; denn als Mittel für Gedächtnis und Weisheit ist er erfunden worden.' Doch Thamus erwiderte: 'O du Meister der Kunstfertigkeit, Theuth: der eine ist imstande die Künste hervorzubringen, ein anderer, zu beurteilen in welchem Verhältnis Schaden und Nutzen sich verteilen werden für die Leute, die sie brauchen sollen. Auch du hast jetzt, als Vater der Schrift aus Voreingenommenheit das Gegenteil von dem angegeben, was sie vermag. Denn diese Kunst wird Vergessenheit schaffen in den Seelen derer, die sie erlernen, aus Achtlosigkeit gegen das Gedächtnis, da die Leute im Vertrauen auf das Schriftstück von außen sich werden erinnern lassen durch fremde Zeichen, nicht von innen heraus durch Selbstbesinnen. Also nicht ein Mittel zur Kräftigung, sondern zur Stützung des Gedächtnisses hast du gefunden.'"[22]

Der direkte Dialog, das unvermittelte Gespräch behielt seine überragende Bedeutung; die griechische Polis war eine „Gesellschaft von Angesicht von Angesicht"[23].

Die kritische Haltung gegenüber den Medien sollte sich schon recht bald als Luxus erweisen, denn schon aus ganz pragmatischen Gründen konnte eine vorwiegend ablehnende Haltung gegenüber Mitteln der Speicherung und Verständigung nicht kontinuierlich beibehalten werden. Immer evidenter wurde die Notwendigkeit, auch technische Hilfsmittel für die Kommunikation in Anspruch zu nehmen. Da sich das soziale System der Gesellschaft durch Kommunikationsprozesse konstituiert, ja der Gesellschaftsbegriff auf sein letztes unverzichtbares Moment zurückgeführt werden muß - nämlich auf Kommunikation[24] -, mußten sich die in immer stärkerem Maße wachsenden und geographisch sich vergrößernden Gesellschaften auch neuer Mittel bedienen. Während archaische Gesellschaften noch an eine interaktionelle Systembildung gebunden waren, d.h. daß diese sich über ihre realen Interaktionen zu integrieren vermochten (und dementsprechend auch in ihrer Größe limitiert waren), mußten mit der steten Vergrößerung die Kommunikationsinhalte über immer größere Distanzen transportiert werden. Bis zum Ende des 15. Jahrhunderts bildete sich allmählich eine Medienstruktur heraus, die zwar noch weitestgehend auf sogenannte „Mensch-Medien" zurückgriff (und damit noch den direkten Dialog beinhaltete), jedoch konnte sie zunehmend auch an technische Hilfsmittel anknüpfen. Die Erweiterung der Möglichkeiten einer schriftlichen Kommunikation (z.B. der Buchdruck) und schließlich die Einrichtung einer Transportinfrastruktur (z.B. des Postwesens) führte immer stärker dazu, daß die am Kommunikations-

---

22 Platon, „Phaidros" Kapitel LIX [St.274-275] (Band 2, S.103); s.a. Eckhard Hammel; Medien, Technik, Zeit. Zur Geschichte menschlicher Selbstwahrnehmung; in: Mike Sandbothe / Walther Ch. Zimmerli (Hg.): Zeit - Medien - Wahrnehmung; Darmstadt 1994; S. 61; s.a. Thomas Hobbes; Leviathan; a.a.O.; S. 29; hier spricht Hobbes von der Schrift als einem „...*Hilfsmittel des Gedächtnisses*".
23 Moses I. Finley; Antike und moderne Demokratie; a.a.O.; S. 22; s.a. Manfred G. Schmidt; Demokratietheorien; a.a.O.; S. 31.
24 Vgl. Niklas Luhmann; Veränderungen im System gesellschaftlicher Kommunikation und die Massenmedien; in: Oskar Schatz (Hg.); Die elektronische Revolution. Wie gefährlich sind die Massenmedien? Graz u.a. 1975; S. 16; - Winfried Schulz; Die Konstruktion von Realität in den Nachrichtenmedien. Analyse der aktuellen Berichterstattung; Freiburg i.Brsg. ²1990; S. 119.

prozeß Beteiligten von den Bedingungen ihrer physischen Anwesenheit befreit wurden[25].

Doch erst am Ende des 19. Jahrhunderts bzw. dem Beginn des 20. Jahrhunderts begann man, sich über diese Bedeutung der Medien hinsichtlich der Qualität der Kommunikation ernsthafter Gedanken zu machen. Zwar wurde durch neue technische Möglichkeiten keine der vormalig bedeutungsvollen Kommunikationsmittel und -stile ersetzt, sondern diese immer nur durch neuartige Technologien ergänzt[26], aber dennoch verdeutlichte die Entwicklung des Zeitungswesens, die Erfindung von Telephon und Radio immer stärker die Tatsache, daß Kommunikation in modernen Massengesellschaften in weiten Teilen eine *mediale* Kommunikation sein würde. So hatte u.a. Talcott Parsons, dessen Werk, so Jürgen Habermas, im Hinblick auf Abstraktionshöhe und Differenziertheit, gesellschaftstheoretischer Spannweite und Systematik nahezu konkurrenzlos ist[27], in einer Schrift über die grundlegenden Strukturen von Gemeinschaften ebenfalls die Kommunikation zwischen den Individuen als eines der zentralen Elemente von Gemeinschaften herausgestellt: „In the context of the analysis of social systems, communication is the main process of interaction, by which processes of action and behavior of units of the system are controlled, by which what one unit does has determinate effects, not only on the state, but on the future behavior of others"[28].

Kommunikation, so analysierte Parsons, bestehe in inhaltlicher Hinsicht aus dem Transfer von Informationen und dem Austausch von Meinungen, aber in besonderer Weise sei sie das Mittel, um Handlungsübereinstimmungen zu produzieren[29]; zumindest, so formuliert es Hans-Georg Gadamer, könne man nach einem gelungenen Gespräch grundsätzlich nicht mehr hinter den Dissens zurückfallen, aus dem sich das Gespräch entzündet habe[30].

Parsons' Überlegungen endeten nicht an dieser Stelle, denn er war, wie auch andere Theoretiker, die sich mit der zunehmenden Differenzierung sozialer Strukturen beschäftigten (so z.B. Max Weber, Emile Durkheim, Ferdinand Tönnies)[31], mit den grundlegenden Problemen und Konsequenzen der sich neu formierenden Massengesellschaft konfrontiert. Die Auflösung bzw. Differenzierung einstmals weitgehend homo-

---

25 Vgl. Niklas Luhmann; Veränderungen im System gesellschaftlicher Kommunikation; a.a.O.; S.17.
26 Vgl. u.a. mit Bezug auf das Internet: Florian Rötzer; Interaktion - das Ende herkömmlicher Massenmedien; in: Stefen Bollmann (Hg.); Kursbuch Neue Medien; Mannheim ²1996; S. 61.
27 Vgl. Jürgen Habermas; Theorie des kommunikativen Handelns (Band II); Frankfurt am Main 1981; S.297.
28 Talcott Parsons; The Principal Structures of Community: A Sociological View; in: Carl J. Friedrich (Hg.); Community (Nomos-Yearbook of the American Society of Political and Legal Philosophy Vol. II); New York 1959; S. 174.
29 ebenda; S. 168-169.
30 Vgl. Hans-Georg Gadamer; Hermeneutik II. Wahrheit und Methode. Ergänzungen, Register; Tübingen 1986; S.188.
31 Vgl. Klaus von Beyme; Theorie der Politik im 20. Jahrhundert. Von der Moderne zur Postmoderne; Frankfurt am Main 21992; S. 44-89.

gener Sozialgebilde in zahlreiche, sich unterscheidende und sich aber immer wieder auch durchdringende Lebenswelten, bedingt durch das Anwachsen von Landesgröße und Bevölkerung, ergaben Probleme und Herausforderungen, die mit den Mitteln einer auf direkter Kommunikation und Unmittelbarkeit beruhenden Gemeinschaft nicht mehr zu bewältigen waren – ein Problemfeld, das bereits in der Mitte des 19. Jahrhunderts der Franzose Alexis de Tocqueville in seinen zentralen Aspekten erkannt hatte[32]. Gemeint ist damit, daß neben einer direkten Kommunikation immer mehr eine Form der Verständigung trat, die in der Lage war, die räumlichen Distanzen effektiv zu überwinden, d.h. mediale bzw. vermittelte Kommunikation.

Sogleich stellte sich allerdings die Frage, ob denn mediale Kommunikation grundsätzlich mit dem direkten Gespräch gleichwertig sei und ob diese eine Verständigung insbesondere über konsensabhängige Problemfelder und gemeinsame Handlungsziele ermögliche[33]. Der entscheidende Unterschied zwischen direkter und medialer Kommunikation bestehe nämlich darin, so machte Parsons deutlich, daß im direkten Gespräch grundsätzlich Rede und Gegenrede möglich sei, die Kommunikation also eine grundsätzlich dialogische Struktur aufweisen könne. Mediale Kommunikation hingegen sei zumeist monologisch und kämpfe dazu noch gegen die physische Trennung der Kommunizierenden. Dadurch sei eine Reaktion des Empfängers auf eventuelle Kommunikationsinhalte nur beschränkt möglich und eine Übereinstimmung bzw. ein Dissens zwischen Kommunikator und Rezipient deshalb nicht ad hoc feststellbar[34].

Die Differenz in den Kommunikationsformen (dialogisch versus monologisch) ist nach Parsons aber entscheidend für das Kohäsionspotential einer Gemeinschaft, denn monologische, d.h. medial vermittelte Kommunikation, ist seiner Meinung nach gar nicht in der Lage, die zentrale Funktion der Kommunikation, nämlich ein Individuum in eine vorgegebene Gemeinschaft zu integrieren, zu erfüllen[35]. Deshalb gibt er hinsichtlich der Frage nach der Stabilität einer sozialen Gemeinschaft grundsätzlich einer direkten Kommunikation den Vorrang.

---

32 Vgl. dazu auch Ludger Kühnhardt; Zukunftsdenker. Bewährte Ideen politischer Ordnung für das dritte Jahrtausend [Schriften des Zentrum für Europäische Integrationsforschung Band 3]; Baden-Baden 1999; S. 85-122.
33 Zur Differenz der verschiedenen Kommunikationsformen siehe dazu die allgemeinen und interessanten Anmerkungen bei Daniel Lerner; The Passing of Traditional Society. Modernizing the Middle East; Glencoe 1958; S. 52-54.
34 Dies gilt insbesondere für die drei großen Medien Presse, Radio und Fernsehen, denn auf die gesendeten Inhalte läßt sich nur schwer reagieren – dieser Aspekt wird zu einem späteren Zeitpunkt dieser Untersuchung noch einmal genauer diskutiert werden. Beim Brief bzw. Telephon hingegen handelt es sich nach Parsons um eine Kommunikation ohne Anwesenheit der Sender, die aber rudimentär durchaus noch dialogische Struktur aufweist; s.a. Alexander Roesler; Bequeme Einmischung. Internet und Öffentlichkeit; in: in: Stefan Münker / Alexander Roesler (Hg.); „Mythos Internet"; Frankfurt am Main 1997; S. 179.
35 Vgl. Talcott Parsons; The Principal Structures; a.a.O.; S. 170.

Die empirische Entwicklung im Medienbereich bis in die achtziger Jahre gab Parsons hinsichtlich der Kennzeichnung von Medien als mehrheitlich monologisch strukturierten Mitteln der Kommunikationsvermittlung grundsätzlich recht. Mit Ausnahme des Telephons und vielleicht des Mediums Brief begünstigen alle technischen Erfindungen und Kommunikationsmittel ihrer Struktur nach die „Einbahnstraßenkommunikation", d.h. die Vermittlung einer Botschaft von einem Sender hin zu einem Rezipienten bzw. einem größeren Kreis von Empfängern[36].

Allerdings kann, und dies sollte an dieser Stelle nicht unbeachtet bleiben, daraus nicht der grundsätzliche Schluß gezogen werden, daß moderne Gesellschaften im Gegensatz zu traditionellen Gemeinschaften lediglich über ein rudimentäres und brüchiges Integrationspotential verfügen würden. Im Anschluß an Tönnies' Untersuchung „Gemeinschaft und Gesellschaft"[37], der zu ähnlichen Schlüssen, wie später Parsons gekommen war, ist dieser Schluß häufig gezogen worden - z.T. mit erschreckenden Konsequenzen, wie die Instrumentalisierung der tönniesschen Begriffsdichotomie durch den Faschismus gezeigt hat. Moderne Gesellschaften haben aber schon längst andere bzw. zusätzliche Mittel der Integration entwickelt, die sich zwar letztlich auf Kommunikation zurückführen lassen, allerdings keine physische Anwesenheit der Kommunikationspartner mehr erfordern[38]. Herbert W. Schneider bringt es auf den Punkt, wenn er für die Menschen moderner Gesellschaften anmerkt: „They communicate not as persons who are directly important to each other, but as members who recognize each other's rights and duties"[39].

Diese, hier nur skizzenhaften Überlegungen sollen auf einen einfachen und zugleich jedoch höchst bedeutsamen Zusammenhang aufmerksam machen. Zunächst einmal sind Untersuchungen über Medien immer zugleich auch Untersuchungen über ein Grundelement von Gemeinschaften bzw. Gesellschaften: die Kommunikation und deren Verbindung mit Sprache. Sofern eine Gemeinschaft bzw. Gesellschaft auf Kommunikation basiert, ist diese in modernen Gesellschaften jedoch weitestgehend eine medial vermittelte Kommunikation. Jede Untersuchung, die Medien zu ihrem Gegenstand macht,

---

36   Für diese Kommunikationsstruktur hat sich der Begriff der „Massenkommunikation" herausgebildet. Der Begriff ist jedoch irreführend, denn wie deutlich gemacht werden konnte, handelt es sich bei den Rezipienten nicht um eine Masse, sondern um „strukturierte Publika" (Klaus Merten; Kommunikation. Eine Begriffs- und Prozeßanalyse. Opladen 1977; S. 144). Aus diesen Gründen ist das Wort „Massenmedien" für die wissenschaftliche Diskussion nicht besonders hilfreich: „The term 'mass' media itself is misleading, suggesting that the media themselves are undifferentiated with respect to content and audience [...] so do the media themselves tend to differentiate"; Talcott Parsons / Winston White; Commentary; in: The Journal of Social Issues, 16. Jg., 3/1960, S. 75. Auf beide Termini soll in dieser Arbeit [mit Ausnahme bei Zitation] verzichtet werden.
37   Vgl. Ferdinand Tönnies; Gemeinschaft und Gesellschaft. Grundbegriffe der reinen Soziologie; Berlin ^{8}1935.
38   Vgl. Bernhard Peters; Die Integration moderner Gesellschaften; Frankfurt am Main 1993; S. 131.
39   Herbert W. Schneider; Community, Communication, and Communion; in: Carl J. Friedrich (Hg.); Community (Nomos-Yearbook of the American Society of Political and Legal Philosophy Vol. II); New York 1959; S. 218.

wird sich vergegenwärtigen müssen, daß ihr eigentlicher Gegenstand die Kommunikation ist. Medien können nur über ihre Funktion, nämlich Kommunikation zu vermitteln und damit einen (mehr oder weniger direkten) Beitrag zur Integration zu leisten[40], verstanden werden.

2.3. Demokratie und Kommunikation

Die Bedeutung der Kommunikation gilt nicht nur im allgemeinen für soziale Zusammenhänge, sondern im besonderen Maße auch für eine spezifische Organisationsform des Zusammenlebens: die Demokratie. So stellt z.B. Juan Linz in seiner Definition eines demokratischen Systems diesen Aspekt gleich an den Anfang, wenn er schreibt, ein System sei dann demokratisch zu nennen, „...when it allows the free formulation of political preferences, through the use of basic freedoms of associations, information, and communication, for the purpose of free competition between leaders to validate at regular intervals by non-violent means their claim to rule"[41]

Andere Autoren beziehen in ihre Definition die Kommunikation als Grundelement einer Demokratie in Form eines individuellen Rechtsanspruches mit ein:

„In der Tradition des Westens gehören dann Freiheitsrechte für Kommunikation, Organisation, Interessenvertretung, Meinungsbildung und Meinungsänderung, sowie der Schutz von Minderheiten, alle in größerem oder geringerem Grade, zum wohlbekannten und unentbehrlichen Instrumentarium jeder Demokratie"[42]

und das Bundesverfassungsgericht der Bundesrepublik Deutschland bringt es im Lüth-Harlan-Urteil auf den Punkt, wenn es feststellt, die Meinungsfreiheit sei für die Demokratie ein schlechthin konstituierendes Freiheitsrecht[43].

Die Verbindung von Demokratie und Kommunikation ist kein Zufall, sondern ergibt sich schlüssig aus der etymologischen Bedeutung des Wortes „Demokratie". Wörtlich übersetzt bedeutet Demokratie zunächst einmal nur, daß das Volk herrsche. Diese Ableitung hat in den letzten Jahrhunderten häufig Anlaß zu heftigsten Auseinandersetzungen auch jenseits akademischer Diskurse gegeben. So knüpfte die berühmte Lincoln-

---

40 Für viele Autoren sei hier nur auf den Aufsatz von Heinrich Oberreuter; Legitimität und Kommunikation; a.a.O.; S. 71 verwiesen.
41 Juan L. Linz; Totalitarian and Authoritarian Regimes; in: Fred I. Greenstein / Nelson W. Polsby (Hg.); Handbook of Political Science (Bd. 3: Macropolitical Theory); Reading/Mass 1975; S. 182-183.
42 Karl W. Deutsch; Einige Grundprobleme der Demokratie in der Informationsgesellschaft; in: Max Kaase (Hg.); Politische Wissenschaft und Politische Ordnung. Analysen zu Theorie und Empirie demokratischer Regierungsweise (Festschrift zum 65. Geburtstag von Rudolf Wildenmann; Opladen 1986; S. 41; - s.a. Jürgen Hartmann; Vergleichende Regierungslehre und vergleichende politische Systemforschung; in: Dirk Berg-Schlosser / Ferdinand Müller-Rommel (Hg.); Vergleichende Politikwissenschaft. Ein einführendes Studienhandbuch; Opladen ²1992; S. 31.
43 s. dazu Hannelore Keidel; Kommunikationspolitisch relevante Urteile des Bundesverfassungsgerichts; in: Publizistik; 12. Jg.; 2-3/1967; S. 125.

Formel, Demokratie sei „...government of the people, by the people, and for the people" an dieses etymologische Verständnis von Demokratie an. Zwar liefert eine solche definitorische Bestimmung die *Grundlage* für ein angemessenes Demokratieverständnis, nämlich daß in einer Demokratie die Macht dem Volk gehört und die Machtausübung nur dann auch legitim ist, wenn sie von unten verliehen ist, aber die Formulierung „...by the people..." hat in der Vergangenheit die unterschiedlichsten Konzepte von Demokratie miteinschließen können[44]. Deshalb, so Iring Fetscher, konnte sich die Definition Abraham Lincolns auch zu einer „Zauberformel" entwickeln, in der „...alle Hoffnungen und alle Probleme der Demokratie als politischer Form des menschlichen Zusammenlebens verborgen"[45] seien.

Doch was die Lincoln-Formel durch dreifache Benennung zu Recht hervorhob, war der Stellenwert des „Demos". Bereits im 14. Jahrhundert hatte in direkter Anknüpfung an Aristoteles Marsilius von Padua in seiner Schrift „Defensor Pacis" versucht, den Beweis zu erbringen, daß zwingende Gewalt auf den zuständigen Gesetzgeber zurückzuführen sein müsse. Dieser Gesetzgeber könne allerdings nur die Gesamtheit der Bürger bzw. ihr gewichtigerer Teil sein:

„D e m allein steht allein die primäre menschliche Vollmacht, Gesetze zu geben oder zu schaffen, schlechthin zu, von dem allein die besten Gesetze ausgehen können. Nun ist das die Gesamtheit der Bürger oder deren Mehrheit, die die Gesamtheit vertritt; denn es ist nicht leicht oder geradezu unmöglich, daß alle Personen sich zu e i n e r Meinung zusammenfinden, weil gewisse Leute mit Blindheit geschlagen sind und aus persönlicher Bosheit oder Unwissenheit von der allgemeinen Meinung abweichen; deren unvernünftiger Einspruch oder Widerspruch darf <die Wahrnehmung> der Interessen der Allgemeinheit nicht beeinträchtigen oder unmöglich machen. Also kommt es der Gesamtheit der Bürger oder deren Mehrheit ausschließlich zu, Gesetze zu geben oder zu beschließen"[46].

Was Marsilius von Padua damit erstmals einforderte, war nichts geringeres, als eine Idee, die dreihundert Jahre später ihren Siegeszug in den Staaten Europas antreten sollte: die Idee der Volkssouveränität[47].

---

44 Vgl. Giovanni Sartori; Demokratietheorie; a.a.O.; S. 44-45.
45 Iring Fetscher; Wieviel Konsens gehört zur Demokratie?; a.a.O.; S. 196. - Arendt Lijphart greift diese Formel auf und reformuliert sie in seiner Definition einer idealen Demokratie: „Democracy may be defined not only as government *by* the people but also, in President Lincoln's famous formulation, as government *for* the people - that is, government in accordance with the people's preferences. An ideal democratic government would be one whose actions were always in perfect correspondence with the preferences of all its citizens"; Arendt Lijphart; Democracies. Patterns of Majoritarian and Consensus Government in Twenty-One Countries; New Haven u.a. 1984; S. 1.
46 Marsilius von Padua; Der Verteidiger des Friedens [Übersetzung von Walter Kunzmann]; Stuttgart 1985; S.54 (= Teil 1, Kapitel 12 §5).
47 Verfassungsrechtlich verankert findet sich die Idee der Volkssouveränität erstmals in der Virginia Bill of Rights von 1776, in der es in Art. 2 heißt: „That all power is vested in, and consequently derived from, the people; that magistrates are their trustees and servants, and at all times amenable to them"; - Der Text des Marsilius von Padua ist höchst modern, denn er begründet in dem oben zitierten Absatz nicht nur ein wesentliches Argument für die Volkssouveränität (auch wenn sein Verständnis noch nicht identisch sein sollte mit einer modernen Auffassung von Volkssouveränität (vgl. Hasso Hofmann; Repräsentation. Studien zur Wort- und Begriffsgeschichte von der Antike

Grundsätzlich bedeutete das Prinzip der Volkssouveränität, daß die politische Willensbildung innerhalb eines Herrschaftsverbandes in Form von direkter Gesetzgebung - und später durch Delegation bzw. Verleihung von Macht- und Herrschaftbefugnissen an Repräsentanten des Volkes - grundsätzlich von unten nach oben zu geschehen habe[48]. Mit dieser sehr allgemeinen Auffassung konnte noch direkt an die aristotelische Vorstellung von Demokratie angeknüpft werden, wie dies u.a. Jean-Jacques Rousseau in seinem „Contract social" getan hat[49]. Seiner Auffassung nach war die Souveränität des Volkes sogar etwas Unteilbares, denn „...souveräne Gewalt [ist; Erg. A.B.] einfach und ein Ganzes, und man kann sie nicht teilen, ohne sie zu zerstören"[50].

Rousseau antwortete mit seinem Text bereits auf einen Veränderungsprozeß innerhalb der Demokratiediskussion. Ihm war durchaus bewußt, daß seiner Auffassung von Volkssouveränität immer stärker das Argument entgegenhalten würde, ein solches Konzept, in dem die Bürger über alle ihre Angelegenheiten selbst *diskutierten* und abstimmten, sei vielleicht noch eine Option für kleinere Gemeinschaften, nicht aber für einen Staat, der aufgrund seiner territorialen und demographischen Größe ein solches Verfahren der Volkssouveränität nicht mehr zulassen könne[51].

Der rousseauschen Demokratievariante, die bisweilen auch als identitäre Demokratie bezeichnet worden ist, wurde immer stärker der Gedanke einer repräsentativen Demokratie entgegengehalten. Der Begriff der Repräsentation hatte sich spätestens seit dem

---

bis ins 19. Jahrhundert; Berlin ²1990; S. 191-201), sondern zieht bereits in Betracht, daß die Ganzheit der Bevölkerung auch repräsentiert werden kann. So heißt es im Originaltext: „Hoc autem est civium universitas aut eius pars valencior, que totam universitatem r e p r e s e n t a t". Verbunden mit der Annahme, daß es einen Meinungspluralismus geben werde und der Mehrheit ein wichtiger Part bei der Entscheidung zukommen müsse, deutet sich ein durchaus modernes Demokratieverständnis bereits an; - anders: vgl. Peter Graf Kielmansegg; Volkssouveränität. Eine Untersuchung der Bedingungen demokratischer Legitimität; Stuttgart 1977; S. 59-65.

48 Vgl. Ulrich von Alemann; Demokratie; in: Wolfgang W. Mickel (Hg.); Handlexikon zur Politikwissenschaft. München 1983; S. 76.

49 Joachim Detjen nennt Rousseaus Demokratiekonzept auch die „folgenreichste" Anknüpfung an die Philosophie des Aristoteles; - Vgl. Joachim Detjen; Pluralistische Demokratie oder pluralistische Republik? Überlegungen zu einer thematischen Neuorientierung der Pluralismustheorie; in: Jürgen Hartmann / Uwe Thaysen (Hg.); Pluralismus und Parlamentarismus in Theorie und Praxis. Winfried Steffani zum 65. Geburtstag. Opladen 1992; S. 29.

50 Jean-Jacques Rousseau; Vom Gesellschaftsvertrag oder Grundsätze des Staatsrechts [Übersetzung von Hans Brockard]; Stuttgart 1977; S. 100.

51 Auch wenn Rousseau zu Recht als ein heftiger Verteidiger ungeteilter Volkssouveränität angesehen werden kann, so muß doch immer wieder auf den Satz hingewiesen werden, in dem er fast resignierend eine solche Regierung für den Menschen für kaum realisierbar hält: „Wenn es ein Volk von Göttern gäbe, würde es sich demokratisch regieren. Eine so vollkommene Regierung paßt für Menschen nicht" (Jean-Jacques Rousseau; Gesellschaftsvertrag; a.a.O.; S. 74); es ist deshalb nicht überraschend, daß seine praktisch-politischen Vorschläge: Wahlaristokratien (Polen) oder plebiszitär-republikanische Staatsformen mit monarchischer Regierung (Frankreich) beinhalteten; zur Bedeutung der Großräumigkeit politischer Gemeinschaften: vgl. u.a. Robert A. Dahl / Edward R. Tufte; Size and Democracy; London 1974; - Ernst-Wolfgang Böckenförde; Staat, Verfassung, Demokratie. Studien zur Verfassungstheorie und zum Verfassungsrecht; Frankfurt am Main 1991; S. 381.

Spätmittelalter zu einem, immer auch umstrittenen Zentralbegriff für das Verhältnis des gesellschaftlichen Ganzen zu seinen Teilen entwickelt. Er bezeichnete immer stärker den Anspruch eines bestimmten, an der Spitze eines sozialen Zusammenschlusses plazierten Teils, den Sinn des Ganzen in besonders prominenter und vollständiger Weise darzustellen[52].

Die Idee der Repräsentation hat ihren Ursprung nicht im Gedanken der Demokratie, sondern stand sogar zunächst in einem äußerst spannungsreichen Verhältnis zu dieser[53]. So entsprach die Idee der repräsentativen Demokratie kaum noch Überlegungen, wie man sie mit den antiken Konzeptionen von Demokratie assoziieren würde. Doch bereits in den Historien des Herodot findet sich eine nicht unbedeutende Passage zu einem Begriff von „Demokratie", die bereits einen ersten Anklang an den Repräsentationsgedanken beinhaltet. So schlägt Otanes im Rahmen der Debatte um die beste Verfassung vor:

> „Ich bin der Meinung, ein einziger von uns sollte nicht wieder Alleinherrscher werden. Denn das ist weder erfreulich noch gut [...] Wie kann auch Alleinherrschaft eine wohlbestellte Ordnung sein, sie, der es erlaubt ist, ohne Rechenschaft zu tun, was ihr beliebt? [...] Herrscht aber die Gemeinde, trägt das erstens den schönsten aller Namen: gleiches Recht, und zweitens, alles was der Alleinherrscher tut, das tut sie nicht; nach dem Los besetzt sie die Ämter, ist Rechenschaft schuldig über die Leitung, und alle Beschlüsse bringt sie vor die Gemeinschaft. Darum ist meine Meinung, wir lassen von der Alleinherrschaft und stärken die Gemeinde. Denn im Vielen steckt das Ganze"[54]

Auch wenn der Begriff der „Repräsentation" in der Antike noch keine Verwendung fand[55] - nicht zuletzt auch deshalb, da bei der Kleinheit der Gemeinwesen jeder Anstoß, eine Vertretung an die Stelle der eigenen Entscheidung zu setzen, fehlte[56] -, so erhellt dieser Textausschnitt allerdings doch bereits das wesentliche Prinzip einer repräsentativen „Gemeindeherrschaft". Repräsentative „Gemeindeherrschaft" bedeutete das Handeln einer kleinen Gruppe, die zugleich gegenüber dem Demos rechenschaftspflichtig war und damit einen daraus resultierenden und wahrnehmbaren „Zurechnungszusammenhang"[57] bildete.

Bis ins 15. Jahrhundert hinein spielte der Begriff der Repräsentation fast ausschließlich in den innerkirchlichen Auseinandersetzungen, u.a. bei Wilhelm von Ockham und Nikolaus von Kues, eine bedeutende Rolle. Als politisches Prinzip blieb sie weitgehend unbedeutend. Erst mit der festen Institutionalisierung von Zusammenkünften verschie-

---

52 Aus der umfangreichen Literatur über das Prinzip der Repräsentation seien nur zwei Werke von herausragender Bedeutung genannt: zum einen die begriffsgeschichtliche Studie von Hasso Hofmann; Repräsentation; a.a.O.; zum anderen die politisch-analytische Untersuchung von Hanna Fenichel Pitkin; The Concept of Representation; Berkeley u.a. 1972.
53 Vgl. Ernst-Wolfgang Böckenförde; Staat, Verfassung, Demokratie; a.a.O.; S. 379.
54 Herodot, Historien Buch III, 80.
55 Vgl. Jakob A. Larsen; Representative Government in Greek and Roman History; Berkeley 1955.
56 Vgl. Christian Meier; Entstehung und Besonderheit der griechischen Demokratie; in: Zeitschrift für Politik, 25. Jg (NF), 1/1978; S. 20.
57 Ernst-Wolfgang Böckenförde; Staat, Verfassung, Demokratie; a.a.O.; S. 391.

dener gesellschaftlicher Gruppen sollte die Repräsentation eine deutlichere politische Konnotation bekommen. Die in der Magna Charta von 1215 verbürgte Rolle der Kronvasallen als Berater des Königs wurde im „Modis Tenendi Parliamentum" des 14. Jahrhunderts deutlich formuliert. Darin heißt es in korporationsrechtlicher Tradition, daß die Abgeordneten die gesamte Gemeinschaft Englands repräsentierten („repraesentant totam communitatem Angliae"), aber auch, daß die Vertreter für ihre jeweiligen Stände und Korporationen sprechen, von denen sie ein ausdrückliches Mandat erhalten hatten. Der Konflikt zwischen dem König und dem „House of Commons", das sich zu einem Repräsentativorgan der Landbesitzer und des niederen Adels entwickelt hatte, führte im Rahmen der „Glorious Revolution" durch die Machtübernahme Wilhelms III. von Oranien schließlich zum Abschied Englands vom Absolutismus und der kontinentaleuropäischen Form der Monarchie[58] und zur Ausbildung eines mit dem heutigen Verständnis von Parlament durchaus vergleichbarem Organ - ein Prozeß, der sich in den verschiedenen Ländern Europas z.T. noch erheblich verzögerte[59].

Diese hier am Beispiel Englands skizzierte Entwicklung macht allerdings deutlich, daß der Begriff der Repräsentation immer stärker in politische Konzeptionalisierungen einbezogen wurde. Zugleich aber blieben die Repräsentanten noch weitgehend an einen Vertretungsauftrag der eigenen Klientel gebunden.

Es ist erstmals Hobbes, der in radikaler Weise mit dem Gedanken einer Identitätsbeziehung („repraesentatio identitatis") zwischen dem Repräsentanten und den Repräsentierten bricht. Bei ihm absorbiert der Herrscher vielmehr alle Unterschiede zwischen dem Teil und dem Ganzen: der Herrscher symbolisiert und repräsentiert zum einen die staatliche Einheit und damit zum anderen auch die Interessen der Bürger. Durch den Herrschaftsvertrag ins Amt gehoben, bedarf für Hobbes der Souverän keiner Rückbindung mehr an die von ihm repräsentierte Gemeinschaft[60]. Ohne Zweifel stellt diese absorptive Repräsentationslehre von Hobbes einen Rückschritt in der Zusammenführung der Idee der Demokratie mit dem Gedanken der Repräsentation dar. Indem er den alleinigen Repräsentativcharakter des Monarchen behauptet, streitet er zugleich „...den Ständen und jedem Parlament jeden im mindesten vergleichbaren Vertretungscharakter"[61] ab und damit die Legitimität der sich langsam entwickelnden Vertretungs- und Repräsentati-

---

58 Hans Schauer; Nationale und europäische Identität. Die unterschiedlichen Auffassungen in Deutschland, Frankreich und Großbritannien; in: Aus Politik und Zeitgeschichte, B10/1997, 28.2.1997, S.7.
59 Vgl. Peter Graf Kielmansegg; Das Experiment der Freiheit. Zur gegenwärtigen Lage des demokratischen Verfassungsstaates; Stuttgart 1988; S. 54-58; - Gerade die spezifische Entwicklung in England macht deutlich, daß der Gedanken der Repräsentation nicht dem Demokratiegedanken übergestülpt wurde, sondern daß vielmehr die Repräsentativverfassung der Demokratie vorausging.
60 Suzanne S. Schüttemeyer; Repräsentation; in: Dieter Nohlen (Hg.); Lexikon der Politik (Band I: Politische Theorien); München 1995; S. 547.
61 Hasso Hofmann; Repräsentation; a.a.O.; S. 391.

onsstrukturen, auf die die langsam entwickelnden Demokratien aufbauen sollten. Zu sehr ist Hobbes noch den Gedanken hochabsolutistischer Staatstheorien verhaftet[62].
Der englische Philosoph John Locke schließlich suchte den Gedanken der Repräsentation mit dem der Demokratie bzw. der Volkssouveränität zu verbinden. In der zweiten Abhandlung über die Regierung führt er den Gedanken des Vertrauens ein. Entgegen der Auffassung von Hobbes, sieht er im Monarchen zwar durchaus einen Repräsentanten, dessen Repräsentation hat aber nur noch deklaratorische Funktion. Die wirklichen Repräsentanten des Volkes sind demnach die Personen, die der höchsten Gewalt innerhalb einer Gemeinschaft angehören: der Legislative. Doch einschränkend fügt Locke hinzu:

„...so ist doch die Legislative nur eine Gewalt, die auf Vertrauen beruht und zu bestimmten Zwecken handelt. Es verbleibt *dem Volk* dennoch *die höchste Gewalt*, die *Legislative* abzuberufen oder zu ändern, wenn es der Ansicht ist, daß die Legislative dem in sie gesetzten Vertrauen zuwiderhandelt. Denn da alle *Gewalt, die im Vertrauen auf einen bestimmten Zweck übertragen wird*, durch diesen Zweck begrenzt ist, so muß, wenn dieser *Zweck* vernachlässigt oder ihm entgegen gehandelt wird, dieses *Vertrauen* notwendigerweise *verwirkt* sein und die Gewalt in die Hände derjenigen zurückfallen, die sie erteilt haben und die sie nun von neuem vergeben können [...] Und so *behält die Gemeinschaft* beständig *eine höchste Gewalt für sich...*"[63]

Der Locke'sche Entwurf einer auf repräsentativen Institutionen beruhenden Demokratie hat auf die Entwicklung der westlichen Demokratie, insbesondere auf die amerikanische Verfassung, einen nachhaltigen Einfluß ausgeübt[64]. Die historische Leistung von Locke liegt jedoch nicht so sehr in der Betonung des Trustprinzips begründet. Wie Wilhelm Hennis zu Recht vermerkt, war vielmehr das Verständnis der herrschaftlichen Aufgabe als „Trust", als anvertrautes Amt, im europäischen, und insbesondere im kontinentalen Verständnis fest verankert[65].
Locke's stärkste Intention ist es hingegen, den Amtsgedanken mit der modernen Fassung repräsentativer Demokratie harmonisch zu verbinden und damit zumindest einen mittelbaren Grundstein für das eigentliche „Kernstück"[66] repräsentativer Demokratie zu legen: das freie Mandat.
Noch bevor der Philosoph und Reform-Whig Edmund Burke 1774 in seiner Rede an die Wähler von Bristol exemplarisch den Gedanken des freien Mandates formuliert hatte,

---

62 Vgl. Alexander Schwan; Politische Theorien des Rationalismus und der Aufklärung; in: Hans-Joachim Lieber (Hg.); Politische Theorien von der Antike bis zur Gegenwart; Bonn ²1993; S. 187.
63 John Locke; Zwei Abhandlungen über die Regierung; a.a.O.; S. 293-294.
64 Vgl. dazu Federalist Paper No. 39 in: Alexander Hamilton / James Madison / John Jay; The Federalist [Herausgegeben von Jacob E. Cooke]; Middletown 1961; S. 250-257;dort bringt James Madison den Amtsgedanken in direkte Verbindung mit Republik (= repräsentative Demokratie).
65 Vgl. Wilhelm Hennis; Amtsgedanke und Demokratiebegriff; in: ders.; Politik als praktische Wissenschaft. Aufsätze zur politischen Theorie und Regierungslehre; München ²1968; S. 51.
66 Wolfgang Jäger; Prämissen der repräsentativen Demokratie; in: Dieter Oberndörfer / Wolfgang Jäger (Hg.); Die neue Elite. Freiburg i.Brsg 1975. S.64.

schrieb der Sprecher des Unterhauses von 1728 bis 1761, Arthur Onslow, in einer Notiz:

> „Jedes Mitglied des Unterhauses wird, sobald es gewählt ist, ein Repräsentant des gesamten Unterhauses, ohne irgendeine Unterscheidung nach dem Ort, von dem es ins Parlament geschickt wurde [...] Daß jedes Mitglied in gleicher Weise ein Repräsentant des Ganzen ist [...], ist, wie ich es verstehe, die ständige Auffassung des Parlaments gewesen. [...] Deshalb sind Instruktionen von einzelnen Wählern an ihre eigenen Vertreter im Parlament nur informativen, beratenden und empfehlenden Charakters [...] sie sind jedoch im Parlament nicht absolut bindend für Abstimmungen, Handlungen und Gewissen"[67]

Mit dieser Aussage hatte der Sprecher des Unterhauses zwar einen Teil des freien Mandats, nämlich die nicht vorhandene Bindung des Abgeordneten an einen Auftrag durch die Wählerschaft, erwähnt, aber erst bei Edmund Burke verbindet sich die Freiheit des Abgeordneten zugleich mit einer Bindung an seine Wählerschaft bzw. das von ihm repräsentierte Volk. Im Gegensatz zu seinem Parteikollegen Henry Cruger, der sich im gleichen Wahlkreis wie Burke um einen Sitz im Unterhaus bewarb und die Auffassung vertrat, die Wähler hätten ein Recht, den Parlamentsmitgliedern Weisungen zu erteilen, betonte Burke die grundsätzliche Unabhängigkeit des Abgeordneten vom Wahlvolk:

> „Certainly, gentlemen, it ought to be the happiness and glory of a representative to live in the strictest union, the closest correspondence, and the most unreserved communication with his constituents. Their wishes ought to have great weight with him; their opinion high respect; their business unremitted attention. It is his duty to sacrifice his repose, his pleasures, his satisfactions, to theirs; and above all, ever, and in all cases, to prefer their interest to his own. But his unbiassed opinion, his mature judgement, his enlightened conscience, he ought not to sacrifice to you; to any man, or to any set of men living. [...] To deliver an opinion is the right of all men; that of constituents is a weighty and respectable opinion, which a representative ought always to rejoice to hear; and which he ought always most seriously to consider. [...] Parliament is not a congress of ambassadors from different and hostile interests; which interests each must maintain, as an agent and advocate, against other agents and advocates; but parliament is a deliberative assembly of one nation, with one interest, that of the whole; where, not local purposes, not local prejudices ought to guide, but the general good, resulting from the general reason of the whole."[68]

Die Leistung von Burke war es, daß er ein fundamentales Problem der Repräsentation, die Frage nach dem „acting for", in einem speziellen und praktischen Zusammenhang erörterte. Er verband die klassische Kontroverse, ob ein Abgeordneter instruktionsgebunden (delegate) oder unabhängig (trustee) entscheiden müsse mit der Frage, welche spezifischen Interessen für den Abgeordneten zu beachten seien: die der unmittelbaren Wählerschaft („lokale Interessen") oder die der ganzen Nation („nationale Interessen").

---

67 Arthur Onslow, zit. in: Ivor W. Jennings / Gerhard A. Ritter (Hg.); Das britische Regierungssystem; Köln u.a. 1970; S.173.
68 Edmund Burke; Speeches at his Arrival at Bristol and the Conclusion of the Poll, 1774; in: ders; The Works of Edmund Burke (Band II); Oxford u.a. 1924; S. 164-165; bemerkt sei, daß Edmund Burke in der Zeit seiner politischen Tätigkeit von 1776-1780 nicht mehr nach Bristol kam und sich auf gelegentliche Korrespondenzen beschränkte.

Burkes Überlegungen waren so formuliert, „...daß allein die Position 'lokalinstruktionsgebunden' und 'national-unabhängig' als einander ausschließende Alternativen in Erscheinung treten"[69] konnten.
Es kann an dieser Stelle nur angedeutet werden, welchen Transformationsprozeß die Demokratietheorie im 16. bis 18. Jahrhundert machen mußte, um als taugliche Herrschaftsform für moderne, geographisch und demographisch große und in sich differenzierte Gesellschaften angesehen werden zu können. Doch zweifelsohne wurde durch diesen Transformationsprozeß, der direkte Einfluß des Volkes auf politische Entscheidungen weit zurückgedrängt[70]. Der demokratische Gedanke, wie er in der „Politik" des Aristoteles vorbildlich konkretisiert worden war, schien damit weit in den Hintergrund getreten zu sein, weshalb sich diese Form der Demokratie auch nie ganz der Kritik entziehen konnte.
Zu einem frühen Zeitpunkt und zugleich grundlegend hatte der Franzose Rousseau die mit dem Repräsentationsprinzip verbundene Übertragung der Volkssouveränität kritisiert, denn er sah diese schließlich als grundsätzlich unveräußerlich und unteilbar an. Deshalb konnte er am Beispiel Englands auch sagen, die Engländer seien nur zum Zeitpunkt ihrer Stimmenabgabe wirklich freie Menschen[71]. Unter dem normativen Anspruch einer unteilbaren Volkssouveränität konnte diese Einschränkung und der damit verbundene Verlust unmittelbarer Direktheit nur als „zweitbeste Lösung"[72] bzw. „Notlösung"[73] erscheinen und sie lief damit auch Gefahr, sich als generelle „Achillesferse" der modernen Demokratietheorie zu erweisen[74].
Peter Graf Kielmansegg stellt in seiner umfangreichen Untersuchung zum Begriff der Volkssouveränität zu Recht fest, daß sie allein „...kein tragfähiges normatives Fundament für ein freiheitliches Gemeinwesen"[75] abgeben kann und deshalb eine Verabsolutierung der Volkssouveränitätsdoktrin nur *eine* Quelle der demokratischen Legitimation erfasse[76]. So macht u.a. Giovanni Sartori deutlich, daß man die Bedeutung der reprä-

---

[69] Winfried Steffani; Edmund Burke: Zur Vereinbarkeit von freiem Mandat und Fraktionsdisziplin; in: Zeitschrift für Parlamentsfragen, 12. Jg., 1/1981, S. 116.
[70] Vgl. Ulrich von Alemann; Demokratie; a.a.O.; S. 76.
[71] Vgl. Jean-Jacques Rousseau; Gesellschaftsvertrag; a.a.O.; S. 103.
[72] Vgl. Joachim Detjen; Pluralistische Demokratie; a.a.O.; S. 31.
[73] Peter Graf Kielmansegg; Experiment der Freiheit; a.a.O. S. 43.
[74] Vgl. Giovanni Sartori; Demokratietheorie; a.a.O.; S. 40; - Diese „Achillesferse" benennt Rupert Hofmann empirisch am Beispiel der Bundesrepublik Deutschland. Das Allensbacher Institut für Demoskopie stellte fest, daß die Bürger in der Bundesrepublik Deutschland ein überwiegend plebiszitäres Demokratieverständnis haben. Damit kann der Gedanke der Repräsentation kaum lebendig gehalten werden und führt zu einer erheblichen Differenz von verfassungsrechtlich vorgegebener Struktur und der Einstellung der Bevölkerung; vgl. Rupert Hofmann; Demokratie zwischen Repräsentation und Anarchie; in: Zeitschrift für Politik, 31. Jg. (NF); 2/1984, S. 123.
[75] Peter Graf Kielmansegg; Volkssouveränität; a.a.O.; S. 255.
[76] Vgl. Eckhard Jesse; Repräsentative Demokratie [Reihe Deutschland Report Nr. 23 der Konrad-Adenauer-Stiftung]; St. Augustin 1995; S. 10.

sentativen Demokratie unterschätze. Im Gegensatz zu einer unmittelbaren, direkten Demokratie nämlich

> „...enthält ein System der politischen Entscheidungen auf vielen Ebenen und mit vielen Filtern gerade wegen seiner Indirektheit Vorsichtsmaßregeln und Einschränkungen, die auf direktem Wege nicht möglich sind. Zweitens bedeutet direkte Demokratie Nullsummenpolitik, während die indirekte eine Positivsummenpolitik ermöglicht. Drittens war in der antiken Demokratie der Krieg zwischen Reich und Arm unvermeidlich, weil er aus einem funktionalen Ungleichgewicht des Systems entsprang; heute dagegen ist kriegsähnliche Politik nicht unvermeidlich, weil es kein solches Ungleichgewicht gibt"[77].

Am Ende des 20. Jahrhunderts ist es nunmehr keine grundsätzliche Frage mehr, ob man die repräsentative Demokratie noch als Demokratie bezeichnen könne: Die Antwort ist - theoretisch wie empirisch - eindeutig zu Gunsten der repräsentativen, mittelbaren Demokratie ausgefallen. Leitungsorgane, die im Namen des Volkes und für das Volk handeln sowie zugleich die Möglichkeit besitzen, durch ihr Handeln das Volk zu verpflichten, sind fester Bestandteil der modernen Demokratievariante[78]. Auch wenn gelegentlich die mangelnde Direktheit beklagt wird[79], so müssen doch dieselben Theoretiker eingestehen, daß freiheitliche Verfassungsstaaten

> „...in unterschiedlicher Gestaltung und Zuordnung, aber doch ausnahmslos zwei Bestandteile [enthalten, Erg. A.B.]: einmal repräsentative Institutionen mit Steuerungs-, Koordinations- und Lenkungsfunktion, mit einem Wort: politische Herrschaft, zum anderen mannigfache Arten der bürgerlichen Teilnahme am Regierungsprozeß mit Hilfe von Verbänden, Parteien, Bürgerinitiativen und des Stimmzettels bei Wahlen, zusammengefaßt: demokratische Partizipation"[80].

Für den Zusammenhang dieser Untersuchung sind nun zwei Aspekte von nachhaltiger Bedeutung: Zum einen sollte gezeigt werden, daß die moderne Demokratie das immanente Strukturmerkmal der antiken Demokratie, nämlich die Unmittelbarkeit, mehr oder weniger aufgeben mußte. Die Entwicklung von kleinen, überschaubaren und zugleich werthomogenen Gemeinschaften hin zur Massengesellschaft in Flächenstaaten hat, wie auch schon am Beispiel der Kommunikation zwischen den Individuen gezeigt wurde, einen Verlust von Unmittelbarkeit zur Folge gehabt. Politische und zugleich demokratische Herrschaft ist in der Moderne nur noch gewissermaßen als „mediatisierte" Herrschaft realisierbar.

Der für unseren Zusammenhang bedeutsamere zweite Aspekt ist, daß in einem repräsentativen demokratischen System, trotz des Verlustes der unmittelbaren und kontinuierlichen Beteiligung des Volkes in Form von diskursiven Verfahren der Entscheidungs-

---

77 Giovanni Sartori; Demokratietheorie; a.a.O.; S. 278-279.
78 Ernst-Wolfgang Böckenförde; Staat, Verfassung, Demokratie; a.a.O.; S. 391.
79 Vgl. dazu u.a. Otmar Jung; Direkte Demokratie: Forschungsstand und -aufgaben; in: Zeitschrift für Parlamentsfragen, 21. Jg., 3/1990, S. 491-504; - Otmar Jung; Direkte Demokratie: Forschungsstand und Forschungsaufgaben 1995; in: Zeitschrift für Parlamentsfragen, 26. Jg., 4/1995, S. 658-677.
80 Joachim Detjen; Pluralistische Demokratie; a.a.O.; S. 27.

findung, wie sie auf der Agora der Athener Polis stattgefunden haben, die Kommunikation eine maßgebliche oder gar entscheidende Rolle spielt. Ausgangspunkt dieser Auffassung ist zunächst das freie Mandat bzw. das Prinzip des Amtes. Es ist deutlich geworden, daß die Befugnis, für andere - zeitlich und rechtlich begrenzt - verbindlich zu handeln bei gleichzeitiger Verpflichtung, sich regelmäßig vor dem Volk für sein Handeln zu *verantworten*, das zentrale Charakteristikum des demokratischen Verfassungsstaates geworden ist. Gerade der letzte Aspekt - sich zu verantworten - ist allerdings nur als kommunikativer Prozeß zu verstehen, denn dabei geht es ganz wesentlich darum, das eigene politische Handeln vor den Augen des „Demos" zu vollziehen und dieses Handeln zu begründen[81]. Erst durch den öffentlichen Vollzug dieses Handlungs- und Verantwortungsprozesses kann der „Demos" darüber ein Urteil fällen, ob sich der jeweilige Amtsinhaber seines Vertrauens würdig erweist bzw. erwiesen hat. Ernst Fraenkel bringt es auf den Punkt: „Nach der Trustlehre herrscht das Volk, indem es seine Regierung kontrolliert"[82].

Die Debatte des Parlamentes stellt insoweit ein zentrales Element dieses Verantwortungsprozesses dar. Sie ist damit zugleich - wie der große Analytiker des englischen Regierungssystems Walter Bagehot betonte - eine der bedeutsamsten Funktionen des Parlamentes überhaupt[83]. Sie soll Transparenz schaffen und zugleich Verantwortlichkeiten offenlegen. Da es sich dabei um einen bedeutsamen, vielleicht sogar den wichtigsten Aspekt innerhalb eines demokratischen Systems handelt, resümiert Gerhard Loewenberg zu Recht, daß die „...Wahrnehmung kommunikativer Funktionen durch das Parlament [...] für das ganze politische System von Bedeutung"[84] ist. Diese Dimension der Kommunikation, die Kommunikation von Politik zum „Demos" soll in der Folge mit dem Begriff der „Publizität" bezeichnet werden.

Die öffentliche Debatte im Parlament war keineswegs von Beginn an eine Selbstverständlichkeit, sondern mußte erst in einem langen historischen Prozeß erkämpft werden. Mit der Entstehung des Bürgertums wuchs zugleich auch der Anspruch, über die politischen Belange informiert zu werden und der Ruf, einer absolutistischen Arkanpolitik ein Ende zu setzen. Noch bis in das Jahr 1791 war es den englischen Parlamentariern

---

81 Vgl. dazu auch: Carl J. Friedrich; Die Verantwortung der Regierung in den Vereinigten Staaten, Großbritannien und der Bundesrepublik; in: Theo Stammen (Hg.); Vergleichende Regierungslehre. Beiträge zur theoretischen Grundlegung und exemplarische Einzelstudien; Darmstadt 1976; S. 228.
82 Ernst Fraenkel; Demokratie und öffentliche Meinung; in: ders.; Deutschland und die westlichen Demokratien. Frankfurt am Main ²1991; S. 228.
83 Vgl. Walter Bagehot; The English Constitution [Eingeführt und herausgegeben von Richard H. S. Crossman]; Ithaka 1966; S. 152; - s.a. John Stuart Mill; Betrachtungen über Repräsentativregierung; in: ders.; Gesammelte Werke (Band 8) [Übersetzung von Eduard Wessel]; Aalen 1968 (Neudruck der Ausgabe von 1873); S. 75-78.
84 Gerhard Loewenberg; Parlamentarismus im Politischen System der Bundesrepublik Deutschland; Tübingen 1969; S. 451; - s.a. die umfangreiche und höchst informative Studie von Leo Kißler; Die Öffentlichkeitsfunktion des Deutschen Bundestages. Theorie, Empirie, Reform; Berlin 1976.

unter Androhung des Verlustes ihrer Parlamentsprivilegien verboten, über die Inhalte der innerparlamentarischen Diskussion zu berichten, weil man - ganz in der Tradition von Hobbes stehend - befürchtete, die Wahrnehmung der unterschiedlichen Meinungen könne die Gesellschaft beunruhigen und zugleich auch innerlich spalten. Darüber hinaus befürchtete man, daß die Berichterstattung über das Parlament einem „Appell an das Volk" gleichkäme und daß die Abgeordneten für ihr Verhalten schließlich „draußen" zur Verantwortung gezogen werden sollten[85]. Doch dieses Prinzip wurde von Grenzgängern zwischen Politik und publizistischen Bereich, wie z.B. Henry Bolingbroke, aber auch anderswo, wie z.b. in den Vereinigten Staaten von Amerika durch Alexander Hamilton oder in Frankreich durch Antoine Condorcet[86] zunehmend durchbrochen, und schließlich löste sich der liberal-demokratische Verfassungsstaat gänzlich von der Auffassung, man müsse die Debatte im Parlament geheim halten. Mit unterschiedlicher Intensität wurden die Debatten der Parlamente einem breiten Publikum zugänglich gemacht.

Das Parlament ist jedoch nicht der einzige, wenngleich doch ein sehr wichtiger Ort der politischen Kommunikation[87]. In seiner „Verfassungslehre" hatte der Staatsrechtler Carl Schmitt ebenfalls die Bedeutung der Parlamentsdiskussion hervorgehoben: „Das Parlament des bürgerlichen Rechtsstaates ist nach seiner Idee der Platz, an welchem eine ö f f e n t l i c h e D i s k u s s i o n der politischen Meinungen stattfindet"[88]. Allerdings meinte Schmitt damit, das Parlament sei der *ausschließliche* Ort. Als Quelle bzw. historischen Beleg zitiert er schließlich das bekannte Wort von Karl Marx aus dem 18. Brumaire des Louis Bonaparte, gemäß dem das parlamentarische Regime von der Diskussion lebe. Doch Schmitt verkürzt diesen Absatz und verschweigt das Wesentliche, denn Marx analysiert treffend, wenn er schreibt:

> „Das parlamentarische Regime lebt von der Diskussion, wie soll es die Diskussion verbieten? [...] Der Rednerkampf auf der Tribüne ruft den Kampf der Preßbengel hervor, der debattierende Klub im Parlament ergänzt sich notwendig durch debattierende Klubs in Salons und in den Kneipen, die Repräsentanten, die beständig an die Volksmassen appellieren, berechtigen die Volksmeinung, in Petitionen ihre wirkliche Meinung zu sagen"[89].

Marx weist mit dieser Passage auf ein weiteres, zentrales Element demokratischer Kommunikation hin. Das „öffentliche Räsonnement", d.h. die Notwendigkeit bzw. das Recht, über das Gesagte und Verhandelte sich öffentlich bzw. in Auseinandersetzung

---

85 Vgl. Wolfgang Jäger; Für einen Parlamentskanal; in: Die politische Meinung, 37. Jg., 5/1992, Heft 270, S. 53.
86 Vgl. Hans Mathias Kepplinger; Ereignismanagement; a.a.O.; S. 22; - s.a. Max Weber; Rede auf dem ersten Deutschen Soziologentage in Frankfurt 1910; in: ders; Gesammelte Aufsätze zur Soziologie und Sozialpolitik; Tübingen 1924; S. 435.
87 Vgl. Ernst Fraenkel; Parlament und öffentliche Meinung; in: ders.; Deutschland und die westlichen Demokratien; a.a.O.; S. 205-206.
88 Carl Schmitt; Verfassungslehre; Berlin [6]1983; S. 315.
89 Karl Marx; Der achtzehnte Brumaire des Louis Bonaparte; in: ders. / Friedrich Engels; Werke (MEW); Band 8; Berlin / Ost 1960; S. 153-154.

mit anderen eine Meinung zu bilden bzw. diese Aussagen einer Bewertung zu unterziehen, ist die notwendige Folge der ersten hier behandelten Dimension politischer Kommunikation. Wenn Vertrauen durch Kommunikation zu gewinnen ist, muß sich dieses auch im öffentlichen Räsonnement bewähren können.

Den Zusammenhang von öffentlichem Räsonnement und Demokratie hatte in wenig schmeichelhaften Worten bereits Platon geäußert, wenn er mit negativer Konnotation die „Schrankenlosigkeit im Reden"[90] zum Wesen der Demokratie zählt. Im Gegensatz zur antiken Demokratie wurde die Bedeutung des Gespräches, wie schon oben gezeigt wurde, unter den Bedingungen der repräsentativen Demokratie deutlich eingeschränkt. An den öffentlichen Diskurs schließen sich nur noch selten direkte Entscheidungen des Volkes an. In der demokratietheoretischen Debatte ist über lange Zeit die Institution des freien Mandates zu Unrecht angegriffen worden. So sehr auch die Unabhängigkeit der Repräsentanten notwendige Funktionsbedingung des repräsentativen Systems sein mag, so befinden sich die Amtsinhaber doch nicht in einer sozialen Isolation. Ihr Handeln führt oft zu Widerspruch und Dissens gegenüber Positionen, die in der Bevölkerung vertreten werden und nicht selten ist es gerade das Volk, das ein (anderes) Handeln der Repräsentanten einfordert. Ich möchte diese rückwirkende Kommunikationsbeziehung als die responsive[91] Dimension der Kommunikation in einer repräsentativen Demokratie bezeichnen.

Der Begriff der Responsivität ist ein, vor allem in der deutschen Fachdiskussion relativ neuer Begriff und leitet sich von dem englischen Begriff der „Responsiveness" ab. Etymologisch und semantisch ist „Responsiveness" mit dem Begriff der „Responsibility", also der „Verantwortung" verwandt. Der Terminus „Responsiveness" ist jedoch am besten in Frageform zu erläutern, denn er umschreibt die Problematik: „Finden öffentliche Meinungen und das, was man dafür halten kann, im Parteienspektrum [allgemeiner: politischen System; Anm. A.B.] Resonanz? Werden sie dort aufgegriffen, weiterverarbeitet und im politischen System vertreten?"[92] oder mit anderen Worten: ist das politische System sensibel für die Bedürfnisse der Bürger[93] bzw. besteht eine Rückkoppelung zwischen Bürger und Amtsinhaber?

---

90   Platon, „Der Staat" [557 St.] (Band 5, S.331).
91   Responsivität hat allerdings nicht nur ein kommunikatives Moment. So wäre z.B. die Verkürzung von Legislaturperioden oder die Einführung des Mehrheitswahlrechtssystems Strategien, die die Responsivität eines demokratischen Systems auf anderem Wege steigern könnten. Gemeint ist damit vielmehr eine Kommunikation, die darauf abzielt, die Repräsentanten für die Bedürfnisse, Wünsche und Meinungen des „Demos" zu sensibilisieren.
92   Jürgen Gerhards / Friedhelm Neidhardt; Strukturen und Funktionen moderner Öffentlichkeit: Fragestellungen und Ansätze; in: Stefan Müller-Dohm / Klaus Neumann-Braun (Hg.); Öffentlichkeit, Kultur, Massenkommunikation. Beiträge zur Medien- und Kommunikationssoziologie; Oldenburg 1991. S. 80.
93   In diesem Sinne ist der Begriff der „responsiveness" in Amitai Etzionis „The Active Society" ins Deutsche übersetzt worden. „Responsiveness" bedeutet hier nämlich „Bedürfnissensibilität" bzw.

Es wäre ein vollkommen verfehlter Ansatz, Responsivität im Sinne eines imperativen Mandates oder auch nur als „Trostpflaster" für das Aufgeben des imperativen Mandates zu interpretieren, denn keinesfalls bedeutet Responsivität, die Politiker zu verpflichten, „...den Launen hedonistischer Wähler mit wachsendem Anspruchsdenken nachzugeben". Unter diesen Umständen würde Responsivität tatsächlich zu einer „flatternden Kompaßnadel im Wellengang der Stimmungsdemokratie"[94].

Vielmehr geht es darum, daß sich ein öffentlicher Kommunikationsprozeß und die sich dabei entwickelnden Meinungen und Standpunkte, auch auf das parlamentarische Geschehen auswirkt. Ernst Fraenkel sieht es sogar als ein wesentliches Element der Parlamentsdebatte an, eine „...Diskussion in der öffentlichen Meinung hervorzurufen, die ihrerseits geeignet ist, auf die Parlamentsdiskussion zurückzuwirken"[95], eine Parlamentsdiskussion, die dann als Reflexion und Verbalisierung des Volkswillens zu verstehen wäre[96]. Genau das aber ist es, was Bagehot als „expressive function" des Parlamentes bezeichnet hatte: es sei das Amt des Parlamentes, „...to express the mind of the English people on all matters which come before it"[97]. Insofern hat Ulrich von Alemann Recht, wenn er - auch wenn „Responsivität" in der wissenschaftlichen Terminologie erst in den letzten Jahren Bedeutung erlangt hat - in einer Replik auf Herbert Uppendahls Aufsatz über Responsivität als Baustein eines neuen Ansatzes der Demokratietheorie treffend fragt:

> „Was bringt uns eine solche 'Rückkoppelung', die irgendwie (man weiß nichts Genaues) Regierende und Regierte verbindet, an Erkenntnisgewinn oder als neues Analysekonzept, das nicht bereits im alten Begriff der Repräsentation steckte? Kannte Repräsentation denn keine Rückkoppelung?"[98]

Responsivität läßt sich als Charakteristikum der repräsentativen Demokratie in der Tat aus dem Prinzip der Repräsentation ableiten. Noch einmal sei auf das Zitat der Rede Burkes an die Wähler von Bristol verwiesen; dort heißt es ausdrücklich, daß die Wünsche des Volkes für den Abgeordneten größtes Gewicht haben sollten, die Meinung des Volkes in hohem Respekt stehen solle und deren Geschäfte uneingeschränkte Aufmerksamkeit verdient. Der „Trustee" war also auch bei Burke nicht als eine Person zu ver-

---

„Bedürfnisorientierung"; vgl. Amitai Etzioni; Die aktive Gesellschaft. Eine Theorie gesellschaftlicher und politischer Prozesse. Opladen 1975; S. 511.

94   Klaus von Beyme; Die politische Klasse; a.a.O.; S.205-206.
95   Ernst Fraenkel; Parlament und öffentliche Meinung; in: ders.; Deutschland und die westlichen Demokratien; a.a.O.; S. 205.
96   Vgl. die Auffassung von Responsiveness in: J. Roland Pennock; Responsiveness, Responsibility and Majority Rule; in: American Political Science Review; 46. Jg.; 3/1952; S. 790-807.
97   Walter Bagehot; The English Constitution; a.a.O.; S. 152.
98   Ulrich von Alemann; Responsive Demokratie - ein Lob dem Mittelmaß?; in: Zeitschrift für Parlamentsfragen, 12. Jg, 3/1981, S. 439; - s.a. Dietrich Herzog; Was heißt und zu welchem Ende studiert man Repräsentation; in: Dietrich Herzog / Bernhard Weßels (Hg.); Konfliktpotentiale und Konsensstrategien. Beiträge zur politischen Soziologie der Bundesrepublik. Opladen 1989; S. 307-335.

stehen, die vollkommen isoliert von seiner sozialen Umwelt existierte und handelte[99]. Und schon gar nicht verbietet die Konzeption des freien Mandates die (dialogische) Kommunikation mit den Wählern. Dieses Institut des freien Mandates soll dem Repräsentanten lediglich ermöglichen, sich von der Verwurzelung in Tradition, Leidenschaft, Vorurteil und Eigeninteresse sowie von Abhängigkeiten soweit wie möglich zu lösen, um so einer vernunftorientierten Gemeinwohlfindung eine größtmögliche Chance zu geben[100]. Auch bei einem der Gründungsväter der Vereinigten Staaten von Amerika, James Wilson, zeigt sich diese sogenannte „Linkage-Perspektive" der Repräsentation sehr deutlich, wenn er Repräsentation definiert als „...the chain of communication between people and those to whom they have committed the important charge of exercising the delegated powers necessary for the administration of public affairs"[101].
Es mag sein, daß ein solches Verständnis von einem kommunikativ tätigen Repräsentanten durch den Idealtypus des „Trustee" nicht mehr passend beschrieben ist und der von Heinz Eulau konzipierte dritte Typ eines Repräsentanten („Politico")[102] die treffendere Typisierung darstellt, doch scheint die Zuordnung eines Abgeordneten zu dem einen oder anderen Typ mehr eine graduelle und damit auch definitorisch bedingte Frage zu sein. Entscheidend ist, daß sich in der Tat der Auftrag an den Repräsentanten, sich immer wieder der Positionen, Meinungen, Forderungen etc. des „Demos" zu versichern und diese in seine Entscheidung einzubinden, aus dem Prinzip der Repräsentation und dem damit verbundenen freien Mandat ergibt. Deshalb kann Fraenkel zu Recht zusammenfassend feststellen:

> „Die Theorie der 'virtual representation' und die Utopie der volonté générale sind gleich weit entfernt von der modernen Idee einer Interdependenz von Parlament und öffentlicher Meinung als zwar eigenständiger, aber dennoch unlösbar miteinander verbundener Komponenten eines demokratischen Regierungsprozesses"[103]

---

99 Vgl. Carl J. Friedrich; Verfassungsstaat der Neuzeit; a.a.O.; S.305. - s.a. Ulrich Mathée; Der Gedanke der Repräsentation in der politischen Ideengeschichte; in: Günther Rüther (Hg.); Repräsentative oder plebiszitäre Demokratie - eine Alternative? Baden-Baden 1996; S. 63.
100 Vgl. Martin Kriele; Einführung in die Staatslehre. Die geschichtlichen Legitimitätsgrundlagen des demokratischen Verfassungsstaates; Reinbek 1975; S. 181-184.
101 James Wilson; zit. in: Werner J. Patzelt; Abgeordnete und Repräsentation. Passau 1993; S. 47; - Das Element der Responsivität als integraler Bestandteil der Repräsentationstheorie findet sich auch in der Auffassung von Repräsentation wieder, wie sie Hanna F. Pitkin vorgetragen hat und von der „kybernetischen Repräsentationstheorie" weiterentwickelt worden ist.
102 Heinz Eulau; The Legislator as Representative. Representational Roles; in: John C. Wahlke / Heinz Eulau / William Buchanan / LeRoy C. Ferguson (Hg.); The Legislative System. Explorations in Legislative Behavior; New York u.a. 1962; S. 267-286; s.a. Ernst-Wolfgang Böckenförde; Staat, Verfassung, Demokratie; a.a.O.; S. 396; Werner J. Patzelt fand bei einer Befragung der Abgeordneten des bayerischen Landtages heraus, daß die Abgeordneten sich in der Mehrheit eher als „Trustees" verstehen, ohne jedoch die Position des „Delegate" vollständig zu verwerfen. Vielmehr wird letztere ein Stück weit auch als Beschreibung besonderer Volksverbundenheit bzw. Bürgernähe aufgefaßt; - Vgl. Werner J. Patzelt; Abgeordnete und Repräsentation; a.a.O.; S. 209-210.
103 Ernst Fraenkel; Parlament und öffentliche Meinung; in: ders.; Deutschland und die westlichen Demokratien; a.a.O.; S. 209.

Er hätte mit Sicherheit auf der Basis dieser Aussage auch der These Amitai Etzionis zugestimmt, daß totale Responsivität (dies entspräche einer Politik im Sinne der volonté générale) die Möglichkeiten kontinuierlicher und langfristiger Politik zerstöre, da sich divergierende Interessen in einer Gesellschaft nicht auf einen Nenner bringen lassen, andererseits eine völlige Irresponsibilität (dies entspräche einer Politik im Sinn der „virtual representation") zu einer Entfremdung der Bürger vom politischen System führen würde[104].

Parlamente bzw. die Institutionen der repräsentativen Demokratien müssen für Impulse offen sein[105] und sich gegenüber der gesellschaftlichen Umwelt sensibel halten. Nur so können sie sich vor einer „pathologischen Eigendynamik"[106] bewahren oder wie es Elmer E. Schattschneider treffend ausdrückt: „The problem is not how 180 million Aristoteles can run a democracy, but how can we organize a community of 180 million ordinary people so it remains sensitive to their needs. This is a problem of *leadership, organization, alternatives, and systems of responsibility and confidence*"[107]

Die bisherigen Überlegungen unterscheiden sich nur geringfügig von dem, was im Kontext systemtheoretischer Ansätze unter den Begriffen von kommunikativem „Input" und „Output" des politischen Systems diskutiert worden ist. Schon Karl W. Deutsch hatte in seiner Schrift „Politische Kybernetik. Modelle und Perspektiven" die Auffassung systematisch begründet, demokratische Systeme seien als Kommunikationssysteme zu begreifen, die zentral auf den Austausch von Informationen angewiesen seien[108]. In diesem Sinne entwickelte auch Dietrich Herzog mit Blick auf das Prinzip der Repräsentation den Ansatz einer „kybernetischen Repräsentationstheorie"[109].

Doch ein solcher Politik- bzw. Repräsentationsbegriff greift bei der Analyse des komplexen Phänomens der politischen Kommunikation zu kurz. Michael Th. Greven hat diesen Kritikpunkt treffend formuliert:

> „Ohne nähere Begründung und verborgen in den Abstraktionen der Sprache der Systemtheorie wird 'Politik' zumeist mit dem 'politischen System' und dieses wiederum mit

---

104 Amitai Etzioni; The Active Society. A Theory of Societal and Political Processes. London u.a. 1968; S. 505; - s.a. Gabriel A. Almond / Sydney Verba (Hg.); The Civic Culture; Princeton 1963; S.476; - Werner J. Patzelt; Imperatives Mandat und plebiszitäre Elemente: Nötige Schranken der Abgeordnetenherrlichkeit?; in: Günther Rüther (Hg.); Repräsentative oder plebiszitäre Demokratie - eine Alternative? Baden-Baden 1996; S. 184; Patzelt ist - in Anlehnung an Pitkin - der Auffassung, daß eine rigide Interpretation des Prinzips des freien Mandats zu einer unstimmigen und zugleich auch unhaltbaren Argumentation führen würde.
105 Vgl. Detlef W. Weber; Parlamentaria als Arbeitsmittel und Öffentlichkeitsmedium der Parlamente; in: Zeitschrift für Parlamentsfragen; 6. Jg.; 2/1975; S. 213.
106 Jürgen Gerhards / Friedhelm Neidhardt; Strukturen und Funktionen moderner Öffentlichkeit; a.a.O.; S.81.
107 Elmer E. Schattschneider; The Semi-Sovereign People. A Realist's View of Democracy in America; New York u.a. 1960; S. 138; - Schattschneider bezieht sich mit seiner Aussage auf die USA,: Daher auch die angegebene Zahl von 180 Millionen Menschen.
108 Vgl. Karl W. Deutsch; Politische Kybernetik. Modelle und Perspektiven; Freiburg i. Brsg. ²1970.
109 Dietrich Herzog; Was heißt und zu welchem Ende studiert man Repräsentation; a.a.O.; S. 314.

dem Staat gleichgesetzt. Dadurch bekommt dieses Politikverständnis einen stark gouvernementalen und inhärent zentralistischen bias. [...] Allerdings glaube ich, daß dieses inhärente Politikverständnis der Systemtheorie nur einen begrenzten Ausschnitt des tatsächlichen politischen Prozesses moderner Gesellschaften thematisiert und insofern gänzlich unangemessen ist"[110]

Greven verweist in seiner Kritik desweiteren darauf, daß Politik heute nicht mehr alleine mit dem klassischen Staatsbegriff gleichzusetzen wäre, sondern auf vielen Ebenen und Formen teils unter Mitwirkung staatlicher Organe, teils in Übertragung hoheitlicher Rechte stattfinde.

Dies gilt auch für die politische Kommunikation. Sie ist nicht nur als „Output-" oder an das politische System gerichtete „Input-" Kommunikation zu begreifen, sondern sie verläuft nicht selten auch quer zu diesen Dimensionen.

Die Absicherung des öffentlichen Gespräches, d.h. der Kampf um die Sicherung vor Verfolgung bei Äußerung von (divergenten) Meinungen, sollte sich als einer der wichtigsten Punkte in der Auseinandersetzung mit dem absolutistischen Staat erweisen. In der bekannten Passage, der höchste Souverän sei dazu angehalten, zu bestimmen, wer das Volk aufklären dürfe, da Handlungen ihren Grund in Meinungen hätten und deshalb diese unter Aufsicht genommen werden müßten, „...wenn man Frieden und Einigkeit in einem Staat erhalten will"[111], hatte Hobbes paradigmatisch die Grundposition der Gegner einer freien Meinungsäußerung formuliert. Die Lockerung des Lizensierungssystems für Presseerzeugnisse und die sukzessive Abschaffung des Zensorenamtes fand nicht überall ungeteilte Zustimmung. Vor allem befürchtete man durch die ungehinderte Verbreitung von Meinungen die Verbreitung von „subversiven Moralvorstellungen" (Edmund Burke), die letztlich nur zu einer Spaltung des Volkes führten - im schlimmsten Fall sogar eine Revolution entfachen könnte (Lord Grenville)[112]. Ganz in der Tradition von Hobbes stellte der deutsche Konservative und Burke-Übersetzer Friedrich von Gentz in seiner Schrift über die Pressefreiheit aus dem Jahre 1818 in England fest:

„Sobald einmal die gesellschaftliche Ordnung besteht [...] hat es mit den natürlichen Rechten ein Ende. Ob sie vorher existiert haben, oder nicht, ist eine Frage metapolitischer Speculation, die Jeder nach seinem System bejahen, verneinen, oder unentschieden lassen mag. [...] Ein gesellschaftliches Recht aber ist ohne Schranken so wenig denkbar, daß sogar der reine Begriff desselben von wechselseitiger Beschränkung der Freyheit abgeleitet werden muß. Das Recht, seine Gedanken durch Schrift und Druck zu verbreiten, hat

---

110 Michael Th. Greven,; Die Pluralisierung politischer Gesellschaften: Kann die Demokratie bestehen? in: Thomas Jäger / Dieter Hoffmann [Hg.]; Demokratie in der Krise? Zukunft der Demokratie; Opladen 1995; S. 263.
111 Thomas Hobbes; Leviathan; a.a.O.; S. 161.
112 So unterlag in England bis 1694 die Presse einer Vorzensur. Bis 1720 war ein fingiertes Hochverratsstatut (constructive treason) in Kraft, das erlaubte, jede Kritik an der Regierung als Aufruf zum Aufstand anzusehen. Obwohl dieses Statut nur selten angewendet wurde, so besaß es doch eine stark abschreckende Wirkung; vgl. dazu u.a. Winfried Brugger; Grundrechte und Verfassungsgerichtsbarkeit in den Vereinigten Staaten von Amerika; Tübingen 1987; S. 217.

demnach, wie jedes andere, seine Schranken. Im gesellschaftlichen, das heißt, im einzig zuläßigen Sinne des Wortes, ist unbeschränkte Preßfreyheit ein Unding"[113]

Doch zu diesem Zeitpunkt war Gentz bereits in einer Außenseiterposition, denn schon längst hatte die Idee der freien Meinungsäußerung mit Hilfe der liberalen Bewegung ihren Siegeszug angetreten und zum Teil war sie sogar schon als verbrieftes Recht in demokratische Verfassungen eingegangen (z.B. 1791 im 1. Zusatzartikel der Verfassung der Vereinigten Staaten von Amerika).

Im Kampf um die Freiheit der Meinungsäußerung dominierten zu unterschiedlichen Zeitpunkten auch unterschiedliche Grundargumente[114]. Die erste große Verteidigung der Pressefreiheit des christlichen Abendlandes ist die von John Milton formulierte fiktive Rede an das britische Parlament „Areopagitica"[115]. Miltons Text ist vor allem deshalb so überzeugend, weil er es vermochte, bereits zu einem so frühen Zeitpunkt die zentralen und später für die Durchsetzung der Meinungsfreiheit bedeutsamen Argumentationslinien zu formulieren und diese mit empirischen Belegen zu verbinden. Zunächst stellt er - mit einer Vielzahl von historischen Belegen illustriert - fest, daß in der Vergangenheit „...no nation, or well instituted State, if they valu'd books at all, did ever use this way of licencing"[116]. Irrlehren, so Milton, hätten sich auch ungedruckt verbreitet. Auch sein zweites Argument ist noch äußerst pragmatisch und richtet sich gegen die Qualität des Zensors. So könne man nicht davon ausgehen, daß die Inhaber des Zensorenamtes grundsätzlich unfehlbar seien. So wie sich der Staat in der Wahl eines Zensors irren könne, so könne dieser sich auch in einem Autor irren. Schließlich bemerkt Milton fast beiläufig und allgemein, daß die Einführung des Zensorenamtes schließlich dazu führe, daß der Staat die Gesellschaft kritisiere. Dies aber sei gar nicht seine Aufgabe. Vielmehr sei es seine originäre Angelegenheit zu regieren[117].

---

113 Friedrich von Gentz, zit. in: Jürgen Wilke; Leitideen in der Begründung der Pressefreiheit; in: Publizistik, 28. Jg., 4/1983, S. 516; - s.a. die Verteidigung der Einschränkung der Pressefreiheit in: Friedrich von Gentz; Französische Kritik der Bundesbeschlüsse von 1819; in: ders.; Staatsschriften und Briefe (Auswahl in 2 Bänden); hier: Band 2: Schriften und Briefe aus den Jahren 1815-1832; München 1921; S. 77-81.
114 Vgl. dazu u.a. John Keane; The Media and Democracy; a.a.O.; S. 11.
115 Gemeinhin wird der Titel von John Miltons Schrift auf die siebte Rede des Isokrates (436 - 338 v. Chr.) zurückgeführt. Für diese These spricht nicht nur die Form der fiktiven Rede, sondern auch das generelle Anliegen, das Isokrates verfolgt: eine Reform der bestehenden Verhältnisse herbeiführen. In dieser Rede des Isokrates, die den Namen „Areopagitisches Gespräch" trägt, forderte er die Ausstattung des Areopags mit der Befugnis, über Fragen der Erziehung und generelle Fragen des Verhaltens urteilen zu dürfen. Doch dies paßt nicht eindeutig mit der eigentlichen Intention John Miltons zusammen, der ja gerade eine Aufhebung solcher „Kontrollmaßnahmen" forderte. Es ist deshalb zu bedenken, ob sich John Miltons Titel nicht eher auf die Rede des Paulus auf dem Areopag bezieht, von der die Apostelgeschichte 17, 18-34 berichtet. Einige Äußerungen Miltons beziehen sich indirekt auf diese Textstelle.
116 John Milton; Areopagitica; in: ders.; Complete Prose Works of John Milton (Vol. II 1643-1648); New Haven u.a. 1959; S. 521-522.
117 Vgl. ebenda; S. 534.

Für seinen Einsatz für die Meinungsfreiheit sind freilich zwei sehr viel grundlegendere Argumente von Bedeutung. Miltons Ausgangspunkt ist die dem Menschen von Gott gegebene Eigenschaft der Vernunft. Diese beinhalte seines Erachtens nun aber auch die Befähigung zur Wahl. Eine Unterdrückung der Wahlmöglichkeit durch die Einführung des Zensorenamtes würde aber den Menschen der Möglichkeit berauben, ein gutes, tugendhaftes bzw. christliches Leben zu führen, denn schließlich achte Gott „...the growth and compleating of one vertuous person, more then the restraint of ten vitious"[118].

Das andere Argument rekurriert auf einen Topos, der insbesondere im 19. Jahrhundert seine volle Bedeutung entfalten sollte: die Wahrheit. Ganz im Wortsinne der Aufklärung (En*light*enment) betont Milton: „The light which we have gain'd, was giv'n us, not to be ever staring on, but by it to discover onward things more remote from our knowledge"[119] und deshalb sei die Zensur von Büchern auch falsch, denn sie „...hinders and retards the importation of our richest Marchandize, Truth"[120]. Auch wenn durch die Abschaffung des Zensorenamtes „Lügen" öffentlich würden, so sollten diese doch mit der „Wahrheit" ringen: „...who ever knew Truth put to the wors, in a free and open encounter"[121].

Die Schrift von Milton birgt vielfältige Argumentationsmuster, die auch im Laufe der folgenden Jahrhunderte im Kampf gegen die staatliche Regulierung und Kontrolle einer freien Kommunikation in unterschiedlicher Konnotation und in anderen Begründungszusammenhängen vorgebracht wurden. Milton erkennt durchaus, daß eine freie Kommunikation nicht unproblematisch ist, weil diese Freiheit niemals ein sich selbst stabilisierender Prozeß sei. Dennoch sieht er in der Meinungsfreiheit grundsätzlich das kleinere Übel[122] und macht sich somit zu einem der ersten und bedeutendsten Verfechter der Meinungsfreiheit.

In der Mitte des 19. Jahrhunderts sollte schließlich das säkularisierte Argument von der Wahrheit als Ergebnis eines öffentlich ausgetragenen Prozesses von Rede und Gegenrede im Markt der freien Meinung eine überragende Bedeutung erhalten. Der englische Philosoph des ausgehenden 19. Jahrhunderts, John Stuart Mill, veröffentlichte 1859 seinen für den Liberalismus zentralen Essay „Über die Freiheit". Maßgeblichen Einfluß auf die Publikation dieser Schrift hatte der Reisebericht „Über die Demokratie in Ame-

---

118 ebenda; S. 528.
119 ebenda; S. 550.
120 ebenda; S.548.
121 ebenda; S. 561; - Daran knüpft auch die Petition der Leveller-Partei an das britische Parlament von 1649 an, wenn es dort heißt: „...it will be good, if not absolutely necessary for them [gemeint ist die Regierung; Erg. A.B.], to hear all voices and judgements, which they can never do, but by giving freedom to the Press"; The Humble Petition of Firm and Constant Friends to the Parliament and Common-Wealth, Presenters and promoters of the Late Large Petition of September 11. MDCXLVIII; abgedruckt in: Jürgen Wilke (Hg.); Pressefreiheit. Darmstadt 1984; S. 117.
122 Vgl. John Milton; Areopagitica; a.a.O.; S. 561.

rika" des Franzosen Alexis de Tocqueville[123], mit dem sich John Stuart Mill eingehend beschäftigt hatte. Tocqueville hatte vor allem im ersten Band seiner Ausführungen vor den Gefahren einer zunehmenden „Tyrannei der Mehrheit" und dem daraus resultierenden Konformitätsdruck gewarnt. John Stuart Mill greift diese These auf und macht sie insbesondere im 2. Kapitel, das mit dem Titel „Über die Freiheit des Gedankens und der Diskussion" überschrieben ist, zu einem immer wiederkehrenden Leitmotiv.

Über weite Passagen sind sich die Argumentationen von Milton und Mill sehr ähnlich, doch darf dies nicht darüber hinwegtäuschen, daß die Argumente Mills in der Tradition des, wenn auch geläuterten, Standpunktes einer utilitaristischen Ethik eingeführt wurden[124], während Miltons Argumente eher auf naturrechtliche Lehren rekurrierten.

In vier Teilargumenten versucht Mill nun, die Idee der freien Meinungsäußerung zu begründen und sie mit dem Ziel der Wahrheitsfindung zu verbinden. Zunächst stellt er fest, daß eine Meinung, die man durch Autorität zu unterdrücken versuche, möglicherweise richtig sein könne und selbst wenn sie falsch sei, könne sie dennoch einen wahren Kern beinhalten. Schließlich bezieht Mill den Fall mit ein, in dem die unterdrückte Meinung absolut falsch sei, doch auch dann will er eine Unterdrückung nicht zulassen:

> „Aber das besondere Übel der Unterdrückung einer Meinungsäußerung liegt darin, daß es am menschlichen Geschlecht als solchem Raub begeht, an der Nachwelt so gut wie an den Mitlebenden, an denjenigen, die von dieser Meinung nichts wissen wollen, noch mehr als an denen, die sie vertreten. Denn wenn die Meinung richtig ist, so beraubt man sie der Gelegenheit, Irrtum gegen Wahrheit auszutauschen; ist sie dagegen falsch, dann verlieren sie eine fast ebenso große Wohltat: nämlich die deutlichere Wahrnehmung und den lebhafteren Eindruck des Richtigen, der durch den Widerstreit mit dem Irrtum entsteht."[125]

Auch wenn für Mill die Zeit vorbei zu sein schien, die Pressefreiheit als „Schutzmaßregel gegen verderbtes oder tyrannisches Regiment"[126] zu verteidigen - und nicht nur die Geschichte des 20. Jahrhunderts sollte ihn hierbei gründlich widerlegen - so war ihm doch bewußt, daß man, will man einer Tyrannei der öffentlichen Meinung bzw. Mehrheit entgehen, gerade diese Freiheit immer wieder verteidigen muß.

Der Kampf für die Freiheit der Meinung verband sich schließlich in immer stärkerem Maße auch mit dem Gedanken der Demokratie. Damit wurde zugleich aber auch jede Unterdrückung der freien Meinungsäußerung zu einem bestimmenden Merkmal autoritärer bzw. totalitärer Regime. Die staatliche Vorgabe einer „offiziellen Wahrheit", deren Anzweiflung zugleich eine Infragestellung des autoritären bzw. totalitären Staates dar-

---

123 Vgl. Alexis de Tocqueville; Über die Demokratie in Amerika (2 Bände) [Übersetzung von Hans Zbinden]; Stuttgart 1959.
124 Vgl. John Stuart Mill; Der Utilitarismus [Übersetzung von Dieter Birnbacher]; Stuttgart 1985; - s.a. Otfried Höffe; Einleitung; in: ders. (Hg.): Einführung in die utilitaristische Ethik; Tübingen ²1992; S. 21-25.
125 John Stuart Mill; Über die Freiheit [Übersetzung von Bruno Lemke]; Stuttgart 1988;S.26.
126 ebenda S. 24.

stellt, führt, so Friedrich August Hayek, zu einer Erlahmung des geistigen Lebens. Gerade das Zusammenspiel von Individuen mit verschiedenem Wissen und verschiedenen Meinungen sei es aber, was das geistige Leben in einer Demokratie auszeichne[127].

Auch wenn die Argumentationen der verschiedenen Verfechter der Meinungsfreiheit Unterschiede aufwiesen, so eint sie doch das generelle Ziel, sich für die Befreiung der Kommunikation von staatlicher Willkür bzw. politisch motivierten Eingriffen einzusetzen. Ihnen war aber auch bewußt, daß sich ihr Engagement nicht allein auf die mündliche Verbreitung von Meinungen beziehen konnte, sondern auch deren gedruckte Fassung mit einbeziehen mußte. Auch wenn heute ein Unterschied zwischen der generell individualrechtlichen Freiheit der Meinung und der institutionellen Garantie der Presse gemacht werden muß, so bezogen die klassischen Argumentationen im Allgemeinen immer die Freiheit der Meinung *und* das Argument für die Freiheit der Presse mit ein. Die Druckerpresse verlor immer stärker ihr vermeintliches Bedrohungspotential für die Einheit der Gesellschaft und schließlich wurde sie gar zu einem „demokratischen Werkzeug der Freiheit", wie es Tocqueville formulierte, hochstilisiert.

Das in den Verfassungen moderner Demokratien verankerte Recht auf Meinungsfreiheit eröffnete zugleich einen Kommunikationsraum, dessen Bedeutung in Bezug auf das politische System kaum unterschätzt werden kann, denn das politische System erhält seine Legitimität nicht allein durch den Akt der Wahl[128] - dies würde nur *eine* Dimension demokratischer Legitimität berücksichtigen - sondern ganz grundsätzlich über die Zurechnung sozialer Anerkennungswürdigkeit. Politische Legitimationskonzepte sind dementsprechend der Ausdruck dafür, „...was in einem Gemeinwesen als legitim, d.h. in seiner sozialen Geltung als rechtens, als rechtmäßig erkannt und anerkannt wird"[129]. Als „*demokratietheoretische Fundamentalkategorie*"[130] ist der Begriff der Legitimität mit der Entstehung der bürgerlichen Gesellschaft verbunden[131]. Nachdem sich die traditionellen Rechtfertigungen von Herrschaft, die sich noch auf Werte und Normen außerhalb der politischen Ordnung berufen konnten, mit der beginnenden Aufklärung als nicht mehr tragfähig erwiesen hatten, entwickelte sich die grundlegende Idee, die Legitimität

---

127 Vgl. Friedrich August Hayek; Der Weg zur Knechtschaft; München 1976; S. 171; Hayeks Aussage könnte der Feder Mills entstammen, der in „On Liberty" sich ausführlich mit der Bedeutung der Ungleichheit für den Fortschritt in Europa beschäftigt. Seine Furcht besteht dabei in erster Linie darin, daß die Tyrannei der Mehrheit bzw. der öffentlichen Meinung zu einem „zweiten China" führen könne; Vgl. John Stuart Mill; Über die Freiheit; a.a.O.; S.98-101; „China" ist für Mill, bei allem Respekt, den er vor den Leistungen der chinesischen Kultur bekundet, dennoch das Synonym für Gleichheit und damit für Stillstand in der Entwicklung.
128 Vgl. Emil Hübner / Heinrich Oberreuter; Parlament und Regierung. Ein Vergleich dreier Regierungssysteme; München 1977; S. 37.
129 Winfried Steffani; Pluralistische Demokratie. Studien zur Theorie und Praxis. Opalden 1980; S.104.
130 Ulrich Sarcinelli; Repräsentation oder Diskurs?; a.a.O.; S.551.
131 Vgl. Wilhelm Hennis; Legitimität. Zu einer Kategorie der bürgerlichen Gesellschaft; in: ders.; Politik und praktische Philosophie. Schriften zur politischen Theorie; Stuttgart 1977; S. 223.

von Herrschaft im Kontext eines Vertragsverhältnisses zwischen Herrschern und Beherrschten zu interpretieren. Herrschaft kann demnach nur dann legitim sein, wenn sie sich an den ausgehandelten Vertragsgrundsätzen orientiert und diese zugleich sichert[132]. Nicht anders formuliert es auch Alexander Schwan:

> „Die Anerkennung der politischen Ordnung muß aus einem Konsens der Bevölkerung entspringen. Dieser kann mit Hilfe der Modellvorstellung eines Vertragsschlusses ausdrücklich zum allgemeinen Bewußtsein gebracht werden und in einer Verfassungsgesetzgebung zur konkreten politischen Geltung gelangen."[133]

Über die Frage, wie sich Anerkennung bemerkbar macht, welche empirisch faßbaren Indikatoren man heranziehen kann, um die Legitimität bzw. Illegitimität eines politischen Systems zu untersuchen, ist in den letzten Jahren heftig diskutiert worden[134]. Grundlegender Ausgangspunkt solcher Überlegungen kann aber nur die Erkenntnis sein, daß „Anerkennung" eine wertende bzw. bewertende Kategorie ist. Ob das Handeln des politischen Systems oder das politische System selbst (d.h. zum Beispiel in seiner institutionellen Struktur) mit dem grundlegenden Konsens in Einklang gebracht werden kann, und damit zugleich die Grundlage besteht, Legitimität zuerkennen zu können, ist eine Frage, die in einem kontinuierlich[135] und kommunikativ zu unternehmenden Bewertungsprozeß beantwortet werden muß. Bewertung und Zustimmung verweisen gemeinsam auf die dominierende Dimension der Kommunikation: „...denn nur in irgendeiner Weise kommunikativ kann wohl der immer wieder beschworene Konsens, die Willensübereinstimmung *der Bürger untereinander* und zwischen Bürgern und Herrschaft, bewerkstelligt werden"[136] oder mit anderen Worten: „Legitimität ist [...] nur

132 Eine intensivere Diskussion über den Kontraktualismus und Legitimität kann hier nicht geführt werden; s. dazu, insbesondere über die Problematik des impliziten Vertrages, die Ausführungen bei: Karl Graf Ballestrem; Vertragstheoretische Ansätze; a.a.O.; S. 9; - Wolfgang Kersting; Philosophie des Gesellschaftsvertrages; a.a.O.; S. 19-58.
133 Alexander Schwan; Legitimation; in: Franz Böckle / Franz-Xaver Kaufmann / Karl Rahner / Bernhard Welte (Hg.); Christlicher Glaube in moderner Gesellschaft (Teilband 27); Freiburg i. Brsg. 1982; S. 109.
134 Einer der am häufigsten benutzten Indikatoren für die Legitimität eines politischen Systems ist der Faktor der Wahlbeteiligung (vgl. u.a. Horst Pöttker; Dualer Rundfunk und Politikverdrossenheit. Zur Fortschreitenden Ausdifferenzierung von Öffentlichkeit und modernen Gesellschaften; in: Stefan Müller-Dohm / Klaus Neumann-Braun (Hg.); Öffentlichkeit, Kultur, Massenkommunikation. Beiträge zur Medien- und Kommunikationssoziologie; Oldenburg 1991; S. 97). Zu Recht lehnt Max Kaase diesen Indikator ab, weil er in seiner Bedeutung für die Legitimität eines politischen Systems unklar sei (s. dazu und allgemein zur Diskussion um Indikatoren der Legitimität die Diskussion u.a. Max Kaase; Systemakzeptanz in den westlichen Demokratien; in: Ulrich Matz (Hg.); Aktuelle Herausforderung der repräsentativen Demokratie; München 1985; S.99-125 sowie die Replik von: Gesine Schwan; Systemakzeptanz? Skeptische Bemerkungen zu einem methodisch erzeugten Optimismus (zum Referat von *Max Kaase*); in: Ulrich Matz (Hg.); Aktuelle Herausforderung der repräsentativen Demokratie; München 1985; S. 127-130).
135 Zum prozessualen Charakter von Legitimität vgl. u.a. Rudolf Smend; Verfassung und Verfassungsrecht; in: ders.; Staatsrechtliche Abhandlungen; Berlin ²1968; S. 136f.; - daran anschließend: Peter Graf Kielmansegg; Legitimität als analytische Kategorie; in: Politische Vierteljahresschrift, 12. Jg., 3/1971, S. 373.
136 Heinrich Oberreuter; Legitimität und Kommunikation; a.a.O.; S.61 [Hervorhebung von A.B.].

durch Kommunikation zu gewinnen"[137], weshalb ein abgesichertes System freier politischer Kommunikation zugleich die conditio sine qua non der Demokratie ist. Dabei geht es nicht nur im speziellen um die freie Äußerung der Meinung *gegenüber dem politischen System* (responsive Dimension), sondern ganz generell um die Gewährleistung einer *umfassenden Freiheit der Rede zwischen den Mitgliedern des „Demos"*, denn nur aus einer derart umfangreichen Freiheit kann der Demokratie auch die notwendige Anerkennung zuerkannt werden. Dieser Prozeß soll mit dem Begriff der diskursiven Dimension der Kommunikation bezeichnet werden.

Die repräsentative Demokratie ist eine Form der Demokratie, die unter dem Anspruch, der Volkssouveränität in modernen Massengesellschaften Geltung zu verschaffen, auf drei, auf das Engste miteinander verbundene Dimensionen von „Kommunikation" fundamental angewiesen ist. Die demokratische Kommunikation ist der „Kitt"[138], der eine demokratische Gesellschaft in ihrem Innersten zusammenhält und damit zugleich stabilisiert. Deshalb stellen auch die adjektivischen Ergänzungen, wie z.B. kommunikative Demokratie[139], deliberative Demokratie[140] oder dialogische Demokratie[141] nur einen Pleonasmus dar und versprechen zunächst keine weitere bzw. neue Erkenntnis. Sie erweitern den Begriff der Demokratie in seinem modernen Wortsinn um keine neue Dimension, die ihr nicht ohnehin genuin zuzuordnen wäre.

Analog zu der oben angeführten Aussage, daß nämlich moderne Gesellschaften hinsichtlich ihrer Kommunikation auf Hilfsmittel angewiesen sind, gilt dies selbstverständlich - und in viel stärkerem Maße, als z.B. in totalitär oder autoritär verfaßten Gesellschaften - auch für Gesellschaften, deren innere Verfassung eine demokratische zu sein beansprucht. Adolf Arndt faßt dies treffend zusammen: „...in der industriellen Großgesellschaft *ohne* Massenmedien [kann es; Erg. A.B.] keine Demokratie geben

---

137   Heinrich Oberreuter; Wirklichkeitskonstruktion und Wertwandel; a.a.O.; S.18. - s.a. Heinrich Oberreuter; Legitimität und Kommunikation; a.a.O. - Vgl. Wolfgang Bergsdorf; Legitimität aus der Röhre; a.a.O.; S. 41.
138   Heinrich Oberreuter; Der Einfluß der Medien auf die politische Kultur; in: Studienzentrum Weikersheim e.V. (Hg.); Die Medien - Das letzte Tabu der offenen Gesellschaft. Die Wirkung der Medien auf Politik und Kultur. Mainz 1986. S. 47.
139   Vgl. u.a. Gerhard W. Wittkämper; Die kommunikative Demokratie und ihre Werte; in: Mechthild von Schoenebeck / Jürgen Brandhorst / H. Joachim Gehrke; Politik und gesellschaftlicher Wertewandel im Spiegel populärer Musik; Essen 1992; S. 11-23; - s.a. Heinrich Oberreuter; Abgesang auf einen Verfassungstyp? Aktuelle Herausforderungen und Mißverständnisse der parlamentarischen Demokratie; in: Aus Politik und Zeitgeschichte, B2/1983, 15.1.1983, S. 28-31.
140   Vgl. u.a. Hanspeter Kriesi; Die Herausforderung direkter Demokratie durch die Transformation der Öffentlichkeit; in: Friedhelm Neidhardt (Hg.); Öffentlichkeit, Öffentliche Meinung, Soziale Bewegungen [Sonderheft 34 der Kölner Zeitschrift für Soziologie und Sozialpsychologie]; Opladen 1994; S. 234.
141   Vgl. Anthony Giddens; Jenseits von Links und Rechts; Frankfurt am Main 1997; S. 159.

[...], weil es ohne sie an der Breite und Intensität der Kommunikation fehlt, durch die sich eine Demokratie konstituiert"[142].
Repräsentative Demokratie beinhaltet somit drei wesentliche Dimensionen der Kommunikation, die mit den Begriffen Publizität, Responsivität und Diskursivität charakterisiert worden sind. Wie oben bereits angedeutet wurde, sind Medien nicht problemlos in soziale Zusammenhänge integrierbar bzw. sie verändern die Struktur der Kommunikation auf eine ganz spezifische Weise, so daß nicht grundsätzlich und allgemein davon ausgegangen werden kann, daß sie eine Kommunikation im vollen Sinne des Wortes wirklich zulassen. Deshalb drängt sich auch die Frage auf, ob dieser Umstand nicht auch nachhaltige Bedeutung für die Demokratietheorie haben könnte.

2.4. Demokratie und Öffentlichkeit

Es mag überraschen, daß bis zu diesem Zeitpunkt der Untersuchung auf die Verwendung des Begriffes „Öffentlichkeit" grundsätzlich verzichtet wurde, auch wenn er in seiner adjektivischen Form bereits im Zusammenhang mit den Worten „Diskussion", „Gespräch" oder „Räsonnement" mitschwang.
Der Begriff der „Öffentlichkeit", ist in seiner heutigen spezifischen Bedeutung ein relativ moderner Begriff. Wilhelm Hennis betont allerdings, daß die Kategorie der „Öffentlichkeit", auch wenn sie nicht so bezeichnet wurde, tief im „...Zusammenhang der alteuropäischen 'societas civilis' im Sinne der Staat und Gesellschaft umgreifenden *koinonia politike*"[143] eingebettet ist und nicht erst im 18. Jahrhundert mit der Entstehung der bürgerlichen Gesellschaft ihre Bedeutung erlangte, wie u.a. Jürgen Habermas vermutete[144].
Dieser Auffassung ist grundsätzlich zuzustimmen, denn bereits in der Antike besaß der Begriff der politischen Öffentlichkeit zentrale Bedeutung. Er bezeichnete deutlich *die* Orte, die von allen Bürgern der Polis aufgesucht und als Ort des Gemeinsamen empfunden werden konnten, weil dort die Geschehnisse, Themen und Anlässe diskutiert und entschieden werden konnten, die alle betrafen (Polis)[145]. In Abgrenzung dazu konnte alles, nicht dem Öffentlichen Zugehörige, dem privaten Bereich (Oikos) zugeordnet werden. Diese Unterscheidung zwischen Staat und Haus ist schließlich auch in die heutige Konnotation des Begriffes „Öffentlichkeit" eingegangen, wenn man im Gegensatz zu den Dingen, die alle Bürger eines Gemeinwesens angehen den Begriff des „Priva-

---

142 Adolf Arndt; Die Massenmedien in der Demokratie; in: Martin Löffler (Hg.); Die Rolle der Massenmedien in der Demokratie; Berlin u.a. 1966; S. 17; das Zitat ist nicht vollständig und ich werde darauf noch einmal zurückkommen.
143 Wilhelm Hennis; Legitimität; a.a.O.; S. 223.
144 Vgl. Jürgen Habermas; Strukturwandel der Öffentlichkeit. Untersuchungen zu einer Kategorie der bürgerlichen Gesellschaft; Frankfurt am Main ³1993; S.56.
145 Vgl. Niklas Luhmann; Öffentliche Meinung; in: Wolfgang R. Langenbucher (Hg.); Politik und Kommunikation. Über die öffentliche Meinungsbildung; München u.a. 1979; S. 45.

ten", d.h. eben des „Nicht-öffentlichen" stellte bzw. vice versa „öffentlich" als „nicht-privat" verstand[146].

Auf der anderen Seite ist der Begriff der „Öffentlichkeit" in seiner modernen Fassung maßgeblich erst mit dem Aufkommen des Liberalismus geprägt worden, denn er nahm zusätzliche Dimensionen in sich auf. Zunächst knüpfte der vom Liberalismus geprägte Öffentlichkeitsbegriff wieder an die Trennungslinie zwischen Staat und Privatsphäre an; die Losung „My Home is my Castle" bringt dies deutlich zum Ausdruck[147]. Richtete sich diese Forderung, noch eher passiv und abwehrend, gegen den Verfügungs- und Kontrollanspruch eines absolutistischen Staates, so wurde er sukzessive aktiv und fordernd gegen diesen verwandt:

> „Das Postulat der Öffentlichkeit hat seinen spezifischen Gegner in der Vorstellung, daß zu jeder Politik *Arcana* gehören, politisch-technische Geheimnisse, die in der Tat für den Absolutismus ebenso notwendig sind, wie Geschäfts- und Betriebsgeheimnisse für ein auf Privateigentum und Konkurrenz beruhendes Wirtschaftsleben."[148]

und bei dem österreichischen Staatsrechtler René Marcic heißt es: „Die Vermutung (praesumptio) streitet seit je und allemal für die Öffentlichkeit, und sie ficht gegen den Ausschluß der Öffentlichkeit"[149]. Die liberal-bürgerliche Auffassung von Öffentlichkeit knüpfte damit einerseits an die Forderung nach einer strikten Trennung von Privatsphäre und Staat an, und verband sich zugleich auch zunehmend stärker mit dem Gedanken der Demokratie. Wenn das Volk als der eigentliche Souverän zu gelten habe - in welcher Art und Weise auch immer diese Souveränität zur Geltung kommen mochte -, dann mußten die Dinge, die alle angingen, auch für alle sichtbar und wahrnehmbar sein[150]. Der Staat und insbesondere die parlamentarischen Versammlungen durften nicht mehr im Sinne einer mehr oder weniger ausgedehnten Arkan-Politik tätig werden, sondern sie mußten ihr Handeln vor den Augen des Volkes vollziehen[151]. Dadurch erhielt der Öffentlichkeitsbegriff eine zweite Dimension: als „öffentlich" galt alles „nicht-private"

---

146 Vgl. Ernst Fraenkel; Demokratie und öffentliche Meinung; in: ders.; Deutschland und die westlichen Demokratien; a.a.O.; S. 236. - Jürgen Gerhards / Friedhelm Neidhardt; Strukturen und Funktionen moderner Öffentlichkeit; a.a.O.; S.32.
147 Vgl. Michael Walzer; Zivile Gesellschaft und amerikanische Demokratie [Übersetzung von Christiane Goldmann]; Berlin 1992; S. 41.
148 Carl Schmitt; Die geistesgeschichtliche Lage des heutigen Parlamentarismus. Berlin 1969 (Nachdruck der 2. Auflage von 1926); S. 48.
149 René Marcic; Die Öffentlichkeit als Prinzip der Demokratie; in: Horst Ehmke / Carlo Schmid / Hans Scharoun (Hg.); Festschrift für Adolf Arndt zum 65. Geburtstag. Frankfurt am Main 1969; S. 291; - Dies bedeutet sehr wohl nicht, daß es in einer Demokratie keine *arcana* geben dürfe. So macht Frank Schürmann in seiner Untersuchung über die Öffentlichkeitsarbeit der Bundesregierung deutlich, daß eine Informationspflicht der Regierung ohne Ausnahmeregelung eine Illusion sei. Sehr wohl könne es zu Kollisionen des allgemeinem Öffentlichkeitsprinzips mit anderen Verfassungsprinzipien kommen und zu einer gerechtfertigten Beschränkung des generellen Öffentlichkeitsgebotes führen; vgl. Frank Schürmann; Öffentlichkeitsarbeit der Bundesregierung; Berlin 1992; S. 237.
150 Vgl. Hannah Arendt; Vita activa oder vom tätigen Leben; München [8]1994; S. 49.
151 Vgl. Herbert Schambeck; Staat, Öffentlichkeit und öffentliche Meinung. Berlin 1992; S.9.

und „nicht-geheime". Damit wurde dem Öffentlichkeitsbegriff allerdings zugleich ein normativer Aspekt zugeordnet. Während die Trennungslinie zwischen Staat und Haus zum einen eine statische Dimension darstellt, impliziert die moderne Semantik des Öffentlichkeitsbegriffs, daß die Dinge des Staates auch an das Räsonnement der Bürger gebunden werden *sollten*[152].

Diese beiden Eigenschaften von „Öffentlichkeit" haben sich fest in allen demokratietheoretischen Überlegungen verankert, denn die zentrale Vorstellung, der Volkssouveränität müsse Geltung verschafft werden, mußte selbstverständlich auch den Aspekt mit einbeziehen, daß diese nur dann gesichert werden könne, wenn das Volk darüber informiert sei, unter welchen Bedingungen es als Souverän handeln könne: „...nur wenn öffentlich ist, worüber die Staatsbürger abzustimmen haben, ist Demokratie denkbar"[153].

Öffentlichkeit, so läßt sich daher ganz allgemein formulieren, ist der Ort, an dem die politische Kommunikation sichtbar wird, das politische Handeln aus dem Arkanbereich des Politischen heraustritt. Doch insgesamt gesehen ist der Öffentlichkeitsbegriff, wie später noch genauer zu zeigen sein wird, zwischen den verschiedenen Ansätzen der Demokratietheorie umstritten, insbesondere dann, wenn er nicht als analytische Kategorie, sondern als Grundlage eines normativen Modells der Demokratie eingeführt wird.

Doch auch die „Öffentlichkeit" hat sich nachhaltig mit der Entwicklung der Massengesellschaften verändert. Da politische Kommunikation eine zumeist medial vermittelte Kommunikation ist und der Ort dieser Kommunikation eben mit dem Begriff der Öffentlichkeit assoziiert werden kann, muß von einem traditionellen Bild von Öffentlichkeit Abstand genommen werden. Öffentlichkeit in modernen repräsentativen Demokratien kennt keinen physisch erfahrbaren Ort mehr. Während in der Antike der Ort der Öffentlichkeit die Agora, d.h. der Marktplatz war, auf dem sich die Bürger versammelten, so ist Öffentlichkeit heute ein im Wesentlichen „metatopischer Raum"[154], ein Raum, der überwiegend durch mediale Kommunikation geschaffen wird:

> „Demokratische Öffentlichkeit kennen wir nur als hergestellte Öffentlichkeit. Öffentlichkeit im Sinne eines kommunikativen Netzwerks, wie sie modellhaft in bürgerlichen Salons und Zirkeln auftrat, ist in größerem Umfang nicht möglich"[155]

Damit ist sie zugleich ein fluider, kein fest umgrenzter, institutionalisierter Raum. Wie Habermas zu Recht bemerkt: „Öffentlichkeit läßt sich nicht als Institution und gewiß nicht als Organisation begreifen; sie ist selbst kein Normgefüge mit Kompetenz- und

---

152 Vgl. Jürgen Gerhards / Friedhelm Neidhardt; Strukturen und Funktionen moderner Öffentlichkeit; a.a.O.; S.32.
153 Theodor W. Adorno; Meinungsforschung und Öffentlichkeit; in: ders.; Gesammelte Schriften 8. Soziologische Schriften 1. Frankfurt am Main 1972; S. 533.
154 Vgl. Charles Taylor; Liberale Politik und Öffentlichkeit; in: Krzysztof Michalski (Hg.); Die liberale Gesellschaft. Castelgandolfo-Gespräche 1992; Stuttgart 1993; S. 29.
155 Klaus Lenk; Partizipationsfördernde Technologien? in: Wolfgang Langenbucher (Hg.); Politik und Kommunikation. Über die öffentliche Meinungsbildung; München u.a. 1979; S. 241; - vgl. u.a. Heinrich Oberreuter; Einfluß der Medien auf die politische Kultur; a.a.O.; S. 57.

Rollendifferenzierung, Mitgliedschaftsregelung usw."[156]. Dort wo Kommunikation öffentlich stattfindet, findet sich auch Öffentlichkeit, dort, wo sie dem Bereich des Privaten verhaftet bleibt, kann von Öffentlichkeit auch nicht die Rede sein. Auch hier stellt sich die Frage, ob die Medien überhaupt in der Lage sind, eine solche demokratische, öffentliche Kommunikation zu gewährleisten.

Mit der rasanten Entwicklung des Mediensystems hat sich schließlich eine Entwicklung verschärft, die zu Beginn des sich zunehmend ausdifferenzierenden Mediensystems noch gar nicht sichtbar war. Zwar wurde die grundsätzliche Verdichtung der Kommunikation durch immer neue Medientechniken grundsätzlich begrüßt, aber Gedanken darüber, welche zentrale Bedeutung den *Betreibern* des modernen Mediensystems zukommen könnte, machte man sich zunächst nicht. Adolf Arndt drückt dies in der Fortsetzung des oben zitierten Ausschnittes treffend aus, wenn er schreibt:

„Überspitzt ließe sich das Paradox aufstellen, daß es in der industriellen Großgesellschaft *ohne* Massenmedien keine Demokratie geben kann, weil es ohne sie an der Breite und Intensität der Kommunikation fehlt, durch die sich eine Demokratie konstituiert, aber daß gerade mit den Massenmedien und durch sie die Demokratie immer wieder in Frage gestellt wird - wie denn ja auch die Unterdrückung der Demokraten in unserem Jahrhundert stets mit der Gleichschaltung der Massenmedien Hand in Hand ging und die Massenmedien zu den perfektesten Instrumentarien der Freiheitsvernichtung denaturiert wurden"[157]

Es ist leicht ersichtlich, daß Arndt mit seiner Aussage die totalitären Regime des 20. Jahrhundert meint. Die Erfahrungen mit dem sowjetischen Sozialismus und dem deutschen Nationalsozialismus und deren Politik der Gleichschaltung der Medien - nach Carl Joachim Friedrich und Zbigniew K. Brzezinski eines der zentralen Grundcharakteristika einer totalitären Gesellschaft[158], während das Ende des Kommunikationsmonopols zugleich das Ende jedes totalitären Herrschaftsanspruchs bedeutete - schienen deutlich zu machen, daß ein Mediensystem nicht nur als „Werkzeug der Freiheit" zu betrachten, sondern zugleich auch als „Werkzeug der Unfreiheit" zu mißbrauchen sei[159].

---

156 Jürgen Habermas; Faktizität und Geltung. Beiträge zur Diskurstheorie des Rechts und des demokratischen Rechtsstaats. Frankfurt am, Main [5]1997; S. 435-436.
157 Adolf Arndt; Massenmedien in der Demokratie; a.a.O.; S. 17.
158 Vgl. Carl J. Friedrich / Zbigniew K. Brzezinski; Totalitarian Dictatorship and Autocracy; New York u.a. [5]1965; S. 107-117; - Die Bedeutung der Medienkontrolle in totalitären Regimen läßt sich auch aus einem anderen Blickwinkel gut zeigen. So hat durch die von außen hergestellte Pluralisierung der Medien einen (bislang kaum untersuchten) Einfluß auf die Erosion des politischen Systems in der DDR gehabt; - vgl. dazu u.a. Gerd Pflaumer; Medien im Wandel. Zur Lage der Pressefreiheit in Mittel-, Südost- und Osteuropa; in: Internationale Politik, 53. Jg., 6/1998; S. 20 sowie: Heinrich Oberreuter; Medien als Akteure des Wandels: Zur Rolle des Fernsehens bei der Wende; in: Theo Stammen / Heinrich Oberreuter / Paul Mikat (Hg.); Politik - Bildung - Religion. Hans Maier zum 65. Geburtstag; Paderborn u.a. 1992; S. 361-375.
159 Dieser Wandel in den Auffassungen gegenüber den Medien ist äußerst interessant. Während im 19. Jahrhundert in den meisten Fällen die Medien eine freiheitliche Dimension versprachen, ist im 20. Jahrhundert das genaue Gegenteil zu einer bestimmenden Position geworden. Deutlichen Ausdruck findet dies u.a. in der Science-Fiction-Literatur, wie z.B. in George Orwells „1984" oder in Aldous Huxleys „Brave New World", aber auch in den Science-Fiction-Filmen.

2.5. Einendes und Trennendes in den Ansätzen der Demokratietheorie

Die wissenschaftliche Forschung hat sich in der Vergangenheit stark darum bemüht, die Differenzen zwischen den verschiedenen Ansätzen der Demokratietheorie herauszuarbeiten. Diese Anstrengungen sind in ihrem Ertrag für die Wissenschaft kaum zu überschätzen, denn sie haben damit zugleich die Kernaussagen und -thesen der jeweiligen Ansätze verdeutlicht. Doch bei der Suche nach den Unterschieden ging zumeist auch der Blick für die Gemeinsamkeiten der verschiedenen Ansätze verloren.

Grundsätzliche Einigkeit besteht zunächst über den trivialen Sachverhalt, daß in einer Demokratie das Volk der eigentliche Souverän ist und deshalb bei ihm auch die letzte Entscheidungsbefugnis liege. Diese Entscheidungsbefugnis kann jedoch in modernen Demokratien nicht in einem permanent zu unternehmenden Prozeß wahrgenommen werden, sondern sie muß an eine Gruppe von Menschen übertragen werden, die in ihrer jeweilig spezifischen Zusammensetzung die repräsentativen Institutionen des demokratischen Verfassungsstaates bilden. Diese Übertragung von Kompetenzen bedeutet jedoch nicht, daß die jeweiligen Amtsinhaber ungebunden agieren könnten, sondern sie sind dem Volk gegenüber verantwortlich und damit rechenschaftspflichtig. Im Institut der periodischen Wahl kann das Volk darüber entscheiden, ob sich die gewählten Personen als vertrauenswürdig erwiesen haben, ob sie die Verantwortung, die ihnen übertragen worden ist, auch in seinem Sinne wahrgenommen haben oder nicht und ob es den zur Wahl stehenden Kandidaten auch in Zukunft vertraut, das zu erteilende Mandat auch verantwortungsvoll wahrzunehmen. Um diese Entscheidung treffen zu können, bedarf es der Transparenz und Offenheit des politischen Systems.

Diese Gemeinsamkeit der drei hier zu untersuchenden Theorieansätze ist nicht zu unterschätzen. Ganz offensichtlich stellen sie nämlich keine grundsätzlich verschiedenen Auffassungen von Demokratie dar, sondern sind lediglich als Variationen des Grundthemas „repräsentative Demokratie" zu interpretieren. Dies ist keineswegs so trivial, wie man meinen möchte, denn gerade der Partizipationstheorie ist von Seiten der Pluralisten und den Vertretern der Elitentheorie der Demokratie immer wieder vorgeworfen worden, sie strebten eine andere Demokratie an: eine direkte, auf Identität von Herrschern und Beherrschten abzielende Demokratievariante, also auf das genaue Gegenteil einer *repräsentativen* Demokratie.

Der *zentrale Unterschied* zwischen den verschiedenen Ansätzen ergibt aus der Analyse der jeweiligen Bedeutung der Sphäre „Öffentlichkeit". Die *Elitentheorie* der Demokratie knüpft dabei direkt an das berühmte Diktum von Jeremy Bentham aus seiner Schrift „On liberty of the Press and Public Discussion" an, in dem es heißt: „Ohne Öffentlichkeit sind alle anderen Kontrollen bedeutungslos; im Vergleich zur Öffentlichkeit sind sie belanglos"[160]. Öffentlichkeit stellt hier in erster Linie eine Sphäre der Kontrolle dar.

Indem die Repräsentanten ihr Handeln öffentlich machen, besteht die Möglichkeit, daß das Volk Handlungen kontrolliert und diese bei einer zukünftigen Wahl zur Grundlage seiner Entscheidungen macht. René Marcic bringt es auf den Punkt, wenn er schreibt: „Die Kontrolle ist ja der Sinn der Öffentlichkeit als allgemeiner Zugänglichkeit sämtlicher Staatsakte"[161]. Deshalb wird, so steht zu vermuten, Kommunikation i.S. von Publizität dort auch voraussichtlich die bedeutsamste Kommunikationsrichtung darstellen.

Eine etwas andere Perspektive ergibt sich aus der Sicht der *Pluralismustheorie*. Sie stellt die Kontrollfunktion zwar nicht grundsätzlich in Frage, erweitert sie jedoch um die Komponente responsiver Kommunikation. Für ihre Vertreter ist Öffentlichkeit auch eine Sphäre, in der sich öffentliche Meinungen herausbilden können. Zugleich sehen sie in diesen öffentlichen Meinungen eine Macht, auf die die Repräsentanten sensibel zu reagieren haben. Sie sehen also die Öffentlichkeit als eine Sphäre, in der die pluralen Interessenlagen artikuliert und ausdiskutiert werden können. Zugleich aber signalisiert das Ergebnis dieses Diskussionsprozesses auch die Bedürfnisse und Anforderungen, die an das politische System gestellt werden und somit kommunikativ an dieses herangetragen werden.

Die *Partizipationstheorie* schließlich betrachtet die Öffentlichkeit in erster Linie als eine Sphäre, in der aus dem Austausch von Argumenten eine vernünftige Entscheidung resultiert. Sie wird deshalb voraussichtlich der diskursiven Dimension demokratischer Kommunikation ihre stärkste Beachtung schenken.

Die skizzierten Differenzen unter den verschiedenen Ansätzen der Demokratietheorie ergeben sich, wie noch zu zeigen sein wird, aus der unterschiedlichen Bedeutungszuweisung der verschiedenen Dimensionen der Kommunikation in einer demokratischen Gemeinschaft. Dies soll nicht bedeuten, die jeweils anderen Dimensionen würden aus Sicht der jeweiligen Theorie negiert, wohl aber stellen sie diese in ihrer Bedeutung für den demokratischen Prozeß zurück. Diese, hier selbstverständlich nur idealtypisch zu verstehende Unterscheidung führt allerdings zu der zentralen Frage, ob die jeweilige Dimension der Kommunikation auch als durch das Mediensystem vermittelte überhaupt gewährleistet werden kann, oder ob nicht dem Mediensystem immanente Trägheitsmomente bzw. Begrenzungen die jeweilige Kommunikationsbeziehung unmöglich machen. Dieser Fragestellung steht nun im Mittelpunkt der folgenden Kapitel.

---

160 Jeremy Bentham, zit. in: Ernst Fraenkel; Demokratie und öffentliche Meinung; in: ders.; Deutschland und die westlichen Demokratien; a.a.O.; S. 235.
161 René Marcic; Öffentlichkeit als Prinzip der Demokratie; a.a.O.; S. 290.

3. Elitentheorie der Demokratie und Medien

3.1. Grundzüge der Elitentheorie der Demokratie

1895 erschien die Studie „Elementi di scienza politica" des italienischen Autors Gaetano Mosca. Sie markierte den Beginn einer intensiveren Auseinandersetzung über das Verhältnis von Herrschern und Beherrschten, von Elite und Nichtelite. Gleich zu Beginn seines 2. Kapitels, das mit der Überschrift „Die politische Klasse" versehen ist, bemerkt er:

> „Unter den beständigen Tatsachen und Tendenzen des Staatslebens liegt eine auf der Hand: In allen Gesellschaften, von den primitivsten im Aufgang der Zivilisation bis zu den vorgeschrittensten und mächtigsten, gibt es zwei Klassen, eine, die herrscht, und eine, die beherrscht wird. Die erste ist immer die weniger zahlreiche, sie versieht alle politischen Funktionen, monopolisiert die Macht und genießt deren Vorteile, während die zweite, zahlreichere Klasse von der ersten befehligt und geleitet wird. Diese Leitung ist mehr oder weniger gesetzlich, mehr oder weniger willkürlich oder gewaltsam und dient dazu, den Herrschenden den Lebensunterhalt und die Mittel der Staatsführung zu liefern."[1]

In der Tradition des „Il Principe" von Nicolò Machiavelli lag Moscas Überlegungen die Annahme zugrunde, daß alles gesellschaftliche Handeln von einem „Willen zur Macht" bestimmt sei - hier konnte er an die im ausgehenden 19. Jahrhundert u.a. von Friedrich Nietzsche in „Also sprach Zarathustra" popularisierte These vom allgemeinen Willen zur Macht aller lebenden Wesen anknüpfen[2] - und diese Macht sich als Beziehung zwischen Herr und Knecht verstehen lasse[3]. Aus diesem Grundverständnis entwickelte der italienische Parlamentarier und spätere Senator Mosca seine Überlegungen zur Bedeutung und Zusammensetzung der „classe politica". Mit aller Deutlichkeit hob Mosca hervor, daß die herrschende Klasse keineswegs eine feste und kontinuierlich gleichartige Klasse sei, sondern daß diese sich immer wieder erneuere und auch erneuern müsse. Die „demokratische Tendenz", wie er sie nannte, zeichne sich durch den Aufstieg von Personen der nicht-herrschenden Klasse in die politische Klasse aus. Zugleich war er der Überzeugung, daß dieser Aufstieg für die Eliten von äußerster Dringlichkeit sei:

> „Es läßt sich nicht leugnen, daß die demokratische Tendenz, besonders wenn sie sich in gewissen Grenzen hält, für den wirklichen oder scheinbaren Fortschritt in gewissem Sinne unentbehrlich ist. Wären alle Aristokratien immer abgeschlossen und unbeweglich geblieben, dann hätte sich die Welt niemals geändert und die Menschheit wäre auf dem

---

1 Gaetano Mosca; Die herrschende Klasse. Grundlagen der politischen Wissenschaft [Übersetzung von Franz Borkenau]; Bern 1950; S. 53.
2 Im Kapitel „Von der Selbst-Überwindung" heißt es: „Nur, wo Leben ist, da ist auch Wille: aber nicht Wille zum Leben, sondern [...] Wille zur Macht! Vieles ist dem Lebenden höher geschätzt, als Leben selber; doch aus dem Schätzen selber heraus redet - der Wille zur Macht!"; Friedrich Nietzsche; Werke [Herausgegeben von K. Schlechta]; München 1955 (2. Band); S. 375.
3 Vgl. Wilfried Röhrich; Eliten und das Ethos der Demokratie; München 1991; S. 56.

Standpunkt der homerischen Monarchie oder der altorientalischen Reiche stehengeblieben"[4].

Diesen Aufstieg in „gewissen Grenzen" konkretisierte Mosca nun anhand einer zweiten Tendenz, die er die aristokratische Tendenz der politischen Klasse nannte. Sie bilde das Element der Kontinuität und damit auch der Stabilität der politischen Klasse. Sie habe auch dafür zu sorgen, daß die neuen Mitglieder sich den Gepflogenheiten und allgemeinen Qualitäten rasch anpaßten. So kam er schließlich zu dem Ergebnis,

> „...daß das Aufsteigen von Menschen aus der Unterschicht in die Oberschicht von Vorteil ist, wenn die Neuaufgenommenen nach Quantität und Qualität die Voraussetzungen besitzen, um sich schnell die besten Eigenschaften der alten Herrenklasse anzueignen. Es ist hingegen schädlich, wenn umgekehrt die alten Herren von den Neuankömmlingen gewissermaßen aufgesaugt und assimiliert werden. Denn dann erhält die Aristokratie nicht neues Blut, sondern sie wird selbst zum Pöbel"[5]

Was Mosca hier charakterisierte, ist insbesondere bei Vilfredo Pareto wenige Jahre später als Elitenzirkulation beschrieben worden. Doch mit einem Austausch der herrschenden Eliten im Sinne des Demokratiegedankens hatten die Überlegungen von Mosca nicht allzuviel zu tun. An zahlreichen Stellen läßt sich sogar eine äußerst kritische Haltung gegenüber der Demokratie ablesen. Grundsätzlich verwarf er die Idee einer Herrschaft der Mehrheit und stellte dem entgegen, daß selbst in einem repräsentativen System, wie er es nannte, stets die organisierte Minderheit herrsche. Selbst eine echte Wahl eines Repräsentanten sei eine „lächerliche Fiktion", denn wenn „...jeder Wähler dem Mann seines Herzens seine Stimme gäbe, dann entstünde nichts als eine grenzenlose Stimmenzersplitterung"[6]. Um seine Stimme nicht zu vergeuden, müsse der Wähler sich zwischen zwei oder drei Kandidaten, die eine reelle Gewinnchance hätten, entscheiden: „Aber die einzigen, die die Chance besitzen, sind diejenigen, welche von einer Gruppe, einem Komitee, kurzum von einer organisierten Minderheit aufgestellt sind"[7].

Moscas Überlegungen zur politischen Klasse hatten einen nachweisbaren Einfluß auf das Selbstverständnis des italienischen Faschismus[8] und trugen nur wenig zur Erforschung des Verhältnisses von Herrscher und Beherrschten *in einer Demokratie* bei. Dennoch muß seiner Schrift auch im Kontext der Elitentheorie der Demokratie Beachtung geschenkt werden, denn sein grundsätzliches Interesse an der Qualität und Zirkulation in der „classe politica" betrifft letztlich auch in der Demokratie einen nicht zu unterschätzenden Aspekt. Deshalb kann seine Schrift zu Recht als (vordemokratietheoretischer) Ursprung der Elitentheorie der Demokratie gelten.

---

4 Gaetano Mosca; Die herrschende Klasse; a.a.O.; S. 337.
5 ebenda; S. 344.
6 ebenda; S. 135.
7 ebenda.
8 Vgl. Hans-Joachim Lieber; Zur Theorie totalitärer Herrschaft; in: ders.; Hans-Joachim Lieber (Hg.); Politische Theorien von der Antike bis zur Gegenwart; Bonn ²1993; S. 909.

Gleiches gilt auch für ein anderes Werk, das von nachhaltiger Bedeutung für die Elitentheorie geworden ist. Der Landsmann Moscas, Vilfredo Pareto, von manchem gar als einer der großen Pioniere der Moderne bezeichnet[9], veröffentlichte im Jahre 1916 seine Untersuchung „Trattato di sociologia generale"[10] und stellte, wie bereits Mosca, den Wandel der Eliten, die Zirkulation der Eliten, wie er es nannte, in den Vordergrund seiner Betrachtungen[11]. Doch anders als Mosca ging er nicht von einem Elitenmonismus, sondern mindestens von einem Dualismus der Eliten aus. Die Ablösung der einen Elite durch eine andere, die „circulation des élites", basierte dabei seiner Auffassung nach auf einem generalisierbaren Grundschema:

> „Es sei A die an der Macht befindliche Elite, B diejenige, die sie daraus zu vertreiben sucht, um sich selbst an deren Stelle zu setzen, C der Rest der Bevölkerung. A und B sind die Führer, die auf C rechnen, um sich ihrer als Instrumente zu bedienen. Die C [...] erlangen nur Bedeutung, wenn sie von A oder B geführt werden. Sehr häufig [...] sind es nun die B, die sich an ihre Spitze stellen [...] Wenn sie Erfolg haben und die Macht besitzen werden, wird sich eine neue Elite D bilden und ihrerseits dieselbe Rolle spielen, welche die B bezüglich der A gespielt hat, und so weiter."[12]

Die Geschichte stellt sich somit als ein „Friedhof von Eliten"[13] dar, die durch immer wieder neu entstehende „Gegeneliten" abgelöst und ersetzt werden. Eliten, so Pareto weiter, seien durch zwei entscheidende „Residuen", wie er sie nannte, bestimmt: das Residuum der Kombination (das Veränderungen im politischen Verhalten zuläßt) und das Residuum der Persistenz (das auf eine Beibehaltung bzw. Bewahrung von institutionellen und organisatorischen Strukturen führt). Nur dort, wo beide Residuen sich in einem Gleichgewichtszustand befänden, sei auch der Bestand einer Gesellschaft gesichert. Nehme hingegen eine der beiden Residuen innerhalb der herrschenden Elite überhand, werde es für eine konkurrierende Elite kein Problem sein, die alte und zugleich verbrauchte Elite abzulösen.

Paretos Analyse, die, wie auch schon bei Mosca, über weite Strecken auf den zentralen Grundsatz des Konservativismus „Bewahrung im Wandel" verkürzbar zu sein scheint, erweist sich in mancher Hinsicht als deutlich differenzierterer Ansatz als der Moscas.

---

9   Vgl. Klaus von Beyme; Theorie der Politik im 20. Jahrhundert; a.a.O.; S. 51.
10 Dt. Fassung: Vilfredo Pareto; Allgemeine Soziologie [Übersetzung von Carl Brinkmann]; Tübingen 1955.
11 Mosca hat schließlich von Pareto eingeklagt, daß er der eigentliche „Erfinder" der These von der immerwährenden Herrschaft der Eliten gewesen sei. In einem bissigen Ton antwortet Pareto: „Der da geht herum und schreit, daß ich ihn plagiiert habe, und ich lasse ihn krächzen, weil ich anderes zu tun habe, als mir Gedanken über diese Dummheiten zu machen. Sehr wahr, daß er vor mir gesagt hatte, daß es immer die Minoritäten sind, die herrschen, aber sehr wahr gleicherweise, daß es vor mir unzählige Autoren seit den fernsten Zeiten gesagt hatten"; - Vilfredo Pareto, zit. in: Gottfried Eisermann; Vilfredo Pareto. Ein Klassiker der Soziologie; Tübingen 1987; S. 244; - s. auch: Bernard Valade; Pareto. La Naissance d'une autre sociologie; Paris 1990; S. 283-292.
12 Vgl. Hans-Joachim Lieber; Zur Theorie totalitärer Herrschaft; a.a.O.; S. 909-910.
13 Vgl. Gottfried Eisermann; Max Weber und Vilfredo Pareto. Dialog und Konfrontation; Tübingen 1989; S. 115.

Doch auch bei Pareto ist im Hinblick auf eine Elitentheorie der Demokratie nur sehr wenig zu gewinnen. Seine grundsätzliche Skepsis gegenüber Eliten in der Demokratie, in denen das Residuum der Kombination deutlich dominiere, hat ihn sich schon sehr früh von der Demokratie distanzieren lassen. So nennt er am Ende von „La Transformation de la Démocratie" drei entscheidende Gründe für seine Skepsis gegenüber der Demokratie. Seiner Auffassung nach nämlich forciere sie drei Prozesse, die die Stabilität der Eliten und damit auch der Gesellschaft erheblich beeinträchtigten: „1. L'affaiblissement de la souveraineté centrale et le renforcement de facteurs anarchiques; 2. La progression rapide du cycle de la plutocratie démagogique; 3. La transformation des sentiments de la bourgeoisie et de la classe qui gouverne encore."[14]

In seiner entschiedenen Parteinahme für eine starke Elite, die sich - und hier zeigt sich ganz eindeutig der Einfluß Machiavellis - auch des Mittels der Gewalt bedienen dürfe, tendierte Pareto immer stärker zu den anti-demokratischen Tendenzen des beginnenden 20. Jahrhunderts. Es besteht kein Zweifel darüber, daß seine Überlegungen gerade von italienischen Faschisten unter Benito Mussolini intensiv rezipiert wurden[15], aber eine geistige Nähe zu dieser Ideologie blieb ihm selbst dennoch fremd[16].

Die Beschäftigung mit den Eliten war - und darauf hat insbesondere Pareto selbst immer wieder hingewiesen - kein Novum des ausgehenden 19. Jahrhunderts. Allerdings ist das *intensive* Interesse dieser Zeit an dieser Thematik kein Zufall, denn der in Europa sich immer stärker ausbreitende Gedanke der Demokratie beinhaltete im Prinzip der Volkssouveränität ein egalitäres Moment, das in Opposition zu jeder Form von Elitismus zu stehen schien und damit das Versprechen gab - um im Bilde von Pareto zu bleiben - der Geschichte der Elitenherrschaft ein „letztes Grabmal" zu bereiten: nicht mehr eine kleine Minderheit, sondern die Mehrheit bzw. eben das ganze Volk sollte dem Begriff nach herrschen.

Ideengeschichtlich betrachtet konnte sich der Demokratiebegriff nie wirklich von dieser anti-elitistischen Dimension lösen. Die Vorstellung, die Aufgaben des Regierens müßten in die Hand einer Minderheit gelegt werden, ist dem Gedanken der Demokratie deshalb auch zunächst fremd geblieben und verhinderte so auch die Entwicklung einer systematischen (normativen) Theorie der *demokratischen* Elitenherrschaft. Es ist der große Verdienst Max Webers, daß er erstmals die Diskussion um die Eliten in einem Herrschaftssystem unter Einbezug des Gedankens der Demokratie unternommen hat.

---

14 Vilfredo Pareto; La Transformation de la Démocratie [Übersetzung ins Französische Corinne Beutler-Real]; Genf 1970; S. 17.
15 So hörte Benito Mussolini selbst u.a. Vorlesungen von Pareto in Lausanne.
16 So schrieb er in einem Brief vom 1. Juni 1922, er erblicke im Faschismus keine tiefe und dauernde Kraft - und im Sinne seiner eigenen (normativen) Theorie der Elite schloß dies vice versa eine Sympathie für die „Schwarzhemden" grundsätzlich aus; vgl. Gottfried Eisermann; Vilfredo Pareto; a.a.O.; S. 259.

In Anschluß an Mosca und Pareto stand auch bei Weber im Kontext seiner Herrschaftssoziologie zunächst die Qualität der herrschenden Elite im Mittelpunkt; seine drei Typen legitimer Herrschaft (traditionale, charismatische und legale Herrschaft) drückten bereits die unterschiedlichen Charakterisierungen der politischen Elite bzw. der politischen Führungskräfte aus. Anders als die beiden großen Elitentheoretiker ging Weber jedoch fast selbstverständlich davon aus, daß eine stabile Führung auch in einer Massendemokratie möglich sei. An der Möglichkeit der Demokratisierung eines großen Staates hat er nie auch nur einen Zweifel gelassen, allerdings vergaß er nie zugleich auch zu betonen, daß eine solche Massendemokratie einer *starken* Führung bedarf und deshalb plädierte er für eine plebiszitäre „Führerdemokratie"[17].

Im dritten Kapitel von „Wirtschaft und Gesellschaft" unter dem Abschnitt „Die herrschaftsfremde Umdeutung des Charisma" präzisierte er diesen Herrschaftstypus:

„Das seinem primären Sinn nach autoritär gedeutete charismatische Legitimitätsprinzip kann antiautoritär umgedeutet werden. Denn die tatsächliche Geltung der charismatischen Autorität ruht in der Tat gänzlich auf der durch 'Bewährung' bedingten A n e r k e n n u n g durch die beherrschten, die freilich dem charismatisch Qualifizierten u n d d e s h a l b Legitimen gegenüber p f l i c h t m ä ß i g ist. Bei zunehmender Rationalisierung der Verbandsbeziehungen liegt es aber nahe: daß diese Anerkennung, statt als Folge der Legitimität, als Legitimitätsg r u n d angesehen wird (d e m o k r a t i s c h e L e g i t i m i t ä t), die (etwaige) Designation durch den Verwaltungsstab als 'Vorwahl', durch den Vorgänger als 'Vorschlag', die Anerkennung der Gemeinde selbst als 'Wahl'. Der Kraft Eigencharisma legitime Herr wird dann zu einem Herrn von Gnaden der Beherrschten, den diese (formal) frei nach Belieben wählen und setzen, eventuell auch: absetzen, - wie ja der Verlust des Charisma und seiner Bewährung den Verlust der genuinen Legitimität nach sich gezogen hatte. Der Herr ist nun der f r e i g e w ä h l t e F ü h r e r."[18]

Webers Ausführungen zur Demokratisierung und Parlamentarisierung insbesondere des deutschen Regierungssystems stellten einen bedeutenden Fortschritt in der Entwicklung der Elitentheorie der Demokratie dar. Wenngleich später seinen Überlegungen hinsichtlich der Elitenrekrutierungsfunktion des Parlamentes kritische Bemerkungen entgegengebracht wurden[19], so war es doch sein Verdienst, erstmals dezidiert darauf aufmerksam gemacht zu haben, daß auch bei Anwendung demokratischer Maßstäbe grundsätzlich davon ausgegangen werden könne, daß eine Elite in der Lage sei, die Geschicke des Staates zu leiten.

An diese grundsätzlichen Überlegungen der hier nur kurz skizzierten Theoretiker des beginnenden 20. Jahrhunderts konnte der Nationalökonom Joseph Alois Schumpeter problemlos anknüpfen. In seiner Schrift „Kapitalismus. Sozialismus und Demokratie" aus dem Jahr 1942 stellte er in den drei zentralen Kapiteln (21. bis 23. Kapitel) die Beziehung zwischen Elite und Volk in einer repräsentativen Demokratie in den Vorder-

---

17 Vgl. Max Weber; Politik als Beruf; in: ders.; Gesammelte politische Schriften; a.a.O.; S. 544.
18 Max Weber; Wirtschaft und Gesellschaft. Grundriss der verstehenden Soziologie; Tübingen ⁵1980; S. 155-156.
19 Vgl. u.a. Carl Schmitt; Die geistesgeschichtliche Lage; a.a.O.; S. 8.

grund. Seine überragende Bedeutung für die Demokratiediskussion sollte der gebürtige Österreicher erst mit der Veröffentlichung dieser Analyse bekommen.

Als Professor für Nationalökonomie war ihm die praktische Politik nicht grundsätzlich fremd. Im März 1919 trat er das Amt des österreichischen Finanzministers an und mußte schon im November des selben Jahres demissionieren. Zu diesem Zeitpunkt allerdings schien Schumpeter der Demokratie nur wenig Positives abgewinnen zu können. So charakterisiert ihn Friedrich von Wiesers anläßlich der Ernennung zum Finanzminister: „Schumpeter als 'bürgerlicher Prügelknabe' in der neuen Regierung, er, der Monarchist, der Erzkonservative, der Englandfreund und Deutschenhasser, der Feind der Sozialdemokratie"[20]. Das Urteil von Wiesers war zweifelsohne schon damals überzogen, allerdings verdeutlicht diese Passage sehr anschaulich die generelle Skepsis, die Schumpeter gegenüber der Demokratie hatte.

Nach seiner Zeit als Professor an der Bonner Universität und während seiner Tätigkeit an der Harvard University entstand 1939 das Konzept seines wichtigsten und überaus erfolgreichen Werkes „Capitalism, Socialism and Democracy"[21]. Die Prognose, die der Rechtsgelehrte Hans Kelsen anläßlich der Demissionierung Schumpeters als Finanzminister für den Nationalökonomen stellte, erwies sich angesichts der immensen Wirkung seines Textes im nachhinein als gänzlich falsch. So notierte von Wiesers am 19. November 1919 in seinem Tagebuch:

> „Kelsen, der sich zur Zeit seiner [gemeint ist Schumpeter; Erg. A.B.] Macht sehr an ihn gehängt hat, läßt ihn vollkommen fallen. Es scheint, daß Schumpeter in der Meinung aller Parteien und aller gebildeten Menschen völlig abgewirtschaftet hat. Wie mir Kelsen erzählte, sind auch unsere jüngeren Nationalökonomen, die ihn als ihren Führer betrachteten, von ihm abgekommen und geben ihn wissenschaftlich auf, es sei nichts mehr von ihm zu erwarten."[22]

Gegenüber der Demokratie äußerte sich Schumpeter - und hier deutete von Wiesers durchaus etwas Richtiges an - äußerst kritisch. In einem Brief an den Grafen Otto Harrach schrieb er 1917 über die damalige Lage Österreichs, „...daß es verfehlt wäre bei uns über Mangel an Demokratie zu klagen, eher könnte man sagen, daß der socialen Structur Oesterreichs *soviel* Demokratie [...] nicht zusagt, ihrem Wesen nicht entspricht und ihm künstlich aufgepfropft ist"[23]. Andererseits jedoch beobachtete er mit äußerster Genauigkeit und Sympathie die Entwicklung in England. Die zunehmende Zurückdrängung der Monarchie und das Aufkommen des Parlamentarismus in England hatte vor dem kritischen Auge Schumpeters stets Bestand. Im eigenen Land hingegen sah er die

---

20 Friedrich von Wiesers, zit.: Joseph A. Schumpeter; Politische Reden [Herausgegeben und kommentiert von Christian Seidl und Wolfgang F. Stolper]; Tübingen 1992; S. 10.
21 Dt. Fassung: Joseph A. Schumpeter; Kapitalismus, Sozialismus und Demokratie; Tübingen [7]1993.
22 Friedrich von Wiesers, zit.: Joseph A. Schumpeter; Politische Reden; a.a.O.; S. 12.
23 ebenda; S. 371.

Zeit der Demokratie noch nicht für gekommen, wofür er Mängel, die in erster Linie in der politischen Führung zu finden seien, verantwortlich machte:

> „Diese soweitgehende Demokratie bei uns zu leiten und zu beherrschen ist eine überaus schwierige Aufgabe, der unsere Regierungen leider gar nicht gewachsen sind. Und weil wir so demokratische Institutionen geschaffen haben, damit aber - im Gegensatz zur englischen Gesellschaft - nicht umzugehen verstehen, so kommen deren Organe, insbesondere Parlament und Presse, so leicht aus der Hand. Da bin ich bei einem Punkte, den man m.E. nicht genug betonen kann: Gäbe es eine Führung seitens der Regierung, eine eigentliche politische Arbeit derselben, so hätte es nie zu den Vorkommnissen im Parlament kommen können. Aber ohne führende Hand, gleichsam sich selbst überlassen, verfielen die Parteien sofort in die alte Gewohnheit, ihre radikalen Phrasen aufzusagen...“[24]

Diese Passage ist für die Analyse des politischen Denkens Schumpeters äußerst instruktiv, denn mit den bereits 1917 geäußerten Positionen zur „Demokratie" und der Notwendigkeit „politischer Führung" sprach er den wesentlichen Punkt an, der schließlich 1942 in den drei Kapiteln über die Demokratie von nachhaltiger Bedeutung sein sollten.

Schumpeters Diskussion der Demokratie beginnt mit einer Definition der, wie er sie nennt, „klassischen Lehre der Demokratie":

> „Die Philosophie der Demokratie im achtzehnten Jahrhundert mag in folgende Definition gefaßt werden: die demokratische Methode ist jene institutionelle Ordnung zur Erzielung politischer Entscheide, die das Gemeinwohl dadurch verwirklicht, daß sie das Volk selbst die Streitfragen entscheiden läßt und zwar durch die Wahl von Personen, die zusammenzutreten haben, um seinen Willen auszuführen."[25]

Gegen diese Auffassung wendet er zunächst einmal ein, daß es „...kein solches Ding wie ein eindeutig bestimmtes Gemeinwohl" gebe, „über das sich das Volk kraft rationaler Argumente einig wäre oder zur Einigkeit gebracht werden könnte"[26], und selbst wenn ein solches Gemeinwohl eindeutig bestimmbar wäre, so gebe es keine grundsätzliche Auskunft darüber, wie in einer spezifischen bzw. konkreten Problemlage zu entscheiden wäre. Damit aber, so folgerte er weiter, verflüchtige sich zunehmend der Begriff des Volkswillens (volonté générale), denn dieser Begriff:

> „...setzt die Existenz eines eindeutig bestimmten Gemeinwohles voraus, das von allen erkannt werden kann [...] Sowohl die Existenz wie auch die Würde dieser Art von volonté générale verschwinden, sobald uns die Vorstellung eines Gemeinwohles fehlt"[27].

Das von ihm vorgebrachte Argument - das im übrigen später der Politikwissenschaftler Ernst Fraenkel in gleicher Weise gegen diesen „klassischen" Demokratiebegriff anführte[28] - resultierte aus einem tiefen Mißtrauen, das er gegenüber jeglicher Art von *Massen* hatte. Seiner Meinung nach kennzeichne diese nämlich „...namentlich ein ver-

---

24 ebenda.
25 Joseph A. Schumpeter; Kapitalismus, Sozialismus und Demokratie; a.a.O.; S. 397.
26 ebenda; S. 399.
27 ebenda; S. 400-401.
28 Vgl. u.a. Ernst Fraenkel; Strukturdefekte der Demokratie und deren Überwindung; in: ders.; Deutschland und die westlichen Demokratien; a.a.O.; S. 81 und S. 86-94.

mindertes Verantwortungsgefühl, ein tieferes Niveau der Denkenergie und eine größere Empfänglichkeit für nicht-logische Einflüsse"[29]. Auch an anderer Stelle drückt er diese Abneigung deutlich aus. So schreibt er, daß sich gerade die Wähler oft als schlechte und zugleich auch korrumpierbare Richter erwiesen und sogar häufig schlechte Kenner ihrer eigenen langfristigen Interessen seien[30], und weiter unten ergänzt er:

> „So fällt der typische Bürger auf eine tiefere Stufe der gedanklichen Leistung, sobald er das politische Gebiet betritt. Er argumentiert und analysiert auf eine Art und Weise, die er innerhalb der Sphäre seiner wirklichen Interessen bereitwillig als infantil anerkennen würde. Er wird wieder zum Primitiven."[31]

Aufgrund dieser Skepsis gegenüber der Fähigkeit der Massen zu Rationalität konnte für Schumpeter ein Demokratiebegriff, der aus dem Begriff des „Demos" entwickeln worden war, keinen Bestand haben und deshalb leitete er seine Demokratiedefinition primär aus dem zweiten Wortstamm des Wortes Demokratie („Kratos") ab. So heißt es in seiner Definition:

> „...die demokratische Methode ist diejenige Ordnung der Institutionen zur Erreichung politischer Entscheidungen, bei welcher einzelne die Entscheidungsbefugnis vermittels eines Konkurrenzkampfs um die Stimmen des Volkes erwerben."[32]

Mit dieser Definition Schumpeters ist das Verständnis der Elitentheorie der Demokratie paradigmatisch festgelegt worden. Andere Autoren, wie z.B. Otto Stammer[33] oder im angelsächsischen Raum Samuel P. Huntington[34] bzw. Anthony Downs[35], sind dieser Auffassung gefolgt und haben den Prozeß des „eligere" bzw. „kratein" ins Zentrum ihres Demokratieverständnisses gestellt. Es bedarf kaum vieler Worte, daß ein solchermaßen bestimmter Demokratiebegriff sich heftiger Kritik erwehren mußte, denn er ließ - selbst wenn man grundsätzlich die Notwendigkeit der Repräsentation und der damit unmittelbar verbundenen Auswahl von Repräsentanten akzeptieren mochte - kaum einen Freiraum für zusätzliche partizipatorische Elemente; er schien die Demokratie lediglich auf den Akt der Wahl zu reduzieren[36]. So waren es vor allem die Vertreter der Partizipationstheorie der Demokratie, die einer Reduktion des Demokratiebegriffs auf den formalen Akt der Wahl widersprachen. Manfred G. Schmidt nennt Schumpeters

---

29 Joseph A. Schumpeter; Kapitalismus, Sozialismus und Demokratie; a.a.O.; S. 408.
30 ebenda; S. 414.
31 ebenda; S. 416.
32 ebenda; S. 428.
33 Vgl. Otto Stammer; Politische Soziologie und Demokratieforschung; Berlin 1965; S. 174.
34 So heißt es bei ihm: „Democracy exists where the principal leaders of a political system are selected by competitive elections in which the bulk of the population have the opportunity to participate."; Samuel P. Huntington / Clement H. Moore (Hg.): Authoritarian Politics in Modern Society. The Dynamics of Established One-Party-Systems. New York u.a. 1970; S. 509.
35 Vgl. Anthony Downs; Ökonomische Theorie der Demokratie; Tübingen 1968.
36 Damit schien Schumpeter den kritischen Satz von Jean-Jacques Rousseau, daß das (englische) Volk nur bei der Stimmabgabe wirklich souverän sei, zum eigentlichen Grundprinzip seines Demokratieverständnisses zu machen.

Auffassung ganz allgemein auch nur einen „mageren" Demokratiebegriff[37]. Andere vermuteten in dieser Auffassung von Demokratie jedoch eher einen Rechtfertigungsmechanismus für den als defizient betrachteten Status quo: „Obschon der Begriff der Demokratie als politischer Methode nicht notwendig elitär ist, dient er doch als prächtiges Verteidigungsinstrument der Eliten-Massenstruktur bestehender demokratischer Systeme"[38]. Der Kern der Kritik bezog sich jedoch immer wieder auf die Unterbetonung des „Demos" in Schumpeters Demokratiebegriff: „Diese sozialtechnische Auffassung unterstellt die Demokratie als ein Modell, das sich vom realen Prozeß ihres gesellschaftlichen Ursprungs ablösen und, Anpassungen eingerechnet, auf beliebige Situationen übertragen läßt"[39]; der gesellschaftliche Ursprung sei eben der „Demos".

Man würde der Schumpeterschen Demokratieauffassung allerdings nicht gerecht werden können, wenn man sich nicht die Argumente genauer ansähe, die ihn zu diesem Demokratiebegriff kommen ließen. Von den sieben Gründen, die er anführt, sei hier nur auf zwei zentrale Aspekte seiner Grundintention verwiesen: Für ihn ist es durchaus entscheidend, ein Kriterium gefunden zu haben, das die Demokratie von anderen Systemen unterscheidet. Die „klassische Lehre" der Demokratie, so Schumpeter, könne dies nämlich nicht bieten, weil Regierungen durchaus in der Lage seien, auch ohne diesen *modus procedendi* dem Willen wie auch dem Wohl des Volkes dienlich zu sein[40]. Dieser analytische Aspekt führt ihn nun aber direkt zu seiner eigentlichen Intention, denn die in seiner Definition verkörperte Theorie ließe uns „...allen wünschbaren Raum für eine angemessene Anerkennung der lebenswichtigen Tatsache der Führung"[41], eine Führung, die sich nach der demokratischen Methode installieren könne, wenn sie einen Sieg im Konkurrenzkampf um freie Stimmen davontrüge, d.h. eben Personen, die in der Lage sind, im Kampf um die Macht den „Demos" hinter sich zu bringen[42]. Umgekehrt ginge sie allerdings auch ihrer Funktion verlustig, wenn das Wahlvolk, dessen Hauptfunktion ja die Hervorbringung dieser politischen Elite sei, einer konkurrierenden Elite das Mandat zur Ausübung von Herrschaft auf Zeit erteile.

---

37 Vgl. Manfred G. Schmidt; Demokratietheorien; a.a.O.; S.137.
38 Peter Bachrach; Die Theorie demokratischer Elitenherrschaft. Eine kritische Analyse; Frankfurt am Main 1970; S. 112.
39 Jürgen Habermas / Ludwig von Friedeburg / Christoph Oehler / Friedrich Weltz; Student und Politik. Eine soziologische Untersuchung zum politischen Bewußtsein Frankfurter Studenten; Neuwied ³1969; S. 14.
40 Joseph A. Schumpeter; Kapitalismus, Sozialismus und Demokratie; a.a.O.; S. 428.
41 ebenda; S. 429.
42 Vgl. auch Joachim H. Knoll; Elitebildung in der modernen Massengesellschaft; in: Aus Politik und Zeitgeschichte, B14/1966, 6.4.1966, S. 19.

Mit seiner Begründung der Demokratie, daß sie die „lebenswichtige Tatsache der Führung" beachte, konnte er direkt an die beiden Elitentheoretiker Mosca[43] und Pareto anknüpfen. Doch anders als die beiden Italiener - und hier zeigt sich trotz mancher Differenz[44] seine Nähe zu Max Weber - sah er durchaus die Möglichkeit, daß eine Zirkulation der Eliten vermittels der demokratischen Methode Erfolg haben könne.

Schumpeter macht sich auch über die Konsequenzen seines Demokratiebegriffes ausführlich Gedanken. Zu dessen Begründung - und dies ist hier das zweite Argument von Bedeutung - schreibt er, sein Demokratiebegriff sei in der Lage, „...die Beziehung zu klären, die zwischen der Demokratie und der individuellen Freiheit" bestehe. Dazu führt er u.a. aus:

> „Wenn, wenigstens im Prinzip, jedermann die Freiheit hat, sich dadurch um die politische Führung zu bewerben, daß er sich der Wählerschaft vorstellt, dann wird dies in den meisten, wenn auch nicht in allen Fällen, ein beträchtliches Quantum Diskussionsfreiheit für alle bedeuten. Namentlich wird es normalerweise ein beträchtliches Quantum Pressefreiheit bedeuten."[45]

An dieser Stelle zeigte sich erstmals dezidiert das *kommunikative* Element seiner Demokratieauffassung. Er behandelt zwar die Diskussions- bzw. Meinungs- und Pressefreiheit „nur" als Beispiel für die allgemein zu gewährleistende individuellen Freiheit, bringt sie aber mit der Notwendigkeit, daß Eliten bzw. kandidierende Eliten in einer Demokratie sich dem Volk vorstellen bzw. ihm gegenüber verantwortlich sind, in Verbindung. Hierdurch verweist er in aller Deutlichkeit darauf, daß für ihn im Kontext der Demokratie Kommunikation vor allem i.S. von „Publizität" eine Rolle spielt. Auch an anderen Stellen findet sich dieser Gedanke wieder. So weist er darauf hin, daß die Veränderung in der Zusammensetzung der politischen Führung das Ergebnis eines Kontrollprozesses sei[46]. Wie aber bereits im ersten Kapitel dieser Untersuchung herausgearbeitet wurde, muß die Kontrolle durch das Volk, d.h. die Überprüfung der als angemessen empfundenen Wahrnehmung der Verantwortung durch die Eliten, auf einem Wissen basieren, das ihnen u.a. kommunikativ durch die Eliten vermittelt wird oder mit anderen

---

43 Ganz im Sinne Mosca, ohne auf diesen Bezug zu nehmen, schreibt er, daß eine zentrale Funktionsbedingung der Demokratie ist, daß das „Menschenmaterial der Politik" von hinreichend hoher Qualität ist. Dies kann u.a. dadurch gewährleistet werden, daß eine solche „...Schicht weder allzu exklusiv noch dem Außenseiter allzu leicht zugänglich ist und wenn sie stark genug ist, um die meisten Elemente, die sie laufend aufnimmt, auch zu assimilieren..."; Joseph A. Schumpeter; Kapitalismus, Sozialismus und Demokratie; a.a.O.; S. 462.

44 So bezieht sich Schumpeter an einer Stelle ganz direkt auf den Aufsatz „Politik als Beruf" von Max Weber, wenn er schreibt: „Viele Exponenten der demokratischen Lehre haben sich sehr darum bemüht, die politische Aktivität jeder beruflichen Nebenbedeutung zu entkleiden. Sie vertraten energisch, oft leidenschaftlich die Ansicht, die Politik solle kein Beruf sein und die Demokratie entarte, sobald Politik zum Beruf werde. Das ist jedoch reine Ideologie"; - Joseph A. Schumpeter; Kapitalismus, Sozialismus und Demokratie; a.a.O.; S. 452.

45 ebenda; S. 431.

46 Vgl. u.a. ebenda; S. 432.

Worten: die Wählerschaft muß auf ein intellektuelles Niveau gebracht werden, das ihr die Ausübung der Kontrolle ermöglicht[47].

Es war nicht das Anliegen Schumpeters, eine vollständige Theorie der Demokratie zu formulieren. Vielmehr schien ihm eine Beschäftigung mit ihr nicht vermeidbar zu sein. Im Vorwort zur ersten amerikanischen Auflage macht er dies deutlich:

> „Das Problem der Demokratie hat sich den Platz, den es nun in diesem Buch einnimmt, dadurch erzwungen, daß es sich als unmöglich erwiesen hat, meine Ansichten über die Beziehung zwischen sozialistischer Gesellschaftsordnung und demokratischer Regierungsform ohne eine ausführlichere Analyse der letzteren darzulegen."[48]

Dennoch ist es ihm gelungen, in einzigartiger Weise in den letzten drei Kapiteln seiner Untersuchung die zentralen Elemente der Elitentheorie der Demokratie zu verdeutlichen. Andere Autoren, wie z.B. Downs, William A. Niskanen[49] oder Giovanni Sartori, haben später ganz bewußt auf das von Schumpeter bereitgestellte Analyseschema und dessen Grundaxiome zurückgegriffen und die Untersuchung der Dimension der Eliten in einer Demokratie weiter verfolgt. Schumpeters Interesse galt ohne Zweifel in erster Linie der politischen Führung. Eine intensivere Beschäftigung mit der kommunikativen Verbindung zwischen Elite und dem Volk ist jedoch bei ihm nicht zu finden und auch die anderen Dimensionen der Kommunikation sind von ihm fast gänzlich ausgeblendet worden. Zwar finden sich an einigen Stellen Hinweise dazu, wenn er z.B. die Notwendigkeit eines - in der Sprache von Fraenkel - nicht-kontroversen Sektors als Grundvoraussetzung für den Bestand der Demokratie benennt[50]. Wie dieser Sektor jedoch entsteht bzw. lebendig gehalten werden kann, darüber äußert sich Schumpeter nicht. Auch über die responsive Dimension von Kommunikation äußert er sich nur indirekt, wenn er mit aller Deutlichkeit betont, daß das Volk davon absehen müsse, einem Abgeordneten etwas vorzuschreiben und sich des Hineinregierens enthalten müsse[51]. Im wesentlichen bleibt er in seinen Ausführungen sehr eng an der von ihm vorgeschlagenen Definition von Demokratie und den daraus folgenden Konsequenzen.

Verwiesen Mosca und Pareto nur auf die Existenz und zugleich auch auf die Notwendigkeit einer „politischen Klasse" und kamen dabei zu dem Ergebnis, um es mit den Worten von Walter Garrison Runciman auszudrücken, „...daß Demokratie Betrug sei"[52], so machten zu Beginn dieses Jahrhunderts Weber und etwas später auch Schumpeter deutlich, daß eine funktionsfähige Elite sehr wohl vermittels der demokratischen Methode ins Amt gehoben werden könne. Weber wie auch Schumpeter sahen zu diesem

---

47 Vgl. u.a. ebenda; S. 467.
48 ebenda; S. 481.
49 Vgl. Wolfgang F. Stolper; Joseph A. Schumpeter. The Public Life of a Private Man; Princeton 1994; S.209.
50 Joseph A. Schumpeter; Kapitalismus, Sozialismus und Demokratie; a.a.O.; S. 469-470.
51 vgl. ebenda; S.468-469.
52 Walter Garrison Runciman; Sozialwissenschaft und politische Theorie; Frankfurt am Main 1967; S. 77.

Zeitpunkt auch schon, daß die kommunikative Beziehung zwischen Elite und Volk eine nicht zu vernachlässigende Größe sei. Dies gilt insbesondere für Weber, für den Politik in einem nicht unbeträchtlichen Maße in der Öffentlichkeit mit den Mitteln des gesprochenen oder geschriebenen Wortes geführt würde. In seinem Referat anläßlich des ersten Deutschen Soziologentages von 1910 in Frankfurt am Main sah er es deshalb auch als eine herausragende Aufgabe an, in Zukunft der Erforschung der Kommunikationsmittel mehr Beachtung zu schenken. Ihm war schon deutlich bewußt, daß Kommunikation ein mediale sein würde, denn: „Denken Sie sich die Presse einmal fort, was dann das moderne Leben wäre, ohne diejenige Art der Publizität, die die Presse schafft" und er fährt fort, daß deshalb in Zukunft als zentrale Frage diese zu stellen sein würde: „Wie sieht denn eigentlich die heutige Publizität aus und wie wird diejenige der Zukunft aussehen, was wird alles durch die Zeitung publik gemacht u n d   w a s   n i c h t "[53].
Die wenigen Äußerungen zur Frage der Medien in einer modernen Demokratie sind zu einem großen Teil in der bis zu diesem Zeitpunkt auch nur geringfügig entwickelten Medienlandschaft begründet. Mit einem Mediensystem, wie es sich insbesondere nach dem 2. Weltkrieg entwickeln sollte, waren weder Weber noch Schumpeter konfrontiert: sie kannten weder das Fernsehen oder Computertechnologien, noch war ihnen bewußt, wie sehr sich die bereits damals vorhandenen Möglichkeiten der Kommunikationsübertragung verbreiten würden. Für zwei andere Elitentheoretiker der Demokratie trifft dies jedoch nicht mehr in vollem Umfange zu, denn ihre Arbeiten entstanden in einer Zeit, in der die Medien bereits fest in die Alltagswelt der Menschen integriert worden waren, bzw. gerade dabei waren, die Lebenswelten dramatisch zu verändern. Aus diesem Grund soll hier in aller Kürze auch auf die Arbeiten von Downs und Giovanni Sartori eingegangen werden.
15 Jahre nach der ersten Veröffentlichung von Schumpeters „Kapitalismus, Sozialismus und Demokratie" erschien „An Economic Theory of Democracy" von Downs. Schumpeters Analyse der Demokratie war für Downs „Anregung und Grundlage"[54]. Anders als Schumpeter behandelte er jedoch die Demokratie im Rahmen eines Modells, das allerdings hinsichtlich seines Procedere sehr der Analyse Schumpeters gleicht. Eine Demokratie, so definierte Downs zu Beginn seiner Untersuchung, läge dann vor, wenn eine Regierung durch das Volk gewählt werde und darüber hinaus das Prinzip der Annuität, des allgemeinen Wahlrechtes, der Stimmengleichheit, der Mehrheit, der Illegitimität des gewaltsamen Umsturzes gelte, sowie die freie politische Betätigung und Parteienpluralismus gewährleistet seien[55].

---

53 Max Weber; Rede auf dem ersten Deutschen Soziologentag in Frankfurt 1910; in: ders; Gesammelte Aufsätze zur Soziologie und Sozialpolitik; a.a.O.; S. 434-435.
54 Dt. Fassung: Anthony Downs; Ökonomische Theorie; a.a.O.; S. 29 [Anmerkung 11].
55 Vgl. ebenda; S. 23.

In Downs' Modell der Demokratie steht das Prinzip des Marktes, bzw. der Konkurrenz der Eliten um die höchsten Ämter im Staate im Mittelpunkt. Dies setzt voraus, daß es mindestens zwei verschiedene Eliten gibt, die, organisiert in Parteien, sich um die Stimmenmehrheit der Bevölkerung bemühen. In der Auswahl der Regierung erschöpfe sich für ihn schließlich auch der Hauptzweck der Wahl. Die gewählte Regierung - und hier greift Downs seinem Verständnis nach auf Robert A. Dahl und Charles Lindblom zurück - sei schließlich die letzte und höchste Machtinstanz innerhalb eines Staates. Sie sei in der Lage, Gruppen zu zwingen, den Entscheidungen zu gehorchen, während umgekehrt die gleichen Gruppen nicht in der Lage seien, die Regierung zu zwingen ihnen zu gehorchen[56].

Downs' Untersuchung differiert an einem Punkt erheblich von der des Österreichers, denn Downs mißt der Frage der Kommunikation eine erhebliche Bedeutung zu. Für ihn war, stärker als für Schumpeter, klar, daß die Information für den Wähler eine herausragende Rolle spielen würde, denn nur auf dieser Informationsbasis sei dieser in der Lage, eine für ihn rationale Entscheidung zugunsten der regierenden oder oppositionellen Partei(enkoalition) zu fällen. Daß eine solche Entscheidung nicht unter den Bedingungen vollständiger Informiertheit zustande kommen käme, ist Downs wohl bewußt und deshalb nehmen bei seiner Untersuchung die Auswirkungen der Entscheidung unter Ungewißheit einen besonders großen Raum ein[57].

Dieses Interesse an den Auswirkungen der Ungewißheit ist allerdings darauf zurückzuführen, daß sich Downs mehr für die Grundlagen der Wahlentscheidungen interessiert, als für die Frage, warum die Information des „Demos" durch die Eliten für die Demokratie notwendig ist, denn aus seiner Sicht sind Parteien bzw. die Regierung in erster Linie an der Maximierung ihrer Stimmen interessiert[58]. Deshalb sei es auch zum einen die Aufgabe der Regierung, Informationen über administrative Weisungen, neue Gesetze oder allgemeine Bekanntmachungen über die Regierungstätigkeit zu verbreiten. Diese Informationen hätten allerdings, so Downs, keinen politischen Charakter. Dieser trete vor allem bei der Verbreitung von Informationen durch die Parteien auf:

> „An erster Stelle unter den Zielen jeder Partei steht der Wahlsieg. Alle von der Partei veröffentlichten Informationen hängen mit diesem Ziel zusammen und sind daher für die politische Entscheidungsfindung relevant [...] (D)ie meisten Äußerungen aller Parteien dienen doch entweder der Attacke auf ihre Gegner oder der Verteidigung ihrer eigenen Haltung und heben daher gerade die Elemente hervor, aus denen sich die Parteiendifferentiale ergeben"[59]

Downs' Interesse lag in erster Linie darin, Grundlagen für die Wahlforschung zu erarbeiten und den Prozeß des Wählens in seinen verschiedenen Facetten einer empirischen

---

56 Vgl. ebenda; S. 22.
57 Vgl. ebenda; S. 75-200.
58 Vgl. ebenda; S. 11 und S. 161.
59 ebenda; S. 221.

Analyse zugänglich zu machen. Daß er trotzdem einen maßgeblichen Beitrag zur Elitentheorie der Demokratie geleistet hat, hat seinen Grund darin, daß er das von Schumpeter angestoßene Denken über die Demokratie in sein Modell eingebaut hat und von dieser Position aus Folgerungen ziehen konnte, die die Diskussion um die Wirkungsweise einer von Eliten geführten Demokratie weiter erhellten. Es ist das große Verdienst von Downs, dem Kommunikationsfluß von Elite zum „Demos", dem Wahlvolk, nachhaltige Bedeutung gegeben zu haben und damit den elitentheoretischen Ansatz der Demokratie um ein wichtiges Element erweitert zu haben.

Wie bereits Downs, so greift auch Sartori bei der Formulierung seiner „Demokratietheorie" auf die Eliten-Wettbewerbstheorie von Schumpeter zurück[60] und erklärt diese zum Herzstück der Demokratietheorie selbst. So ist auch für ihn auf der einen Seite die Qualität der Elite eine entscheidende Garantie für Qualität des demokratischen Systems. Fähige und kompetente Minoritäten seien integrierender Bestandteil der Demokratien, und keinesfalls ein „notwendiges Übel". Vielmehr seien sie ein entscheidender Faktor eines solchen Systems. Pro-demokratische Eliten seien nicht als eine Unvollkommenheit, sondern als eine wesentliche Garantie des Systems zu betrachten[61].

Doch auf der anderen Seite ist für ihn ebenso entscheidend, daß diese demokratische Führung grundsätzlich verantwortlich für ihr Handeln sei bzw. dafür zur Verantwortung gezogen werden könne, daß sie kontrollierbar sei und sie auch auf vielfältige Weise kontrolliert werde[62].

Bezüglich der Grundstruktur kommunikativer Beziehungen liegen die Überlegungen der beiden Elitentheoretiker der Demokratie durchaus nahe beieinander. Wie Schumpeter sieht auch Sartori die Notwendigkeit eines Grundkonsenses, allerdings - und dies ergibt sich fast folgerichtig, wenn man Demokratie im Sinne einer Methode der Herrschaftsbestellung auffaßt - muß sich dieser Konsens nicht so sehr auf gemeinsame Grundüberzeugungen bzw. gemeinsame Vorstellungen von einem guten Leben beziehen (also eine, i.S. Gabriel A. Almonds, homogene politische Kultur aufweisen), sondern lediglich auf die anzuwendenden Verfahren in einer Demokratie:

> „Grundkonsens (bezüglich der Wertüberzeugungen, die ein Überzeugungssystem strukturieren) ist eine *günstige*, aber keine notwendige Bedingung der Demokratie. Diesen Konsens erreicht die Demokratie vielleicht als Endergebnis. Demgegenüber ist der Verfahrenskonsens, insbesondere der Konsens über die Konfliktlösungsregel(n), eine *notwendige Bedingung*, ja eine Vorbedingung der Demokratie."[63]

Aus diesem Grund spielt für ihn - wie ja bereits bei Schumpeter und Downs gezeigt werden konnte - die Kommunikation zwischen den Individuen zum Zwecke einer Ver-

---

60 Vgl. Giovanni Sartori; Demokratietheorie; a.a.O.; S. 100.
61 Vgl. ebenda; S. 173-182.
62 Vgl. ebenda; S. 181.
63 ebenda; S. 100.

ständigung über gemeinsame Wertvorstellungen nur eine untergeordnete Rolle[64]. Zwar trüge ein solcher Grundkonsens durchaus zur Legitimität des politischen System bei, seine Existenz stelle jedoch bestenfalls eine *„günstige Bedingung"*[65] für die Demokratie dar und deshalb lag Sartoris Interesse mehr in der kommunikativen Verbindung von Elite und dem „Demos", eine Verbindung, die er - und das ist für die Elitentheorie der Demokratie ein bedeutender Entwicklungsschritt - erstmals umfangreich als eine zweiseitige Beziehung begreift[66].

In seiner Analyse der kommunikativen Beziehung zwischen Elite und Demos greift Sartori zunächst auf das von Karl W. Deutsch in seiner Analyse der internationalen Beziehungen beschriebene „Kaskadenmodell" zurück. Nach Deutsch ist die Kommunikation zwischen Elite und dem „Demos" als fünf-stufiger Prozeß zu verstehen. Ausgehend von einer sozio-ökonomischen Elite, würden über die Politik- und Regierungselite und die Massenmedien Kommunikationsinhalte zu einem Netzwerk von lokalen Meinungsführern weitergeleitet:

> „Es besteht aus dem Netz örtlicher Leitpersonen, d.h. den 5 oder 10 Prozent der Bevölkerung, die ständig die Massenmedien und bis zum gewissen Grade das Weltgeschehen verfolgen. Es sind die Männer und Frauen, die ihren weniger aufmerksamen Nachbarn und Bekannten vieles vom politischen Geschehen im Lande und in der Welt vermittelten und gleich die bereitwillig übernommenen Interpretationen und Modelle für geeignete Attitüden und Reaktionen auf die fernen und fremden Ereignisse mitliefern, die durch die Massenmedien in den Gesichtskreis eingebracht werden."[67]

Der Großteil der Bevölkerung schließlich empfinge die Ereignisse und Informationen über den Themenbereich „Internationalen Beziehungen" eines Landes also im Wesentlichen über sogenannte „Opinion-leader"[68].

Sartori ist jedoch der Auffassung, daß das von Deutsch entwickelte Modell der „Kaskade" nur eine unzureichende Beschreibung der Kommunikation in modernen Demokrati-

---

64 Eine Auseinandersetzung über die Bildung von öffentlichen Meinungen siehe: ebenda;; S. 104-109.
65 ebenda; S. 99.
66 Sartoris Überlegungen bezogen durchaus bereits Effekte medialer Kommunikation mit ein. Man mag darüber streiten können, ob die Bearbeitung dieses Themenkomplexes hinreichend ist oder nicht, es ist jedoch übertrieben zu behaupten, Sartori habe sich überhaupt nicht mit der Rolle der Medien in der Demokratie beschäftigt; so z.B. Jürgen Gerhards; Die Macht der Massenmedien und die Demokratie. Empirische Befunde; Discussion Paper FS III 91-108 des Wissenschaftszentrums Berlin; Berlin 1991; S. 2.
67 Karl W. Deutsch; Die Analyse internationaler Beziehungen. Konzeption und Probleme der Friedensforschung; Frankfurt am Main 1968; S. 150.
68 An dieser Stelle soll bereits darauf verwiesen sein, daß das von Deutsch angebotene Modell für unseren Zusammenhang zwei wesentliche Schwachstellen beinhaltet. Zum einen ist davon auszugehen - und darauf macht auch Sartori zu Recht aufmerksam - daß die Kommunikation im thematischen Umfeld der internationalen Beziehungen im Wesentlichen ein elitengesteuerter Prozeß ist, und deshalb nicht zwingend allgemein auf die Kommunikation in der Demokratie übertragen werden kann. Zum anderen spielt bei Deutsch das Konzept des „Opinion-leader" eine herausragende Rolle. Wie später noch zu zeigen sein wird, darf diese Auffassung heute als überholt gelten.

en darstelle und vielmehr auch die umgekehrte Kommunikationsbeziehung in die Analyse einzubeziehen sei, denn:

> „Insgesamt gesehen würde ich sagen, unsere Demokratien haben einen Zustand erreicht, in dem die aufsteigenden Meinungsprozesse am besten als etwas in sich Selbständiges und Unabhängiges anzusprechen sind; auch deshalb, weil die aufsteigenden Blasen manchmal zu einer mächtigen Flut anschwellen."[69]

Ursache für diesen Bedeutungszuwachs des umgekehrten Meinungsflusses sieht er in der massiven Ausweitung der Hochschulausbildung. Durch sie sei nämlich eine Schicht von Intellektuellen entstanden, die immer weniger da untergebracht werden könne, wo sie hingehöre oder sich zugehörig fühle[70]. Dadurch entstehe im „Restbecken des Kaskadenmodells" eine immer größer werdende, intellektuell gut gebildete Gegenelite, die nicht auf Elitenebene selbst fungiere, sondern lediglich „*Eliten auf der Massenebene*"[71] darstelle.

Sartori äußert sich zu dieser Dimension der Kommunikation nicht weiter, denn seiner Auffassung nach stellt das „Heraufsprudeln" von Meinungen, das die oberen Elitenebene „überschwemmen" bzw. überrumpeln könnte, eher die Ausnahme dar[72] und deshalb ist sie für seine „Demokratietheorie" auch nur von untergeordneter Bedeutung.

Die Überlegungen von Downs und Sartori, die in einer Zeit entstanden sind, in der die Medien begannen, einen nachhaltigen Einfluß auf die individuellen Lebenswelten auszuüben, haben der Kommunikation in einer Demokratie einen wichtigen Platz zugewiesen. Die Elitentheorie der Demokratie hat - sieht man von den beiden zuletzt untersuchten Autoren einmal ab - sich im wesentlichen auf die kommunikative Verbindung von Elite hin zum „Demos" konzentriert. Während Mosca und Pareto zwar noch einen klaren Widerspruch zwischen dem Anspruch der Demokratie („Mehrheit herrscht") und der Notwendigkeit einer Elitenherrschaft („Minderheit herrscht") sahen, zeigten insbesondere Weber und Schumpeter, daß das „missing link" zwischen Elite und „Demos" in der Verantwortlichkeit und damit der Kommunikation i.S. von Publizität liege. Mit anderen Worten: es gelang ihnen, die Elitentheorie „demokratietauglich" zu machen.

---

69 Giovanni Sartori; Demokratietheorie; a.a.O.; S. 104; - Auch Dietrich Herzog greift auf dieses, wenngleich leicht veränderte „Kaskadenmodell" von Deutsch zurück; vgl. Dietrich Herzog; Was heißt und zu welchem Ende studiert man Repräsentation; a.a.O.; S. 307-335; - Die bereits hinsichtlich des Kaskadenmodells von Deutsch zu äußernden Kritikpunkte treffen zwar für die veränderte Fassung dieses Kommunikationsmodells nicht mehr in vollem Umfang zu, doch erscheinen die vorgenommenen Korrekturen unzureichend zu sein.
70 Vgl. Giovanni Sartori; Demokratietheorie; a.a.O.; S. 103.
71 ebenda; S. 104.
72 Ähnlich auch: Niklas Luhmann; Legitimität durch Verfahren; Frankfurt am Main 1983; S. 191 (Anmerkung 29); Luhmann ist der Auffassung, daß bedeutende Kommunikation von der Masse zur Elite im Wesentlichen nur dann möglich ist, wenn das Anliegen „skandaliert" wird, d.h. zum Beispiel durch spektakuläre Aktionen und Demonstrationen den Sprung in die Medien schafft und damit auf öffentliche Resonanz stoßen kann. Diese „Skandalierung" ist allerdings nicht beliebig lange durchzuhalten. Erfolg in der Sache kann nur dann garantiert werden, wenn die Eliten sich das Anliegen zu eigen machen.

3.2. Elitentheorie der Demokratie und Öffentlichkeit

3.2.1 Der Öffentlichkeitsbegriff in der Elitentheorie

Um zu einem adäquaten Verständnis dieses Theorieansatzes zu gelangen, bedarf es einer genaueren Erläuterung des in diesem Ansatz verwendeten Öffentlichkeitsbegriffes. Eine mit derjenigen der Antike vergleichbare Auslegung ist bei den Elitentheoretikern der Demokratie nicht zu erwarten. Die aufgestellten Prämissen der Elitentheorie der Demokratie legen nahe, daß „Öffentlichkeit" als derivativer Begriff aufgefaßt wird und nicht - wie später insbesondere noch am Beispiel der Partizipationstheorie der Demokratie zu zeigen sein wird - als notwendige Voraussetzung der Demokratie. Es läßt sich sogar sagen, daß die Elitentheorie der Demokratie von einer nachhaltigen und grundlegenden Skepsis gegenüber der Öffentlichkeit geprägt ist. Bereits 1925 sprach Walter Lippmann von einem „Phantom Öffentlichkeit" und davon, daß man das Regieren besser einer Elite überlassen solle, da die Öffentlichkeit - und damit meinte er die Gesamtheit des „Demos" - grundsätzlich zu schlecht informiert sei[73].

Öffentlichkeit im Sinne der Elitentheorie wird als etwas Herzustellendes begriffen ein Vorgang und Ziel, das in erster Linie den Eliten obliegt. Man muß nicht so weit gehen wie Francis G. Wilson in seinem Aufsatz „Concepts of Public Opinion", der den Zugang zur Öffentlichkeit auf den Kreis derjenigen reduzierte, die das Recht an der Mitwirkung der *Regierung* haben[74] oder J. A. Sauerwein, der es als eine ziemliche Übertreibung bezeichnete, wenn man den Eindruck erwecke, es gebe außerhalb der Elite eine im intellektuellen Sinne verstandene öffentliche Meinung[75]. In der Regel soll jedoch der Kreis der Öffentlichkeits*akteure* auf diejenigen Personen beschränkt bleiben, die in den Institutionen des politischen Systems - in unterschiedlichen Rollen - Verantwortung übernommen haben und dementsprechend auch gegenüber dem Volk rechenschaftspflichtig sind: die Mitglieder der Regierung und des Parlamentes und damit - abhängig vom jeweiligen Typus repräsentativer Demokratie - in unterschiedlicher Stärke die Parteien, die gewissermaßen als Scharnier zwischen politischen Institutionen und dem „Demos" fungieren oder mit anderen Worten „mit dem Kopf im politischen System und den Beinen im Volk" stehen.

Diese kommunikative Vermittlung zwischen politischem System und dem Volk geschieht in modernen Massendemokratien fast ausschließlich über Medien, d.h. Kommu-

---

73 Vgl. Walter, Lippmann; The phantom public; New York u.a. 1925; - s.a. Ludger Kühnhardt; Wieviel Bytes verträgt der Staat?; a.a.O.; S. 36.
74 Vgl. Francis G. Wilson; Concepts of Public Opinion; in: American Political Science Review, 27. Jg., 2/1933; S. 390.
75 J. A. Sauerwein; in: Elisabeth Noelle-Neumann; Manifeste und latente Funktion Öffentlicher Meinung; in: Publizistik, 37. Jg., 3/1992, S. 286.

nikation ist fast ausschließlich nur mit Hilfe technischer Mittel möglich. Direkte Kommunikation zwischen der Politik und dem Volk stellt eher die Ausnahme, denn die Regel dar. An eben dieser Schnittstelle zwischen politischem System und den Medien muß das Interesse der Demokratieforschung ansetzen. Parteien, Parlamente oder Regierungen sind in der Elitentheorie der Demokratie auf die Entstehung einer Öffentlichkeit - und damit auf Medien - angewiesen. Doch der Umkehrschluß, daß etwa Medien auf demokratische Institutionen angewiesen seien, gilt nicht: „Medien, so hieß es, stellen Öffentlichkeit her. Das beinhaltet einen wichtigen Umkehrschluß: Sie können Öffentlichkeit auch verweigern"[76]; auch Herbert Schambeck macht auf diesen Umstand aufmerksam, wenn er schreibt: „Man kann nämlich Themen und Personen in der öffentlichen Meinung totschweigen oder auch hoch- und herunterspielen"[77].
Diese beiden, hier nur exemplarisch angeführten Anmerkungen machen deutlich, daß sich im Öffentlichkeitsbegriff i.S. von *hergestellter* Öffentlichkeit ein Problem verbirgt, das einer genaueren Betrachtung bedarf. Sowohl Oberreuter als auch Schambeck spielen im Anschluß an Weber mit ihrer Mahnung auf die oben benannte Schnittstelle zwischen politischem System und Mediensystem an - ein Problemkomplex, der im Allgemeinen unter dem Begriff des „Schleusenwärterkonzeptes" bzw. „Gatekeeper-Konzeptes" diskutiert wird und von der Prämisse ausgeht, es gäbe eine bestimmbare Personengruppe im Mediensystem, die über die Weitergabe von Informationen entscheide.
Bei seinen Überlegungen zur Entstehung einer öffentlichen Meinung hatte Sartori bereits auf dieses Konzept hingewiesen[78] und sich in der Folge ein Modell der öffentlichen Kommunikation zu eigen gemacht, das in der Zwischenzeit als nachhaltig überholt gelten darf. Um hingegen ein angemessenes Bild für den Fluß der medialen Kommunikation zu erhalten, bedarf es eins kurzen Blickes auf deren *Basis*struktur.
Die Gruppe um den Kommunikationswissenschaftler Paul F. Lazarsfeld hatte in ihrer beachtenswerten Studie „The people's choice"[79] Anfang der 1940er Jahre die Wirkung der Medien auf die Wahlentscheidung untersuchen wollen. Dabei kamen sie zu dem Ergebnis, daß die Medien in einem fast zu vernachlässigendem Maße für eventuelle Meinungs- und Verhaltensänderungen als Ursache anzusehen seien. Vielmehr, so folgerten sie weiter, seien es die lokalen Meinungsführer („Opinion-leader"), die über den Weg der direkten interpersonalen Kommunikation und aufgrund ihres als „Meinungsführer" sozial anerkannten Status auf die Wahlentscheidung der Individuen einen maßgeblichen Einfluß ausüben würden. Mit anderen Worten: der Kommunikationsfluß vom politischen System zum Volk geht zunächst über die Medien an eine kleine Gruppe von

---

76 Heinrich Oberreuter; Der Einfluß der Medien auf die politische Kultur; a.a.O.; S. 57.
77 Herbert Schambeck; Staat, Öffentlichkeit und öffentliche Meinung; a.a.O.; S. 35.
78 Vgl. Giovanni Sartori; Demokratietheorie; a.a.O.; S. 102.
79 Vgl. Paul F. Lazarsfeld / Bernard Berelson / Hazel Gaudet; Wahlen und Wähler. Soziologie des Wahlverhaltens; Neuwied u.a. 1969.

lokalen Eliten, die ihrerseits die Inhalte filtern und bewerten[80]. Schließlich gibt dann diese Gruppe die Informationen an die jeweilige Umgebung bzw. Gruppe weiter:

„Das Individuum ändert seine Meinung in der Regel erst dann, wenn sich die Gruppensituation verändert und daraufhin der 'Meinungsführer' innerhalb der Gruppe eine entsprechende Meinungsänderung einleitet - oder wenn der Betroffene die Gruppe wechselt"[81].

Dieses Kommunikationsmodell, das als „Two-Step-Flow of Communication" bezeichnet wurde, hatte die Gruppe um Lazarsfeld zwar explizit gar nicht untersucht bzw. gemessen, sondern lediglich aus der Abwesenheit eines „One-Step-Flow of Communication" gefolgert[82]. Doch in bestimmter Hinsicht leitete diese Untersuchung einen wichtigen Wandlungsprozeß in der Medienforschung ein, denn einfache und zugleich mechanische Kommunikations- und in der Folge auch Medienwirkungskonzepte waren damit überholt. Insbesondere die Wirkungen der Medien auf die Rezipienten wurden von nun ab als deutlich komplexeres Phänomen interpretiert.

Doch - und dies ist in unserem Zusammenhang von weit größerer Bedeutung - auch das Modell des „Two-Step-Flow" konnte sich nicht als tragfähiges Modell erweisen. Zwar wurde nicht grundsätzlich ausgeschlossen, daß die Medien einen Einfluß auf Meinungen haben könnten. Als demgegenüber weitaus wichtigere Erkenntnis wurde jedoch herausgestellt, daß die Medien vor allem bei der Diffusion, d.h. bei der Verbreitung von Ereignissen und Informationen eine wesentliche Bedeutung besitzen[83]: „Die Ergebnisse zeigen, daß mit Ausnahme von wirklich außergewöhnlichen Ereignissen [...] politische Nachrichten vor allem massenmedial und nicht interpersonal verbreitet werden"[84].

---

80   Vgl. u.a. ebenda; S. 191; - vgl. auch: Giovanni Sartori; Demokratietheorie; a.a.O.; S. 102-103.
81   Martin Schwonke; Die Gruppe als Paradigma der Vergesellschaftung; in: Bernhard Schäfers; Einführung in die Gruppensoziologie; Heidelberg 1980; S. 36.
82   Vgl. Karsten Renckstorf; Zur Hypothese des „Two-Step-Flow" der Massenkommunikation; in: Roland Burkart (Hg.); Wirkungen der Massenkommunikation. Theoretische Ansätze und empirische Ergebnisse; Wien 1987; S. 42; - Eine andere Auffassung vertritt: Elisabeth Noelle-Neumann; Der getarnte Elefant. Über die Wirkungen des Fernsehens; in: Roland Burkart (Hg.); Wirkungen der Massenkommunikation. Theoretische Ansätze und empirische Ergebnisse; Wien 1987; S. 173-174.
83   Vgl. dazu die Untersuchung von Richard J. Hill / Charles M. Bonjean; „News Diffusion": A Test of the Regularity Hypothesis; in: Journalism Quarterly, 41. Jg., 3/1964, S. 336-342; Hill und Bonjean machen jedoch deutlich, daß herausragende bzw. zentrale Ereignisse - sie zeigen dies an der Nachricht von der Ermordung John F. Kennedys - sich durchaus auch über den Weg der interpersonalen Kommunikation verbreiten können; s.a. R. Quarters et al.; News Diffusion of Assassination Attempts on President Reagan and Pope John Paul II; in: Journal of Broadcasting, 27. Jg., 3/1983, S. 387-395; - s.a. Michael Schenk; Soziale Netzwerke und Massenmedien. Untersuchung zum Einfluß der persönlichen Kommunikation; Tübingen 1995; S. 191.
84   Hans-Dieter Klingemann; Massenkommunikation, interpersonale Kommunikation und politische Einstellungen; in: Max Kaase [Hg.]; Politische Wissenschaft und Politische Ordnung. Analysen zu Theorie und Empirie demokratischer Regierungsweise. (Festschrift zum 65. Geburtstag von Rudolf Wildenmann); Opladen 1986; S. 390.

Mit anderen Worten: das von Lazarsfeld maßgeblich entwickelte Modell des „Two-Step-Flow" war empirisch so nicht haltbar. Die umfangreiche Verbreitung der Medientechnik machte es zunehmend unnötiger, sich bei der Suche nach Informationen auf eventuelle „Opinion-leader" zu verlassen, sie konnten immer stärker direkt über das Mediensystem rezipiert werden. Deshalb ist es auch richtig zu sagen, daß Öffentlichkeit von den Medien direkt hergestellt werde, denn ihre Leistung liegt in erster Linie in der Diffusion von Informationen. Damit ist aber auch das Problem der Verweigerung von Öffentlichkeit deutlicher zu verorten. Nicht Opinion-leader, sondern die Medien sind der ausschlaggebende Akteur bei der Diffusion von Informationen. Die Rolle der Opinion-leader kann in diesem Zusammenhang deshalb ohne Probleme vernachlässigt werden - lediglich im Rahmen der Persuasion dürfte diese Gruppe eine noch entscheidende Rolle spielen.

3.2.2 Eliten und der Zugang zur Öffentlichkeit

Von zunächst maßgeblicher Bedeutung für die Elitentheorie der Demokratie ist der Zugang der Eliten selbst zur Öffentlichkeit und das heißt: der Zugang zu den Medien. Einen solchen Zugang kann eine demokratische Struktur jedoch nicht von sich aus gewährleisten, insbesondere dann nicht, wenn man von einer Unabhängigkeit, zumindest jedoch adäquaten Distanz des Mediensystems vom politischen Systems ausgehen muß (Stichwort: Pressefreiheit). Politische Eliten verfügen über keinen autonomen Zugang zu den Medien und sind darauf angewiesen, von den Akteuren innerhalb der Medienlandschaft beachtet zu werden und daß diese die jeweiligen Kommunikationsangebote zugleich auch medial verbreiten.

Für den politischen Prozeß ist die Möglichkeit, die Probleme nicht nur im Kontext der institutionellen Arrangements zu bearbeiten und einer Lösung zuzuführen, die im Rahmen des Kampfes um die Stimmen des „Demos" eine Rolle gespielt haben, von zentraler Bedeutung. Ebenso wichtig ist auch, daß die der Praxis politischen Handelns entspringenden neuen Probleme innerhalb einer Legislatur- bzw. Amtsperiode öffentlich diskutiert werden und gegenüber dem „Demos" verdeutlicht wird, warum bestimmte Problemkomplexe Gegenstand der politischen Beratung und Entscheidung sein können bzw. müssen und selbstverständlich auch, welche Gründe für die Entscheidung eine Rolle gespielt haben. Daran schließt sich die grundsätzliche Frage an, ob es den verantwortlichen politischen Eliten möglich ist (und diese auch willens sind), auch gestalterisch i.S. von Problemdefinitionen neuer Themen außerhalb der kommunikativen Sondersituation des Wahlkampfes aktiv zu werden, die politische „Agenda" *selber* zu bestimmen.

Die Bestimmung bzw. Verfügung über die Agenda, d.h. Tagesordnung des politischen Problemhaushaltes, gehört zu den zentralen Elementen der politischen Betätigung der Eliten in einer repräsentativen Demokratie – und im besonderem Maße gilt dies für die

Zeit des Wahlkampfes[85]. Die Bedeutung des Erfolges, Themen auf die Tagesordnung der Politik zu setzen, kann nicht überschätzt werden, denn:

„Gelingt eine Thematisierung mittels der Medien, die als das zentrale 'Einfallstor' anzusehen sind, nicht, so sind die Möglichkeiten für eine Anschlußkommunikation - auch in Form von unvermittelten Kommunikationsprozessen - außerordentlich gering; die Chancen für einen weiteren Organisationsprozeß nehmen damit kontinuierlich ab."[86]

und da die Thematisierung von solch nachhaltiger Bedeutung ist, muß in der Tat, endlich „...auch der Logik des Thematisierungs- und Themenstrukturierungsprozesses, in dem hochselektiv negativ bewertete und damit aufmerksamkeitsheischende Ereignisse hochstilisiert und damit zum Teil dialektisch erst verstärkt werden, mehr analytisches Interesse zugewendet werden". Max Kaase ergänzt: „Wenn dabei die Rolle der (elektronischen) Massenmedien besonders betont wird, sollte dies nicht mit billiger Medienschelte verwechselt werden; viele Medienvertreter sind sich dieser Problematik längst bewußt"[87].

Mit dieser Frage: „Wer setzt die Agenda in der Bevölkerung?" bzw. „Wer bringt Themen ins Bewußtsein der Bevölkerung" hat sich der Bereich der „Agenda-Setting-Forschung" beschäftigt. Die Forschungsanstrengungen zu diesem Themenkomplex der Wirkungsforschung sind in der Vergangenheit häufiger als eigenständige Theorie bezeichnet worden. Wie aber Shanto Iyengar und Donald R. Kinder zu Recht vermerkten, handelt sich weniger um einen theoretischen Ansatz, als um eine passende Metapher[88]. Den Ausgangspunkt der Untersuchungen bildete die sich zunehmend verdichtende Erkenntnis, daß sich die Menschen nur noch selten einen Eindruck vom politischen Geschehen aus erster Hand verschaffen können und deshalb auf die politischen Informationen angewiesen sind, die ihnen die Medien liefern[89]. Die sich daran anschließende Frage war, ob es denn den Medien gelinge, die eigene Medienagenda auch zur Agenda der Rezipienten werden zu lassen, oder ob nicht umgekehrt die Medienagenda eine Reaktion auf die vorherrschende Themenstruktur der Bevölkerung sei.

Die ersten Untersuchungen schienen zunächst eindeutige Beweise für einen Wirkungsmechanismus zu liefern, gemäß dem die Medien ohne weiteres in der Lage seien, die Medienthemen auch zu Themen der Bevölkerung werden zu lassen. In einer ersten Untersuchung, die Maxwell E. McCombs und Donald L. Shaw gemeinsam durchführten,

---

85 Vgl. dazu u.a. Barbara Pfetsch / Rüdiger Schmitt-Beck; Amerikanisierung von Wahlkämpfen? Kommunikationsstrategien und Massenmedien im politischen Mobilisierungsprozeß; in: Michael Jäckel / Peter Winterhoff-Spurk (Hg.); Politik und Medien. Analyse zur Entwicklung der politischen Kommunikation; Berlin 1994; S. 234.
86 Otfried Jarren; Kommunikationsstrukturen und Lokalmedien auf dem Lande; in: Aus Politik und Zeitgeschichte, B35/1985, 31.8.1985, S. 26.
87 Max Kaase; Systemakzeptanz in den westlichen Demokratien; a.a.O.; S. 122.
88 Vgl. Shanto Iyengar / Donald R. Kinder; News that Matters. Television and American Opinion; Chicago u.a. 1987; S. 3.
89 Vgl. Michael Schenk; Soziale Netzwerke; a.a.O.; S. 1.

verglichen die beiden Autoren an einem bestimmten Zeitpunkt die Agenda der Medien mit der in der Bevölkerung vorherrschenden Agenda und kamen zu dem Ergebnis, daß die Themenstrukturen bei Medien und Rezipienten nahezu identisch seien[90]. Aus der Annahme, die Menschen hätten ein nachhaltiges Orientierungsbedürfnis und wählten deshalb als Orientierungsquelle die Medien, zogen sie zunächst den Schluß, daß die Medien einen eindeutigen Einfluß auf die Themenstruktur der Bevölkerung hätten. Allerdings mußten sie in der Folge anerkennen, daß die von ihnen gesammelten Daten allein keine Auskunft über ein Kausalverhältnis geben konnten, denn aufgrund der Gleichheit der jeweiligen Agenden hätte sich durchaus auch der umgekehrte Schluß ziehen lassen können, nämlich daß die Bevölkerung die Medienagenda bestimme.

Die ersten Untersuchungen zu diesem Themenkomplex, die sich vor allem mit der Sondersituation des Wahlkampfes auseinandersetzten und damit nur einen kleinen Ausschnitt politischer Kommunikation beleuchten konnten[91], litten unter dem Mangel, lediglich Querschnittsanalysen zu sein. Erstmals 1973 unternahm G. Ray Funkhouser eine Longitudinaluntersuchung, d.h. er beobachtete über einen längeren Zeitraum die Agenden der Medien und die der Bevölkerung. Dabei fand er heraus, daß die Medienagenda der Bevölkerungsagenda in der Regel vorausging[92]. Einschränkend bemerkte er jedoch, daß die Medien kein angemessenes Bild der eigentlichen Probleme der 1960er Jahre in Amerika lieferten: „The mass media did not give a very accurate picture of what was going on in the nation during the sixties"[93].

Auch auf der Basis experimenteller Untersuchungen, wie sie Iyengar und Kinder 1987 durchführten, konnte der bei Funkhouser nachgewiesene Einfluß der Medien auf die Themenstruktur in der Bevölkerung gut nachgewiesen werden. Darüber hinaus allerdings entdeckten die beiden Wissenschaftler den sogenannten „Deckeneffekt", d.h.: besaß ein Thema bereits eine enorme Bedeutung in der Bevölkerung, dann konnten die

---

90 Vgl. Maxwell E. McCombs / Donald L. Shaw; The Agenda-Setting Function of Mass Media; in: Public Opinion Quarterly, 36. Jg., 2/1972, S. 176-187.
91 Vgl. Frank Brettschneider; Agenda-Setting. Forschungsstand und politische Konsequenzen; in: Michael Jäckel / Peter Winterhoff-Spurk (Hg.); Politik und Medien. Analyse zur Entwicklung der politischen Kommunikation; Berlin 1994; S. 212; - Dort schreibt er: „Im politischen Alltag hängt es nicht zuletzt von der gesellschaftlichen Prioritätensetzung ab, wie knappe Ressourcen verteilt, beispielsweise welche Schwerpunkte in öffentliche Haushalten gesetzt werden".
92 Bis auf wenige Ausnahmen wiesen nahezu alle Zeitreihenuntersuchungen einen durchaus bedeutsamen Thematisierungseffekt nach; s. dazu den Überblicksaufsatz von Everett M. Rogers / James W. Dearing; Agenda Setting Research: Where has it been and Where is it Going?; in: James A. Anderson (Hg.); Communication Yearbook (Band 11); Beverly Hills 1988; S. 555-594; s.a. Renate Ehlers; Themenstrukturierung durch Massenmedien; in: Roland Burkart (Hg.); Wirkungen der Massenkommunikation. Theoretische Ansätze und empirische Ergebnisse; Wien 1987; S. 106-126; - Hans-Bernd Brosius; Agenda-Setting nach einem Vierteljahrhundert Forschung. Methodischer oder theoretischer Stillstand?; in: Publizistik, 39. Jg., 3/1994, S. 269-288.
93 G. Ray Funkhouser; The Issues of the Sixties: An Exploratory Study in the Dynamics of Public Opinion; in: Public Opinion Quarterly, 37. Jg., 1/1973, S. 73.

Medien hier keine Veränderung im Themenranking bewirken[94]. Außerdem wiesen sie unter Verwendung von zusätzlichen Merkmalen der Rezipienten nach, daß der Agenda-Setting-Effekt bei formal besser gebildeten Menschen, Personen, die sich mit einer speziellen Partei identifizierten, und politisch aktiven Menschen geringer ausfällt[95].
Die Untersuchungen von Iyengar und Kinder machten schlagartig zwei zentrale Aspekte deutlich: zum einen bestätigten sie das Potential der Medien, die Themenordnung in der Bevölkerung bestimmen zu können, zugleich aber relativierten sie diese Aussage, indem sie zeigten, daß der Wirkungseffekt von weiteren Variablen abhängig ist.
Im Laufe der Zeit wurden immer weitere Variablen untersucht, die eine derartige Themensetzung vereinfachen bzw. erschweren. So stellten Robert D. McClure und Thomas E. Patterson fest, daß Differenzen im intra-medialen Vergleich zu konstatieren seien. Demnach verfügen die Tageszeitungen über stärkere Thematisierungskapazitäten, als z.B. das Fernsehen[96]. Gleiches vermochten Philip Palmgreen und Peter Clarke zumindest bei lokalen Themen nachweisen, nicht jedoch bei Themen von nationaler bzw. internationaler Bedeutung. Dort sahen sie wiederum das Fernsehen als das deutlich über die Zeitungen dominierende Medium bei der Beeinflussung der Agenda[97].
Als weitere Variable erwies sich die Bedeutung des Themas. So hatten Anfang der achtziger Jahre Lutz Erbring, Edi N. Goldenberg und Arthur H. Miller festgestellt, daß für den Thematisierungseffekt eine gewisse Sensibilität der Rezipienten grundlegende Voraussetzung sei - was z.B. grundsätzlich dann gewährleistet sei, wenn das Thema eine Verletzung fundamentaler Wertkategorien beinhalte (z.B. Kriminalität)[98]. Weitere Untersuchungen konnten diesen Befund bestätigen, sodaß davon ausgegangen werden kann, daß politische Themen im Normalfall *nicht* gegen eine bei den Bürgern vorzufin-

---

94 Eine ausführliche Diskussion der verschiedenen Niveaueffekte siehe bei: Hans Mathias Kepplinger, / Klaus, Gotto / Hans-Bernd Brosius / Dietmar Haak; Der Einfluß der Fernsehnachrichten auf die politische Meinungsbildung; Freiburg i. Brsg. u.a. 1989.
95 Vgl. Shanto Iyengar / Donald R. Kinder; News that Matters. a.a.O.; - Ganz allgemein hatten bereits Lutz Erbring et al. Anfang der achtziger Jahre darauf aufmerksam gemacht, daß die Themenempfänglichkeit bei bestimmten Themen bei verschiedenen Menschen unterschiedlich ausgeprägt ist; vgl. Lutz Erbring / Edie N. Goldenberg / Arthur H. Miller; Front Page News and Real World Cues: A New Look at Agenda Setting by the Media; in: American Journal of Political Science, 24. Jg.; 1/1980, S. 16-49; - Diese Hypothese wurde in anderen, z.T. experimentell angelegten Untersuchungen bestätigt; vgl. Frank Brettschneider; Agenda-Setting; a.a.O.; S. 221.
96 Vgl. Robert D. McClure / Thomas E. Patterson; Print vs. Network News. in: Journal of Communication, 26. Jg., 1/1976, S.23-28.
97 Vgl. Philip Palmgreen / Peter Clarke; Agenda-Setting with Local and National Issues. in: Communication Research, 4. Jg., 4/1977, S. 435-452.
98 Vgl. Lutz Erbring / Edi N. Goldenberg / Arthur H. Miller; Front-Page News; a.a.O.; S.16-49; Hans-Bernd Brosius und Gabriel Weimann fragen gar, ob nicht gerade die Bevölkerung beim Kriminalitätsthema derart sensibilisiert ist, daß man beim Agenda-Setting nicht von einer umgekehrten Richtung ausgehen müsse, d.h. daß die Bevölkerung die Themen in den Medien bestimme; Hans-Bernd Brosius / Gabriel Weimann; Medien oder Bevölkerung: Wer bestimmt die Agenda? Ein Beitrag zum Zwei-Stufen-Fluß von Agenda-Setting; in: Rundfunk und Fernsehen, 43. Jg., 3/1995, S. 326-327.

dende Sensibilitätsstruktur auf die Tagesordnung gesetzt werden können[99] und Journalisten darüber hinaus ebenfalls keinen Einfluß darauf haben, welches Ereignis bzw. welches Thema schließlich zu einem realen und politisch bedeutsamen Konflikt führen wird[100].

Allerdings erwiesen sich noch weitere Variablen hinsichtlich des Themas als durchaus relevant. So konnte bei „obtrusive issues", also Themen, die eventuell von den Befragten direkt erfahren werden konnten, ein eher geringer Agenda-Setting-Effekt nachgewiesen werden, als bei „unobtrusive issues". Auch Unterschiede bei der Häufigkeit der Berichterstattung erwiesen sich als Einflußfaktoren beim Setzen der Themenordnung. So stellten 1992 Hans-Bernd Brosius und Hans Mathias Kepplinger die These in Frage, häufigere Berichte führten zu einem größeren Problembewußtsein. Vielmehr machten wahrnehmungs- und lernpsychologische Erkenntnisse die Annahme plausibel, daß auch andere Aspekte eine Rolle spielen könnten. Sie fanden heraus, daß Themen, die zwar schon länger in der medialen Diskussion existierten, über die allerdings nicht so häufig berichtet wurde, erst dann Bedeutung bekamen, wenn sich die Berichterstattung deutlich änderte (Schwellenmodell). Empfänden die Menschen ein Thema als zentral, dann reagieren sie auch äußerst stark auf eine veränderte Berichterstattung (Beschleunigungsmodell), bei Randthemen hingegen überproportional träge (Trägheitsmodell)[101].

Die von Brosius und Kepplinger unternommene Untersuchung könnte klären, warum die Agenda-Setting-Ergebnisse so stark von den untersuchten bzw. aktuellen Themen abhängen und sie könnte auch erklären, warum unterschiedliche Ergebnisse bei unterschiedlichen Medien herausgearbeitet wurden, denn möglicherweise spielt das *Stadium*, in dem sich ein Thema gerade befindet, eine wesentliche Rolle. So ließe sich die Hypothese formulieren, daß Printmedien die Agenda setzen, während das Fernsehen dem Thema zusätzliche Durchsetzungskraft verleiht.

Es läßt sich feststellen, daß die von den Medien ausgehende Kommunikation sehr wohl auch die Kommunikation über ein Thema bzw. die Sensibilität für bestimmte Themen

---

99 Vgl. dazu u.a. Christian Kristen; Nachrichtenangebot und Nachrichtenverwendung. Eine Studie zum Gate-keeper-Problem; Düsseldorf 1972; S. 110-113; ähnlich auch Elisabeth Noelle-Neumann und Hans Mathias Kepplinger, wenn sie in ihrer Untersuchung über den Lokaljournalismus zu dem Ergebnis kommen, Journalisten publizierten nur dann zu einem Thema, wenn sie sich dadurch nicht isolieren bzw. sie dieses Thema für ein öffentliches Thema halten; vgl. Elisabeth Noelle-Neumann / Hans Mathias Kepplinger; Journalistenmeinungen, Medieninhalte und Medienwirkungen. Eine empirische Untersuchung zum Einfluß von Journalisten auf die Wahrnehmung sozialer Probleme durch Arbeiter und Elite; in: Gertraude Steindl (Hg.); Publizistik aus Profession. Festschrift für Johannes Binkowski aus Anlaß der Vollendung seines 70. Lebensjahres; Düsseldorf 1978; S. 41-68.
100 Vgl. dazu: Detlef Mathias Hug; Konflikte und Öffentlichkeit. Zur Rolle des Journalismus in sozialen Konflikten; Wiesbaden 1997.
101 Vgl. Hans-Bernd Brosius / Hans Mathias Kepplinger; Linear and Nonlinear Models of Agenda-Setting in Television; in: Journal of Broadcasting and Electronic Media, 36. Jg., 1/1992, S. 5-23.

in der Bevölkerung bestimmen kann. Wie die Agenda-Setting-Forschung aber zugleich zeigen konnte, ist dabei nicht von einem monokausalen Wirkungsmechanismus auszugehen. Vielmehr deckte sie auf, daß diese Wirkung von weiteren Faktoren, wie z.b. der Themenbedeutung (in inhaltlicher wie regionaler Hinsicht) oder der Medienquelle abhängig gemacht werden muß. Gerade Brosius und Weimann haben mit ihrer jüngst veröffentlichten Studie auf die Komplexität dieses Wirkungsmechanismuses aufmerksam gemacht. Wenngleich sie die Einflußrichtung von Medien zur Bevölkerung nicht grundsätzlich in Frage stellten, so gaben sie doch zu bedenken, daß über die umgekehrte Einflußrichtung der Themensetzung noch erheblicher Forschungsbedarf bestehe[102].

Daß dieser Forschungsbedarf auch in demokratietheoretischer Hinsicht besteht, zeigt sich sehr gut, wenn man dieses vermeintliche Wirkungspotential der Medien aus einer politischen Perspektive betrachtet. So schreibt Kühnhardt in dem Aufsatz „Wieviel Bytes verträgt der Staat?": „Sie [die Medien; Erg. A.B.] informieren, aber sie können in bestimmten Grenzen auch die Tagesordnung der öffentlichen Debatte bestimmen, ohne für ihre entsprechenden Entscheidungen ein Mandat zu besitzen oder für die Folgewirkungen verantwortlich gemacht werden zu können."[103]

Dieser Kritikpunkt verdient eine genauere Betrachtung. Richtigerweise knüpft er an den vorhandenen Agenda-Setting-Effekt der Medien an, doch die zitierte Äußerung beinhaltet eine zweite Implikation, die, als Frage formuliert, zu einem weiteren Forschungsfeld von zentraler Bedeutung führt: Sind es die Akteure im Mediensystem selbst (z.B. Journalisten, Verleger), oder sind es andere Akteure und Faktoren, die einen Einfluß auf die *Medienagenda* nehmen können? und: Wer bestimmt die Medienagenda? - ein Problemkomplex, der sich aus Sicht der Elitentheorie der Demokratie schon allein deshalb ganz nachhaltig stellt, da die sprachliche Definition des *Themas* auch eine sprachliche Definition des *Problems* und dessen Lösungsstrategie implizit beinhaltet: „Wenn Sprache das definiert, was für uns politische Wirklichkeit ist, dann legt sie auch den Rahmen

---

[102] Hans-Bernd Brosius / Gabriel Weimann; Medien oder Bevölkerung; a.a.O.; S. 325; Die von Brosius und Weimann angestellten Überlegungen erscheinen nicht so unplausibel, wie man vielleicht zunächst meinen möchte. Einige Bemerkungen wurden dazu bereits oben gemacht. Es wäre außerdem noch denkbar, daß sich aufgrund des verschärften Quotendrucks bzw. der harten Konkurrenzsituation auf dem Printmediensektor Journalisten und Redakteure thematisch stärker an *den* Themen orientieren, die in der *Bevölkerung* diskutiert werden; sollten nämlich diese Themen keine Behandlung in den Medien finden, wäre ein Rückgang der Quote bzw. der verkauften Anzahl an Exemplaren eine durchaus denkbare Reaktion.

[103] Ludger Kühnhardt; Wieviel Bytes verträgt der Staat?; a.a.O.; S. 37; - s.a. Wolfgang R. Langenbucher / Michael Lipp; Kontrollieren Parteien die politische Kommunikation?; in: Joachim Raschke (Hg.); Bürger und Parteien. Ansichten und Analysen einer schwierigen Beziehung; Opladen 1982; S. 223-224.

dessen fest, was politisch getan werden kann"[104]. In Abwandlung der Schmittschen Notstandsformel schrieb deshalb Schelsky: „Souverän ist, wer den Sachverhalt definiert"[105]. Aus der Sicht der Elitentheorie der Demokratie kann es in der Tat nicht allein um das Wirkungspotential der Medien auf die Themenstruktur in der Bevölkerung gehen, denn dieses garantiert lediglich, daß ein Kommunikationsanliegen von Seiten der Eliten - wenn es erst einmal vom Mediensystem aufgenommen worden ist - mit der intendierten Wirkung auch beim Rezipienten ankommt oder mit anderen Worten: wenn die Medien nicht über ein solches Wirkungspotential verfügen würden, wäre jeder Versuch, sich an das Volk zu wenden, um bestimmte Themen auf die Tagesordnung zu setzen, von vorne herein zum Scheitern verurteilt. Unter diesem Gesichtspunkt ist die Thematisierungskapazität der Medien eher eine die politische Kommunikation i.S. von „Publizität" *begünstigende* Eigenschaft, und nicht eine Bedrohung für die publizistische Dimension der Kommunikation. Der Agenda-Setting-Effekt ist für den Erfolg der Kommunikation i.S. von „Publizität" sogar eine notwendige, wenngleich noch nicht hinreichende Bedingung. Kommunikativer Erfolg kann nämlich erst dann nachhaltig garantiert werden, wenn auch die Frage: „Wer bestimmt die Agenda der Medien?" positiv zu Gunsten der politischen Eliten beantwortet werden kann.

Zu dieser Frage sind allerdings weit weniger Untersuchungen vorhanden, als man sich wünschen könnte. Zwar stellt Iyengar fast apodiktisch fest, daß die Nachrichtenagenda der Sender wesentlich von den politischen Führern und ihren Beratern beeinflußt sei, da diese „...natürlich lieber einen Wahlkampf über die Themen führen möchten, mit denen sie auch in der Vergangenheit erfolgreich waren"[106] Allerdings ist die Forschungslage hier keinesfalls befriedigend. Zu untersuchen ist deshalb zunächst einmal der gegenwärtige Stand der Forschung.

Das Konzept des „Schleusenwärters" bzw. „Torwächters" hatte paradigmatisch bereits 1913 Levin L. Schücking in seiner Schrift über die „Soziologie der literarischen Geschmacksbildung" hinsichtlich des sich formierenden Verlagswesens formuliert. Dort hatte er ausgeführt:

> „Schon der erste Einlaß durch die Torwächter an der Außenpforte des Tempels des literarischen Ruhmes ist von bestimmten Bedingungen abhängig. Als solche Wächter können Theaterdirektoren und Verleger gelten. Diese sind zwar wieder in ihrem Urteil in hohem

---

104 Andreas Dörner; Politische Sprache - Instrument und Institution der Politik; in: Aus Politik und Zeitgeschichte, B17/1991, 19.4.1991, S. 6.
105 Helmut Schelsky; zit. in: Jürgen Habermas; Umgangssprache, Bildungssprache, Wissenschaftssprache; in: ders.; Die Moderne - Ein unvollendetes Projekt. Philosophisch-politische Aufsätze; Leipzig ³1994; S. 10.
106 Shanto Iyengar; Wie Fernsehnachrichten die Wähler beeinflussen: Von der Themensetzung zur Herausbildung von Bewertungsmaßstäben; in: Jürgen Wilke [Hg.]; Öffentliche Meinung - Theorie, Methoden, Befunde: Beiträge zu Ehren von Elisabeth Noelle-Neumann. Freiburg i.Brsg. u.a. 1992; S. 139.

Maße von der Rücksicht auf das Publikum abhängig, aber es ruht doch ein gut Teil Schicksalsgewalt in ihrem persönlichen Ermessen."[107]

Doch bis auf weiteres blieb es bei vereinzelten Äußerungen und Vermutungen darüber, inwieweit an der Schnittstelle von politischem System und Medien wirklich Personen zu finden seien, die über die Aufnahme eines Kommunikationsangebotes eigenmächtig entscheiden würden. 1947 formulierte Kurt Lewin in seiner Arbeit über Gruppendynamik das Gatekeeper-Konzept ganz allgemein dahingehend, daß spezifische Personen als Verbindungspersonen zwischen Gruppen bzw. verschiedenen Kommunikationsnetzen fungierten[108]. Erst bei David Manning White wurde diese Konzeption auf die Schnittstelle zum Mediensystem übertragen. Demnach wurden Gatekeeper als Individuen betrachtet, die innerhalb eines Mediums eine Position innehaben, in der sie über Aufnahme und Ablehnung von Kommunikationsinhalten entscheiden können[109], deren zentrale Bedeutung auch darin liege, vor allem zu einer allgemeinen Begrenzung der zunehmenden Informationsmenge beizutragen[110].

Die Forschung im Kontext des Gatekeeper-Konzeptes stellte nun diesen Selektionsmechanismus in den Vordergrund. Sie zielte ganz zentral auf die (vermeintliche) Filterfunktion, die insbesondere Journalisten innehaben, und fragt, auf welche Art die Produktion von Medieninhalten kontrolliert werde und wo diese Kontrollinstanzen zu lokalisieren seien.

Mit seiner Untersuchung „The 'Gate Keeper'. A Case Study in the Selection of News" hatte David Manning White[111] sich erstmals auf empirischer Basis diesen Fragen genähert; seine Ergebnisse schienen zunächst beachtlich zu sein. So beobachtete White in einer Input-Output-Analyse das Auswahlverhalten eines Fernschreibredakteurs einer Zeitung, dem er den Namen „Mr. Gates" gab. Schließlich stellte er fest, daß lediglich 10% des eingegangenen Materials überhaupt Verwendung fand. Befragt nach den Gründen dieser Selektion gab „Mr. Gates" an, daß er *die* Meldungen aussortiert habe, die er für nicht berichtenswert eingestuft habe und des Weiteren, daß er nur Informationen über Themen weitergeleitet habe, die das Publikum der Zeitung zufrieden stelle. Diese Untersuchung, die zehn Jahre später durch Paul B. Snider mit dem selben „Mr. Gates" auch in ihren Ergebnissen exakt wiederholt werden konnte[112], fand nachhaltige Beachtung, denn im Grunde legte sie nahe, daß es einzelnen Personen in den Medien

---

107 Levin L. Schücking; Soziologie der literarischen Geschmacksbildung; Berlin ²1961; S. 55.
108 Vgl. Kurt Lewin; Channels of Group Life and Action Research; in: Human Relations, 1. Jg., 1/1947, S. 143-153.
109 Vgl. David Manning White; The 'Gate Keeper'. A Case Study in the Selection of News; in: Journalism Quarterly, 27. Jg., 4/1950, S.383-390.
110 Siehe dazu auch: Peter Nissen / Walter Menningen; Der Einfluß der Gatekeeper auf die Themenstruktur der Öffentlichkeit; in: Wolfgang R. Langenbucher (Hg.); Politik und Kommunikation. Über die öffentliche Meinungsbildung. München u.a. 1979; S. 212.
111 Vgl. David Manning White; The 'Gate Keeper'; a.a.O.; S.383-390.
112 Vgl. Paul B. Snider; Mr. Gates revisited: A 1966 Version of the 1949 case study; in: Journalism Quarterly; 44. Jg., 3/1967; S. 419-427.

möglich sei, über die Aufnahme und Veröffentlichung von Informationen nach eigenem Dafürhalten zu befinden, d.h. die Veröffentlichung auch zu verweigern. Allerdings mehrte sich im Laufe der Zeit die Kritik am Design der Untersuchung. Vor allem die Betrachtung des „Mr. Gates" als eines isolierten Akteurs, der frei von äußeren Einflüssen agiere, wurde als Mangel empfunden[113]. Interessanterweise blieben die Untersuchungen von White und Snider auch eine Episode, denn sie konnten in weiterer Verfolgung der empirischen Untersuchungen des Gatekeeper-Konzeptes nicht mehr auch nur annähernd bestätigt werden. Tatsächlich zeigten spätere Untersuchungen, daß Journalisten weitgehend als passive Informationsvermittler fungieren und die Auswahl der Nachrichten zu einem überwiegenden Teil von externen bzw. redaktionellen Faktoren bestimmt wird[114]. So konnten Nissen und Menningen am Beispiel verschiedener lokaler Zeitungen aus Schleswig-Holstein zeigen, daß alle Zeitungen ein übereinstimmendes Selektionsverhalten an den Tag legten und lediglich in ihrem Kürzungsverhalten Unterschiede aufwiesen. Vor allem aber konnten sie nachweisen - und das ist das Entscheidende -, daß die Bestimmung der Themen und die Auswahl der zu vermittelnden Information in einem erheblichen Maße von den Primärkommunikatoren - d.h. von der Politik selbst - beeinflußt werden kann und auch beeinflußt wird. Die politische Elite ist es, die die jeweiligen Themen bestimmt, dazu auch Meinungen artikuliert und versucht, diese als „öffentliche Meinung" durchzusetzen:

> „Es wird [...] erkennbar, daß die Presse [...] sich in ihren Nachrichtenteilen stark am jeweiligen Informationsgeber orientiert, daß sie ihr zur Verfügung gestellte Informationen nach geringfügiger Bearbeitung im allgemeinen unkommentiert abdruckt, wobei auch die Intention der Primärkommunikatoren vermittelt wird. Die gestalterische Eigenarbeit der Redaktionen beschränkt sich auf Kürzung, Redigierung und eventuelle Anreicherung des Materials mit Verlautbarungen anderer Primärkommunikatoren sowie auf die Art der Aufmachung der publizierten Beiträge"[115]

Gleiches gilt auch für die Abgeordneten des amerikanischen Kongreß: auch dort verfügen sie über einen fast freien Zugang zu den regionalen Zeitungen; „Pressemeldungen eines Kongreßmitglieds werden gern entgegen genommen und gedruckt, fast ohne daß irgendwelche Änderungen vorgenommen werden"[116].

---

113 Vgl. Hans Mathias Kepplinger; Theorien der Nachrichtenauswahl als Theorien der Realität; in: Aus Politik und Zeitgeschichte; B15/1989, 7.4.1989, S. 3.
114 Vgl. zu dieser empirisch gut abgesicherten Hypothese u.a. Warren Breed; Social Control in the Newsroom: A Functional Analysis; in: Social Forces, 33. Jg., 4/1955; S. 326-335.
115 Vgl. Peter Nissen / Walter Menningen; Der Einfluß der Gatekeeper; a.a.O.; S. 225; - Aus einer kritischen Perspektive sprechen auch Edward S. Herman und Noam Chomsky von einer eindeutigen Bestimmung der Medienberichterstattung durch Primärkommunikatoren; vgl. Edward S. Herman / Noam Chomsky; Manufacturing Consent. The Political Economy of Mass Media; New York 1988.
116 Charles Tidmarch; Mandatsträger und Medienmacher: Kongreß und Kommunikation in den USA; Uwe Thaysen / Roger H. Davidson / Robert G. Livingston (Hg.); US-Kongreß und Deutscher Bundestag. Bestandsaufnahme im Vergleich; Opladen 1988; S. 485.

Daß es insbesondere die Primärkommunikatoren sind, die die Agenda bestimmen, ist auch im Kontext der Wahlkampfforschung häufiger attestiert worden. So stellt Wolfgang R. Langenbucher fest, häufig werde übersehen,

„...daß als Medienwirkung erscheint, was tatsächlich die Wirkung der Kommunikationsstrategien der politischen Primärkommunikatoren ist, der Parteiwahlkampforganisationen und der Politiker, die sich der Medien direkt oder indirekt instrumentell bedienen."[117]

Die Untersuchungsergebnisse hinsichtlich des Verhaltens von Journalisten und ihrer Auswahlkriterien, - einige wenige Ergebnisse der, auch insgesamt eher geringen Anzahl an Forschungsergebnissen wurden hier genannt -, haben bislang mit Ausnahme der Untersuchung von White eine eindeutige Richtung erkennen lassen. Journalisten sind nur selten Erfinder eigener Themen, sondern „...sie beziehen sich auf Ereignisse bzw. schließen sich den Themen an, die von politischen und gesellschaftlichen Gruppen aufgebracht werden"[118]. Dies zeigt, daß die Annahme, Journalisten seien selbst „aktive Öffentlichkeitsverweigerer", in ihrer *einfachen* Form so nicht haltbar ist[119].

Allerdings muß die Gatekeeper-Forschung *als Ganzes* eher kritisch betrachtet werden. Zum einen verleitet die eingeschränkte Forschungsfrage dieses Ansatzes dazu, im Ergebnis eine zu modellhafte und zu schematische Auffassung des Prozesses politischer Kommunikation zu produzieren. Erst durch die Einbeziehung weiterer Faktoren, wie z.B. Intentionen der Politik, Publikumserwartungen etc. kann ein einiger angemesseneres Bild der politischen Kommunikation entworfen werden[120]. Desweiteren ist von nicht unerheblicher Bedeutung, daß die Gatekeeper-Forschung sich auf einen sehr späten Zeitpunkt des Selektionsprozesses konzentriert. Gerade in regional begrenzten Zeitungsausgaben sind die *Printmedien* aufgrund ihres geringeren Personalstammes zu einem Großteil auf Meldungen der großen Nachrichtenagenturen (dpa, Reuters, AP usw.) angewiesen, die ihrerseits bereits einen Selektionsprozeß bei der Weitergabe ihrer Informationen an untergeordnete Büros vornehmen[121]. Fast keine Forschung liegt uns dabei hinsichtlich der audiovisuellen Medien vor. Aus dem bereits (doppelt) vorselektierten Angebot können dann schließlich die Redakteure die für die Veröffentlichung relevant erscheinenden Ergebnisse auswählen. Doch genau hier hat eine empirische Forschung anzusetzen. Wie Hermann Meyn zu Beginn der achtziger Jahre feststellt, be-

---

117 Wolfgang R. Langenbucher; Wahlkampf - ein ungeliebtes, notwendiges Übel?; in: Winfried Schulz / Klaus Schönbach (Hg.); Massenmedien und Wahlen; München 1983; S. 114-115.
118 Franz Ronneberger; Das Syndrom der Unregierbarkeit und die Macht der Medien; in: Publizistik, 28. Jg., 4/1983, S. 497.
119 Einen guten Überblick über die Gatekeeper-Forschung gibt: Gertrude J. Robinson; Fünfundzwanzig Jahre „Gatekeeper"-Forschung. Eine kritische Rückschau und Bewertung in: Jörg Aufermann / Hans Bohrmann / Rolf Sülzer (Hg.); Gesellschaftliche Kommunikation und Information (Band 1); Frankfurt am Main 1973; S. 244-255; - Joachim Friedrich Staab; Nachrichtenwert-Theorie. Formale Struktur und empirischer Gehalt; Freiburg i. Brsg. u.a. 1990; S. 12-26.
120 Vgl. Otfried Jarren / Thorsten Grothe / Christoph Rybarczyk; Medien und Politik; a.a.O.; S. 9-44.
121 Vgl. Heinrich Oberreuter; Parlament und Medien; a.a.O.; S. 507.

steht nämlich ohne Zweifel die Gefahr, daß sich bei den großen Agenturen Monopolstrukturen gegenüber den Endverbrauchern, also den verschiedenen Tages- und Wochenzeitungen, ausbilden können[122]. Die Frage nach der „Macht der Medien" bzw. der möglichen Unterbindung von Öffentlichkeit hat sich deshalb zunächst weniger an die einzelnen Tageszeitungen selbst zu richten, sondern primär an die Informationsübermittler, bei denen gerade die Nachrichtenagenturen eine hervorgehobene Position innehaben. Diesem Aspekt hat jedoch die empirische Medienforschung bislang nur unzureichend Beachtung geschenkt[123].

Ein empfindliches Forschungsdesiderat ist es schließlich, daß sich die Gatekeeper-Forschung noch zu wenig um Radio und Fernsehen gekümmert hat. Die hier angeführten Untersuchungen bezogen sich nahezu ausschließlich auf den Printmedienbereich. Ausführliche Untersuchungen, die das Gatekeeper-Verhalten der Radio- und Fernsehredakteure - und dies gilt insbesondere nach dem Deregulierungsprozeß der achtziger Jahre - in den Mittelpunkt stellen würden, sind bislang kaum unternommen worden

So wichtig und bedeutend die Erkennung dieses Sachverhaltes für die Frage ist, inwieweit im Vorfeld der Veröffentlichung von Informationen Schranken bzw. Behinderungen eingebaut sind, so sagt uns dies noch nichts über die Frage einer grundsätzlichen Offenheit des Systems. Sehr wohl könnte man vermuten, daß medienimmanente Faktoren vorliegen könnten, die eine mediale Publizität erschweren, ja sogar unmöglich machen. Deshalb ist nun nach den medieninternen Selektionskriterien zu fragen.

In diesem Forschungsgebiet sind in der Vergangenheit deutliche Fortschritte erzielt worden. Die große und auch weiter zunehmende Anzahl an Nachrichtenmeldungen hat nämlich sehr wohl zur Folge, daß Selektionsentscheidungen von den Journalisten und Redakteuren getroffen werden müssen. Deshalb ist nach den Grundlagen der jeweiligen Entscheidungen zu fragen. Gibt es gar (objektivierbare) Kriterien bzw. spezifische Eigenschaften von Ereignissen, die eine Aufnahme in den Medien begünstigen?

Daß die Frage nach den sogenannten „Nachrichtenwerten" nicht erst in der Gegenwart an Bedeutung gewonnen hat, läßt sich treffend zeigen, wenn man den Blick auf die Geschichte des Journalismus richtet. Bereits am Ende des 18. Jahrhunderts hatte der Journalist der Nördlinger Zeitung „Das Felleisen", Wilhelm Ludwig Wekhrlin, die fast zynisch klingende, aber durchaus treffende These formuliert, es sei besser, über Kriege zu berichten, als über Frieden[124] - in der modernen Variante lautet diese Formel: „Bad News are Good News". Auch wenn dieser Journalist damals nicht auf Theorien und

---

122 Vgl. Hermann Meyn; Drähte, die die Welt umspannen: die Nachrichtenagenturen; in: Aus Politik und Zeitgeschichte, B45/1983, 12.11.1983, S. 27; - s.a. Adolf Arndt; Massenmedien in der Demokratie; a.a.O.; S. 7.
123 Als Ausnahme kann u.a. gelten: Lutz M. Hagen; Informationsqualität von Nachrichten. Meßmethoden und ihre Anwendung auf die Dienste von Nachrichtenagenturen; Opladen 1995.
124 Vgl. Jürgen Wilke; Spion des Publikums, Sittenrichter und Advokat der Menschheit. Wilhelm Ludwig Wekhrlin (1739-1792) und die Entwicklung des Journalismus in Deutschland; in: Publizistik, 38. Jg., 3/1993, S. 326.

empirische Untersuchungen zurückgreifen konnte, so zeigte er doch eine erstaunliche Ein- und Weitsicht, denn bei ihm wurden zum ersten mal (Ereignis-) Faktoren näher erläutert, die eine Beachtung in den Medien begünstigen könnten. Am Beginn der systematischen Erforschung, welche Faktoren bzw. Besonderheiten eines Ereignisses die Aufnahme in den Medien fände, stand die Schrift „Die öffentliche Meinung" von Walter Lippmann. Anhand zahlreicher Beispiele versuchte Lippmann zu zeigen, welche Eigenschaften eines Ereignisses nachweisbar sein müßten, um den Sprung in die mediale Berichterstattung zu schaffen.

Dabei benannte er neben der Ungewöhnlichkeit, der Einfachheit und dem Bezug zu bereits eingeführten Themen auch den Aspekt der räumlichen Nähe und der Prominenz der am Ereignis beteiligten Personen[125]. Wenige Jahre nach der ersten Veröffentlichung dieser Überlegungen war es 1925 Charles Merz, der im Rahmen einer qualitativ-hermeneutischen Analyse herausfand, daß im wesentlichen vier Elemente eine nachhaltige Rolle zu spielen scheinen: Konflikthaftigkeit, Personalisierung, Prominenz der Akteure und Spannung[126]. Zahlreiche empirische Forschungen haben diesen Befund im wesentlichen bestätigen können und gelegentlich auch um den einen oder anderen Punkt erweitert. Johann Galtung und Mari Holmboe Ruge haben sich schließlich darum verdient gemacht, verschiedene Nachrichtenfaktoren zu systematisieren und zu differenzieren: dabei benennen sie u.a. die Eindeutigkeit, Bedeutsamkeit, Konsonanz, Überraschung, Variation, Bezug zu Elite-Personen, Negativität, Personalisierung und, Bezug zu Elite-Ländern als Nachrichtenwerte[127]. Darüber hinaus muß ein im Rahmen der Nachrichtenwertforschung immer wieder mitschwingenden Aspekt einbezogen werden: die *Neuigkeit bzw. Aktualität eines Ereignisses.*

Die zuletzt benannte „Aufmerksamkeitsregel"[128] scheint, mehr als alle anderen Werte, eine überragende Bedeutung für die Medien zu haben, ja sie scheint sogar eine *conditio sine qua non* darzustellen - das englische Wort „News" bringt dies sehr viel deutlicher zum Ausdruck, als das deutsche Wort „Nachricht". So schreibt Wolfgang Bergsdorf:

> „Nachrichtenfähig sind vor allem Mitteilungen, die eine Veränderung anzeigen. Die Annahme, die Präferenz des Fernsehens für das Neue bezöge sich allein auf die Nachrichtensendungen in engerem Sinne, ist unzutreffend; sie gilt für nahezu alle Programmangebote mit Ausnahme der Unterhaltung."[129]

---

125 Vgl. Walter Lippmann; Die öffentliche Meinung; München 1964; S. 230-243.
126 Vgl. Charles Merz; What Makes a First-Page Story? A Theory Based on the Ten Big News Stories of 1925; in: New Republic; 30.12.1925; S. 156-158.
127 Vgl. Johann Galtung / Marie Holmboe Ruge; The Structure of Foreign News. The Presentation of the Congo, Cuba and Cyprus Crisis in Four Norwegian Newspapers; in: Journal of Peace Research; 2. Jg; 1/1965; S. 64-91; - Vgl. Hans Mathias Kepplinger; Theorien der Nachrichtenauswahl; a.a.O.; S. 3-5; - Joachim Friedrich Staab; Nachrichtenwert-Theorie; a.a.O.; S. 59-64.
128 Niklas Luhmann spricht hinsichtlich der Aktualität vom „wichtigsten Reduktionsprinzip": „Jedenfalls erhält Neuheit als solche eine Präferenz"; Niklas Luhmann; Veränderungen im System gesellschaftlicher Kommunikation; a.a.O.; S. 24.
129 Wolfgang Bergsdorf; Legitimität aus der Röhre; a.a.O.; S.43.

Mit anderen Worten: die Medien - und hier hat insbesondere das Fernsehen bedeutende Veränderungen hervorgerufen - sind durch eine „strukturbedingte Neophilie" gekennzeichnet[130]. Dieses Interesse am Neuen ist jedoch nicht ein Moment der Medien, sondern durchaus ein allgemeines Element kommunikativer Interessen in einer Gemeinschaft[131]. Meldungen, die lediglich den Status quo beinhalten, haben dabei kaum eine Chance, medial verbreitet zu werden. Deshalb kann auch Franz Ronneberger zu Recht zu dem Ergebnis kommen, die Medien folgten „...im großen und ganzen der Regel, nicht das Übliche und Alltägliche, sondern das Außergewöhnliche und Neue zu bevorzugen, kurz gesagt, sie huldigen der Neophilie."[132]

Die Neuigkeit eines Themas ist allein allerdings angesichts eines begrenzten Aufmerksamkeitspotentials in einer Gemeinschaft nicht ausreichend; es ist gewissermaßen eine Grundvoraussetzung. Nachrichten müssen neben ihrer Veränderungsanzeige gegenüber der Vergangenheit auch noch die Kriterien der Unmittelbarkeit (zeitliche Nähe zum Zeitpunkt des Berichtes), der regionalen Nähe (je näher ein Ereignis regional stattfindet, desto berichtenswerter), der Ungewöhnlichkeit bzw. Sensation (das Ausmaß des Ereignisses ist nicht alltäglich und geschieht zu einem unerwarteten Zeitpunkt), Konflikthaftigkeit und / oder - dies ist in dem hier zu erörternden Zusammenhang von besonderer Bedeutung - Prominenz der teilnehmenden Personen erfüllen. Hinsichtlich des Mediums Fernsehen muß noch das Element der Darstellbarkeit hinzufügt werden[133]. Diese Nachrichtenwerte dienen also gewissermaßen als Selektionskriterien für Journalisten; Kriterien, die nur begrenzt von Journalisten selbst gesteuert werden können und weitgehend durch berufliche Sozialisationsprozesse und Normgebungen innerhalb der journalistischen Profession vermittelt werden[134].

Mit Hilfe dieses Wissens ist es nun sehr viel leichter, Aussagen über die Schnittstelle von politischen Eliten und den Medien zu machen. Offensichtlich besteht nämlich durchaus eine gewisse Abhängigkeit der Eliten gegenüber den Medien. Durch gezielte Instrumentalisierung der oben angesprochenen Nachrichtenwerte müssen sich die Eliten

---

130 Otto B. Roegele; Massenkommunikation und Regierbarkeit; in: Wilhelm Hennis / Peter Graf Kielmansegg / Ulrich Matz u.a. [Hg.]; Regierbarkeit. Studien zur ihrer Problematisierung (Band 2); Stuttgart 1979; S. 184-187.
131 Vgl. Gregor Mayntz; Zwischen Volk und Volksvertretung. Entwicklung, Probleme und Perspektiven der Parlamentsberichterstattung unter besonderer Berücksichtigung von Fernsehen und Deutschem Bundestag. Bonn 1992; S. 55.
132 Franz Ronneberger; Syndrom der Unregierbarkeit; a.a.O.; S. 491.
133 Eine hervorragende Übersicht über den Stand der Nachrichtenwertforschung ist zu finden in: Joachim F. Staab; Nachrichtenwert-Theorie; a.a.O.
134 Vgl. u.a. Jürgen Bellers; Bundestag, Medien und Öffentlichkeit; in: Raban Graf von Westphalen [Hg.]; Parlamentslehre. Das parlamentarische Regierungssystem im technischen Zeitalter; München u.a. 1993; S. 392.

den Zugang aktiv verschaffen[135]. Sie müssen, um ihr kommunikatives Ziel zu erreichen, „...sich den Nachrichtenwerten und der Produktionsroutine der Journalisten anpassen und diese antizipieren"[136]. Für die politischen Eliten - das Wort drückt es bereits aus - trifft bereits die Eigenschaft der „Prominenz" in einem mehr oder weniger großen Ausmaße zu. Diese „Prominenz" mag zwar von nachhaltiger Bedeutung sein, aber er ist nicht unbedingt zwingend der „Türöffner" zur medialen Kommunikation:

> „...sinnvolle Begehren und richtige Meinungen [können; Erg. A.B.] nicht allein schon deshalb, weil sie sinnvoll und richtig sind, ein Thema des politischen Kommunikationsprozesses werden; sie müssen erst den nach anderen Gesichtspunkten konstruierten Filter der Aufmerksamkeitsregeln durchlaufen. Diese Filterfunktion ist dem Kommunikationsprozeß vorgeschaltet."[137]

Diese Auffassung, daß die politischen Eliten gezwungen sind, diese Nachrichtenwerte klug für die jeweiligen kommunikativen Ziele zu nutzen, findet sich sehr anschaulich im sogenannten „Inszenierungsmodell" wieder. Es sieht in der Nachrichtenauswahl einen von außen, d.h. nicht von Journalisten selbst, gesteuerten Prozeß, wobei die Kenntnisse der journalistischen Selektionskriterien benutzt werden, um die Nachrichtengebung im eigenen Sinn zu beeinflussen. Dieses Modell erweitert zwar, wie Hans Mathias Kepplinger feststellt, das Konzept des „Gatekeepers" um eine „...gerade für die politische Kommunikation wichtige Dimension - die Intentionalität des politischen Handelns, die auf die öffentliche Resonanz zielt". Aber zugleich macht Kepplinger geltend, daß gerade durch dieses Modell die Intentionalität der journalistischen Selektionsentscheidung ausgeklammert würde. Erst mit Hilfe eines „Aktualisierungsmodells", das auch die Ansichten und Absichten der Journalisten miteinbeziehe, könne die Frage nach den Erfolgschancen eines Ereignisses bzw. einer Meldung, in den Medien Beachtung zu finden, angemessen beantwortet werden[138].

Gegen den generellen Ansatz der Nachrichtenwerttheorie ist auch Kritik formuliert worden. So wandte Karl Erik Rosengren ein, man habe bei der empirischen Fundierung der jeweiligen Meldungen nur die Meldung selbst analysiert, nicht aber das Ereignis, über das die Meldung Auskunft gäbe. Diesem Einwand hat Winfried Schulz zu recht entgegengehalten, daß ein Vergleich von Ereignis und Meldung grundsätzlich scheitern

---

135   Vgl. dazu auch: Otfried Jarren; Auf dem Weg in die „Mediengesellschaft"? Medien als Akteure und institutionalisierter Handlungskontext. Theoretische Anmerkungen zum Wandel des intermediären Systems; in: Kurt Imhof / Peter Schulz (Hg.); Politisches Raisonnement in der Informationsgesellschaft; Zürich 1996; S. 81; - s.a. Ulrich Saxer / Barbara Pfetsch / Otfried Jarren / Hans Mathias Kepplinger / Wolfgang Donsbach,; Medien und Politik - Zusammenfassungen und Schlußfolgerungen; in: Wolfgang Donsbach u.a. [Hg.]; Beziehungsspiele - Medien und Politik in der öffentlichen Diskussion. Fallstudien und Analysen; Gütersloh 1993; S. 318.
136   Wolfgang Ismayr; Der deutsche Bundestag. Funktionen, Willensbildung, Reformansätze. Opladen 1992; S. 347; - s.a. R. Grossenbacher; Hat die „Vierte Gewalt ausgedient? Zur Beziehung zwischen Public Relations und Medien; in: Media Perspektiven, 11/1986, S. 725-731.
137   Niklas Luhmann; Öffentliche Meinung; a.a.O.; S. 38.
138   Hans Mathias Kepplinger; Theorien der Nachrichtenauswahl; a.a.O. S. 11.

muß, denn letztlich könnten nur verschiedene Interpretationen der Realität miteinander verglichen werden[139]. Sehr viel stichhaltiger in diesem Zusammenhang ist allerdings die Kritik, daß die vorliegenden Theorien über die Selektionsentscheidungen von Journalisten bislang die jeweiligen Nachrichtenfaktoren zumeist so behandelt hätten, als seien sie ewig gültige und zugleich raumunabhängige Faktoren. Dies mag z.T. sicher zutreffen, aber zugleich muß darauf aufmerksam gemacht werden, daß es Faktoren gibt, die „entweder nur für bestimmte politische Systeme gelten oder einem historischen Wandel unterworfen sind"[140]. So ist z.B. nachhaltig zu bezweifeln, ob in einer zunehmend interdependenten Welt, die zugleich über immer leistungsfähigere Übertragungswege verfügt,

---

139 Vgl. Winfried Schulz; Die Konstruktion von Realität; a.a.O.; S. 118; - Die These von Schulz verweist auf ein erkenntnistheoretisches Problem, das bei einer genaueren Behandlung den Rahmen dieser Ausführungen mühelos sprengen würde. Schulz spricht mit seiner Kritik an Rosengren das Problem der *Vergleichbarkeit* einer „objektiven Realität" mit einer „durch Medien gebildeten Realität" an. Ein erstes Realitätsmodell besagt, es gäbe eine Realität, über die die Medien berichten könne und diese Realität sei auch in Grenzen erkennbar und mit der Berichterstattung der Medien vergleichbar (Realismus). Ein zweites Modell besagt, es gäbe eine objektive Realität, über die die Medien berichten und man könne diese Realität erkennen und mit der Berichterstattung der Medien vergleichen (Expressionismus). Die Kernthese des dritten Realitätsmodells lautet jedoch, es gäbe *keine* objektive Realität, über die die Medien berichten könnte und deshalb könne man diese Realität weder erkennen noch mit der Berichterstattung vergleichen. Diese Position des (radikalen) Konstruktivismus liegt auch der oben genannten Anmerkung von Schulz zugrunde (vgl. dazu: Hans Mathias Kepplinger; Ereignismanagement; a.a.O.; S. 54-59; s.a. Siegfried J. Schmidt (Hg.); Der Diskurs des Radikalen Konstruktivismus; Frankfurt am Main 1987; - s. dazu auch die Diskussion bei Werner Faulstich; Medientheorien. Einführung und Überblick; Göttingen 1991; S. 171-176). Ausgangspunkt für die These des (radikalen) Konstruktivismus sind zwei wesentliche Prozesse der Moderne: zum einen setzte sich die Erkenntnis durch, daß die Welt für ein Individuum im wesentlichen nicht mehr *physisch* erfahrbar ist, sondern daß Vorgänge außerhalb der eigenen Lebenswelt nur noch in Form der medial vermittelten Wirklichkeit faßbar geworden sind (vgl. Heinrich Oberreuter; Wirklichkeitskonstruktion und Wertwandel; a.a.O.; S. 21). Walter Lippmann griff diesen Gedanken auf, wenn er schreibt: „Sie [die Presse; Anm. A.B.] soll uns täglich und sogar zweimal am Tag ein getreues Bild der ganzen äußeren Welt entwerfen, für die wir uns interessieren" (Walter Lippmann; Die öffentliche Meinung; a.a.O.; S. 219). Zugleich macht er aber deutlich, daß eine objektive Medienberichterstattung über die Welt außerhalb kaum möglich sei, denn zahlreiche Selektionen der Presse (welche Meldungen werden aufgenommen, wieviel und welchen Platz erhält diese Meldung etc.) führten dazu, daß die Menschen nur bruchstückhafte Bilder von der Realität erhielten und aus diesen dann die jeweilige Realität individuell konstruierten (s. dazu auch: Brian McNair; Introduction to Political Communication; a.a.O.; S. 27). Dies bedeutet allerdings nicht, Realität unterliege einer subjektiven Beliebigkeit. Vielmehr verläuft aus Sicht dieses Ansatzes individuelle Wirklichkeitskonstruktion in (kommunikativ) gebildeten Konsens mit anderen Individuen. Was als adäquate Beschreibung der Realität zu betrachten ist, ist oft auch Gegenstand der medienkritischen Diskussionen. Je nach eigenem politischen Standpunkt liefern dann die Medien ein „richtiges" oder „verzerrtes" Bild der Realität.
Da diese Realität zu einem überwiegenden Teil wieder selbst durch Medien geprägt wird und diese Realitätsauffassung zugleich auch den Bezugsrahmen für politische Entscheidungen bildet (vgl. u.a. Rüdiger Schmitt-Beck; Medien und Mehrheiten: Massenmedien als Informationsvermittler über die Wahlchancen der Parteien; in: Zeitschrift für Parlamentsfragen, 27. Jg., 1/1996, S. 128), kommt den Bedingungen und Mechanismen der medialen Berichterstattung eine herausragende Bedeutung zu.

140 Hans Mathias Kepplinger; Theorien der Nachrichtenauswahl; a.a.O. S. 9.

die „räumliche Nähe eines Ereignisses" noch ein derartig relevanter Faktor ist, wie er es noch vor 20 oder 30 Jahren gewesen sein mochte.

Trotz dieser Einschränkungen kann hinsichtlich der Frage, ob denn das Mediensystem für Kommunikationsangebote von Seiten der politischen Eliten offen ist und damit die Chance auf Publizität gewährleistet ist, grundsätzlich eher bejaht werden. Zugleich aber stellt die wachsende Bedeutung und die innere Differenzierung (Stichwort: Kanalvermehrung) des Fernsehens z.B. an die Darstellung von politischen Inhalten immer höhere Ansprüche, vor allem müssen sie auch gut visualisierbar bzw. darstellbar sein. *Inhalte* allein sind, zumindest für das Fernsehen, noch keineswegs ein ausreichendes Kriterium für Vermittlung. Ulrich Sarcinelli hat mit seinen umfangreichen Studien zum Thema „Symbolische Politik" auf diesen Aspekt aufmerksam gemacht[141].

Als Ausgangspunkt dieser Forschungen dient die allgemeine These, die auch der Journalist der New York Times, Hedrick Smith, in seinem Buch über den „Machtkampf in Amerika" beschrieb: Im Medienzeitalter siege die Symbolik über die Substanz[142]. Heribert Schatz ist sogar der Auffassung, daß Systemvertrauen immer mehr durch Strategien besorgt werden müsse, „...die ganz bewußt von politischen Inhalten abgekoppelt werden, die unverbindliche 'public relations' pflegen, etwa durch Personalisierung, Ritualisierung und Symbolisierung des politischen Willensbildungs- und Entscheidungsprozesses"[143]. Shanto Iyengar stellt schließlich fast resignierend fest, die Politik passe sich immer mehr den systemischen Imperativen (Stichwort: Visualisierungszwang) des Mediensystems an[144]. Doch diese durchaus kritische Würdigung des Transformationsprozesses moderner Demokratien muß genauer untersucht werden, insbesondere dann, wenn das Problem der Entsubstantialisierung des Politischen als eine Bedrohungslage der Demokratie identifiziert wird.

Symbole haben in der Politik schon immer eine Rolle gespielt. So wie das Liktorenbündel (fasces) Symbol für die Amtsdiener im antiken Rom[145] war oder das Zepter bis ins Mittelalter hinein das Symbol für die Herrscherwürde des Kaisers bzw. später auch für Könige und Fürsten darstellte, so sind auch heute noch zahlreiche Symbole Bestandteil *politischer* Symbolik. Dies umfaßt Rituale und Zeremonien, Demonstrationen, Feste, Slogans, und Plakate ebenso wie etwa die Fahne oder die Hymne eines Staates[146]. Doch die angesprochene Kritik bezieht sich weniger auf diese, eher statisch ausgerichteten

---

141 Vgl. Ulrich Sarcinelli; Symbolische Politik; a.a.O.
142 Vgl. Hedrick Smith; Der Machtkampf in Amerika. Reagans Erbe: Washingtons neue Elite; Reinbek 1988; S. 441.
143 Heribert Schatz; Ein theoretischer Bezugsrahmen; a.a.O.; S. 84.
144 Vgl. Shanto Iyengar; Wie Fernsehnachrichten die Wähler beeinflussen; a.a.O.; S. 142.
145 Zur politischen Symbolik bzw. Bildpropaganda der römischen Kaiser s. Paul Zanker; Augustus und die Macht der Bilder; München 1987.
146 Vgl. Bernhard Peters; Der Sinn von Öffentlichkeit; in: Friedhelm Neidhardt (Hg.); Öffentlichkeit, Öffentliche Meinung, Soziale Bewegungen [Sonderheft 34 der Kölner Zeitschrift für Soziologie und Sozialpsychologie]; Opladen 1994; S. 65.

Symbole des Politischen, sondern auf die Symbolik politischen Handelns. Dieses „symbolische" Handeln hat allerdings *nicht* die Funktion, einen Ausschnitt der Realität wiederzugeben, also gewissermaßen ein Spiegelbild der Realität zu vermitteln, sondern ihr Sinn und Zweck ist es, eine Realität zu *konstruieren*, die ihrerseits brennpunktartig auf eine dahinter stehende Realität verweist, von dieser ablenken soll oder gar ein eigene, wirklichkeitsresistente Sphäre schaffen kann[147]. Mit dieser Art der Darstellung von Politik wird zwar nicht etwa die konkrete Lösung eines anstehenden Problems angezeigt, sondern im Allgemeinen ist es das Ziel symbolischer Politik, die eigene Problemlösungskompetenz hervorzuheben[148].

Sarcinelli hat hinsichtlich der politischen Kommunikation ein differenziertes Bild entworfen. Er schlägt dabei zwei Ebenen vor, in denen die politische Kommunikation von nachhaltiger Bedeutung sei. Zum einen benennt er die politische Sozialkultur, d.h. die Einstellungs- und Vorstellungsmuster, die in spezifischen Bevölkerungssegmenten vorhanden sind, zum anderen die politische Deutungskultur, die sich auf kommunikativ vermittelte politische Interpretationsangebote beziehe. Symbole seien, so Sarcinelli weiter, Bestandteil dieser Deutungskultur und ihrer Funktion nach für die Begrenzung von Informationsmengen (regressive Dimension), als „Benennungsmacht" (nomische Dimension) und bei der Mobilisierung von Gefühlen (affektive Dimension) von nachhaltiger Bedeutung[149]. Der Kniefall Willy Brandts vor dem Mahnmal des Warschauer Gettos, die Versöhnungsgeste zwischen Francois Mitterand und Helmut Kohl über den Gräbern von Verdun oder die sprachliche Symbolik John F. Kennedys („Ich bin ein Berliner„) sind nur wenige Beispiele symbolischen Handelns, die die dahinterstehende Aussage bzw. den eigentlichen Inhalt auf einen visualisierbaren und zutiefst symbolischen Akt zu reduzieren vermochten.

Mit diesem Aspekt eng verbunden ist die Frage nach der *Personalisierung* des demokratisch organisierten Regierungssystems. Die These, gerade die Bedeutungszunahme der Medien führe zu einer Ausweitung der symbolischen Politik[150] und zugleich auch zu einer zunehmenden Konzentration auf einzelne Akteure – beförderte gar einen neuen „Cäsarismus" ist jedoch fragwürdig, zumindest ist eine Differenzierung auch ihr gegenüber notwendig. So formulierte Wolfgang Jäger mit Verweis auf den französischen Politikwissenschaftler Roger-Gérard Schwartzenberg nachhaltige Skepsis gegenüber der These eines neuen „Cäsarismus". Vielmehr befördere gerade das Fernsehen den Niedergang des heroischen Image und begünstige den „coolen" Stil des gewöhnlichen Mannes. Das Fernsehen, so Jäger, müsse deshalb unter den Bedingungen eines freiheit-

---

147 Vgl. Ulrich Sarcinelli; Symbolische Politik und politische Kultur; a.a.O.; S. 296.
148 Vgl. Hans Mathias Kepplinger; Ereignismanagement; a.a.O.; S. 52.
149 Vgl. Ulrich Sarcinelli; Überlegungen zur Kommunikationskultur; a.a.O; - s.a. Ulrich Sarcinelli; Symbolische Politik und politische Kultur; a.a.O.; S. 296.
150 Vgl. Ulrich Saxer / Barbara Pfetsch / Otfried Jarren / Hans Mathias Kepplinger / Wolfgang Donsbach; Medien und Politik; a.a.O.; S. 317.

lichen und pluralistischen Regierungssystems geradezu als Sicherung gegen die Gefahren der Demagogie gelten[151]. Darüber hinaus hat Ulrich Sarcinelli zu Recht festgestellt, daß insbesondere die Personalisierung der Politik sozialpsychologisch ein notwendiges Element zur Reduktion von Komplexität und zugleich aus demokratietheoretischer Sicht unabdingbar für politische Verantwortungszumessung sei[152].

Gerade die Elitentheorie der Demokratie pocht nachhaltig auf diesen Aspekt, denn es ist zwingend notwendig, daß die Verantwortung der Eliten nicht diffus ist, sondern daß eine Verknüpfung von Verantwortung mit Personen, also den handelnden Akteuren, vorgenommen werden kann. Die eindeutige Zuweisung von politischer Verantwortung garantiert gewissermaßen die Funktionsfähigkeit des demokratischen Systems, unscharfe Verantwortlichkeiten schließlich führen aber zu einer empfindlichen Störung der Demokratie. Darüber hinaus erleichtert die Personalisierung der Politik zusätzlich den Zugang zu den Medien und stützt damit den notwendigen Prozeß der Publizität.

Dieser durchaus als positiv zu wertende Effekt wird jedoch durch zwei Aspekte relativiert. So hatte der amerikanische Soziologe Richard Sennett mit seiner historischen Argumentation darauf verwiesen, daß die ostentative Hinwendung zum Subjektiven und Intimen zu einer Störung des Gleichgewichtes von Privatheit und Öffentlichkeit geführt habe. Die Auflösung der Grenzen von Öffentlichkeit und Privatsphäre werde durch diese Entwicklung zunehmend befördert und führe schließlich zu einer öffentlichen Bewertung der Politik nach Kriterien der Intimität und Privatheit[153] – die Skandale um die Person des amerikanischen Präsidenten Bill Clinton scheinen diese Beurteilung nachhaltig zu stützen. Darüber hinaus scheint die Personalisierung der Politikberichterstattung zugleich auch für den Bedeutungsrückgang der *Institutionen*, wie z.B. dem Parlament als Ganzes, verantwortlich zu sein:

„Glaubt man der Medienberichterstattung, so scheint das Problemlösungspotential der traditionellen - vor allem der traditionellen politischen - Institutionen zu schwinden. Dieser Eindruck kann in der Folge gesamtgesellschaftliche Verständigungs- und Einigungsprozesse erschweren, zum weiteren Verlust an Institutionsvertrauen beitragen oder sogar zu Legitimitätsdefiziten führen."[154]

Anhand der vorliegenden Datenlage läßt sich der Kommunikationsfluß von Elite zum „Demos" und der Einfluß der Medien darauf einigermaßen gut zu beschreiben. Grundsätzlich ist festzuhalten, daß es der politischen Elite aufgrund ihres prominenten Status innerhalb der Gesellschaft möglich ist, den Zugang zur medialen Kommunikation zu erlangen. Allerdings ist aufgrund der knappen sozialen Ressource „Aufmerksamkeit"

---

151 Vgl. Wolfgang Jäger; Von der Kanzlerdemokratie zur Koordinationsdemokratie; in: Zeitschrift für Politik, 35. Jg. (NF), 1/1988, S. 30-31.
152 Ulrich Sarcinelli; Mediale Politikdarstellung und politisches Handeln: analytische Anmerkungen zu einer notwendigerweise spannungsreichen Beziehung; in: Otfried Jarren (Hg.); Politische Kommunikation in Hörfunk und Fernsehen; Opladen 1994; S. 43.
153 Vgl. Richard Sennett; The Fall of Public Man; Cambridge u.a. 1976.
154 Otfried Jarren; Auf dem Weg in die „Mediengesellschaft"?; a.a.O.; S. 91.

der Status des Absenders nicht alleine ausschlaggebend. Vielmehr müssen auch andere „Nachrichtenwerte" realisiert werden. Gelingt dies, z.B. durch symbolisches Handeln (Darstellbarkeit) oder durch besonders konfliktorientierte Aussagen (Konflikthaftigkeit), dann kann der Zugang zur Öffentlichkeit grundsätzlich als gesichert gelten. In ihrer Konsequenz bedeutet dies aber dennoch, daß sich das Handeln der politischen Eliten auf die Bedingungen medialer Kommunikation einstellen muß, um diese Schnittstelle erfolgreich zu durchlaufen. Die Forschungsergebnisse legen nahe, daß sich die Politik diesen neuen Anforderungen - trotz vereinzelter Probleme - im Großen und Ganzen durchaus erfolgreich angepaßt hat[155]. Des Weiteren ist davon auszugehen, daß es den politischen Eliten gelingt, Themen auf die Medienagenda zu setzen und damit z.T. auch die Agenda der Bevölkerung zu bestimmen. Tatsache aber ist - und dies wird im nächsten Kapitel genauer untersucht werden -, daß die politischen Eliten bzw. die Parteien hier zunehmend in Konkurrenz zu anderen Themengebern stehen. Die ehemals vorhandene Dominanz im Prozeß der Themensetzung durch das politische System - dies sei hier vorweggenommen - ist gebrochen.

Bis zu diesem Punkt ist sehr allgemein von „der Elite" bzw. „den Eliten" in einer deutlich personalisierten Form gesprochen worden, d.h. in erster Linie waren es die *Handelnden* einer politischen Elite, die ins Blickfeld der Betrachtungen genommen wurden. Mit einer stärker institutionellen Sicht soll nun das kommunikative Verhältnis der politischen Elite zum „Demos" genauer untersucht werden. Dabei sind die Parteien, das Parlament und die Regierung besonders in den Vordergrund zu rücken.

3.2.3 Politische Institutionen und Öffentlichkeit

1994 sprach Maurice Duverger von der Geburt der „Fernsehdiktatur". Durch die Medien degeneriere die Politik aufgrund des alles überlagernden Motivs der Gewinnmaximierung und der Orientierung an Einschaltquoten zu einer reinen Showveranstaltung und ersetzten somit die Parteien[156]. Tatsächlich aber geben die empirischen Ergebnisse keinerlei Anlaß zu einer solchen Vermutung. Eine der zentralen Funktionen der *Parteien* ist es, aktiv bei der Hervorbringung neuer politischer Eliten beteiligt zu sein:

> „Der Einfluß der Parteien auf die Rekrutierung der politischen Elite ist heute in allen modernen westlichen Demokratien mehr oder minder zentral. Während die Durchdringung an sich 'politikferner' Bereiche durch Parteienorganisationen und deren Vertreter häufig

---

155 So legte 1989 die Gruppe um Hans Mathias Kepplinger eine Inhaltsanalyse aller Nachrichten zweier deutscher Fernsehanstalten (ARD und ZDF) vor (Stichjahr: 1986) und kamen zu dem Ergebnis, daß die politischen Parteien und die staatlichen Organe bei den politischen Meldungen zusammen auf einen Anteil von 77,7 % (in beiden Anstalten) kamen, Gewerkschaften und Wirtschaftsverbände erreichten gemeinsam bei der ARD 12,4 % (ZDF: 11,0 %), während die Interessenverbände auf lediglich 2,5 % (ZDF: 2,8 %) kamen; vgl. Hans Mathias Kepplinger / Klaus Gotto / Hans-Bernd Brosius / Dietmar Haak; Der Einfluß der Fernsehnachrichten; a.a.O.; S. 56.
156 Siehe dazu Winand Gellner; Medien und Parteien; in: ders. / Hans-Joachim Veen (Hg.); Umbruch und Wandel in westeuropäischen Parteiensystemen; Frankfurt am Main 1995; S. 26.

auf demokratietheoretische Vorbehalte oder weniger abstrakte Kritik am 'Parteienstaat' stößt, ist die Vormachtstellung der Parteien als *gatekeeper* des politischen Machtzentrums heute in normativer Hinsicht weitgehend akzeptiert."[157]

Inwieweit in dieser Funktionswahrnehmung bereits persönliche Attribute, wie z.B. versierter Umgang mit den Medien bzw. Telegenität eine Rolle spielen, ist in der Vergangenheit häufiger diskutiert worden. Die wenigen vorliegenden empirischen Untersuchungen scheinen jedoch die Vermutung nahezulegen, daß die Rolle der Medien in diesem Prozeß abhängig zu machen ist von der Systemstruktur (parlamentarisches System vs. präsidentielles System), in der sich die jeweiligen Parteien bewegen. Für parlamentarische Systeme kommt Wolfgang Jäger zu dem Schluß, daß in der Elitenrekrutierung eindeutig eine Übermacht der Parteien gegenüber dem Fernsehen bzw. den Medien zu konstatieren sei. Die Kandidatur für ein Amt setze zumeist eine Parteikarriere voraus, die sich insbesondere an innerparteilichen Leistungskriterien bemesse. „Telegenität" eines Amtsinhabers wirke sich erst nach der Rekrutierung als positives Moment aus[158]. Die Dominanz der Parteien gegenüber den Medien zeigt sich auch in Situationen, in denen Angehörige der politischen Elite unter Mediendruck kommen. In einer vergleichenden Untersuchung der Angriffe auf den damaligen Ministerpräsidenten Lothar Späth und den Vorwürfen gegenüber dem Ministerpräsidenten Manfred Stolpe kommt die Gruppe um Kepplinger zu dem Ergebnis:

> „Entscheidend für den Ausgang eines publizistischen Konfliktes und eines Skandals ist nicht die Massivität der Angriffe aus dem gegnerischen Lager. Entscheidend ist das Verhalten der eigenen Seite. Solange die Weggefährten zu dem Angegriffenen stehen, hat er gute Chancen, die Angriffe abzuwehren - unabhängig davon, wie heftig sie sind. [...] Sobald die eigenen Weggefährten freiwillig oder gezwungen auf Distanz gehen, ist die Sache für den Angegriffenen verloren"[159]

Eine ähnliche Geschlossenheit in Personalfragen zeigt sich auch bei den Parteien in den Vereinigten Staaten von Amerika. Das präsidentielle Regierungssystem erzwingt zwar grundsätzlich nicht die enge Fraktionskohäsion, wie sie für parlamentarische Regie-

---

157 Ludger Helms; Parteiensysteme als Systemstruktur. Zur methodisch-analytischen Konzeption der funktional vergleichenden Parteiensystemanalyse; in: Zeitschrift für Parlamentsfragen, 26. Jg., 4/1995, S. 652-653; - s.a. Klaus von Beyme; Die politische Klasse im Parteienstaat; Frankfurt am Main 1993; S. 59.
158 Wolfgang Jäger; Fernsehen und Demokratie; a.a.O.; S. 66; s.a. Peter Voß; Mündigkeit im Mediensystem. Hat Medienethik eine Chance?; Baden-Baden 1998; S. 139-140; - Niedermayer benennt dabei eine Vielzahl an Kriterien und Einflußfaktoren, von „Telegenität" oder durch Medien vorbereitete Entscheidungshilfen ist dabei nicht die Rede; vgl. Oskar Niedermayer; Innerparteiliche Demokratie; in: ders. / Richard Stöss (Hg.); Stand und Perspektiven der Parteienforschung in Deutschland. Opladen 1993; S. 242; - s.a. Dietrich Herzog; Politische Karrieren. Selektionen und Professionalisierung politischer Führungsgruppen; Opladen 1975; - Herzog kommt zu dem Ergebnis, daß zur Erreichung eines öffentlichen Wahlamtes die Möglichkeiten und Angebote einer Partei genutzt werden müssen.
159 Hans Mathias Kepplinger / Peter Eps / Frank Esser / Dietmar Gattwinkel; Am Pranger: Der Fall Späth und der Fall Stolpe; in: Wolfgang Donsbach u.a.; Beziehungsspiele - Medien und Politik in der öffentlichen Diskussion. Fallstudien und Analysen; Gütersloh 1993; S. 216.

rungssysteme typisch ist, dennoch weisen die Parteien dort ein durchaus geschlossenes Abstimmungsverhalten auf, wenn es um Personalentscheidungen geht[160]. In ihrer Funktion als Institution zur Rekrutierung einer Elite scheint jedoch die ehemals dominante Rolle der Parteien mit dem Aufkommen des Fernsehens deutlich relativiert worden zu sein. So stellt Jäger fest:

> „Die rapide Zunahme der Vorwahlen für die Nominierung von Kandidaten in den vergangenen zwei Jahrzehnten drängte den Einfluß der Parteiführer zurück und rückte die Kommunikation zwischen den Kandidaten und den sich an den Vorwahlen beteiligenden Wählern in den Vordergrund des Rekrutierungsprozesses"[161]

Die amerikanischen Parteien tendierten vielmehr dazu, sich zu Dienstleistungszentren der neuen Wahlkämpfe zu entwickeln, um die Organisation des Wahlkampfes logistisch zu unterstützen. Als Mittler zwischen Kandidaten und der Wählerschaften sind die alten Parteieliten nicht mehr geeignet.

Die Hervorbringung einer politischen Elite ist jedoch nicht die einzige Aufgabe von Parteien. Vielmehr wird diese ergänzt durch zahlreiche kommunikativ orientierte Funktionen, die insbesondere in der Zeit des Wahlkampfes zum Tragen kommen, aber auch zwischen den Wahlen von nachhaltiger Bedeutung sind:

> „So rekrutieren die Parteien nicht nur das politische Führungspotential. Als intermediäre Organisationen verknüpfen sie zudem auf vielfältige Weise die politische und gesellschaftliche Ebene. Einerseits bündeln und artikulieren sie die verschiedenen gesellschaftlichen Interessen [...] Andererseits fördern die Parteien etwa durch die turnusmäßige Wählermobilisierung, vielfältige politische Bildungsangebote sowie die Bereitstellung von Interpretationshilfen zur Wahrnehmung und Einordnung politischer Prozesse die politische Sozialisierung der Bürgerinnen und Bürger."[162]

oder mit anderen Worten: sie sind an der Willensbildung in der Bevölkerung durch ihre kommunikativen Aktivitäten beteiligt.

In den letzten Jahren ist im Zusammenhang mit der sogenannten „Parteien-Kontroverse" in Deutschland, angestoßen durch den ehemaligen Bundespräsidenten Richard von Weizsäcker, sehr intensiv über die Rolle der Parteien in der parlamentarischen Demokratie diskutiert worden. Der ehemalige Bundespräsident sprach in einem Interview mit den ZEIT-Journalisten Gunter Hofmann und Werner A. Perger von der überragenden Dominanz der Parteiapparate im Rahmen des politischen Prozesses und der politischen Willensbildung:

> „Das was sie [gemeint sind die Väter und Mütter des Grundgesetzes; Erg. A.B.] darüber im Artikel 21 des Grundgesetzes formuliert haben, ist jedenfalls ein geradezu gigantisch eindrucksvolles Beispiel von Understatement. Wenn man dort den Kernsatz liest, 'die

---

160 Vgl. Emil Hübner; Probleme innerparteilicher Willensbildung; in: ders. / Heinrich Oberreuter (Hg.); Parteien in Deutschland zwischen Kontinuität und Wandel; München 1992; S. 174.
161 Wolfgang Jäger; Fernsehen und Demokratie; a.a.O.; S. 9.
162 Ulrich Eith; Parteien; in: Werner Weidenfeld / Karl-Rudolf Korte (Hg.); Handbuch zur deutschen Einheit; Bonn 1996; S. 559.

Parteien wirken bei der politischen Willensbildung des Volkes mit', und dies mit der tatsächlich eingetretenen Wirklichkeit unseres Verfassungslebens vergleicht, dann kommen dem einen Tränen der Rührung, und bei anderen schwellen die Zornesadern."[163]

und weiter unten ergänzt er:

„Was das Parteiengesetz selbst sagt, ist höchst interessant. Da ist nicht mehr von einer bloßen Mitwirkung 'bei der politischen Willensbildung des Volkes' die Rede, sondern nun wird daraus die Mitwirkung 'auf allen Gebieten des öffentlichen Lebens', 'indem sie', wie es weiter heißt, 'insbesondere auf die Gestaltung der öffentlichen Meinung Einfluß nehmen'. Was heißt eigentlich hier Einfluß nehmen? Ist Mitwirken bei und Einflußnehmen auf dasselbe? [...] Die Parteien wirken an der Bildung des gesamten gesellschaftlichen Lebens aktiv mit."[164]

Die Thesen des ehemaligen Bundespräsidenten riefen in der Folge Zustimmung, aber auch massive Kritik hervor[165]. In einer intensiven und zugleich äußerst interessanten Auseinandersetzung mit der Entstehungsgeschichte des Art. 21 GG und der Diskussion der Leibholz'schen Parteienstaats-These, der insbesondere die Rechtsprechung des deutschen Bundesverfassungsgerichtes ihre Referenz erwies, macht Hennis klar, daß

„...die politischen Parteien [sich nie; Erg. A.B.] mit solcher Wucht in die Mitte des deutschen politischen Lebens [hätten; Erg. A.N.] plazieren können, wenn dazu nicht eine legitimierende, alle Tore des gesellschaftlichen Vorfelds öffnende 'Idee' [gemeint ist damit die Parteienstaats-These; Erg. A.B.] eingeladen hätte"[166]

In dem hier zu erörternden Zusammenhang stellt sich schließlich die grundsätzliche Frage, inwieweit die These von der Dominanz der Parteien im Allgemeinen, aber auch im speziellen Zusammenhang mit der Rolle der Parteien im Hinblick auf ihre Bedeutung im Willensbildungs- und Informationsprozeß, Geltung beanspruchen kann. Zunächst erscheint es in der Tat so, als ob die Parteien durch ihre verfassungsrechtlich gesicherte und damit zugleich auch herausragende Stellung im Rahmen des politischen Systems in der Lage seien, Strukturen der politischen Kommunikation und auch diese selbst nach Belieben zu gestalten. Die Möglichkeiten zur Gestaltung der Rundfunkordnung bzw. allgemein der medial vermittelten Kommunikation einerseits und die direkte Verfügung über Teilnahme an innermedialen Entscheidungsprozessen (Stichwort: Rundfunkrat) legten zunächst den Schluß nahe, daß die Parteien einen maßgeblichen Einfluß auf die Kommunikation nehmen könnten[167]. Doch der Befund, den u.a. Wolf-

---

163 Richard von Weizsäcker; Richard von Weizsäcker im Gespräch mit Gunter Hofmann und Werner A. Perger; Frankfurt am Main 1992; S. 139-140.
164 ebenda; S. 146-147; dabei bezieht sich von Weizsäcker auf §1 Abs. 2 des Parteiengesetzes.
165 Eine Zusammenstellung wichtiger Beiträge zu dieser Debatte vereinigt der Band: Gunter Hofmann / Werner A. Perger (Hg.); Die Kontroverse. Weizsäckers Parteienkritik in der Diskussion; Frankfurt am Main 1992.
166 Wilhelm Hennis; Der „Parteienstaat des Grundgesetzes". Eine gelungene Erfindung; in: Gunter Hofmann / Werner A. Perger (Hg.); Die Kontroverse. Weizsäckers Parteienkritik in der Diskussion; Frankfurt am Main 1992; S. 25.
167 Wolfgang R. Langenbucher / Michael Lipp; Kontrollieren Parteien die politische Kommunikation?; a.a.O.; S. 218.

gang R. Langenbucher Anfang der 1980er Jahre stellte, stammte aus einer Zeit, als sich die Liberalisierung der Rundfunkordnung, und damit eine dramatische Veränderung der audio-visuellen Kommunikationsbedingungen noch nicht abzuzeichnen schien

Für den Bereich der Printmedien dürfte die These von der Dominanz der Parteien sowieso noch nie wirklich gegolten haben. Zwar versuchten die Parteien - und dies gilt nicht nur für Deutschland - durch die Herausgabe parteieigener Publikationsorgane die spezifischen parteipolitischen Sichtweisen an ein weites Publikum zu verbreiten, eine wirklich entscheidende Rolle spielt die sogenannte Parteipresse - abgesehen für die innerparteiliche Kommunikation - heute jedoch nicht mehr. Die Presselandschaften in den modernen Demokratien haben sich, gestützt durch die sukzessive Gewährleistung des Instituts der Pressefreiheit in den verschiedenen Verfassungen, immer der Inanspruchnahme und Instrumentalisierung durch die Regierung oder die Parteien erwehren können und auf der Basis einer von je her deregulierten Marktlandschaft entwickeln können[168]. Wollten Parteien sich in diesem Kommunikationssegment Gehör verschaffen, waren sie auf die Produktion einer eigenen Presse angewiesen.

Anders zunächst die Entwicklung im audio-visuellen Bereich. Der Aufbau des Rundfunks unterlag nie den gleichen Bedingungen, wie sie die Presse aufweisen konnte. Von Beginn an unterlag dieser Bereich einer deutlich stärkeren politischen Kontrolle. So bildete sich schon frühzeitig in Großbritannien eine öffentlich-rechtliche Rundfunkstruktur aus, die dann nach dem Ende des 2. Weltkrieges auch in Deutschland übernommen wurde. In den Vereinigten Staaten von Amerika hingegen gab es zwar nie eine ausgeprägte, fast monopolistisch erscheinende Rundfunkstruktur, doch auch hier unterlag die Entwicklung der Rundfunkmedien durch die Federal Communications Commission (FCC)[169] einer politischen Kontrolle.

Insbesondere in Europa hatte sich der öffentlich-rechtliche Rundfunk bis in die 1980er Jahre als alleiniges Strukturprinzip etabliert. Durch die Teilhabemöglichkeiten der Politik in Form von Entsendung von Vertretern in die jeweiligen Rundfunkräte, wie das z.B. in Deutschland geschah, entstanden zunächst direkte Einflußmöglichkeiten der Parteien im audio-visuellen Medienbereich. Doch mit der einsetzenden Liberalisierung und der

---

168 Regulierend wirken dabei lediglich Pressegesetze bzw. die allgemeine Gesetzgebung. Die verlegerischen Freiheiten sind davon allerdings weitestgehend unberührt geblieben und eine rechtliche Normierung, daß Parteien- oder Regierungsvertreter ein Mitspracherecht bei der Publikation von Nachrichten hätten, hat es in den modernen Demokratien nicht gegeben.

169 Die FCC ist eine seit 1934 existierende unabhängige Regulierungskommission, die Sendelizenzen auf Zeit vergibt. Ausgestattet war diese mit einem durchaus umfangreichen Instrumentarium zur Durchsetzung öffentlicher Anliegen und Interessen, konnte allerdings in der Praxis nur wenig bewirken. Mit der Einleitung der umfangreichen Deregulierungspolitik am Anfang der achtziger Jahre verlor schließlich die FCC fast vollständig ihre Befugnisse. Eine der letzten Begrenzungen des Marktes besteht nun darin, daß Eigner nicht mehr als zwölf Fernsehstationen und maximal 24 Radiostationen kontrollieren dürfen; vgl. dazu Hans J. Kleinsteuber; Medien und öffentliche Meinung; in: Willi Paul Adams u.a. (Hg.); Länderbericht USA. Geographie, Geschichte, Politische Kultur, Politisches System, Wirtschaft. Bonn ²1992 (Band 1); S. 553.

damit sukzessive entstehenden Konkurrenz durch privatwirtschaftlich betriebene Sender schwand auch relativ gesehen der konkrete Einfluß auf die Programminhalte der Parteien oder mit anderen Worten: mit der Liberalisierung des Rundfunkmarktes betrieben die Parteien in ganz Europa auch ihre eigene kommunikative Entmachtung.

Auch wenn die Möglichkeiten einer inhaltlichen Einflußnahme gesunken sind, so blieb den Parteien als Beteiligte am Gesetzgebungsprozeß noch die Verfügung über ordnungspolitische Steuerungselemente, wie z.B. die Rundfunkordnung. Doch auch dieses Element hat in der Vergangenheit seine Schärfe verloren. Wichtige Begrenzungen, wie z.B. das Argument der Frequenzknappheit, sind durch technische Entwicklungen obsolet geworden und haben der Nichtzulassung neuer Sender zumeist den Boden entzogen. Inhaltliche Reglementierungen der jeweiligen Rundfunkordnungen sind dabei eher selten und orientieren sich zumeist an den Begrenzungen der allgemeinen Gesetze (z.B. Jugendschutz, Strafgesetzbuch (Stichworte: Volksverhetzung, Pornographieverbot etc.)).

Mit dem Verlust der direkten Steuerung und einer parteieigenen Medienlandschaft (Stichwort: Parteipresse) ging aber auch ein neues Interesse der Parteien an einer indirekten Steuerung einher[170]. Um mit ihren Kommunikationsangeboten erfolgreich im medialen Angebot vertreten zu sein, hängt es, wie Peter Radunski bereits mit Blick auf die Bundestagswahl 1980 feststellte,

> „...im wesentlichen von der Intensität und dem Einfallsreichtum des Angebots der Parteiführung und der Partei [...] [ab; Erg. A.B.], ob die Massenmedien als Mittler politischer Botschaften arbeiten oder im Wahlkampf mit eigenen Meinungen intervenieren"[171]

Aufgrund der herausragenden Position, die die Parteien insbesondere in den parlamentarischen Regierungssystemen spielen, ist ihnen auch ein ebenso herausragendes Interesse hinsichtlich der politischen Kommunikation erhalten geblieben. Doch die Stellung der Parteien im politischen System allein reicht nicht aus, um auch erfolgreich im Wettbewerb mit anderen um die Aufnahme von Kommunikation zu konkurrieren. Dies kann nur dann gelingen, wenn zugleich auch spezifische Nachrichtenwerte gezielt instrumentalisiert werden. Insbesondere in Zeiten des intensiven Wahlkampfes wird die Auf-

---

170 Zum allgemeinen Problem des Verlustes der Steuerungsfähigkeit des politischen System vgl. Klaus von Beyme; Theorie der Politik im Zeitalter der Transformation; in: ders. (Hg.); Politische Theorie in der Ära der Transformation (Sonderheft 26 der Politische Vierteljahresschrift); Opladen 1996; S. 14; im speziellen für das Mediensystem: Otfried Jarren; Folgenforschung - ein kommunikationswissenschaftlicher Ansatz zur Steuerung der Rundfunkentwicklung?; in: ders. (Hg.); Medienwandel - Gesellschaftswandel? 10 Jahre dualer Rundfunk in Deutschland. Eine Bilanz; Berlin 1994; S. 364-367.
171 Peter Radunski; Wahlkampfentscheidung im Fernsehen; in: Wolfgang R. Langenbucher (Hg.); Politik und Kommunikation. Über die öffentliche Meinungsbildung; München 1979; S. 123.

merksamkeit der Medien gegenüber den Parteien deutlich zunehmen[172].

Diese These, die sich auf die weiter oben erörterten empirischen Befunde stützen kann, läßt also den grundsätzlichen Schluß zu, daß die Parteien - und das heißt aufgrund des Trends zur Personalisierung vor allem die Partei- bzw. Fraktionsspitzen - bei der Bestimmung der medialen Kommunikation sehr wohl weiter dominieren, aber die ehemals vorhandene umfangreiche *Dominanz* der Themensetzung verloren haben und mit anderen Institutionen innerhalb und außerhalb des politischen Systems, gelegentlich auch mit den Medien selbst als Themengeber, konkurrieren müssen. Aus dieser Entwicklung kann allerdings nicht gefolgert werden, die *Medien* könnten die politische Kommunikation der Parteien ersetzen[173]. Nicht die Stärke der Medien, sondern die Schwäche der Parteien macht die zunehmende Bedeutung der Medien möglich - der Vergleich mit den Parteien in einem präsidentiellen System hat dies auf instruktive Weise gezeigt. Der Umkehrschluß scheint aber auch zu gelten: je stärker die Parteien ihre (kommunikativen) Funktionen wahrnehmen, desto geringer der potentielle eigene Einflußbereich der Medien. Es muß daher zu denken geben, wenn u.a. Jarren feststellt, die politischen Parteien kämen ihren informatorischen und kommunikativen Aufgaben sowohl in der Binnen- und Außenkommunikation nur noch unzureichend nach[174].

Die weiterhin bestehende, zugleich aber auch immer prekäre Praxis der Kommunikation der Parteien im politischen Prozeß zeigt sich am deutlichsten an dem Ort, der im Verständnis der repräsentativen Demokratie die zentrale Arena politischer Kommunikation darstellt: dem *Parlament*.

Auch in diesem Bereich ist vor einer genaueren Untersuchung hinsichtlich der politischen Kommunikation im Parlament auf die unterschiedliche Stellung des Parlamentes in den verschiedenen Formen der Demokratie aufmerksam zu machen. Jäger hat in seiner vergleichenden Studie über „Fernsehen und Demokratie" darauf hingewiesen und zugleich gezeigt, daß diese differierende Stellung Implikationen hinsichtlich der Kommunikationsbedingungen in sich birgt[175].

---

172 Die Parteien werden sich in Wahlkämpfen beim Ringen um Wählerstimmen der Vielzahl an Medientypen bedienen, wie z.B. Postwurfsendungen. Das Bremer Landgericht stellte jedoch in einem Urteil fest, daß die Bürger auch das Recht haben, Parteienwerbung auf diesem Wege zu unterbinden. Peter Graf Vitzthum kommentiert dieses Urteil süffisant mit der Bemerkung: „Auch in Wahlkampfzeiten berechtigt Art. 21 GG nicht zur informationellen Zwangsernährung"; Peter Graf Vitzthum; Probleme der Parteiendemokratie; in: Peter M. Huber / Wilhelm Mößle / Martin Stock (Hg.); Zur Lage der parlamentarischen Demokratie; Tübingen 1995; S. 89.
173 Vgl. Winand Gellner; Medien und Parteien; a.a.O.; S. 17-33.
174 Otfried Jarren; Kann man mit Öffentlichkeitsarbeit die Politik „retten"? Überlegungen zum Öffentlichkeits-, Medien- und Politikwandel in der modernen Gesellschaft; in: Zeitschrift für Parlamentsfragen, 25. Jg., 4/1994, S. 659.
175 Vgl. Wolfgang Jäger; Fernsehen und Demokratie; a.a.O.; - s.a. Ulrich Saxer / Barbara Pfetsch / Otfried Jarren / Hans Mathias Kepplinger / Wolfgang Donsbach,; Medien und Politik; a.a.O.; S. 325; - Wolfgang Donsbach kommt in seiner Untersuchung zum Ergebnis, daß der gesamte Willensbildungsprozeß in den Vereinigten Staaten von Amerika ganz anders als in Deutschland organisiert sei.

Auch von Beyme macht darauf aufmerksam, wenn er schreibt:

> „Die Agendasetting-Funktion der Medien ist nicht unbeeinflußt vom Institutionensystem des jeweiligen Landes. Im präsidentiellen System der USA wird die Agenda von jedem neuen Präsidenten neu definiert [...] Im amerikanischen Kongreß sind nicht erledigte Gesetze mit Ende der Legislaturperiode 'vom Tisch'. Im parlamentarischen System herrscht größere Kontinuität, auch wenn ein Entwurf formal in einem neuen Parlament erneut eingebracht werden muß. Die Medien können im präsidentiellen System wesentlich mehr über 'neue Agenden' berichten als im parlamentarischen System."[176]

Bereits die unterschiedlichen Bezeichnungen der jeweiligen Parlamente offenbart eine wesentliche Differenz im Kommunikationsverhalten. Während der amerikanische Kongreß eine „Legislature" ist und damit zugleich als zentrale Funktion des Parlamentes seine Gesetzgebungskompetenz betont, verweist beim deutschen „Parlament" bzw. beim britischen „Parliament" der Begriff, der auf das der romanischen Sprache entnommene Wort „parlare"/„parler" (ital./franz.) zurückgeht, darauf, daß dort die verschiedenen kommunikativen Funktionen von Parlamenten eine herausragende Rolle spielen.

Die Bedeutung des „Redeparlamentes" – zweifelsohne eine philologische Verdoppelung des Wortes - ergibt sich vor allem daraus, daß in einem solchen Gremium die beiden wichtigsten politischen Vertreter direkt aufeinandertreffen: „Das Redeparlament hat daher nur dort eine Chance, wo Regierungschef und Oppositionsführer Mitglieder des Parlaments sind oder zumindest in ihm ein Rederecht und eine Auskunftspflicht haben"[177], gemeinhin also eine Bündelung verschiedener Eliten und damit zugleich die Gegenüberstellung differierender Politik-Angebote möglich ist. Mancher mag in dieser kommunikativen Funktion gar die eigentliche Aufgabe des Parlamentes sehen[178].

Im Gegensatz dazu ist das Parlament in einem präsidentiellen System stärker von der detaillierten Gesetzgebungsarbeit bestimmt. Anders als in einem Parlament in einem parlamentarischen System hängt die Exekutive, außer im Falle eines Amtsenthebungsverfahrens (Impeachment), nicht von der geschlossenen Unterstützung der Mehrheit der Legislative ab.

Diese Differenz, die hier nur in idealtypischer Form vorgetragen wurde, darf jedoch nicht in dem Sinne mißverstanden werden, daß das eine Parlament lediglich kommunikative, das andere hingegen ausschließlich legislative Funktionen wahrnehme. Vielmehr soll bereits hier darauf aufmerksam gemacht werden, daß die Verteilung der kommunikativen Schwerpunkte je nach System differieren kann - und dies in der Regel auch tut.

---

176 Klaus von Beyme; Die Massenmedien und die politische Agenda des parlamentarischen Systems; in: Friedhelm Neidhardt (Hg.); Öffentlichkeit, Öffentliche Meinung, Soziale Bewegungen [Sonderheft 34 der Kölner Zeitschrift für Soziologie und Sozialpsychologie]; Opladen 1994; S. 331.
177 Winfried Steffani; Amerikanischer Kongreß und deutscher Bundestag - Ein Vergleich; in: Theo Stammen [Hg.]; Vergleichende Regierungslehre. Beiträge zur theoretischen Grundlegung und exemplarische Einzelstudien; Darmstadt 1976; S. 205.
178 Vgl. u.a. Heinrich Oberreuter; Legitimität und Kommunikation; in: a.a.O.; S. 66.

Wenn in der Folge zunächst erst einmal allgemein über die kommunikativen Funktionen des Parlamentes gesprochen wird, so sollten die eben gemachten Bemerkungen dazu beitragen, die Gewichtung der folgenden Ausführungen hinsichtlich der unterschiedlichen Systeme zu erleichtern.

Im Grundgesetz der Bundesrepublik Deutschland heißt es in Art. 42 Abs. 1 S.1: „Der Bundestag verhandelt öffentlich". So einfach und eindeutig dieser Satz klingen mag - er stellt einen Grundsatz aller Parlamente in demokratischen Staaten dar - so schwierig ist er in seiner konkreten Bedeutung: umfaßt er auch den Bereich des Ausschußwesens? Beinhaltet „öffentlich" zugleich auch die mediale Übertragungen von Verhandlungen - am Ende gar nur, weil dies technisch möglich ist?

Mag historisch die Vorstellung eines sich emanzipierenden Bürgertums darin bestanden haben, daß im Parlament in öffentlicher Diskussion alle Meinungen und Interessen artikuliert würden und im vernunftgeleiteten Diskurs sich das ergeben würde, was für die Gesellschaft in der historischen Situation das Beste zu sein schien[179], so konnte mit der zunehmenden Differenzierung der Gesellschaft und der nachfolgenden Ausdifferenzierung der Parlamente die Realität diesem Anspruch nur noch schwer standhalten. Nur aus Unkenntnis über die gewandelte Funktion der Parlamentsdebatte konnte noch 1926 der Staatsrechtler Carl Schmitt festhalten, Öffentlichkeit und Diskussion seien in der tatsächlichen Wirklichkeit des parlamentarischen Betriebes zu einer leeren und nichtigen Formalität geworden und das Parlament habe nunmehr „...seine bisherige Grundlage und seinen Sinn verloren"[180].

Die Parlamentsdebatte - hier in einem umfassenden Sinne gebraucht, d.h. Anfragen an die Regierung, allgemeine Fragestunden, das Enqueterecht des Parlamentes sowie die Gesetzesberatung im Plenum einbeziehend - übernahm die Funktion, Austragungsort für die divergierenden Positionen der politischen Lager zu sein, allerdings weniger mit dem Ziel des gegenseitigen Überzeugens, als vielmehr mit den vorgetragenen Argumenten sich vor dem Volk für die jeweilige Entscheidung zu rechtfertigen bzw. zu verantworten und zugleich für die eigene Position zu werben[181]; oder, mit dem bekannten Satz von Fraenkel gesagt: Die Diskussion im Parlament zielt in ihrer Wirkung darauf ab, „Reden zum Fenster heraus zu sein"[182]. So ist es in parlamentarischen Systemen sowohl der, die Regierung unterstützenden Regierungskoalition bzw. -partei als auch der Opposition möglich, die jeweiligen Entscheidungen bzw. Alternativvorschläge vor

---

179 Vgl. Jürgen Bellers; Bundestag, Medien und Öffentlichkeit; a.a.O.; S. 389.
180 Carl Schmitt; Die geistesgeschichtliche Lage; a.a.O.; S. 63.
181 Vgl. Heinrich Oberreuter; Parlament und Medien; a.a.O.; S. 501.
182 Vgl. u.a. Ernst Fraenkel; Möglichkeiten und Grenzen politischer Mitarbeit der Bürger in einer modernen parlamentarischen Demokratie; in: ders.; Deutschland und die westlichen Demokratien; a.a.O.; S. 266.

dem Volk zu begründen und damit der Kontrolle durch den „Demos" einen Boden zu bereiten[183].

Mit dem Aufkommen technischer Übertragungsmöglichkeiten zu Beginn des 20. Jahrhunderts wurde die Öffentlichkeit der Parlamentsdebatte neu diskutiert. Die Frage einer Öffnung und Übertragung der Parlamentsdebatte in den neuen Rundfunkmedien hatte in Deutschland schon allein deshalb an Bedeutung gewonnen, da die Printmedien insgesamt der Berichterstattung über das Parlament immer weniger Platz einzuräumen schienen[184]. Schon sehr bald wurden jedoch Bedenken gegen eine Rundfunkübertragung geäußert. So stellte sich die Frage, inwieweit die Übertragung des Diskurses nicht letzten Endes die Bedeutung des Parlamentes insgesamt *herabstufen* würde. Die Bedrohung des Niveaus der Sachlichkeit und die Angst vor einer Beschädigung des Ansehens der Demokratie stellten in der Weimarer Republik seit den ersten Forderungen nach öffentlicher Übertragung von Parlamentsdebatten die wichtigsten Gegenargumente gegen die herzustellende *mediale* Öffentlichkeit des Parlamentes dar[185]. Die Argumente für eine solche Übertragung zielten in erster Linie auf eine wirksamere Verbindung zwischen dem Abgeordneten und der Wählerschaft, denn nur dadurch könne man auch ein Verständnis für die politischen Aufgaben wecken und zugleich auch erzieherisch wirken[186]. Die Blockade gegen eine Übertragung der Parlamentsdebatte endete zu einem Zeitpunkt, als diese bereits gänzlich sinnentleert war. Erst nachdem der Reichstag und der Rundfunk durch die Nationalsozialisten instrumentalisiert worden waren, fanden sich die Nationalsozialisten bereit, die Blockadepolitik, die sie nachhaltig betrieben hatten, aufzugeben[187]. Die Chance, durch die Übertragung der Debatten die Arbeitsweise der Demokratie und des Parlamentes dem Bürger näher zu bringen, wurde in der Weimarer Republik vertan[188] und Bergsdorf attestiert der Weimarer Republik gar einen generellen „Kommunikationsmangel"[189].

---

183 Vgl. den hervorragenden Aufsatz von Helga Haftendorn; Die politische Funktion der Parlamentsberichterstattung; in: Publizistik, 6. Jg., 5-6/1961, S. 273-300.
184 Ernst Fraenkel; Kollektive Demokratie; in: ders.; Reformismus und Pluralismus. Materialien zu einer ungeschriebenen politischen Autobiographie [Zusammengestellt und herausgegeben von Falk Esche und Frank Grube]; Hamburg 1973; S. 76-77.
185 Vgl. Jörg-Uwe Fischer; Parlamentsdebatten: politische Erziehung oder politisches Theater? Zur Diskussion um die Rundfunkübertragungen von Reichstagsdebatten und -reden während der Weimarer Republik; in: Zeitschrift für Parlamentsfragen, 25. Jg., 4/1994, S. 639-641; - Interessanterweise glaubten die Abgeordneten vor allem, die Übertragung von Radau- und Tumultszenen könnten dem Ansehen des Parlamentes schaden. Abgesehen davon, daß noch heute solche Szenen z.B. aus dem japanischen oder italienischen Parlament übertragen werden, so ist doch festzuhalten, daß deshalb nicht die Medien dem Ansehen schaden, sondern die Abgeordneten der Institution, der sie selbst angehören.
186 Vgl. ebenda; S.639.
187 Gregor Mayntz; Zwischen Volk und Volksvertretung; a.a.O.; S. 72.
188 Vgl. Jörg-Uwe Fischer; Parlamentsdebatten; a.a.O.; S. 652.
189 Wolfgang Bergsdorf; Öffentliche Meinung und politisches Argument: Zu Begriff und Funktion der pluralistischen Kommunikation; in: Jürgen Wilke (Hg.); Öffentliche Meinung - Theorie, Me-

Nach der Wiedererrichtung der Demokratie in Deutschland nach 1949 folgte zunächst keine Debatte mehr über die Übertragung von Plenardebatten in den Medien; zu groß schien die Angst zu sein, eine Einschränkung der Übertragung könne als unheilvolle Tradition mit dem Nationalsozialismus und als generelle Einschränkung der Pressefreiheit verstanden werden[190]. Nachdem bereits seit dem 7. September 1949 vereinzelt Debatten über den Hörfunk verbreitet wurden, folgte ab 1953 auch die Übertragung durch die ARD (und ab 1963 auch durch das ZDF). Erst am 3. November 1959 entschied der Ältestenrat des Deutschen Bundestages, grundsätzlich keine Live-Übertragungen aus dem Plenum zuzulassen[191], um diese Entscheidung schließlich sieben Jahre später wieder rückgängig zu machen. Zwar wollte sich der Bundestag ein Verweigerungsrecht vorbehalten, machte davon jedoch nie Gebrauch. Somit entschieden die Fernsehanstalten in eigener Verantwortung, *welche* Debatten sie *wie* (Stichwort: Bildregie) und *wie lange* übertragen würden. Daran hat sich, trotz mehrfacher Versuche, bis zum heutigen Datum nichts geändert. Noch 1985 stellte die Ad-Hoc-Gruppe Parlamentsreform in ihrem Bericht fest:

> „An der freien Fernsehübertragung der Rundfunkanstalten ist festzuhalten; hinsichtlich der Auswahl der zu übertragenden Debatten und der Art der Berichterstattung sowie hinsichtlich der technisch-organisatorischen Möglichkeiten ist eine stärkere Kooperation der Fernsehveranstalter mit dem Bundestag wünschenswert"[192].

Einen Ausschluß von Fernsehübertragungen, wie dies z.B. in Großbritannien möglich wäre, hielt die Ad-Hoc-Gruppe weder für wünschenswert, noch politisch sinnvoll und zugleich nicht für rechtlich durchsetzbar[193].

Die zunehmende Differenzierung des Mediensystems hat schließlich in Deutschland nach heftigen Diskussionen dazu geführt[194], daß nach dem amerikanischen Vorbild des Senders C-SPAN (Cable Satellite Public Affairs Network) sogar ein eigener Ereignis- und Parlamentskanal (Phoenix) eingerichtet wurde, in dem Plenardebatten des Bundestages übertragen werden.

In anderen Demokratien hat der Prozeß der Übertragung von Plenardebatten eine andere Richtung genommen. Zwar waren Diskussionen schon seit geraumer Zeit grundsätzlich öffentlich, doch die Live-Übertragung setzte sich z.B. in Großbritannien oder den Vereinigten Staaten von Amerika erst im Laufe der siebziger Jahre durch. So überträgt der

---

thoden, Befunde: Beiträge zu Ehren von Elisabeth Noelle-Neumann; Freiburg i. Brsg. u.a. 1992; S. 42.
190 Wolfgang Jäger; Fernsehen und Demokratie; a.a.O.; S. 71.
191 Vgl. Wolfram Dorn; Effizienz statt Evidenz? Oder: Wie öffentlich ist der Bundestag; in: Emil Hübner / Heinrich Oberreuter / Heinz Rausch; Der Bundestag von innen gesehen; München 1969; S. 230.
192 Drucksache des Deutschen Bundestages 10/3600; S.18.
193 Vgl. ebenda; S. 21.
194 Positiv äußerte sich u.a.: Wolfgang Jäger; Für einen Parlamentskanal; a.a.O. S.53-60; - Heinrich Oberreuter; Falsch ist das Schielen auf die Quote; in: Das Parlament, 9./16.8.1996, S. 16.; eher kritisch: Ulrich Sarcinelli; Überlegungen zur Kommunikationskultur; a.a.O.; S. 125-126.

Parlamentskanal C-SPAN erst seit 1979 aus dem Repräsentantenhaus und aus dem Senat erst seit 1986. Doch entscheidend ist vor allem der Unterschied in der Handhabung der Übertragung. Während in Deutschland das Parlament praktisch keinen Einfluß darüber hat, was und vor allem wie über das Parlament berichtet wird, haben sich die Parlamente in Großbritannien und den Vereinigten Staaten von Amerika vorbehalten, daß nur unter ihrer Regie über das Parlament berichtet werden dürfe. In Großbritannien ging man sogar so weit, daß man die britische Rundfunkgesellschaft anwies, akute politische Probleme nicht vor Ablauf einer Frist von zwei Wochen zu behandeln, es sei denn, das Parlament habe dazu bereits Stellung genommen[195].

Die Öffentlichkeit der Parlamentsdebatte und ihre Übertragung in den Medien stellt in der Gegenwart in nahezu allen Demokratien keine ernstzunehmende Problematik mehr da. Trotz vereinzelter Skepsis gegenüber den Wirkungen der Übertragung von Debatten[196], überwog in der Vergangenheit immer stärker die Position der generellen Befürworter. Doch so unbestritten die Allianz im Kontext der Plenardebatte ist: das Öffentlichkeitserfordernis findet in anderen Bereichen der parlamentarischen Arbeit durchaus ihre Grenzen und betrifft, vor allem in Deutschland, in erster Linie die Frage nach der Öffentlichkeit der *Ausschüsse*, gewissermaßen dem Kernstück der Parlaments*arbeit*. Hier zeigen sich wiederholt massive Differenzen zwischen den verschiedenen Regierungssystemen. Während im amerikanischen Kongreß das Prinzip der Öffentlichkeit eine überragende Rolle spielt - die Veröffentlichung des sogenannten „Starr-Reportes" ist ein eindrucksvolles und zugleich auch in jeder Hinsicht bedenkenswertes Beispiel - und folgerichtig die Sitzungen der Ausschüsse öffentlich zugänglich sind (sunshine rules)[197], galt bis noch vor wenigen Jahren in den Ausschüssen des Deutschen Bundestages ein grundsätzliches Öffentlichkeitsverbot. Auch mit dem Beginn zahlreicher Reformen der Geschäftsordnung des Bundestages seit der elften Legislaturperiode, hat sich hier nichts Grundlegendes geändert: Öffentlichkeit kann nur nach einem vorherigen Beschluß des Ausschusses hergestellt werden[198], d.h. im Grundsatz bleibt die Ausschußarbeit vor den Augen der Öffentlichkeit verborgen. Auch wenn Oberreuter metho-

---

195 Vgl. Ernst Fraenkel; Parlament und öffentliche Meinung; in: ders.; Deutschland und die westlichen Demokratien; a.a.O.; S. 230; wie kaum eine andere Weisung dokumentierte diese „fortnight rule" die Suprematie des Parlamentes im britischen Regierungssystem. Ihr Hauptziel bestand darin, das Parlament als Tribüne der politischen Willensbildung zu bewahren.
196 So wurde im Rahmen der „Politikverdrossenheits-Debatte" immer wieder angeführt, das Abbilden eines leeren Plenarsaals verleite zu der falschen Ansicht, die Parlamentarier seien faul und führe schließlich zu einem falschen Bild der Repräsentanten in der Öffentlichkeit; - s.a. Helmut Schelsky: „Schon wenn man die elektronische Vollpublizität aus den Sitzungen der Parlamente aller Art ausschlösse, wäre dies ein Gewinn für die liberale Demokratie und den liberalen Rechtsstaat"; Helmut Schelsky; Politik und Publizität; Stuttgart 1983; S. 94-95.
197 Vgl. dazu u.a. Samuel C. Patterson; Parteien und Ausschüsse im Kongreß; in: Uwe Thaysen / Roger H. Davidson / Robert G. Livingston (Hg.); US-Kongreß und Deutscher Bundestag. Bestandsaufnahme im Vergleich; Opladen 1988; S. 254.
198 Vgl. Gregor Mayntz; Zwischen Volk und Volksvertretung; a.a.O.; S. 31.

dische Mängel zu erkennen meinte[199], so behielt das von Theodor Eschenburg formulierte „eherne Gesetz" von der Diskussionsflucht seine zentrale Bedeutung bei der Ausgrenzung der Öffentlichkeit. Darüber hinaus befürchtete man, eine öffentliche Ausrichtung der Ausschußsitzungen führe zu einer Minderung der Effizienz der Arbeit[200] und schließlich müsse auch ein demokratischer Rechtsstaat ein bestimmtes Maß an Geheimhaltungsbedürfnis für sich in Anspruch nehmen dürfen[201].

Andere Autoren wiederum befürworten sehr nachhaltig die Öffnung der Ausschüsse. So macht Oberreuter deutlich, daß die Verlagerung der Entscheidungen in die Ausschüsse in der Zwischenzeit zu einem Ausmaß an Nichtöffentlichkeit geführt habe, das nicht weiter hinnehmbar sei. Das öffentliche Parlament müsse auch öffentlich verhandeln. Ginge die Entscheidungsdiskussion in die Ausschüsse, so müsse das Publizitätsgebot ihr dorthin folgen[202].

Es ist hier nicht der Ort, die vorgetragenen Positionen und Argumente gegeneinander zu stellen und zu einer abschließenden Betrachtung zu kommen. Vielmehr geht es hier darum, auf die - in vergleichender Hinsicht oftmals divergierenden - institutionellen bzw. strukturellen Restriktionen hinsichtlich der Kommunikation des Parlamentes zu verweisen, denn nur die genauere Kenntnis der kommunikativen Möglichkeiten innerhalb des Parlamentes in einem demokratischen System kann Aufschluß über die Frage geben, inwieweit das Parlament in Konkurrenz zu anderen Kommunikationsangeboten steht und welche Strategien Parlamente verfolgen können, um eventuell empirisch vorhandene oder auch nur perzipierte Kommunikationsnachteile zu kompensieren bzw. aufzuheben.

So viel über die historische Entwicklung des Öffentlichkeitserfordernisses bekannt ist, so wenig können konkrete Aussagen über die Bedeutung dieses parlamentarischen Institutes getroffen werden. Vor allem mangelt es an intra-institutionellen, aber auch an komparativen Untersuchungen. Dies beklagen auch Anthony Mughan und Jonathan P. Swarts in ihrer vergleichenden Untersuchung über die Einführung des Parlamentsfern-

---

199 Vgl. Heinrich Oberreuter; Scheinpublizität oder Transparenz? Zur Öffentlichkeit von Parlamentsausschüssen; in: Zeitschrift für Parlamentsfragen, 6. Jg., 1/1975, S. 87.
200 Vgl. Theodor Eschenburg; Zur politischen Praxis der Bundesrepublik (Band II). Kritische Betrachtungen 1961-65; München 1966; S. 40-41; s.a. Frank Pilz / Heike Ortwein; Das politische System Deutschlands. Systemintegrierende Einführung in das Regierungs-, Wirtschafts- und Sozialsystem; München u.a. 1995; S. 187.
201 Vgl. Ernst Majonica; Ein Parlament im Geheimen? Zur Arbeitsweise der Bundestagsausschüsse; in: Emil Hübner / Heinrich Oberreuter / Heinz Rausch (Hg.); Der Bundestag von innen gesehen; . München 1969; S. 122.
202 Vgl. u.a. Heinrich Oberreuter; Parlament und Öffentlichkeit; in: Wolfgang R. Langenbucher (Hg.); Politik und Kommunikation. Über die öffentliche Meinungsbildung. München u.a. 1979; S. 74; - s.a. Emil Hübner / Heinrich Oberreuter; Parlament und Regierung; a.a.O.; S. 39; s.a. Wolfgang Jäger; Fernsehen und Demokratie; a.a.O.; S. 71; mit gewissen Einschränkungen: Wolfgang Ismayr; Der deutsche Bundestag; a.a.O.; S. 361 und S. 549.

sehen im „House of Lords" bzw. amerikanischen Senat[203]. Dort konnten die beiden Autoren darüber hinaus Unterstützung für die These finden, daß Parlamente die Anwesenheit der Öffentlichkeit nicht nur als Notwendigkeit betrachten, sondern diese auch als machtpolitisches Element in der Konkurrenz mit anderen Institutionen des politischen Systems ansehen:

> „The major conclusion to follow from this analysis is that the decision of parliaments to open their doors to the television cameras is a classic instance of elite efforts to mobilize popular support. It was an action by strategic, goal-oriented political actors responding rationally to different political circumstances and institutional incentive structures. [...] Television [...] was invited in because the majority of those voting in each chamber reasoned that goals they valued would be better served if this direct channel of communication with the public were opened"[204]

Die Entscheidung, das Fernsehen auch in der jeweiligen anderen Kammer des Parlamentes zuzulassen, orientierte sich ganz offensichtlich in erheblichem Maße an strategischen Überlegungen. Die Befürchtung, aufgrund der kommunikativen „Nichtanwesenheit" als bestenfalls irrelevant und schließlich überflüssig und damit abschaffbar angesehen zu werden - ein Schicksal, das möglicherweise gerade das „House of Lords" ereilen könnte und vermutlich auch für den bayerischen Senat gegolten hat - scheint zumindest einen Zwang zum Öffentlichen zu implizieren. Dies muß nicht nur im Gegensatz zur jeweils anderen Kammer gelten. Vielmehr wird immer häufiger auf einen generellen Funktionsverlust der Parlamente hingewiesen:

> „Legislatures have undoubtedly lost the preeminence they once held as media of communications between the attentive public and the government. [...] Nevertheless, it is plausible to expect that legislatures do perform some part of the communications functions that take place in political systems, and an examination of legislative activities from this functional perspective seems promising"[205]

Die einseitige Konzentration der Fernsehberichterstattung auf den gouvernementalen Bereich und die Parteien habe gerade in Deutschland das Parlament als zentrale Institution deutlich in den Hintergrund gerückt[206]. Darüber hinaus, so vermutet Otfried Jarren, habe vor allem die schlechte Qualität der medialen Berichterstattung über das Parlament zu der verringerten öffentlichen Bedeutung des Parlamentes und dem öffentlichen Bedeutungsverlust des Parlamentarismuses beigetragen[207]. Andere Autoren wiederum sehen diesen Funktionsverlust in erster Linie durch eine einseitige Verlagerung kommunikativer Elemente hervorgerufen. So sieht Bergsdorf die Ursache in erster Linie in dem kommunikativen Vorteil der Regierung begründet. Personalisierung und Ritualisierung

---

203 Vgl. Anthony Mughan / Jonathan P. Swarts; The Coming of Parliamentary Television: The Lords and the Senate Compared; in: Political Studies, 45. Jg., 1/1997, S. 36-37.
204 ebenda; S. 48.
205 Gerhard Loewenberg; Comparative Legislative Research; in: Samuel C. Patterson / John C. Wahlke (Hg.); Comparative Legislative Behavior. Frontiers of Research; New York 1972; S. 12-13.
206 Vgl. Wolfgang Jäger; Für einen Parlamentskanal; a.a.O.; S. 56.
207 Vgl. Otfried Jarren; Kann man mit Öffentlichkeitsarbeit die Politik „retten"?; a.a.O. S. 662.

seien vor allem durch den Visualisierungszwang des Fernsehens hervorgerufen worden und führten zu einer zunehmenden Intransparenz des Parlamentes - es werde immer mehr zu einem Opfer der zu bestimmten Verhaltensmustern drängenden Visualisierung[208]. Einen anderen Akzent setzt Waldemar Schreckenberger, wenn er das Parlament als das geeignetste Institut betrachtet, zwischen Staat und gesellschaftlicher Öffentlichkeit zu vermitteln, dies allerdings aufgrund der Veränderungen im parlamentarischen Regierungssystem in Gefahr sieht. Durch die Einrichtung z.B. sogenannter „Koalitionsrunden" sei es zu einer, im parlamentarischen System bereits angelegten Verwischung von Verantwortlichkeiten gekommen. Rechtsstaatliche Anforderungen, wie z.B. Transparenz der Entscheidungsverfahren oder Zuordnung der jeweiligen staatsrechtlichen und politischen Verantwortung für eine Entscheidung würden somit verwischt und seien darüber hinaus auch problematisch, zumal Parteien trotz ihres Verfassungsranges keine staatsrechtliche Verantwortung trügen[209].

Diese Verschiebung kommunikativer Machtpotentiale innerhalb des Regierungssystems ist in ihrer Bedeutung nicht zu unterschätzen. Wenn die These zutrifft, „...daß das Parlament zwar der zentrale Austragungsort des politischen Diskurses [...] sein soll, aber mit anderen Kommunikationsangeboten politisch agierender Institutionen"[210] konkurrieren muß und dies zugleich einen Einschnitt in die demokratische Legitimation bedeuten würde, wie dies Winfried Steffani befürchtet, wenn er schreibt:

> „Nur wenn das Parlament in ständiger Kommunikation mit den Wählern, Massenmedien und Verbänden steht, können Parlament und Regierung ihre wichtigste Systemfunktion erfüllen: demokratische Richtungsbestimmung und Kontrolle staatlichen Handelns zu sichern und damit zur demokratischen Legitimation staatlichen Handelns beitragen"[211]

dann ist die Frage nach dem *Effekt*, den die Medien zu diesem Transformationsprozeß beigetragen haben, nicht mehr nur von zweitrangiger Bedeutung, sondern sie ist zu einer Kernfrage hinsichtlich der Medien in einem demokratischen System geworden. Dieses demokratietheoretische Problem wird umso dringlicher, je stärker gerade das Parlament an medialer Aufmerksamkeit nicht nur an andere Institutionen im politischen System verliert, sondern sich zusätzlich noch der harten Konkurrenz von weiteren Erzeugern politischer Aufmerksamkeit ausgesetzt sieht[212] - darauf wird insbesondere im nächsten Kapitel noch zurückzukommen sein. Ob sich dieses Problem z.B. durch eine mit Blick

---

208 Vgl. Wolfgang Bergsdorf; Legitimität aus der Röhre; a.a.O.; S. 45; - ähnlich auch: Wolfram Dorn; Effizienz statt Evidenz?; a.a.O.; S. 230.
209 Vgl. Waldemar Schreckenberger; Veränderungen im parlamentarischen Regierungssystem. Zur Oligarchie der Spitzenpolitiker der Parteien; in: Karl D. Bracher (Hg.); Staat und Parteien; Berlin 1992; S. 154.
210 Wolfgang Ismayr; Der deutsche Bundestag; a.a.O.; S. 345.
211 Winfried Steffani; Parlamentarische Demokratie - Zur Problematik von Effizienz, Transparenz und Partizipation; in: ders. (Hg.); Parlamentarismus ohne Transparenz. Opladen 1971; S. 38.
212 Vgl. Ulrich Sarcinelli: Politikvermittlung durch Parlamente: ein Problemaufriß; in: ders. (Hg.); Öffentlichkeitsarbeit der Parlamente. Politikvermittlung zwischen Public Relations und Parlamentsdidaktik; Baden-Baden 1994; S. 26.

auf die Repräsentationsfunktion akzeptable Verkleinerung des Parlamentes minimieren liesse, kann hier aufgrund mangelnder Forschung nur vermutet werden[213].

In einem demokratischen System steht die *Regierung* an der Spitze dieses Systems. Sie allein verfügt über ein ausreichendes Machtmonopol, um eine geordnete Regelung von Streitigkeiten mit anderen Organisationen, die in dem betreffenden Gebiet wirken, erzwingen zu können[214]. Diese herausragende Stellung der Regierung - unabhängig, ob diese vom Parlament politisch abhängig ist oder nicht[215] - präjudiziert freilich bereits eine Konzentration des öffentlichen Interesses auf die Überlegungen und Handlungen der Regierung.

Trotz dieses Interesses sind die Regierungen, anders als das Parlament, im wesentlichen nichtöffentliche Institutionen. So tagen in der Regel Regierungen nichtöffentlich, Kabinettssitzungen (und Koalitionsrunden) finden also unter Ausschluß der Öffentlichkeit statt. Dies bedeutet jedoch nicht, daß das Handeln der Regierung unbekannt bleibt. Vielmehr sorgen eine Reihe von Arrangements dafür, daß die Regierung sich direkt an das Volk wendet, um eventuelle Vorhaben oder Entscheidungen bekanntzugeben. Die Möglichkeiten dieser kommunikativen Vermittlung sind dabei vielfältig: Pressekonferenzen des Pressesprechers der Regierung oder gar der Regierung(-smitglieder) selbst, Hintergrundgespräche mit Journalisten, Exklusivinterviews, die Herausgabe von Pressemitteilungen (in Deutschland z.B. über das Bundespresseamt) oder andere öffentliche Erklärungen tragen dazu bei, die Anliegen der Regierung zu verdeutlichen.

Die unterschiedliche Position der Exekutive bei präsidentiellen und parlamentarischen Regimen zeigt sich auch bei der kommunikativen Beziehung zwischen der Führungselite und dem „Demos". So besteht vor allem in präsidentiellen Systemen, wie den Ver-

---

213 So kommen Michael J. Robinson und Kevin R. Appel im Vergleich der medialen Beachtung von amerikanischen Repräsentantenhaus und Senat zu dem Ergebnis, die geringere Zahl der Mitglieder und der daraus resultierende höhere Bekanntheitsgrad (Stichwort: Personalisierung) führe dazu, daß dem Senat zumindest quantitativ mehr Beachtung in den Medien geschenkt werde; vgl. Michael J. Robinson / Kevin R. Appel; Network News Coverage of Congress; in: Political Science quarterly, 94. Jg, 43/1979, S. 407-418; - Diese Untersuchung ist mit Blick auf die Reform des Europäischen Parlamentes höchst interessant. Demnach wäre eine geringe Anzahl von Abgeordneten nachhaltig wünschenswert - der Amsterdamer Vertrag schreibt eine Höchstgrenze von 700 Abgeordneten fest - und würde dem Europäischen Parlament eher zum Vorteil in der politische Kommunikation gereichen. Nach unten begrenzend wirkt allerdings im europäischen Kontext das Prinzip der Repräsentation der einzelnen, besonders der kleinen Mitgliedstaaten.
214 Vgl. Robert A. Dahl / Charles E. Lindblom; Politics, Economics, and Welfare; New York 1953; S. 42.
215 Die Differenz der beiden Systeme wird vor allem darin deutlich, daß sich in einem parlamentarischen System die Regierung zusätzlich immer der Gefolgschaft durch die sie stützenden Parteien im Parlament versichern muß. So befürchtete Schumpeter, der „General" sei oft vollauf damit beschäftigt, sich zu vergewissern, „...daß seine Armee seinen Befehlen gehorcht" (Joseph A. Schumpeter; Kapitalismus, Sozialismus und Demokratie; a.a.O.; S.456-457). Dies würde dementsprechend zu einer „Verschwendung der Regierungsenergie" (Manfred G. Schmidt; Demokratietheorien; a.a.O.; S. 135) führen. Schumpeter sah jedoch die Chance, daß durch institutionelle Arrangements der Druck auf die führenden Männer gemindert werden könne (Joseph A. Schumpeter; Kapitalismus, Sozialismus und Demokratie; a.a.O.; S. 458).

einigten Staaten von Amerika, für den Präsidenten die Möglichkeit des „going public", d.h. die direkte Ansprache an das Volk. Die Bedeutung dieser direkten (allerdings einseitigen) Kommunikation mit dem Volk besteht für den Präsidenten darin, daß er sich über diesen Weg eine (demoskopische) Mehrheit im Volk für die von der Regierung verfolgten Vorhaben zu sichern versucht, um diese dann in den „Bargaining-Prozeß" mit dem Parlament miteinzubringen[216]. Zu Recht macht Jäger deutlich, daß dieser Prozeß des „going public" in präsidentiellen Systemen keineswegs den Aushandlungsprozeß ersetzen könne. Während der Präsident Jimmy Carter bei der Austaxierung beider Strategien scheiterte, beherrschte es gerade sein Nachfolger Ronald Reagan perfekt, beide Strategien in ein Gleichgewicht zu bringen - nach Auffassung von Hedrick Smith sogar derart perfekt, daß er in Reagan gar den Idealtyp des Fernsehzeitalters sah[217].

In parlamentarischen Systemen hingegen dürfte der Prozeß des „going public" eine weniger ausgeprägte Bedeutung besitzen. Zu stark ist die Abhängigkeit der Regierung vom Parlament, sodaß eine Regierung nur im Zusammenspiel mit der sie stützenden Partei(-enkoalition) bzw. Regierungsmehrheit einen solchen Prozeß wagen könnte. Die Anrufung des „Demos", um eine öffentliche Meinung *gegen* das Parlament als Gesamtheit zu mobilisieren, würde sich daher als kontraproduktiv erweisen.

Grundsätzlich jedoch scheint die Regierung gegenüber dem Parlament hinsichtlich ihrer Bedeutung für das Mediensystem einen (leichten) Vorteil zu haben. Zwar stellen Nissen und Menningen fest, „daß die Pressemitteilungen der verschiedenen Primärkommunikatoren in etwa proportional weitergegeben werden" und daß „...ein leichter Bonus für die Regierung und die Mehrheitspartei zu verzeichnen gewesen" sei, was jedoch nicht mit einer Benachteiligung der anderen Informationsgeber einhergegangen sei[218]. Doch diese Untersuchung bezog sich lediglich auf den Printmedienbereich. Jürgen Bellers stellt dies für den Bereich der audio-visuellen Medien nachhaltig in Frage:

> „Hier ist insbesondere die wohl unabdingbare Tendenz der bildgebundenen, heutzutage dominanten Medien zu erwähnen, immer über 'etwas', über etwas bildlich Reproduzierbares berichten zu müssen. Das hat zu einer gewissen Personalisierung der Berichterstattung geführt - Personen sind bildlich leicht faßbar -, vor allem bezogen auf die politische Prominenz, und das heißt: die Vertreter der Bundesregierung"[219]

An diese Beobachtung, sofern sie sich auch empirisch belegen läßt, lassen sich schließlich eine Reihe an Anschlußfragen stellen. Zunächst wäre danach zu fragen, inwieweit der Prozeß der Machtverlagerung von Parlament zu Regierung wirklich kausal auf die erhöhte Medienpräsenz zurückzuführen ist. So geben die Autoren der umfangreichen Vergleichsstudie von Deutschem Bundestag und amerikanischen Kongreß in ihrer Zu-

---

216 Vgl. Wolfgang Jäger; Fernsehen und Demokratie; a.a.O.; S. 24.
217 Hedrick Smith; Machtkampf in Amerika; a.a.O.
218 Peter Nissen / Walter Menningen; Der Einfluß der Gatekeeper; a.a.O.; S. 224-225.
219 Jürgen Bellers; Bundestag, Medien und Öffentlichkeit; a.a.O.; S. 394; - s.a. Wolfgang Bergsdorf; Legitimität aus der Röhre; a.a.O.; S. 42.

sammenfassung zu bedenken, daß sich die Prognose von der Fortdauer von „congressional government" angesichts der Bedeutung und Ambivalenz von „going public" zu relativieren sei. Ein Umschlag zum „presidential government" sei durchaus nicht auszuschließen - auch wenn sie dies zum gegenwärtigen Zeitpunkt für wenig wahrscheinlich halten[220]. Darüber hinaus wäre danach zu fragen, ob der kommunikative Nachteil des Parlamentes dort die Bereitschaft steigen läßt - so wie dies Mughan und Swarts vermuteten - bislang nichtöffentliche Bereiche nunmehr auch einer breiteren Öffentlichkeit zugänglich zu machen. In Deutschland ist diese Tendenz hinsichtlich der Ausschußöffentlichkeit zum Beispiel anhand der sukzessiven Erweiterung des Zugangs durch die verschiedenen Parlamentsreformen durchaus zu beobachten. So weist die Argumentation des Abgeordneten Wolfram Dorn durchaus die eingeschlagene Richtung, wenn er einerseits beklagt, das Interesse der Journalisten gegenüber dem Deutschen Bundestag würde bedauerlicherweise nachlassen und kurz darauf ein Mehr an Evidenz durch eine Erweiterung der Öffentlichkeit in den Ausschüssen fordert[221]. Inwieweit die Rückgewinnung kommunikativer Vorteile auch schon in der Vergangenheit eine Rolle gespielt haben und spielen werden, kann aufgrund der ausbleibenden Forschung nur vermutet werden.

Des Weiteren stellt sich die Frage, ob die kommunikative Vormachtstellung der Regierung weitere Vorteile erbringt. Spielt dieser Vorteil auch im Kampf um die Stimmen der Wähler eine Rolle bzw. es wäre zu fragen, ob aufgrund dieses kommunikativen Vorteils auch die Dauer von Regierungszeiten einer Partei (-enkoalition) zugenommen hat?
Eine empirisch informierte Demokratieforschung kann hier ein weites und zugleich auch weitestgehend unbearbeitetes Feld der Forschung vorfinden.

3.3. Elitentheorie der Demokratie und Medien - Eine Beurteilung

Eine abschließendes Urteil darüber, inwieweit die Vorgaben der Elitentheorie der Demokratie sich als tragfähig erweisen, muß zunächst durch die allgemeingültige Aussage eingeschränkt werden, daß die Veränderungen im Medienbereich bis zum heutigen Datum nicht abgeschlossen sind und gerade die Entwicklung der unter dem Begriff „Internet" subsumierbaren Kommunikationstechnologien immer weiter fortschreitet. Der rapide Wandel im Bereich der Kommunikationstechnologien macht es fast unmöglich, konkrete Vorhersagen darüber zu treffen, welche Mediensysteme sich auch auf dem Markt durchsetzen werden. Auch läßt die Etablierung einer Technologie noch keinen

---

220 Uwe Thaysen / Roger H. Davidson / Robert G. Livingston; US-Kongreß und Deutscher Bundestag im Vergleich; in Uwe Thaysen / Roger H. Davidson / Robert G. Livingston (Hg.); US-Kongreß und Deutscher Bundestag. Bestandsaufnahme im Vergleich; Opladen 1988; S. 535 und S. 547.
221 Wolfram Dorn; Effizienz statt Evidenz?; a.a.O.; S. 230 und S. 233.

Schluß darüber zu, wie die Menschen diese Technologien in ihre eigene Lebenswelt integrieren werden und zu nutzen vermögen.

Dennoch können auf der Basis der *bestehenden* Medienstruktur sehr wohl einige Aussagen über die Zukunftsfähigkeit der Elitentheorie der Demokratie getroffen werden. Die Elitentheorie der Demokratie trat von jeher mit dem Anspruch auf, nicht normative Theorie sein zu wollen, sondern zugleich auch eine realistische Beschreibung der existierenden Demokratien zu geben. So stellte gerade Schumpeter der vermeintlich „klassischen" Variante der Demokratie - die er ja schließlich als utopisch verwarf - seine „lebenswahrere" Formel der Demokratie entgegen[222].

In diesem Kapitel wurde zunächst die Grundstruktur der Elitentheorie der Demokratie unter dem Gesichtspunkt ihrer kommunikativen Dimensionen untersucht. Dabei kristallisierte sich im wesentlichen Folgendes heraus: der Schwerpunkt politischer Kommunikation liegt in der Elitentheorie der Demokratie in der „Publizität". Allerdings hat mit Downs und Sartori die Elitentheorie der Demokratie einen Wandel vollzogen und die deutlich veränderte Mediensituation in ihren Ansatz einbezogen. Wenngleich sie die anderen Dimensionen der Kommunikation durchaus anerkennen, zeigt sich bei ihnen allerdings immer noch eine starke Fixierung auf die Bedeutung der „Publizität". Wäre „Publizität" die allein entscheidende Dimension der Kommunikation, so würde sich die Elitentheorie der Demokratie im Vergleich zu den anderen Ansätzen als im Kern stabiler Ansatz erweisen. So kann anhand der empirischen Daten zunächst festgestellt werden, daß die Struktur der medialen Kommunikation der „Publizität" durchaus entgegenkommt. Zum einen ist - und dies hatte schon Parsons nachdrücklich festgestellt - mediale Kommunikation zumeist monologische Kommunikation. Die Aufmerksamkeitsregeln des Mediensystem legen dabei auch die Richtung des Kommunikationsflusses fest. Der Nachrichtenwert „Prominenz" hält dabei das System offen für die politischen Eliten. Ihnen ist es aufgrund ihrer herausgehobenen Stellung innerhalb der Gesellschaft leichter möglich, mit ihren Kommunikationsanliegen eine breitere Gruppe von Rezipienten zu erreichen. Auch wenn die Medien keine „Garantie" dafür abgeben können, daß jedes Mitglied der Elite zu Wort kommt, so zeigen doch die Untersuchungen eines sehr deutlich: die Wahrscheinlichkeit einer Öffentlichkeitsverweigerung sinkt, je pluraler der Medienmarkt strukturiert ist und je mehr „Nachrichtenwerte" durch das spezifische politische Handeln - und sei es auch nur symbolischer Art - erfüllt werden. Unter den Bedingungen vorwiegend medialer Kommunikation hat sich die Elitentheorie der Demokratie durchaus weitgehend bewährt.

Zugleich aber legte die Medienentwicklung in den letzten Jahrzehnten auch manches Problem offen, dem sich die Elitentheorie der Demokratie weiter zuwenden muß. Diese seien hier summarisch zusammengefaßt:

1. Der Verlust ehemals vorhandener politischer Kontrollmöglichkeiten - und dies gilt insbesondere für die audio-visuellen Medien - hat zugleich auch zu einer faktischen Nivellierung der ehemals durchaus komfortablen Situation der Eliten gegenüber dem „Demos" geführt. Mit ihren „Kommunikationsangeboten" stehen sie nunmehr immer stärker in kommunikativer *Konkurrenz zu anderen Institutionen*, die außerhalb des politischen Systems stehen. Mit anderen Worten: es ist zu einem Verlust faktischer Dominanz der politischen Eliten im Kommunikationsprozeß gekommen. Durch gezielte Instrumentalisierung der Nachrichtenwerte können auch andere soziale Gruppen sich einen Zugang zur medialen Kommunikation verschaffen und somit einen Einfluß auf die Bestimmung der politischen Agenda nehmen. Der Verlust einer solchen Dominanz kann aus Sicht der Elitentheorie der Demokratie durchaus als Angriff auf die Unabhängigkeit der politischen Elite gesehen werden, hatte doch Schumpeter geschrieben, es sei von zentraler Bedeutung, daß das Volk davon absehe, dem Repräsentanten „vorzuschreiben, was er tun soll"[223]. Im nächsten Kapitel wird diese Problematik noch einmal aus einer anderen Perspektive Gegenstand genauerer Untersuchungen und Überlegungen sein.

2. Schumpeter hatte als Grundbedingung für die Demokratie die Notwendigkeit erkannt, daß neben der Elite selbst auch die Wählerschaft über ein hinreichend intellektuelles Niveau verfügen müsse, um den Bestand einer Demokratie zu sichern[224] und auch Downs hatte sich dieser Thematik intensiv angenommen. „Publizität" eines politischen Systems soll ganz maßgeblich dazu beitragen, den Bürger über politische Vorhaben zu informieren, ihm zu ermöglichen, die Gründe wahrzunehmen, die für und gegen eine Entscheidung sprechen (oder gesprochen haben), um somit auch ein rationales Urteil zu ermöglichen - ein Urteil, das bei der Wahlentscheidung eine maßgebliche Rolle spielen kann.

Downs hat zwar nachdrücklich festgestellt, daß Entscheidungen nur unter der Bedingung unvollkommener Information möglich sind, doch dies bedeutet eben vice versa nicht, daß der „Demos" uninformiert bleiben *soll*. Symbolische Politik - ein durchaus auf die zunehmende mediale Kommunikation zurückzuführende Kommunikationsstrategie - ist allerdings gerade so angelegt, daß sie nicht den Anspruch erhebt, detailliertere Inhalte und Informationen zu vermitteln, sondern sie will gerade den Anteil von direkten und objektiven Informationen reduzieren, um vermittels symbolischen Handelns auf eine andere, weniger kontrollierbare Realität zu verweisen. Die Zunahme dieses Politikstils stellt damit eine der Grundbedingungen der Demokratie im Sinne der Elitentheorie der Demokratie auf eine

---

222 Joseph A. Schumpeter; Kapitalismus, Sozialismus und Demokratie; a.a.O.; S. 427.
223 ebenda; S. 468.
224 Vgl. ebenda; S. 467.

harte Belastungsprobe. Auch dieser Aspekt wird in einem späteren Kapitel dieser Arbeit noch einmal genauer untersucht werden.
3. Schumpeters Überlegungen waren hinsichtlich der Frage der Elite bzw. des Elitenpluralismus noch zu sehr von den traditionellen Elitentheorien geprägt. Erst bei Downs und später auch bei Sartori wird diese Perspektive aufgelöst und die Existenz eines Elitenpluralismus, d.h. einer in sich differenzierten politischen Elite, zum Ausgangspunkt der jeweiligen Ansätze gesetzt. Betrachtet man die Kommunikation der Eliten in einer stärker institutionellen Perspektive, dann wird deutlich, daß zwischen Regierung und Parlament bzw. Mehrheitspartei (-enkoalition) und Opposition kommunikative Differenzen bestehen. Sowohl in parlamentarischen, als auch in präsidentiellen Systemen ist eine Verschiebung zugunsten der Regierung zu registrieren, die vor allem durch die Tendenz zur Personalisierung begünstigt wird.

Dieser Aspekt allein ist aus demokratietheoretischer Sicht nicht unbedingt problematisch. Sehr wohl aber ist es auch von demokratietheoretischer Bedeutung, welche Konsequenzen sich aus diesem Ungleichgewicht ergeben. Mughan und Swarts haben gezeigt, daß die Perzeption einer kommunikativen Unterlegenheit zu einer weiteren Öffnung der Institutionen führen kann. Es liegt auf der Hand, daß dies den Prozeß des Regierens nicht gerade dynamisieren wird[225]. Doch auch die Fokussierung der Medien auf die Regierung muß nicht zwingend positive Effekte für die Regierung selbst implizieren. Vielmehr scheint damit, um einen Begriff von Manfred G. Schmidt aufzugreifen, ein erhöhter Verbrauch von „Regierungsenergie" verbunden zu sein, denn die Mitglieder der Regierung sind immer stärker dazu herausgefordert, zu den eigenen Vorhaben, Projekten und Handlungen Stellung zu nehmen. Eine Verweigerung der Kommunikation ist dann mit dem Verdacht verbunden, etwas verbergen zu wollen, oder im schlimmsten Fall sogar noch gar nichts in der bestimmten Frage unternommen zu haben. Die Einrichtung von Ministeriumssprechern, Regierungssprechern und policy-Sprechern innerhalb der Parteien stellt in diesem Zusammenhang eine Unterstützung für die Regierungsmitglieder dar, kann sie aber nicht gänzlich entlasten.

Auch aus Gründen der Legitimität ist diese Verschiebung der Kommunikationsmöglichkeiten durchaus kritisch zu untersuchen. Sofern gerade das Parlament und mit ihm die Regierung tragenden Parteien sowie die Oppositionsparteien kommunikativ benachteiligt werden, so besteht durchaus die Gefahr, wie Wolfgang Bergsdorf zu Recht anmerkt, daß das Verständnis für die jeweils spezifischen Aufgaben dadurch verloren gehen könnte[226].

---

225 Zum Verhältnis von Effizienz und Transparenz; s. u.a. Winfried Steffani (Hg.); Parlamentarismus ohne Transparenz; a.a.O.
226 Vgl. Wolfgang Bergsdorf; Legitimität aus der Röhre; a.a.O.; S. 45.

Als Hypothese ließe sich durchaus formulieren, daß dort, wo gerade die direkte Kommunikation zwischen Elite und „Demos" durch die Medien möglich wird, auch die ehemals an solchen Vermittlungsprozessen beteiligten Institutionen an Bedeutung verlieren werden. Als eine rationale Strategie könnte sich dann die sukzessive Öffnung der Institution zum „Demos" eignen, um damit den Bedeutungsverlust im Kommunikationsprozeß zu kompensieren und damit ein Teil verloren gegangener Legitimität zurück zu erlangen.

Eines der zentralen normativen Motive der Elitentheorie der Demokratie war die Auffassung, daß nur durch eine auf wenige Personen konzentrierte Entscheidungsbefugnis effiziente Entscheidungen zustande brächte. Die Entwicklung der Medientechnologien stellt einen effizienten Entscheidungsprozeß nachhaltig in Frage. Eine moderne, die empirischen Realitäten beachtende Elitentheorie der Demokratie wird sich deshalb der Frage zuwenden müssen, inwieweit verbindliche Dezision und thematische wie inhaltliche Bestimmung der Politik durch die Eliten unter diesen Bedingungen noch zu sichern ist und zugleich aber auch das fundamentale Recht auf die Freiheit der Meinungsäußerung und das Institut der Pressefreiheit gewährleistet werden kann. Wie bei kaum einem anderen Theorieansatz ist in der Elitentheorie der Demokratie das Spannungsverhältnis von Effizienz einerseits und Transparenz andererseits zu einem grundlegenden Problem geworden.

4. Pluralismustheorie der Demokratie und Medien

4.1. Grundzüge der Pluralismustheorie der Demokratie

Die Pluralismustheorie der Demokratie gehört ihrer Genese nach zu den neueren Ansätzen der Demokratietheorie, auch wenn sie auf eine veritable Ahnenschaft zurückblicken kann. Die „Entdeckung" des sozialen Pluralismus am Ende des 18. Jahrhunderts stellt in der Entwicklung der Pluralismustheorie eine wichtige Wegmarke dar. Geradezu paradigmatisch wurde er in dem berühmten Federalist Paper Nr. 10 beschrieben. Der Autor James Madison war es, der in seiner Rechtfertigung für den damaligen, die repräsentative Demokratie favorisierenden Verfassungsentwurf für die Vereinigten Staaten von Amerika es als einen wichtigen Vorteil ansah, daß eine Republik - und damit meinte er ein repräsentativ gestaltetes System - die Fähigkeit besäße, „...to break and control the violence of factions"[1]. Der Ausgangspunkt seiner Überlegungen war den Annahmen der Elitentheoretiker der Demokratie in vielerlei Hinsicht sehr ähnlich. Die Unzulänglichkeit der menschlichen Vernunft und die Gewährung, sich dieser zu bedienen, führe, so Madison, zu der einfachen Tatsache, daß es verschiedene Meinungen darüber gebe, was für die Gesellschaft richtig sei. Die tief in der menschlichen Natur verwurzelte Verschiedenheit der individuellen Fähigkeiten führe schließlich dazu, daß sich auch verschiedene Interessengruppen und Parteien bilden würden[2]. Die Ursachen für diese soziale Spaltung könnten, so folgerte Madison schließlich, auf friedlichem Wege *nicht* beseitigt werden und deshalb sei es eine der herausragenden Aufgaben des Staates, Mittel zur Kontrolle der Auswirkungen dieser Interessenkonflikte zu finden.

Diese dem Staat zuerkannte Rolle als Mediator macht deutlich, daß sich die Autoren der Federalist Paper Demokratie nur als repräsentative Demokratie vorstellen konnten. Die Existenz einer politischen Elite, wie sie die Elitentheorie der Demokratie in den Vordergrund gestellt hatte, war aus ihrer Sicht ebenso sehr ein zentraler, aber keineswegs der einzige Gesichtspunkt, der für eine Demokratie von Bedeutung sein konnte. Die politische Elite, die gewählten Repräsentanten des Volkes, blieben zwar auch bei ihnen die letztentscheidende Gruppe in der Gesellschaft. Doch was sie von den strengen Elitentheoretikern der Demokratie unterschied, war die Auffassung, daß nicht der Aspekt der demokratischen Führung im Zentrum stehen konnte.

Das anthropologisch abgeleitete Bedürfnis, sich zur Durchsetzung seiner Interessen mit anderen Menschen in Parteien und Interessengruppen zu verbinden, stellte für sie kein

---

1 Alexander Hamilton / James Madison / John Jay; The Federalist; a.a.O.; S. 56.
2 Diese Gruppierungen bilden in ihrer Gesamtheit ein wichtiges Scharnier zwischen den Eliten und dem „Demos". Vor allem durch die Auseinandersetzung mit den Erfahrungen mit dem Totalitarismus setzte sich immer mehr die Auffassung durch, diese intermediären Institutionen bildeten gewissermaßen die Voraussetzungen für eine funktionierende Demokratie; vgl. dazu u.a. auch William Kornhauser; The Politics of Mass Society; New York 1959.

Problem für die Demokratie dar. Vielmehr sollten die Eliten als letzte Entscheidungsinstanz die von Interessengruppen und Parteien geformten öffentlich artikulierten Meinungen aufnehmen und diskutieren oder mit anderen Worten: es ging ihnen sowohl um den Aspekt der politischen Führung, aber eben auch um „Responsivität", d.h. der prinzipiellen Offenheit des politischen Systems für die kommunikativ geäußerten Anliegen, Bedürfnisse, Wünsche und Forderungen des „Demos". Die politische Führung sollte, so Madison, die in der Öffentlichkeit formulierten Meinungen bzw. Forderungen aufnehmen und in einem Diskussionsprozeß läutern und ggf. erweitern, „...by passing them through the medium of a chosen body of citizens, whose wisdom may best discern the true interest of their country, and whose patriotism and love of justice, will be least likely to sacrifice it to temporary or partial considerations"[3].

Auch Alexis de Tocqueville erkannte die Bildung freier Vereinigungen als eine Grundtatsache des menschlichen Zusammenlebens an. Mit großer Bewunderung beschrieb er in „Über die Demokratie in Amerika" die ungeheure Anzahl von Zusammenschlüssen mit unterschiedlichen Zwecken. Für ihn war diese Tendenz des Zusammenschließens jedoch vor allem eine Konsequenz der Demokratie: „In den demokratischen Völkern sind im Gegensatz dazu alle Bürger unabhängig und schwach; sie vermögen aus eigener Kraft nichts, und keiner kann seinesgleichen zwingen, ihm Hilfe zu leisten. Sie verfallen mithin alle der Ohnmacht, wenn sie nicht lernen, sich freiwillig beizustehen"[4].

Damit hatte er der Bildung von Zusammenschlüssen zugleich auch eine deutlich normative Wende gegeben. Seiner Auffassung nach seien diese sozialen Bindungen zum einen die Chance, für das eigene Anliegen Gehör zu finden, zum anderen aber könne ein solcher Zusammenschluß dazu führen, daß „die Menschen gesittet bleiben oder es werden". Im 19. Jahrhundert schließlich, rechtlich durch die zunehmende Anerkennung der Vereinigungsfreiheit abgesichert, setzte sich die Sicherung freier Zusammenschlüsse endgültig durch und ganz in der Tradition Tocquevilles stehend befürwortete auch John Stuart Mill in seinen „Principles of Political Economy" von 1848 die Bildung von Interessengruppen und Vereinigungen. Dabei ging er sogar über sein Vorbild hinaus, wenn er nicht nur die Duldung, sondern sogar die aktive Förderung der Interessengruppen durch die Regierung einforderte[5].

Als Begründer der modernen Pluralismustheorie der Demokratie gilt jedoch Arthur F. Bentley, der sich zu Beginn des 20. Jahrhunderts mit der Rolle von Assoziationen im politischen Prozeß beschäftigte. Die staatlichen Organe und Institutionen erschienen ihm angesichts der Machtpotentiale organisierter Gruppeninteressen als einfache Werk-

---

3   Alexander Hamilton / James Madison / John Jay; The Federalist; a.a.O.; S. 62.
4   Alexis de Tocqueville; Demokratie in Amerika (Band II); a.a.O.; S. 124.
5   Vgl. John Stuart Mill; Principles of political Economy [Herausgegeben von Sir W. J. Ashley]; New York 1961; S. 796-800.

zeuge im Dienste dieser Zusammenschlüsse[6]. Auf dieser Auffassung aufbauend entwikkelte Harold Laski schließlich seine Pluralismus-Konzeption. Dabei negierte er radikal vor allem den Omnikompetenzanspruch des Staates und sprach zunächst ihm nicht *mehr* Souveränität zu, als irgend einem anderen Verband. Auch wenn Laski diese pluralistische Auffassung in späterer Zeit mehrmals revidierte[7], so sah der wichtigste europäische Vertreter der Pluralismustheorie der Demokratie, Ernst Fraenkel, keinen Anknüpfungspunkt, auch nicht an die revidierte Fassung der Überlegungen Laskis[8] - weshalb Fraenkel selber für seinen Ansatz den auch in der Literatur häufig verwendeten Begriff des „Neo-Pluralismus"[9] prägte. Fraenkels Ansatz, der in der Folge von seinem Schüler Winfried Steffani weiter verfeinert worden ist, kann durchaus als der modernste und zugleich auch elaborierteste Ansatz der Pluralismustheorie bezeichnet werden und soll deshalb hier besonders im Vordergrund stehen.

In Deutschland ist die Pluralismustheorie der Demokratie erst durch den Politikwissenschaftler Fraenkel und seinen Freund Franz L. Neumann[10] populär gemacht worden. Fraenkel, 1898 in Köln als jüdischer Sohn wohlhabender Eltern geboren, war in den 1920er Jahren nach seinem Jurastudium als Syndikus der Metallarbeitergewerkschaft und später als Rechtsanwalt tätig, als der er für den Parteivorstand der Sozialdemokratischen Partei Deutschlands vor dem Reichsarbeitsgericht auftrat. 1938 schließlich mußte er mit seiner Frau vor der Bedrohung durch den Nationalsozialismus in die Vereinigten Staaten von Amerika fliehen und wurde dort, nach einem intensiven Studium des angelsächsischen Rechtes, Angestellter der Regierung, für die er nach 1945 während einiger Jahre auch in Korea tätig war. Sein Freund Otto Suhr überredete ihn schließlich, eine Lehrtätigkeit an der Berliner Universität aufzunehmen und somit einen Beitrag zum Aufbau und der Sicherung der Demokratie in Deutschland zu leisten. Nachdem Fraenkel sich bereits im Exil intensiv Gedanken darüber gemacht hatte, wie man in Deutschland nach Beendigung der nationalsozialistischen Terrorherrschaft eine freiheitliche Demokratie aufbauen könnte, folgte er 1951 schließlich gerne der Aufforderung seines Freundes[11].

---

6   Vgl. die Wiederauflage von Arthur F. Bentley; The Process of Government. A Study of Social Pressures; Cambridge 1967; - Etwa 40 Jahre später wurde die These von Bentley aufgrund der Veröffentlichung von David B. Truman im Kontext der Pluralismusdiskussion intensiver rezipiert; vgl. David B. Truman; The Governmental Process. Political Interests and Public Opinion; New York ^{3}1955.
7   Vgl. Harold Laski; Klassenlose Gesellschaft statt Pluralismus; in: Franz Nuscheler / Winfried Steffani (Hg.); Pluralismus. Konzeptionen und Kontroversen; München 1972; S. 81-83.
8   Ernst Fraenkel; Der Pluralismus als Strukturelement der freiheitlich-rechtsstaatlichen Demokratie; in: ders.; Deutschland und die westlichen Demokratien; a.a.O.; S. 304.
9   ebenda; S. 307.
10 Vgl. dazu u.a. Franz L. Neumann; Die Wissenschaft der Politik in der Demokratie (Schriftenreihe der deutschen Hochschule für Politik Berlin); Berlin 1950.
11 Für genauere biographische Angaben: vgl. Winfried Steffani; Ernst Fraenkel als Persönlichkeit; in: Zeitschrift für Politikwissenschaft, 7. Jg., 4/1997; S.1261-1285.

Es waren gerade diese persönlichen Erfahrungen, die ihm Anschauung für seine Pluralismustheorie der Demokratie gaben. Zentrale Motive seiner Argumentation lassen sich vor dem Hintergrund seiner individuellen Erfahrungen leichter offenlegen. Die frühen Schriften des gelernten Juristen beschäftigten sich noch überwiegend mit Fragen der Arbeiterbewegung und des Arbeitsrechtes. Erst Anfang und Mitte der 1930er Jahre schließlich erweiterte er sein publizistisches Interessenspektrum und beschäftigte sich zunächst mit den Strukturdefekten der Weimarer Republik und später dann mit den geistigen Grundlagen des Nationalsozialismus in Deutschland[12]. Vor allem die Erfahrungen mit dem Untergang der Weimarer Republik waren es, die ihn immer stärker zu der Frage drängten, welche Grundbedingungen für die Freiheit und Stabilität eines demokratisch organisierten Gemeinwesens vorhanden sein müßten.

Die persönliche Erfahrung stellte für ihn eine der wichtigsten Triebfedern dar. Die Unterdrückung der individuellen Freiheit, wie sie nachhaltig in den beiden totalitären Regimen in der Mitte des 20. Jahrhunderts betrieben wurde, ließ ihn in eine immer stärkere Distanz zur Idee des Sozialismus, aber auch zu Varianten der direkten Demokratie gehen.

Der fundamentale Ausgangspunkt, gewissermaßen der Dreh- und Angelpunkt des Denkens von Fraenkel, war seine Auseinandersetzung mit dem Nationalsozialismus und später die Kontroverse mit dem Staatsrechtler Carl Schmitt, dessen Thesen und Aussagen Fraenkel für die Entstehung des Faschismus in Deutschland mitverantwortlich machte. Ähnlich, wie bereits Karl R. Popper in seiner vieldiskutierten Studie „Die offene Gesellschaft und ihre Feinde"[13], sah auch Fraenkel den französischen Philosophen Jean-Jacques Rousseau als einen wichtigen gedanklichen Vorbereiter des Totalitarismus. In Rousseau, den Fraenkel sogar als den „Stammvater des politischen Totalitarismus"[14] bzw. „Apostel des Anti-Pluralismus" bezeichnet hatte[15], sah er den eigentlichen Begründer einer Demokratievariante, die zwar weitestgehend auf der etymologischen Bedeutung des Wortes basiere, aber in ihren Konsequenzen zu einer Unterdrückung jeglicher Form der Individualität bzw. individueller Freiheit führen würde. Fraenkel nannte diese Variante die Identitätstheorie der Demokratie. Da die kritische Auseinandersetzung mit dem „Contract social" zugleich auch einen sehr guten Blick auf das Demokratieverständnis Fraenkels wirft, sei hier die für die Pluralismustheorie entscheidende Kontroverse kurz skizziert.

---

12 Eine Sammlung seiner frühen Aufsätze findet sich in: Ernst Fraenkel; Reformismus und Pluralismus; a.a.O.
13 Vgl. Karl R. Popper; Die offene Gesellschaft und ihre Feinde (2 Bände); Tübingen [7]1992.
14 Ernst Fraenkel; Möglichkeiten und Grenzen politischer Mitarbeit der Bürger in einer modernen parlamentarischen Demokratie; in: ders.; Reformismus und Pluralismus; a.a.O.; S. 394.
15 Ernst Fraenkel; Der Pluralismus als Strukturelement der freiheitlich-rechtsstaatlichen Demokratie; in: ders.; Deutschland und die westlichen Demokratien; a.a.O.; S. 307.

In seinem Hauptwerk „Vom Gesellschaftsvertrag oder Grundsätze des Staatsrechts" hatte Rousseau die „volonté générale", den Gemeinwillen, in den Mittelpunkt seines Interesses gerückt. Seiner Auffassung nach bestehe der Kern bzw. das Wesen sozialer Zusammenschlüsse darin, daß die Menschen sich gemeinsam „*unter die oberste Richtschnur des Gemeinwillens*"[16] stellten. Die Souveränität der Menschen, die er als die Ausübung dieses Gemeinwillens betrachtete, bliebe allerdings auch nach dem Abschluß des Vertrages erhalten und sie könne auch nicht an eine andere Körperschaft, wie z.B. eine repräsentative Regierung, übertragen werden: „Ich behaupte deshalb, daß die Souveränität [...] niemals veräußert werden kann und daß der Souverän, der nichts anderes ist als ein Gesamtwesen, nur durch sich selbst vertreten werden kann; die Macht kann wohl übertragen werden, nicht aber der Wille"[17]

Diese Unveräußerlichkeit der Souveränität wurde bei Rousseau schließlich ergänzt durch die zweite Forderung nach der Unteilbarkeit der Souveränität, was folglich auf eine Identität von Regierenden und Regierten hinauslief, d.h. das Volk könnte nur selbst und als Ganzes über die eigenen Belange entscheiden. Zugleich war ihm allerdings auch bewußt, daß mit den Entscheidungen des Volkes (Gesamtwillen) keineswegs immer eine Kongruenz mit dem Gemeinwillen erzielt werden könne. Die Ursache dieser Differenz sah er in der Bildung von Interessengruppen und Parteiungen:

> „Aber wenn Parteiungen entstehen, Teilvereinigungen auf Kosten der großen, wird der Wille jeder dieser Vereinigungen ein allgemeiner hinsichtlich seiner Glieder und ein besonderer hinsichtlich des Staates; man kann dann sagen, daß es nicht mehr so viele Stimmen gibt wie Menschen, sondern nur noch so viele wie Vereinigungen. Die Unterschiede werden weniger zahlreich und bringen ein weniger allgemeines Ergebnis. Wenn schließlich eine dieser Vereinigungen so groß ist, daß sie stärker ist als alle anderen, erhält man als Ergebnis nicht mehr die Summe der kleinen Unterschiede, sondern einen einzigen Unterschied; jetzt gibt es keinen Gemeinwillen mehr, und die Ansicht, die siegt, ist nur eine Sonderanschauung."[18]

Aus dieser Argumentation ergab sich schließlich folgerichtig, daß der „volonté générale" am besten Geltung zu verschaffen sei, wenn eine organisatorische Zusammenfassung von Meinungen und Interessen verhindert werde und vielmehr der Bürger „...nur seine eigene Meinung vertritt. Dergestalt war die einzigartige und erhabene Einrichtung des Lykurg"[19].

Diese Aussage von Rousseau sollte für die Pluralismustheorie und insbesondere für Fraenkel den Kernkritikpunkt am Konzept der „volonté générale" bzw. der Identitätstheorie der Demokratie darstellen. Fraenkel, der diese Passage ebenfalls zitierte, sah darin die „Forderung auf Aufhebung aller Verbände und insbesondere aller Interessen-

---

16 Jean-Jacques Rousseau; Gesellschaftsvertrag; a.a.O.; S. 18.
17 ebenda; S. 27.
18 ebenda; S. 31.
19 ebenda.

gruppen"²⁰. Doch nur die (bewußt oder unbewußt) verkürzte Wiedergabe dieser Passage ließ ihn zu dieser Interpretation kommen, denn keineswegs schloß Rousseau die Bildung von Interessengruppen aus²¹. So heißt es im Anschluß:

> „Wenn es aber Teilgesellschaften gibt, ist es wichtig, ihre Zahl zu vervielfachen und ihrer Ungleichheit vorzubeugen, wie dies Solon, Numa und Servius taten. Diese Vorsichtsmaßregeln sind die einzig richtigen, damit der Gemeinwille immer aufgeklärt sei und das Volk sich nicht täusche."²²

Es wäre gewiß übertrieben, Rousseau mit Blick auf diese Passage aus dem „Gesellschaftsvertrag" als einen frühen Vertreter der Pluralismustheorie bezeichnen zu wollen, wenngleich auch diese Stelle mit den Überlegungen und Anforderungen, die die Pluralismustheoretiker an die moderne Demokratie stellten, wie noch zu zeigen sein wird, nahezu identisch zu sein scheint.

Seine spezifische Interpretation der in der Philosophie von Rousseau vermeintlich verankerte „Identitätstheorie der Demokratie", die er auch als „heteronom legitimierte Demokratie"²³ bezeichnete, führte Fraenkel schließlich dazu, entschieden gegen diese Stellung zu beziehen. So schreibt er:

> „Die pluralistische Staatslehre lehnt die Identitätstheorie mit aller erdenklichen Entschiedenheit ab und betrachtet sich als ihre Antipodin. Vom empirischen Standpunkt aus gesehen, ist sie in ihren Augen bestenfalls eine Fiktion. Vom theoretischen Standpunkt aus betrachtet, verwirft der Pluralismus die Identitätslehre mit der Begründung, daß sie das Phänomen der differenzierten Gesellschaft unbeachtet lasse und - wenn überhaupt - nur nach einer radikalen Revolution anwendbar sei"²⁴

Diese Ablehnung der rousseauschen Demokratieauffassung zeigt zugleich aber auch das eigentliche Programm der Pluralismustheorie der Demokratie auf. Sie wandte sich zunächst entschieden gegen jede Form der Herrschaft, die den Anschein hatte, das zentrale Gut, nämlich die individuelle Freiheit, zu zerstören, auch wenn sie in einem scheinbar demokratischen Gewand daherkommen sollte.

Wie bereits bei Madison bildet die Auffassung, der Mensch lebe in zahlreichen sozialen Verbindungen, er sei gewissermaßen gleichzeitig Mitglied verschiedener sozialer Gruppen, den analytischen (wie normativen) Ausgangspunkt pluralismustheoretischer Überlegungen. Den für die Pluralismustheorie spezifischen „Demos-Begriff" definierte Fraenkel dabei wie folgt:

---

20 Ernst Fraenkel; Der Pluralismus als Strukturelement der freiheitlich-rechtsstaatlichen Demokratie; in: ders.; Deutschland und die westlichen Demokratien; a.a.O.; S. 309.
21 Nur einmal verweist Fraenkel auf die ausführliche Fassung des Textes bei Rousseau; vgl. Ernst Fraenkel; Reformismus und Pluralismus; a.a.O.; S. 359.
22 Jean-Jacques Rousseau; Gesellschaftsvertrag; a.a.O.; S. 32.
23 s. u.a. Ernst Fraenkel; Strukturanalyse der modernen Demokratie; in: ders.; Deutschland und die westlichen Demokratien; a.a.O.; S. 337.
24 Ernst Fraenkel; Der Pluralismus als Strukturelement der freiheitlich-rechtsstaatlichen Demokratie; in: ders.; Deutschland und die westlichen Demokratien; a.a.O.; S. 308.

„Unter 'Volk' kann verstanden werden: [...] die Angehörigen der in den verschiedenartigsten Körperschaften, Parteien, Gruppen, Organisationen und Verbänden zusammengefaßten Mitglieder einer differenzierten Gesellschaft, von denen erwartet wird, daß sie sich jeweils mit Erfolg bemühen, auf kollektiver Ebene zu dem Abschluß entweder stillschweigender Übereinkünfte oder ausdrücklicher Vereinbarungen zu gelangen, d.h. aber mittels Kompromissen zu regieren"[25]

Dem Staat wird dabei zunächst keine gesonderte Rolle zugeschrieben, vielmehr erscheint er als eine Vereinigung von Vereinigungen. Die alleinige Loyalität, die sich aus der Zugehörigkeit bislang ergeben habe, könne der Staat heute nicht mehr für sich in Anspruch nehmen. Dies bedeutete zugleich einen Bruch mit einer Gedankenlinie, wie sie sich von Jean Bodin und Thomas Hobbes herleitete[26] - einen Bruch, den auch Hermann Heller in seinem Aufsatz über die Souveränität schon andeutete, wenn er konstatierte, der Staat sei nicht die höchste Autorität schlechthin. Einschränkend bemerkte Heller jedoch: „...er ist aber höchste Rechtsautorität, d.h. er ist souverän, er ist potentiell universale Entscheidungs- und Wirkungseinheit auf seinem Gebiet"[27].

Diese reservierte Haltung gegenüber der Institution „Staat" sollte jedoch nicht bedeuten, diesem käme keine besondere Aufgabe zu. Seine besondere Aufgabe besteht nämlich darin, der Gefahr oligopolistischen oder gar monopolistischen Trägern sozioökonomischer Macht entgegenzutreten und zugleich aber auch dafür Sorge zu tragen, daß die Interessen auch der Bevölkerungskreise nicht zu kurz kommen, die aus den verschiedensten Gründen nicht in der Lage sind, zur Äußerung und Wahrung ihrer Interessen Vereinigungen zu bilden oder diese funktionsfähig zu halten[28].

Grundlage einer solchen pluralistischen Gesellschaft ist ihrer Auffassung nach die Existenz eines Basiskonsenses, eines „nicht-kontroversen Sektors":

„Eine jede pluralistische Demokratie geht davon aus, daß, um funktionieren zu können, sie nicht nur Verfahrensvorschriften und Spielregeln eines fair play, sondern auch eines allgemeinen anerkannten Wertkodex bedarf, der ein Minimum abstrakter regulativer Ideen generellen Charakters enthalten muß"[29]

Über den Umfang dieses „nicht-kontroversen" Sektors äußert sich Fraenkel nur sehr vage, gibt jedoch deutlich zu verstehen, daß dieser Basiskonsens nicht ausreichend kon-

---

25 Ernst Fraenkel; Strukturanalyse der modernen Demokratie; in: ders.; Deutschland und die westlichen Demokratien; a.a.O.; S. 345.
26 Vgl. Wolfgang Hirsch-Weber; Pluralismustheoretiker und ihre Kritiker; in: Max Kaase [Hg.]; Politische Wissenschaft und politische Ordnung. Analysen zu Theorie und Empirie demokratischer Regierungsweise (Festschrift zum 65.Geburtstag von Rudolf Wildenmann). Opladen 1986; S. 202.
27 Hermann Heller; Die Souveränität. Ein Beitrag zur Theorie des Staats- und Völkerrechts; in: ders.; Gesammelte Schriften (Band 2) Leiden 1971; S. 202.
28 Vgl. Ernst Fraenkel; Strukturanalyse der modernen Demokratie; in: ders.; Deutschland und die westlichen Demokratien; a.a.O.; S. 358; - s.a. Winfried Steffani; Parlamentarische Demokratie - Zur Problematik von Effizienz, Transparenz und Partizipation; in: ders. (Hg.); Parlamentarismus ohne Transparenz; a.a.O.; S. 37.
29 Ernst Fraenkel; Der Pluralismus als Strukturelement der freiheitlich-rechtsstaatlichen Demokratie; in: ders.; Deutschland und die westlichen Demokratien; a.a.O.; S. 300.

kret bzw. genügend substantiiert sein müsse, um bei spezifischen politischen Problemen einen klaren Maßstab für das politische Handeln abzugeben, denn:

> „Das charakteristische Merkmal einer jeden pluralistischen Demokratie ist in der offenen Anerkennung der Tatsache zu finden, daß es neben dem nicht-kontroversen Sektor einen weiteren Sektor des Gemeinschaftslebens gibt, einen Sozialbereich, in dem ein consensus omnium nicht besteht, ja nicht einmal bestehen soll: der Bereich der Politik."[30]

Die Pluralismustheorie der Demokratie beruhe schließlich auf der Hypothese, daß in einer differenzierten Gesellschaft das Gemeinwohl das Ergebnis eines politischen Prozesses sei, also gewissermaßen a posteriori als das „Ergebnis eines delikaten Prozesses der divergierenden Ideen und Interessen der Gruppen und Parteien erreicht werden"[31] könne, allerdings unter eben der Voraussetzung, daß bei diesem Prozeß die Grundregeln sozialen Verhaltens und die rechtlich normierten Verfahrensvorschriften auch grundsätzlich beachtet werden[32].

Aus dieser Grundüberzeugung ergibt sich schließlich die spezifische Sichtweise der Pluralisten hinsichtlich des politischen Systems. Politische Institutionen erscheinen hier mehr als „Arenen"[33], in denen die Konflikte, die aus divergierenden Interessen entstanden sind, friedlich ausgetragen werden. Allerdings sind die politischen Institutionen, wie oben bereits gezeigt, nicht als Spielball sozialer Kräfte zu verstehen, sondern ihnen obliegt es, darauf zu achten, daß die Vielfalt der gesellschaftlichen Interessen auch in den „delikaten Prozeß" des Aushandelns eingehen kann, oder mit anderen Worten: die staatlichen Institutionen sollen gewissermaßen als Garanten eines pluralistischen Prozesses fungieren und im Falle einer übermäßigen Machtkonzentration einer speziellen Interessengruppe dieser entgegensteuern - ganz, wie es gerade Rousseau gefordert hatte:

> „Nicht die Tatsache allein, daß unterschiedliche Parteien und Gruppen existieren, macht eine Gesellschaft schon pluralistisch 'ausgewogen' und demokratisch. Es müssen auch Benachteiligungen von Gruppen, die im politischen und wirtschaftlichen Prozeß natürliche Startnachteile haben, berücksichtigt und ausgeglichen werden."[34]

Die Betonung und Bedeutungszuweisung sozialer Gruppen stellt in der Pluralismustheorie der Demokratie den Dreh- und Angelpunkt dar. Für Fraenkel, für den die Erfahrung des Gruppenproblems sein politisches „Ur-Erlebnis"[35] darstellte, war die Existenz von Vereinigungen die ideale Voraussetzung dafür - ganz in der Tradition Tocquevilles stehend -, einen Schutz gegen einen „bösartigen Neo-Faschismus" oder

---

30 Ernst Fraenkel; Strukturdefekte der Demokratie und deren Überwindung; in: ders.; Deutschland und die westlichen Demokratien; a.a.O.; S. 300.
31 ebenda.
32 Zur genaueren Differenzierung des Konsensbegriffes in der Pluralismustheorie vgl. Peter Massing; Interesse und Konsensus. Zur Rekonstruktion und Begründung normativ-kritischer Elemente neopluralistischer Demokratietheorie; Opladen 1979.
33 Hiltrud Naßmacher; Vergleichende Politikforschung. Eine Einführung in Probleme und Methoden. Opladen 1991; S. 59.
34 Ulrich von Alemann; Demokratie; a.a.O.; S. 79.
35 Ernst Fraenkel; Anstatt einer Vorrede; in: ders.; Reformismus und Pluralismus; a.a.O.; S. 15.

einen durch Lethargie und Apathie hervorgerufenen „wohlwollenden Despotismus" zu garantieren[36]. Vor allem den Parteien hat die Pluralismustheorie die Funktion zugedacht, die Vielzahl der Interessengruppen in den Prozeß der Meinungsbildung einzugliedern. An einen direkten Einfluß der Interessengruppen selbst denkt die Pluralismustheorie dabei nicht, denn dies würde nach ihrem Verständnis einen klaren Rückschritt zum Ständestaat beinhalten (Stichwort: Korporatismustheorie). Vielmehr müsse man Institutionen suchen, die qualifiziert seien, den unerläßlichen Transformationsprozeß von zersplitterten und politisch aktionsunfähigen Gruppenwillen in politisch aktionsfähige Organisationswillen umzuwandeln. Dies aber sei eines der zentralen Aufgaben der Parteien[37].

Das zentrale Ziel der Pluralismustheorie war der Versuch, die repräsentative Demokratie argumentativ zu rechtfertigen und diese von der konkurrierenden Identitätsdemokratie abzuheben, bzw. gegenüber den kritischen Positionen, die in der repräsentativen Demokratie lediglich die „zweitbeste Lösung" sahen, einen eigenständigen Typus moderner Demokratie zu begründen. Ebenso wie bereits die Elitentheorie der Demokratie ist auch die Pluralismustheorie der Demokratie immer wieder kritisiert worden. Dabei standen jedoch weniger die grundsätzlichen Annahmen über die Natur des Menschen oder die Notwendigkeit eines Basiskonsenses als Stabilitätselement der Demokratie im Mittelpunkt, sondern in erster Linie die Rolle, die die Pluralisten den Interessengruppen im Rahmen der Demokratie zubilligen wollten.

Sehr grundlegend machte Hiltrud Naßmacher geltend, daß die Vorstellung, die Auseinandersetzung gesellschaftlicher Gruppen führe zu einem gerechten Kompromiß, so nicht haltbar sei[38]. Zwar hatte Fraenkel immer betont, daß die Herbeiführung eines gerechten Kompromisses nichts Vorgegebenes, sondern eine Herausforderung und permanente Aufgabe für die Gesellschaft sei[39], jedoch kritisierte sein Schüler Steffani in diesem Zusammenhang zu Recht, daß gerade die Rahmenbedingungen einer pluralistischen Demokratie zur Erzielung eines solchen gerechten Kompromisses von Fraenkel nicht hinreichend berücksichtigt worden seien. Dies beträfe vor allem die egalitären Grundlagen, die für eine solche Demokratie vorhanden sein müßten[40].

---

36 Vgl. Ernst Fraenkel; Strukturanalyse der modernen Demokratie; in: ders.; Deutschland und die westlichen Demokratien; a.a.O.; S. 352.
37 Vgl. Ernst Fraenkel; Die ordnungspolitische Bedeutung der Verbände im demokratischen Rechtsstaat; in: ders.; Deutschland und die westlichen Demokratien; a.a.O.; S. 294; - s.a. Winfried Steffani; Pluralistische Demokratie. Studien zur Theorie und Praxis; Opladen 1980; S. 53; - Zur Problematik dieses Integrationsprozesses vgl. Winfried Steffani; Parteien als soziale Organisationen. Zur politologischen Parteienanalyse; in: Zeitschrift für Parlamentsfragen, 19. Jg., 4/1988, S. 553.
38 Hiltrud Naßmacher; Vergleichende Politikforschung; a.a.O.; S. 61; s.a. Kurt L. Shell; Liberaldemokratische Systeme. Eine politisch-soziologische Analyse; Stuttgart u.a. 1981; S. 157.
39 Vgl. Ernst Fraenkel; Der Pluralismus als Strukturelement der freiheitlich-rechtsstaatlichen Demokratie; in: ders.; Deutschland und die westlichen Demokratien; a.a.O.; S. 324.
40 Vgl. Winfried Steffani; Einleitung in: Franz Nuscheler / Winfried Steffani (Hg.); Pluralismus. Konzeptionen und Kontroversen; München 1972; S. 33.

Im Mittelpunkt der Kritik stand jedoch das Problem der Organisierbarkeit von Interessen. So hatte Mancur Olson in „Logic of collective Action" bereits die Feststellung getroffen, es seien einige Gruppen und Interessen durch die geltenden Spielregeln strukturell benachteiligt[41]. Die systematische Vernachlässigung bzw. Unterdrückung weniger relevant erscheinender bzw. nicht mehrheitsfähiger Interessen und Bedürfnisse der Bürger erscheint somit als inhärenter Strukturdefekt der pluralistischen Demokratie[42].

Hans Kremendahl hat in seiner großen Untersuchung über die Pluralismustheorie[43] bereits deutlich gemacht, daß die vor allem von Claus Offe popularisierte und in der Studie Olsons gründende These, es gäbe spezielle Interessen, die grundsätzlich nicht organisierbar seien, bereits in den 1960er Jahren von Ernst Forsthoff formuliert worden war. So heißt es dort:

> „Es gibt Interessen, die so allgemein sind, daß sie nicht nur keinen gesellschaftlichen Patron finden können, sondern sogar die gesellschaftlichen Patrone entgegenstehender partikularer Interessen gegen sich haben. Das aktuelle Beispiel dafür ist das Interesse der Allgemeinheit an der Reinigung von Wasser und Luft von industrieller Verschmutzung"[44]

Grundsätzlich organisierbar seien deshalb nur solche Interessen, die sich als Spezialbedürfnisse einer sozialen Gruppe interpretieren ließen[45]. Darüber hinaus stellt sich das Problem, daß zwar eine Reihe von Interessen in Gruppen organisierbar sind, aber diese Gruppen über eine vermeintlich unterentwickelte Konfliktfähigkeit verfügen, weil „...sie am Rande oder außerhalb des Leistungsverwertungsprozesses stehen und ihnen daher das Sanktionsmittel einer ins Gewicht fallenden Leistungsverweigerung nicht zur Verfügung"[46] stehen. Klaus von Beyme macht dies am Beispiel der Frauenbewegung deutlich:

> „Die Organisationsfähigkeit der potentiellen Gruppe der Frauen litt zunehmend darunter, daß Frauen vielfach mit Mitgliedern der Gegengruppe zusammenleben, die wiederum mit einem potentiellen Feindbild in Verbindung gebracht wurde. [...] Die Männer leben neben den Frauen und mit den Frauen. Intimgruppen lassen die abstrakte Konfliktbereitschaft der Geschlechter schwinden."[47]

So schwierig die Organisation von frauenspezifischen Interessen auch sein mag, gerade die Ökologiefrage hat gezeigt, daß der Einwand, die Organisation allgemeiner Bedürf-

---

41 Vgl. Michael Th. Greven; Pluralisierung politischer Gesellschaften; a.a.O.; S. 267.
42 Vgl. Herbert Uppendahl; Repräsentation und Responsivität; a.a.O.; S. 133.
43 Vgl. Hans Kremendahl; Pluralismustheorie in Deutschland. Entstehung - Kritik - Perspektiven; Leverkusen 1977.
44 Ernst Forsthoff; Die Bundesrepublik Deutschland. Umriß einer Realanalyse; in: Merkur. Deutsche Zeitschrift für europäisches Denken, 14. Jg., 9/1960, S. 813.
45 Vgl. Claus Offe; Politische Herrschaft und Klassenstrukturen. Zur Analyse spätkapitalistischer Gesellschaftssysteme; in: Gisela Kress / Dieter Senghaas (Hg.); Politikwissenschaft. Eine Einführung in ihre Probleme; Frankfurt am Main 1973; S. 145.
46 Claus Offe; Politische Herrschaft und Klassenstrukturen. Zur Analyse spätkapitalistischer Gesellschaftssysteme; in: Gisela Kress / Dieter Senghaas (Hg.); Politikwissenschaft. Eine Einführung in ihre Probleme; Frankfurt am Main 1973; S. 147.
47 Klaus von Beyme; Theorie der Politik im 20. Jahrhundert; a.a.O.; S. 298-299.

nisse, die physische, moralische und ästhetische Bedingungen des gesellschaftlichen Lebens außerhalb der Markt- und Verteilungssphäre beträfen, sei strukturell versperrt, nur wenig plausibel ist. Man würde es sich jedoch zu einfach machen, mit einem bloßen Verweis auf die Entstehung großer sozialer Bewegungen und deren öffentlicher Resonanz und schließlich teilweise Inkorporierung in das Parteiensystem der westlichen Demokratien das angeführte Argument zu entkräften oder gar für obsolet zu betrachten. Der Prozeß scheint deutlich komplexer zu sein.

Der letzte Kritikpunkt, der in diesem Zusammenhang von Beachtung sein soll, betrifft die Anforderungen der Pluralismustheorie an die Rolle des Staates. Bereits Carl Schmitt hatte in seinem Aufsatz über „Staatsethik und pluralistischer Staat" der pluralistischen Auffassung attestiert, daß sie in guter Übereinstimmung mit dem empirische Zustand der meisten industriellen Staaten stünde. Allerdings konnte er dieser Entwicklung nichts positives abgewinnen, denn er befürchtete, der Staat liefe Gefahr, zu einem Gruppen-„Polypol" zu verkommen und sich dadurch die souveräne Autorität in der Gesellschaft auflöse[48]. So warnte schon 1955 Theodor Eschenburg vor einer faktischen Ohnmacht des Staates und der „Herrschaft der Verbände"[49] und Eduard Heimann äußerte sich im gleichen Jahr besorgt über die gefährliche Macht zahlreicher sozialer Gruppen, die an Schlüsselstellen des komplexen technologischen Systems in der Lage seien, die gesamte Gesellschaft zu erpressen[50]. Die Diskussion um den Verlust staatlicher Souveränität erlebte in den siebziger Jahren mit der Unregierbarkeits-Debatte[51] ihre Fortsetzung und im Kontext der Globalisierungsdebatte ihren gegenwärtigen Höhepunkt[52]. Die zunehmende Beschränkung staatlicher Steuerungspotentiale einerseits und die Zunahme außerstaatlicher Verhandlungssysteme bzw. „Politiknetzwerke" andererseits ließen immer wieder die Befürchtung aufkommen, der Staat sei u.a. durch die Verbände und Interessengruppen derart inkorporiert, daß er zu einer Exekutive, allerdings ohne faktische Entscheidungskompetenz verkommen sei.

Auch in der amerikanischen Diskussion um den Pluralismus ist diese Befürchtung immer wieder formuliert worden. Schon zur Zeit der New-Deal-Politik in den dreißiger Jahren wurde in den Vereinigten Staaten von Amerika die Kritik am sogenannten „Interest Group Liberalism" geäußert, denn er mache den ständig größer werdenden Staats-

---

48 Vgl. Carl Schmitt; Staatsethik und pluralistischer Staat; in: ders.; Positionen und Begriffe im Kampf mit Weimar – Genf – Versailles 1923-1939; Berlin 1988; S. 133-145; - s. auch den Aufsatz im selben Band „Weiterentwicklung des totalen Staates in Deutschland"; S. 188.
49 Vgl. Theodor Eschenburg; Herrschaft der Verbände?; Stuttgart 1955; s.a. Theodor Eschenburg; Das Jahrhundert der Verbände. Lust und Leid organisierter Interessen in der deutschen Politik; Berlin 1989.
50 Vgl. Eduard Heimann; Vernunftglaube und Religion in der modernen Gesellschaft; Tübingen 1955.
51 Vgl. dazu die beiden Bände Wilhelm Hennis / Peter Graf Kielmansegg / Ulrich Matz (Hg.); Regierbarkeit. Studien zu ihrer Problematisierung (2 Bände); Stuttgart 1979.
52 Vgl. u.a. Fritz W. Scharpf; Die Handlungsfähigkeit des Staates am Ende des zwanzigsten Jahrhunderts; in: Politische Vierteljahresschrift, 32. Jg., 4/1991, S. 621-634.

apparat zugleich ohnmächtig und begründe damit einen neuen Feudalismus, denn er rechtfertige schließlich die Machtaufteilung zwischen den Interessengruppen (die jedoch selbst über keine irgendwie geartete demokratische Legitimation verfügten). Die Folge sei daher, daß das Parlament an Entscheidungsbefugnis verlöre, die Regierung an Autorität einbüße und die Institutionen in ihrer Gesamtheit an Legitimität. Auf eine kurze Formel gebracht: Pluralistische Demokratie stehe im Widerspruch zur Demokratie. Diese Befürchtung gab insbesondere der amerikanischen Pluralismustheorie eine entscheidende Wende und führte schließlich zu einer Differenz zwischen den amerikanischen und den europäischen Varianten der Pluralismustheorie. Im Unterschied zu der u.a. von Fraenkel vertretenen Auffassung waren es die amerikanischen Theoretiker, die sich zunehmend stärker wieder an der Elitentheorie der Demokratie orientierten und das Pluralismuskonzept auf die Existenz plural strukturierter Eliten reduzieren wollten: „Die Struktur der Elite ist also ein Indikator dafür, ob in einer Gesellschaft Demokratie verwirklicht worden ist oder nicht"[53]. Hinzu kamen die empirischen Ergebnisse der „Community Power"-Forschung[54], wie sie u.a. Robert A. Dahl[55] präsentieren konnten, denn sie legten den Verdacht nahe, daß nur eine kleine Minderheit sich aktiv an der Willensbildung und Entscheidungsfindung in Parteien und Verbänden beteilige[56]. Damit schien die Pluralismustheorie vor die Alternative gestellt, „„..entweder an ihrem ursprünglichen Modell als einer jetzt explizit normativen Utopie festzuhalten oder aber ihre normativen Anforderungen in Anpassung an die Befunde der empirischen Forschung erheblich zu reduzieren"[57].

Anders als in Deutschland, wo man an der von Fraenkel formulierten Pluralismustheorie trotz vereinzelter Korrekturen festhielt, nahm man in den Vereinigten Staaten von Amerika schließlich radikal Abschied von den Ansätzen Bentleys oder Trumans und orientierte sich stärker an der Elitentheorie der Demokratie. Mit ihr teilte die amerikanische Pluralismustheorie die Auffassung, daß im Zentrum der Demokratievorstellung der Konkurrenzkampf der Eliten um politische Einflußnahme stünde, allerdings hielt sie an dem normativen Postulat fest, daß die Inhaber formeller Entscheidungspositionen gezwungen seien, sich auf organisierte und nicht-organisierte Gruppeninteressen zu stüt-

---

53 Wolfgang Felber; Eliteforschung in der Bundesrepublik Deutschland. Analyse, Kritik, Alternativen; Stuttgart 1986; S. 13.
54 Vgl. dazu: Helmut Köser; Demokratie und Elitenherrschaft. Das Elitenproblem in der Demokratietheorie; in: Dieter Oberndörfer / Wolfgang Jäger (Hg.); Die neue Elite; Freiburg i. Brsg. 1975; S. 165-170.
55 Robert A. Dahl; Who governs? Democracy and Power in an American City; New Haven 1961.
56 In einem anderen Zusammenhang wird noch einmal ausführlicher über die „politische Apathie" des „Demos" zu sprechen sein. Es soll hier lediglich darauf aufmerksam gemacht werden, daß die empirischen Ergebnisse vor allem auf die wissenschaftliche Diskussion der Pluralismustheorie in den Vereinigten Staaten von Amerika eine besondere Wirkung gehabt haben.
57 Fritz W. Scharpf; Demokratietheorie zwischen Utopie und Anpassung; a.a.O.; S. 35.

zen und daß dafür zu sorgen sei, daß keine dieser Interessengruppen in der Lage sein dürfe, zahlreiche Entscheidungsprozesse zu dominieren[58].

Es ist hier nicht der Ort, den einzelnen Kritikpunkten, die für sich genommen auch nicht den Anspruch auf Vollständigkeit erheben, detailliert nachzugehen und auf ihre empirische Haltbarkeit zu überprüfen[59]. Entscheidend ist hier vielmehr das gemeinsame Strukturmerkmal der aufgeführten Kritik, denn die hier benannten Punkte bezogen sich allesamt auf das *Problem der Vermittlung von Interessen*. Die Pluralismustheorie der Demokratie ist nämlich maßgeblich darauf angewiesen, daß eine kommunikative Struktur besteht, die sich für die organisierten Interessen als günstige Grundbedingung erweist. Gerade die Kritik verweist auf die Notwendigkeit, daß organisierte Interessen auch ein Forum finden, ihre Anliegen zu formulieren und zugleich auch, daß diese Anliegen auch ihren Adressaten, die politischen Institutionen, erreichen. Unter dieser Bedingung ist zunächst einmal nach dem Verständnis von Öffentlichkeit in der Pluralismustheorie der Demokratie zu fragen, denn dies scheint sich nachhaltig von dem Verständnis der Elitentheorie der Demokratie zu unterscheiden.

4.2. *Pluralismustheorie der Demokratie und Öffentlichkeit*

4.2.1 *Der Öffentlichkeitsbegriff in der Pluralismustheorie*

Im Unterschied zur Elitentheorie der Demokratie stellt für die Pluralismustheorie der Demokratie „Öffentlichkeit" nur bedingt einen derivativen Wert dar. Die eindeutige Parteinahme zugunsten der repräsentativen Demokratie hatte zunächst einmal folgerichtig zur Konsequenz, daß Öffentlichkeit als Ergebnis von „Publizität" und damit verbunden genereller Transparenz des politischen Systems ein herzustellender Zustand ist. Damit der „Demos" einer seiner zentralen Aufgaben, nämlich konstruktiv Kontrolle auszuüben, gerecht werden kann, bedarf es einer Offenheit bzw. Transparenz des politische Systems, womit vor allem der Grad an Nachvollziehbarkeit durch Offenlegung gemeint ist: „...sie bildet eine entscheidende Voraussetzung für Kontrolle"[60].

Doch in strenger Verfolgung der eigenen Prämissen und normativen Postulate konnte die Pluralismustheorie an diesem Punkt nicht stehen bleiben. Sofern die Forderung nach der Notwendigkeit der Organisation sozialer Interessen und deren Beteiligung am Willensbildungsprozeß auch nur halbwegs ernst gemeint war, mußte sie der dafür notwen-

---

58 Vgl. ebenda; S. 36.
59 Eine gute Übersicht über den Stand der Pluralismusdiskussion geben: Heribert Kohl; Pluralismuskritik in der Bundesrepublik; in: Aus Politik und Zeitgeschichte, B12/1970, 21.3.1970, S. 3-40; - Eckhard Jesse; Parlamentarische Demokratie; Opladen 1981; S. 29-64; - Manfred G. Schmidt; Demokratietheorien; a.a.O.; S. 150-159.
60 Winfried Steffani; Parlamentarische Demokratie - Zur Problematik von Effizienz, Transparenz und Partizipation; in: ders. (Hg.); Parlamentarismus ohne Transparenz; a.a.O.; S. 21.

digen, öffentlich herzustellenden Kommunikation auch Rechnung tragen. Mit einer Offenlegung der Handlungen der politischen Eliten allein, konnte dem Anliegen der Pluralisten noch nicht gedient sein. Sehr grundlegend hatte schon in den fünfziger Jahren David Riesman, dessen Ansatz eng mit der schumpeterschen Konkurrenztheorie der Demokratie einerseits und der Gruppentheorie andererseits verbunden war, in seinem Buch „The Lonely Crowd" Öffentlichkeit im Sinne eines Legitimations- und Akklamationsorgans der Gruppen und der von ihnen vertretenen Interessen aufgefaßt[61].

Bereits für die *Konstituierung* öffentlich agierender Kollektivakteure ist öffentliche Kommunikation notwendig[62]. Doch neben diesem Konstituierungsprozeß hat sich die Pluralismustheorie der Demokratie vor allem mit der Frage beschäftigt, auf welche Weise die verschiedenen Organisationen die von ihnen verfochtenen Interessen artikulieren könnten und welche Bedeutung schließlich diesen öffentlich geäußerten Positionen im Kontext einer repräsentativen Demokratie zuzukommen habe. Gemeint ist das, was zu Beginn dieser Untersuchung als die responsive Dimension demokratischer Kommunikation bezeichnet worden ist und häufig in einem umfassenderen Sinne mit dem Konzept der öffentlichen Meinung diskutiert worden ist.

Vor allem Fraenkel war es, der sich in äußerst intensiver Weise mit der Bedeutung der öffentlichen Meinung auseinandergesetzt hat. Sein Demokratieverständnis war ganz erheblich mit der Existenz einer öffentlichen Meinung verbunden. So heißt es in seinem Aufsatz „Demokratie und öffentliche Meinung":

> „Wenn im folgenden unter Demokratie ein Regierungssystem verstanden wird, das auf der Annahme beruht, die Förderung des Gemeinwohls sei am besten zu erreichen, wenn allen Bürgern des Gemeinwesens eine gleiche und optimale [...] Mitwirkung bei der Bildung des Gemeinwillens gewährleistet wird, spitzt sich unser Thema auf die Frage zu, ob und inwieweit die öffentliche Meinung das geeignete Mittel darstellt, um dieses Ziel zu erreichen."[63]

Allerdings beeilt sich Fraenkel zu verdeutlichen, daß es nicht um die Auslieferung der Demokratie an die Alleinherrschaft einer öffentlichen Meinung gehe, umgekehrt aber

---

61   Vgl. David Riesman; The Lonely Crowd. A Study of the Changing American Character; New Haven 1950.
62   So schrieb 1955 Norbert Wiener: „Die Existenzbedingung der Sozialwissenschaft liegt in ihrer Fähigkeit, soziale Gruppen nicht einfach als strukturlose Haufen, sondern als *Organisationen* zu verstehen. Kommunikation ist der Kitt, der Organisationen zusammenhält. Kommunikation allein befähigt eine Gruppe, zusammen zu denken, zusammen zu sehen und zusammen zu handeln." (zit. in: Karl W. Deutsch; Politische Kybernetik; a.a.O.; S. 127); - s.a. die Bestätigung dieser Thesen in der Untersuchung über die Kommunikationsstrukturen der Deutsche Volksunion (DVU) in Bremen; Vgl. Lothar Probst; Politische Mythen und symbolische Verständigung. Eine Lokalstudie über die rechtspopulistische DVU in Bremen; in: Zeitschrift für Parlamentsfragen, 26. Jg., 1/1995, S. 5-12; - s.a. Karl W. Deutsch; Politische Kybernetik; a.a.O.; S. 220; dort spricht Deutsch davon, die entscheidende Wirkung einer Partei bestünde in ihrer Funktion als ein Netzwerk von persönlichen Kontakten.
63   Ernst Fraenkel; Demokratie und öffentliche Meinung; in: ders.; Deutschland und die westlichen Demokratien; a.a.O.; S. 232.

sich die Demokratie auch nicht dem „kontrollierenden Einfluß einer autonomen öffentlichen Meinung" entziehen dürfe[64]. In dem Aufsatz „Parlament und öffentliche Meinung" präzisiert er die Bedeutung der öffentliche Meinung, wenn er in einer Auseinandersetzung mit dem mit „Wert der öffentlichen Meinung" überschriebenen § 316 der Hegelschen Philosophie des Rechts anmerkt, die Stände, die Hegel im Auge habe, seien noch zu sehr als eine moralische Anstalt konzipiert und ihr vor-demokratischer Charakter erweise sich darin, daß die öffentliche Meinung durch diese zwar geformt werde, aber nicht von der öffentlichen Meinung abhängig sein sollten. Vielmehr sei im modernen demokratischen Verfassungsstaat an die Stelle dieser unilateralen Beziehung eine Wechselwirkung von Parlament und öffentlicher Meinung getreten[65]. Diese Wechselwirkung dürfe jedoch nicht zu einer Dominanz der öffentlichen Meinung im Prozeß des Ausdiskutierens und Aushandelns von Entscheidungen führen und damit das grundsätzlich repräsentative Regime mit plebiszitären Elementen von innen her destruieren, sondern vielmehr müsse gelten, daß sich die öffentliche Meinung in das komplexe System von checks und balances einzuordnen habe. Der Anspruch der öffentlichen Meinung „auf Ausübung von Herrschaftsbefugnissen [dürfe; Erg. A.B.] niemals bestritten und deren Anspruch auf Ausübung von Regierungsrechten [solle; Erg. A.B.] stets zurückgewiesen werden"[66].

Die Pluralismustheorie der Demokratie versteht Öffentlichkeit demnach nicht ausschließlich als derivativen Begriff, sondern durchaus als ein autonomes Forum, in dem Meinungen und Positionen entstehen können und sollen, die dem Parlament und der Regierung zu Gehör gebracht werden sollen. In Abwandlung einer Sentenz von Ivor Jennings, demnach das Parlament die Plattform, die Zeitungen das Mikrophon und das Volk die Zuhörerschaft sei (= Publizität), ließe sich sagen, daß der „Demos" ebenso sehr als Plattform zu verstehen sei, der über das Mikrophon der Medien das Parlament bzw. die Parteien als Zuhörerschaft zu gewinnen versuche[67].

Aus Sicht der Pluralismustheorie steht es außer Frage, daß Interessen über den „Transmissionsriemen" der politischen Parteien in den politischen Prozeß eingebunden werden sollen. Jenseits dieses Vermittlungsprozesses scheint es aus Sicht der Pluralismustheorie jedoch kaum angemessene Strategien der effektiven Interessenartikulation zu geben, zumindest sind bei Fraenkel kaum Aussagen zu dieser Frage zu finden. Doch hinsichtlich einer Negativbestimmung, d.h. in der Diskussion über die Ermittlung dessen, was *nicht* als öffentliche Meinung zu gelten habe, besteht Einigkeit. So weist sie den An-

---

64 ebenda; S. 245.
65 Vgl. Ernst Fraenkel; Parlament und öffentliche Meinung; in: ders.; Deutschland und die westlichen Demokratien; a.a.O.; S. 205.
66 Ernst Fraenkel; Demokratie und öffentliche Meinung; in: ders.; Deutschland und die westlichen Demokratien; a.a.O.; S. 214; s.a. S. 226.
67 s.a. Hans Mathias Kepplinger; Ereignismanagement; a.a.O.; S. 23.

spruch der Demoskopie zurück, die öffentliche Meinung in Form von Daten wiedergeben zu können. Dazu schrieb Fraenkel:

> „Weil die Demoskopie den einzelnen weder als Staats- noch als Partei- oder Verbandsbürger, sondern lediglich als Glied einer amorphen Masse erfaßt, kommt ihr zwar eine erhebliche Bedeutung als Barometer der Stimmungsdemokratie, aber keinerlei Bedeutung für die Mitwirkung des Bürgers an der auf Diskussion und Kompromiß basierenden Repräsentativdemokratie zu"[68]

Diese kritische Haltung gegenüber der Demoskopie gelte es besonders dann zu artikulieren, wenn diese gar die Demokratie diskreditiere, indem sie sich in Überschreitung ihrer Zuständigkeit und in Verkennung des Wesens der öffentlichen Meinung im Bereich des nicht-kontroversen Sektors des Gemeinwesens bewege und durch die Thematisierung von Fragen, die bislang nicht kontrovers gewesen seien, nicht an der Erforschung vorhandener als vielmehr an der Bildung neuer Meinungen mitwirke[69]. Schließlich konstatierte bereits 1957 Wilhelm Hennis mit Blick auf die Methodik: „Zu erkennen, was öffentliche Meinung ist und will, zu bestimmen, ob ihr gefolgt werden soll oder nicht, ist im Verfassungsstaat eine der verantwortlichen Aufgaben der Regierenden"[70] und Dieter Oberndörfer macht unmißverständlich deutlich:

> „Umfragedaten können eine Orientierungshilfe für das politische Handeln werden, deren Qualität sich durch nichts von der Orientierungshilfe anderer politik-naher Humanwissenschaften, wie z.B. der Nationalökonomie, der Jurisprudenz und der Soziologie unterscheidet. Solange die Politiker die Umfragedaten nicht als imperatives Mandat eines angeblich 'wahren Volkswillens' mißverstehen und bei ihrem politischen Handeln sich nicht sklavisch an den Umfragedaten über tatsächliche oder vermeintliche politische Einstellungen und Haltungen ausrichten, sondern vielmehr Umfrageergebnisse als Bezugsrahmen für ihren politischen Führungs- und Integrationsauftrag verstehen, wird die rationale und demokratische Qualität der Willensbildung nicht geschmälert sondern bereichert."[71]

Anders als die Elitentheorie der Demokratie verweisen die Pluralismustheoretiker nachhaltig auf die Bedeutung der Öffentlichkeit, die gewissermaßen als Resonanzboden ge-

---

68   Ernst Fraenkel; Möglichkeiten und Grenzen politischer Mitarbeit der Bürger in einer modernen parlamentarischen Demokratie; in: ders.; Reformismus und Pluralismus; a.a.O.; S. 392.
69   Vgl. Ernst Fraenkel; Demokratie und öffentliche Meinung; in: ders.; Deutschland und die westlichen Demokratien; a.a.O.; S. 214; s.a. S. 258.
70   Wilhelm Hennis; Meinungsforschung und repräsentative Demokratie. Zur Kritik politischer Umfragen; Tübingen 1957; S. 64; - mit der Anführung von Wilhelm Hennis im Kontext der Pluralismustheorie soll nicht gesagt werden, daß Hennis ein typischer Vertreter dieses Ansatzes sei. Wohl aber bringt er treffend die Position zum Ausdruck, die Fraenkel und andere Theoretiker der Pluralismustheorie über die Demoskopie meinten.
71   Dieter Oberndörfer; Politische Meinungsforschung und Politik; in: ders. (Hg.); Wählerverhalten in der Bundesrepublik Deutschland. Studien zu ausgewählten Problemen der Wahlforschung aus Anlaß der Bundestagswahl 1976; Berlin 1978; S. 25-26; s.a. Wolfgang Bergsdorf; Öffentliche Meinung; a.a.O.; S. 45.

sellschaftlicher Konflikte angesehen wird[72]. Auf die vom politischen System ausgehende Publizität ist mit einer Antwort i.S. von Zustimmung, aber eben auch Ablehnung politischen Handelns zu rechnen. Allerdings erweist sich die öffentliche Meinung in diesem Theoriezusammenhang auch als nützliches und zugleich notwendiges Gegenmoment, das nicht nur vollzogenes Handeln evaluiert, sondern auch mit eigenen Themen und Vorschlägen die Diskussion im Rahmen der repräsentativen Institutionen erweitern und befruchten kann oder wie es der ehemalige Bundestagsabgeordnete Wolfram Dorn formulierte: „Das Parlament soll das Ohr am Volke haben"[73].
Die Pluralismustheorie sieht grundsätzlich kein Problem darin, daß sich die Parlamente bzw. die Akteure im politischen System gegenüber den kommunikativen Angeboten bzw. den kommunikativ vorgetragenen Forderungen des „Demos" offen zeigen. Es ist erstaunlich, daß man sich vor allem in Deutschland erst in jüngster Zeit verstärkt wissenschaftlich mit dieser kommunikativen Dimension der Demokratie beschäftigt hat. In einem Aufsatz von 1981 forderte Herbert Uppendahl, man müsse die Dimension der Responsivität als neuen Baustein moderner Demokratietheorie betrachten und dem wachsenden Interesse des „Demos" an der Politik damit Rechnung tragen[74]. Gegen diese Position formierte sich schon bald heftiger Widerstand. So glaubte Ulrich von Alemann in dem „Baustein: Responsivität", den „...Versuch einer Operationalisierung von partizipatorischer Demokratie"[75] erblicken zu können. Zu Recht hat allerdings Uppendahl in einer Replik auf diese Kritik darauf aufmerksam gemacht, daß es genau darum nicht ginge, sondern vielmehr um ein normatives Konzept gegenüber unrealistischen Partizipationserwartungen einerseits und „realistisch-resignativen" Repräsentationstheorien andererseits[76].
Wie bereits zu Beginn der Arbeit erwähnt, hatte von Alemann mit seiner Behauptung, die Responsivitätsforschung brächte für die Diskussion um die repräsentativen Demokratie keine Aspekte ein, die nicht bereits schon im klassischen Verständnis des Repräsentationsbegriffes verankert seien, durchaus recht. Schon Burke hatte darauf aufmerksam gemacht, der Abgeordnete solle sehr wohl die Wünsche und Bedürfnisse der Wählerschaft aufnehmen und in den Kontext einer auf das Gemeinwohl der Gesellschaft gerichteten Diskussion und Entscheidung mit einbeziehen. Was Burke jedoch ablehnte, war die *Bindung* bzw. Beherrschung des Herrschers bzw. Repräsentanten durch die öf-

---

72 So auch Dieter Rucht, der allerdings in Verkürzung des Öffentlichkeitsbegriffs diese Resonanzfunktion auf die Massenmedien beschränkt; vgl. Dieter Rucht; Parteien, Verbände und Bewegungen als Systeme politischer Interessenvermittlung; in: Oskar Niedermayer / Richard Stöss (Hg.); Stand und Perspektiven der Parteienforschung in Deutschland; Opladen 1992; S. 260.
73 Wolfram Dorn; Effizienz statt Evidenz?; a.a.O.; S. 226.
74 Vgl. Herbert Uppendahl; Repräsentation und Responsivität; a.a.O.; S.123-134.
75 Ulrich von Alemann; Responsive Demokratie - ein Lob dem Mittelmaß?; in: Zeitschrift für Parlamentsfragen, 12. Jg, 3/1981, S. 440.
76 Herbert Uppendahl; Responsive Demokratie - ein neuer Ansatz; in: Zeitschrift für Parlamentsfragen, 12. Jg, 3/1981, S. 442.

fentliche Meinung. Ohne Zweifel stellt die öffentliche Meinung, wie auch Locke konstatiert - er sah neben Gott und Staat in der öffentlichen Meinung („law of opinion") sogar eine weitere Rechtsquelle - eine „ungemütliche" Macht dar, vor deren Sanktionen sich die Herrscher fürchteten. Eine Furcht, von der Luhmann allerdings annahm, sie sei unbegründet, denn:

> „Öffentliche Meinung kann den Herrscher nicht beherrschen und auch nicht ersetzen. Sie kann ihm nicht vorschreiben, wie er herrschen solle. Ihr Verhältnis zur Herrschaftsausübung ist kein Verhältnis von Ursache und Wirkung, sondern ein Verhältnis von Struktur und Prozeß. Ihre Funktion liegt nicht in der Durchsetzung des Willens - des Volkswillens, jener Fiktion des schlichten Kausaldenkens -, sondern in der Ordnung von Selektionsleistungen"[77]

Auch bei Johann Kaspar Bluntschli, auf den auch Fraenkel mehrfach rekurriert, findet sich dieses „responsive" Element der Kommunikation:

> „Aber allmählich bildet sich die öffentliche Meinung doch zum öffentlichen Gewissen aus, und fängt an, ihre Mahnungen und ihre Warnungen deutlicher zu äuszern und ihren Tadel oder ihr Lob vernehmlicher auszusprechen, je nachdem sie einen Widerspruch oder die Harmonie wahrnimmt zwischen den politische Zielen und den moralischen Lebensaufgaben."[78]

Der „Baustein: Responsivität" - hier nur schlaglichtartig aufgezeigt - war schon immer integraler Bestandteil der repräsentativen Demokratievorstellung gewesen. Die Vorstellung, der gewählte Repräsentant könne sich vollkommen von öffentlich artikulierten Meinungen isolieren, gewissermaßen in einem Glashaus ohne Verbindung zu seiner Umwelt seinen Aufgaben nachgehen, war von jeher eine Fiktion und konnte auch von den rigidesten Theoretikern der repräsentativen Demokratie nicht angenommen werden. Ihre Befürchtungen richteten sich vielmehr darauf, daß die Verantwortung gegenüber der Gesamtgesellschaft unter dem Druck lautstark artikulierter Positionen abnehme und damit ein (falsch verstandener) Populismus das Handeln der Repräsentanten bestimmen könnte. Dies ist allerdings weniger auf ein Problem der öffentlichen Artikulation von Meinungen, sondern letztlich auf ein Problem der entscheidenden Eliten zurückzuführen.

Die Pluralismustheorie der Demokratie sieht somit in der Öffentlichkeit eine weitere „Arena", deren Funktion zum einen die Ermöglichung der Kontrolle der politischen Eliten durch den „Demos" ist, zum anderen aber auch ein Forum, in dem durch die öffentliche Artikulation von Meinungen und Interessenlagen Forderungen und Positionen gegenüber dem politischen System aufgestellt werden. Sie anerkennt die Tatsache, daß die öffentlich artikulierten Meinungen durchaus eine Macht darstellen können und fordert zugleich die Offenheit des politischen Systems gegenüber diesen Meinungen. In

---

77 Niklas Luhmann; Öffentliche Meinung; a.a.O.; S. 55.
78 Johann Kaspar Bluntschli; Lehre vom modernen Staat (Band 3: Politik als Wissenschaft); Stuttgart 1876; S.10.

diesem Sinne steht sie plebiszitären bzw. partizipatorischen Elementen, d.h. u.a. der Mitarbeit der Menschen in Interessengruppen und Parteien, die ihrerseits den öffentlichen Diskurs nachhaltig bestimmen, durchaus positiv gegenüber. Allerdings gesteht sie (im Normalfall) dieser Öffentlichkeit keine Entscheidungsbefugnis zu. Sie bleibt kritisch, ja sogar ablehnend gegenüber einer Übermacht plebiszitärer bzw. direktdemokratischer Elemente. Diese Taxierung der beiden Elemente der Demokratie ergibt sich zwingend aus der Formel, die Fraenkel in seinem Aufsatz über die repräsentativen und plebiszitären Elemente im demokratischen Verfassungsstaat geprägt hat: In „...seiner reinen Form [trägt; Erg. A.B.] sowohl das repräsentative als auch das plebiszitäre System den Keim der Selbstvernichtung in sich" und deshalb gilt das Postulat, „...beide Prinzipien zu Komponenten eines gemischten plebiszitär-repräsentativen, demokratischen Regierungssystems auszugestalten"[79].

4.2.2 Interessengruppen und Öffentlichkeit

Dieses Verständnis von Öffentlichkeit und öffentlicher Kommunikation gilt es allerdings angesichts der Entwicklungen im kommunikationstechnischen Bereich in den letzten Jahrzehnten neu zu überdenken. Die umfangreiche Entwicklung von neuen öffentlichen Akteuren der Interessensvertretungen, wie z.B. Bürgerinitiativen, stellt für die Pluralismustheorie der Demokratie ohne Zweifel eine Herausforderung dar, denn diese Zusammenschlüsse stellen nicht nur eine allgemeine Erscheinungsform der pluralistisch-parlamentarischen Demokratie dar, sondern sie verstehen sich nicht selten auch als Hüter eines revolutionären Erbes. Noch 1978 sah Franz Knöpfle in der Zunahme der Bürgerinitiativen eine Gefahr für die repräsentativ-demokratische Ordnung, da diese Gruppierungen nur über ein unzureichend demokratisch legitimiertes Mandat verfügten[80]. Aus Sicht des Pluralismusansatzes stellte Steffani allerdings sehr deutlich klar, daß man zwar grundsätzlich die Existenz solcher Zusammenschlüsse begrüße, allerdings dort eine Grenze zu ziehen habe, wo von einem Konsens über die allgemeinen Spielregeln der freiheitlichen Demokratie abgewichen werde, d.h. wo eben (symbolische bzw. begrenzte[81]) Regelverletzungen (mit kalkulierten Gewaltakten) Mittel zur Durchsetzung der je eigenen Interessen ins Spiel kämen[82]. Auch wenn, wie Steffani zu Recht anmerkt, das Selbstverständnis der verschiedenen und zugleich auch zahlreichen

---

79 Ernst Fraenkel; Die repräsentative und die plebiszitäre Komponente im demokratischen Verfassungsstaat; in: ders.; Deutschland und die westlichen Demokratien; a.a.O.; S. 159.
80 Vgl. Franz Knöpfle; Krise der repräsentativen Demokratie; in: Politische Studien; 29. Jg.; Heft 240/1978, S. 351.
81 So Walter Euchner, der jedoch deutlich macht, daß eine solche Regelverletzung nicht über eine gewisse Bargaining-Ebene hinausgehen dürfe, wenn die organisatorische Existenzberechtigung erbracht werden müsse; vgl. Walter Euchner, zit. in: Udo Bermbach; Demokratietheorie und politische Institutionen; Opladen 1991; S. 121.
82 Vgl. Winfried Steffani; Parlamentarische und präsidentielle Demokratie; Opladen 1979; S. 278

Bürgerinitiativen von Gewalt als Mittel zur Durchsetzung von Positionen absieht, so ist dennoch in diesem Zusammenhang die Frage zu stellen, welche Rolle die Medien eventuell als Beförderer gerade unkonventioneller und auch illegaler Aktivitäten von Interessengruppen gespielt haben (und spielen) und welche Implikationen dies wiederum für den Ansatz der Pluralismustheorie haben kann.

Die Rolle und Funktion der Interessengruppen wäre grundsätzlich zu einem „Schattendasein" verurteilt, wenn ihnen nicht die Möglichkeit gewährt werden würde, durch öffentliche Kommunikation für ihre eigenen Anliegen zu werben bzw. auf die Bedeutung der spezifischen Interessen aufmerksam zu machen. Als derartig formierte Interessengruppen spricht die Pluralismustheorie ihnen „...ein mittelbares durch die Parteien und Verbände geltend zu machendes Mitgestaltungsrecht auf die öffentliche Meinung, die Fraktionen und damit auch auf Regierung und Parlament"[83] zu. Damit ist zunächst das Verhältnis von Interessengruppen zu den Repräsentanten des „Demos" angesprochen, d.h. die Existenz von Kommunikationskanälen, die in ihrer Ausrichtung vom Volk zu den politischen Institutionen zu denken sind. Angesprochen ist damit zunächst allerdings auch die Frage, wie politische Eliten überhaupt Kenntnis über den zu bearbeitenden Problemhaushalt bekommen.

Damit die Verantwortlichen in der Politik Kenntnis von den Interessen der verschiedenen Interessengruppen bekommen - sofern dies überhaupt noch notwendig ist und nicht bereits „verbandsgefärbte Abgeordnete"[84] in den Parlamenten die spezifischen Interessen zur Sprache gebracht haben - sind grundsätzlich zwei „Wege" möglich. Einerseits ist damit das gemeint, was allgemein als „direkter Lobbyismus" bzw. auch als „geräuschlose Lobby" bezeichnet wird und auf direkter Kommunikation zwischen Verbänden und (den) Repräsentanten beruht. Parallel zu den (Macht-) Verschiebungen innerhalb der verschiedenen Regierungssysteme, wie sie bereits im vorangegangenen Kapitel beschrieben worden sind, hat sich auch der Adressatenkreis lobbyistischer Bestrebungen verlagert. Galten zunächst die Parlamentarier als die zentrale Anlaufstelle für die Kommunikationsstrategien von Interessengruppen und Verbänden, so haben sich in den letzten Jahren diese Kommunikationsbemühungen stärker auf die Regierung konzentriert. Die Ursache dieses Wandels liegt dabei in dem vor allem in parlamentarischen Regierungssystemen perzipierten Machtverlust des Parlamentes begründet. Dies bedeutet jedoch nicht, daß zwischen den verschiedenen Gruppen und dem Parlament keine oder nur geringfügige Kommunikationsbeziehungen bestünden. Sehr wohl versuchen gerade Interessengruppen die Programme und Entscheidungen aller Parteien zu beeinflussen und damit auch im Parlament mit den jeweiligen Positionen vertreten zu sein -

---

83 Ernst Fraenkel; Möglichkeit und Grenzen politischer Mitarbeit der Bürger in einer modernen parlamentarische Demokratie; in: ders.; Deutschland und die westlichen Demokratien; a.a.O.; S. 275-276.
84 Vgl. Heinrich Oberreuter; Scheinpublizität oder Transparenz? a.a.O.; S. 85.

insbesondere aus Sicht der Pluralismustheorie der Demokratie ein „Normalfall in einer demokratischen Gesellschaft"[85].

Welche Bedeutung bzw. Einfluß dies für den Entscheidungsprozeß bzw. die Entscheidung selbst hat, ist - nicht zuletzt auch aus methodischen Gründen - kaum meßbar. Wie Beyme richtigerweise bemerkt, wäre bei einer solchen Untersuchung grundsätzlich zu beachten, daß die „Einbahnstraßen-Kommunikation" von Verbänden zu einzelnen staatlichen Institutionen nicht bereits als qualitativer Einfluß zu werten sei, denn: „Einfluß erweist sich als ein sehr viel komplexerer Begriff"[86].

Darüber hinaus bietet das direkte Gespräch alleine keine Gewähr für den Erfolg, das jeweils spezifische Interesse auch erfolgreich durchsetzen zu können. Aus diesem Grund haben sich schon längst die Kommunikationsstrategien der Interessengruppen bzw. Verbände deutlich erweitert. Vielmehr sehen sie es als ein zentrales Ziel an, *mehrere Kommunikationswege* parallel zu wählen. Neben die direkte Kommunikation mit politischen Institutionen und Akteuren tritt zugleich auch die an die Öffentlichkeit gerichtete Kommunikation, die durch Einbringung der jeweiligen Argumente in den öffentlichen Diskussionsprozeß Einfluß auf Positionen und Meinungen nehmen will bzw. ihren Einfluß auch über den Weg der „öffentlichen Meinung" zur Geltung bringen will; eine solche nachhaltige Teilnahme am Öffentlichkeitsprozeß setzt allerdings eine wirksame Organisation einerseits und eine hohe Informationsbereitschaft gegenüber den Medien andererseits voraus[87]: „Die moderne Kommunikationsforschung sieht [...] im Lobbyismus ein sehr komplexes Kommunikationsphänomen, bei dem die Massenpropaganda genauso wichtig ist wie der individuelle Kontakt zwischen Einflüsterern und Politikern"[88]. Da die Politiker sich zu einem Großteil über die verschiedenen Medien informieren, ist es für die Interessengruppen und Verbände auch rational, sich dieser Kommunikationskanäle zu bedienen und deshalb sind auch „„...die meisten Versuche einer Verbandseinflußnahme [...] vom Appell des Verbandes an die öffentliche Meinung begleitet"[89].

Die Rationalität der Wahl einer komplexeren Kommunikationsstrategie wird durch das empirische Datenmaterial durchaus gestützt, denn neben den direkten Kontakten spielen Medien als Informationsgeber für die Repräsentanten eine, ja sogar *die* herausragende Rolle. Am Beispiel der Abgeordneten des Deutschen Bundestages konnte dies die Untersuchung von Dietrich Herzog et al. zeigen. Die folgende Tabelle belegt dies deutlich:

---

85 Klaus von Beyme; Interessengruppen in der Demokratie; München 1980; S.196.
86 ebenda; S. 159.
87 Vgl. Peter Nissen / Walter Menningen; Der Einfluß der Gatekeeper; a.a.O.; S. 226.
88 Klaus von Beyme; Interessengruppen in der Demokratie; a.a.O.; S. 161.
89 ebenda; S. 220; Dies ist z.B. über die verbandseigene Presse oder aber auch über unabhängige Zeitungen bzw. Fernsehsender möglich. Der Erfolg der Verbandsaktivität bemißt sich dann an der Anzahl der Nennungen in Presse und Rundfunk.

Tab 1: Häufigkeit der Nutzung von Medien durch Mitglieder des Deutschen Bundestages[90]

Medien	Nutzungshäufigkeit Skala von 0 (= gelegentlich) bis 100 (= regelmäßig)
Regionale Tageszeitung	95
Überregionale Tageszeitung	92
Wochenzeitungen	68
Magazine	59
Fernsehsendungen	52
Radiosendungen	50

Bei der Bewertung, welche Medien für die tägliche Arbeit als Abgeordneter am *bedeutungsvollsten* seien, ergab sich allerdings eine etwas andere Reihenfolge. Auf die Frage. „Welche der von Ihnen genutzten Medien sind die drei wichtigsten für ihre Tätigkeit als Abgeordneter" antworteten die Befragten:

Tab 2: Wichtigkeit der Medien bei der tägl. Arbeit als Mitglied des Deutschen Bundestages[91]

Medien	Wichtigkeit für Abgeordnete (in Prozent)
Regionale Tageszeitung	34
Überregionale Tageszeitung	82
Wochenzeitungen	11
Magazine	10
Fernsehsendungen	53
Radiosendungen	34

Die hier vorgelegten Daten belegen deutlich, daß (mehrere) Medien bei der Informationsarbeit der Abgeordneten eine maßgebliche Rolle spielen. In ihrer Untersuchung über das Informationsverhalten der Abgeordneten konnten allerdings Henry Puhe und H. Gerd Würzberg mit eindrucksvollen Daten der schon oben angedeuteten Annahme entgegentreten, dieser mediale Kommunikationsfluß sei etwa schon als Einfluß zu verstehen. Gefragt nach der Einschätzung der Stärke der Einflußnahme auf Abgeordnete antwortete die überwiegende Mehrheit, der größte Einfluß werde von der jeweiligen Fraktion ausgeübt (62 %); in weitem Abstand folgten die überregionalen Medien (34 %) und die Regierung (32 %). Gewerkschaften lagen mit 18 %, Unternehmerverbände mit 16 %

---

90 Vgl. Dietrich Herzog / Hilke Rebenstorf / Camilla Werner / Bernhard Weßels; Abgeordnete und Bürger. Ergebnisse einer Befragung der Mitglieder des 11. Deutschen Bundestages und der Bevölkerung; Opladen 1990; S. 74.
91 Vgl. ebenda; S. 76.

und interessierte Bürger mit 12 % am Ende der Skala[92]. Unzweifelhaft sind es die Fraktionen, die ihre Abgeordneten im Willensbildungs- und Entscheidungsprozeß dominieren[93]. Dabei wäre es gewiß eine Übertreibung, von einer „Diktatur des Establishments" zu sprechen[94], jedoch spielen gerade die Spitzen der Fraktionen in diesem Prozeß eine herausragende Rolle[95]. Deutlich sichtbar wird dies an der Zunahme der „Koalitionsrunden", die sich zwischenzeitlich zu einem dauerhaften Beratungs- und Vorentscheidungsorgan während der Legislaturperiode entwickelt haben[96].
So bedeutend die Dominanz der Fraktion einerseits ist und so scheinbar untergeordnet die Rolle von Interessengruppen und Verbänden andererseits von den Abgeordneten taxiert wird: in einer spezifischen Hinsicht muß dies durchaus relativiert, zumindest allerdings nachhaltiger hinterfragt werden, wenn man die Rolle der (überregionalen) Medien genauer in Betracht zieht. Jürgen Gerhards macht, wie auch schon von Beyme, zu Recht darauf aufmerksam, daß unklar bleibt, was mit dem Terminus „Einfluß" wirklich gemeint ist: Haben die angegebenen Akteure und Institutionen nun Einfluß auf das *Informations*verhalten oder das *Entscheidungs*verhalten des Abgeordneten? Ebenfalls unklar bleibt, welche Konsequenzen diese Beeinflussung (zum Beispiel der Medien) bei den Abgeordneten hat[97]. Von überragender Bedeutung ist allerdings in dem hier zu untersuchenden Kontext die Frage, was genau unter dem Einfluß der (überregionalen) Medien" zu verstehen ist. Unklar bleibt bei dem diffusen Item „überregionaler Medien" nämlich grundsätzlich die Frage, wer denn der eigentliche Akteur bei diesem Einflußprozeß ist: sind es die Meinungen der Journalisten und Redakteure, die einen Einfluß auf die Abgeordnete nehmen (also Akteure im Mediensystem selbst) oder sind es vielleicht nicht auch gerade die in den Medien verbreiteten Meinungen, Positionen oder Forderungen der Unternehmensverbände, Gewerkschaften, Bürgerinitiativen etc., die von den Verantwortlichen in der Politik über die Medien rezipiert werden und somit einen Einfluß auszuüben vermögen. Wäre letzteres der Fall, dann müßte der medieninduzierte Einfluß deutlich nach unten relativiert werden, während gerade den Interessengruppen, Verbänden etc. ein deutlich stärkeres Gewicht zuzurechnen wäre. Wie oben bereits vermerkt, ist es ein wesentlicher Bestandteil der Kommunikationsstrategien von Interessengruppen und Verbänden, über mehrere Kommunikationskanäle die jeweils

---

92 Vgl. Henry Puhe / H. Gerd Würzberg; Lust und Frust. Das Informationsverhalten der deutschen Abgeordneten. Eine Untersuchung. Köln 1989; S. 25-27.
93 Vgl. Suzanne S. Schüttemeyer; Der Bundestag als Fraktionenparlament; in: Jürgen Hartmann / Uwe Thaysen (Hg.); Pluralismus und Parlamentarismus in Theorie und Praxis. Winfried Steffani zum 65. Geburtstag. Opladen 1992; S. 126.
94 So auch der ehemalige SPD-Abgeordnete Martin Hirsch; Diktatur des Establishments? Zur Willensbildung in der Fraktion; in: Emil Hübner / Heinrich Oberreuter / Heinz Rausch; Der Bundestag von innen gesehen; München 1969; S. 83-93.
95 Vgl. Udo Bermbach; Demokratietheorie und politische Institutionen; a.a.O.; S. 87.
96 Vgl. Waldemar Schreckenberger; Veränderungen im parlamentarischen Regierungssystem; a.a.O.; S. 146-154.
97 Vgl. Jürgen Gerhards; Macht der Massenmedien; a.a.O.; S. 47.

spezifischen Interessen an das politische System heranzutragen. Die Frage, wer der eigentliche Sender einer Botschaft mit (mehr oder weniger) intendierter Einflußnahme ist, bleibt aufgrund des vorliegenden Datenbestandes unklar - hinsichtlich der Medienkommunikation eine wichtige, aber immer noch zu stark vernachlässigte Frage.

Ein weiteres ist zu beachten. Insbesondere das Informationsverhalten der Abgeordneten ist bei den verschiedensten Themen, die zur Entscheidung vorliegen, nicht immer gleichbleibend, sondern ist stark durch den jeweiligen Themenkomplex bestimmt. Themen und damit verbundene Meinungen, die außerhalb des eigenen Erfahrungsraumes oder des Spezialinteresses liegen, werden fast ausschließlich über die Medien wahrgenommen. So gilt für den policy-Bereich der Außenpolitik, daß die politischen Eliten die aktuellen Themen und sich entwickelnde Konflikte fast ausschließlich über die Medien zur Kenntnis nehmen. Medien und die ihnen vorgeschalteten Nachrichtenagenturen sind dabei die wichtigsten (allerdings auch nicht die einzigen) Distributionsmittel und Informationsquellen der politischen Eliten[98]. So stellt Jürgen Bellers fest: „Einen Großteil ihrer politischen Informationen beziehen Parlamentarier aus den Medien, insbesondere aus den überregionalen Tageszeitungen"[99].

Bei Themen des jeweiligen Fachgebietes oder dessen Randgebieten hingegen informieren sich die Politiker eher seltener über die Medien, da sie zumeist über zahlreiche formelle und informelle Kanäle verfügen, über die ihnen Information zufließt. Insgesamt wird der Prozeß des Informierens und der Willensbildung darüber hinaus durch eine Reihe an (nicht-medialen) Teilöffentlichkeiten ergänzt, wie z.B. Fach-, Interessen-, Partei und Wahlkreisöffentlichkeit. In ihrer Gesamtheit sichert eine solche ausdifferenzierte Kommunikationsstruktur eine Kontinuität der Willensbildung, wie sie gerade für moderne Demokratien von nachhaltiger Bedeutung ist[100] und sie legt offen, daß Medien hier nur eine - wenngleich eine nicht unbedeutende - Rolle spielen.

4.2.3 Interessengruppen und der Zugang zur Öffentlichkeit

Doch um eine umfangreiche und zugleich auch konzentrierte Kommunikation in Richtung des politischen Systems unternehmen zu können, benötigen Verbände und Interessengruppen ebenfalls den Zugang zu den Kommunikationsmitteln. Ein Weg liegt dabei in der Herausgabe von verbandseigenen Zeitungen und Zeitschriften. Um allerdings die jeweiligen Positionen auch einer breiten Öffentlichkeit zugängig zu machen, ist dies nicht ausreichend. Vielmehr müssen gerade *die* Medien aktiviert werden, die eine Gewähr für eine umfangreiche Verbreitung der jeweiligen Positionen bieten. Anders als die Akteure in der Politik verfügen nur wenige Akteure im Bereich des Verbandswesens über eine ausreichende Prominenz, um allein deshalb bereits Beachtung in den Medien

---

98 Hans Mathias Kepplinger; Ereignismanagement; a.a.O.; S. 29.
99 Jürgen Bellers; Bundestag, Medien und Öffentlichkeit; a.a.O.; S. 396.
100 Vgl. Heinrich Oberreuter; Parlament und Öffentlichkeit; a.a.O.; S. 71-72.

finden zu können. Beyme vermutet gar, die Forcierung eines privaten und werbefinanzierten Fernsehens sei der Versuch gewesen, dieses Handikap des erschwerten Zuganges zu den Massenmedien auszugleichen[101]. Zur Überwindung dieser Zugangsbarriere hat sich der Ereignis- bzw. Nachrichtenwert der „Konflikthaftigkeit" deutlich zu einem immer wichtigeren Element herauskristallisiert.

Für diese Bedeutungszunahme läßt sich zunächst ein zentraler Grund benennen, den Klaus von Beyme mit dem Begriff der „Verstopfung der Kommunikationskanäle" umschrieben hat. Die direkte Kommunikation von „Demos" zu Elite ist nicht zwingend für alle Personen und jedes beliebige Thema offen. Bereits Anfang der 1980er Jahre hatte der Heidelberger Politikwissenschaftler darauf aufmerksam gemacht, daß eine responsive Haltung der politischen Eliten grundsätzlich nur dann möglich sei, wenn die Kommunikation zu den Eliten auch erfolgreich sei, d.h. nur dann kann eine Sensibilität für die Bedürfnisse und Argumente des „Demos" entwickelt werden, wenn diese auch den Eliten zugetragen werden können. Als Beispiel für dieses Problem benannte Beyme die Entwicklung der Fünften Republik in Frankreich: durch die Entmachtung des Parlamentes und der Parteien sei es zu einer „Verstopfung der Kommunikationskanäle zwischen den Verbänden und den Zentren der Macht"[102] gekommen. Nicht alle Interessenvertreter verfügten über einen ständigen Zugang zum Präsidenten. Die Folge dieses von Beyme anschaulich beschriebenen Phänomens der „Verstopfung", d.h. der begrenzten Aufnahmekapazitäten von Forderungen an die Politik, wird ergänzt durch eine vor allem in den siebziger Jahren anhaltende (vermeintliche) Vernachlässigung spezifischer Themen durch die politischen Eliten, die insbesondere durch den fundamentalen Prozeß des Wertewandels immer stärker in den Mittelpunkt öffentlicher Aufmerksamkeit gerückt waren: in der Problemerkennung waren die Parteien „nicht auf der Höhe der Zeit"[103]. So schreibt Wolfgang Ismayr auch hinsichtlich des Deutschen Bundestages:

> „Die weitgehende Ausgrenzung grundlegender Kritik und Alternativen der Ökologie- und Friedensbewegung aus parlamentarischen Debatten hatte den Bundestag geschwächt und die parlamentarische Demokratie an den Rand einer Glaubwürdigkeitskrise geführt."[104]

Die Konsequenzen aus der Vernachlässigung spezifischer Themenkomplexe wurde zugleich aber auch noch durch die gesteigerten Erwartungen des „Demos", das politische System solle auf die spezifischen Anliegen sensibel reagieren[105], verschärft. Daraus entstand in den siebziger Jahren in nahezu allen Demokratien ein Konfliktpotential, das insbesondere entlang der Themen „Verteidigungspolitik" (Stichwort: Friedensbewegung) und „Umweltpolitik" (Stichwort: Anti-AKW-Bewegung) in Form von sozialen Bewegungen bzw. Bürgerinitiativen deutlich wurde und sich auch in der Bildung einer

---

101 Vgl. Klaus von Beyme; Interessengruppen in der Demokratie; a.a.O.; S.221-222.
102 ebenda; S.136.
103 Klaus von Beyme; Die Massenmedien und die politische Agenda; a.a.O.; S. 329.
104 Wolfgang Ismayr; Der deutsche Bundestag; a.a.O.; S. 356.
105 Vgl. ebenda; S. 549.

medialen Gegenöffentlichkeit niederschlug[106]. Dadurch wurden Aspekte gesellschaftlichen Verhaltens in den „Diskursraum" eingebracht, die vorher nicht diskutiert bzw. „durch Anwendung herkömmlicher Verfahren 'erledigt' wurden"[107]. Zugleich allerdings signalisierten vor allem diese neuen Gruppierungen keine Bereitschaft zur Vermittlung der jeweiligen Interessen durch die politischen Parteien[108].

In diesem Prozeß wurden schließlich die Medien zu einem entscheidenden Mittel zur Erreichung öffentlicher Aufmerksamkeit[109]. Mit anderen Worten: strukturelle, personelle wie auch themenbedingte Gründe können dazu führen, daß die Kommunikationsbeziehung zwischen „Demos" und Elite nachhaltig gestört ist. In der Folge wäre dann mit einer Verlagerung der politischen Kommunikation und Partizipation außerhalb der institutionellen Bahnen bzw. „verfaßter" Partizipation zu rechnen[110].

Diese Dimensionen - „Verstopfung" (personell oder institutionell bedingt) und „Themenvernachlässigung" - spielen im Verhältnis von politischer Elite und „Demos" eine nachhaltige Rolle; allerdings ist der Wissensstand über diesen Bereich noch äußerst gering. So existieren nur wenig empirische Untersuchungen über die Sensibilität der politischen Institutionen gegenüber den in der Öffentlichkeit artikulierten Meinungen. Erst jüngst veröffentlichte Frank Brettschneider eine erste umfangreiche Studie über das Responsivitätsverhalten des deutschen Parlamentes. Dabei kam er zu zunächst überraschenden Ergebnissen: auf der Basis der von ihm verglichenen Daten des Instituts für Demoskopie Allensbach und den Protokollen des Deutschen Bundestages stellte er fest, daß in 68,7 % der Fälle die Parlamentshandlungen mit der öffentlichen Meinung übereinstimmten. Bei einer Veränderung der öffentlichen Meinung zu einer spezifischen Sachfrage entsprachen immerhin noch 58,3 % der Parlamentshandlungen diesem Wandel. Bei den Regierungserklärungen lag die Übereinstimmung mit der Mehrheit der Be-

---

106 Vgl. Wolfgang Beywl; Die Alternativpresse - ein Modell für Gegenöffentlichkeit und seine Grenzen; in: Aus Politik und Zeitgeschichte, B45/1982, 13.11.1982, S. 18; - Das Konzept der „Gegenöffentlichkeit" wurde in der weitbeachteten theoretischen Fundierung bei Oskar Negt und Alexander Kluge genauer erläutert. Die Zielsetzung einer solchen „Gegenöffentlichkeit", die als Träger insbesondere die Studenten fand, skizzierten die beiden Autoren so: „Sie wollten Erfahrungen, Lebenszuammenhänge, geschichtliche Gegenwart [...] in einen öffentlichen Diskussionszusammenhang bringen, der die formale Öffentlichkeit hintertreibt"; Oskar Negt / Alexander Kluge; Öffentlichkeit und Erfahrung. Zur Organisationsanalyse von bürgerlicher und proletarischer Öffentlichkeit; Frankfurt am Main ^{6}1978; S. 151.
107 Anthony Giddens; Links und Rechts; a.a.O.; S. 169.
108 Vgl. Roger H. Davidson; Der Kongreß als repräsentative Institution; in: Uwe Thaysen / Roger H. Davidson / Robert G. Livingston (Hg.); US-Kongreß und Deutscher Bundestag. Bestandsaufnahme im Vergleich; Opladen 1988; S. 69.
109 Vgl. dazu u.a. Dieter Rucht; Parteien, Verbände und Bewegungen; a.a.O.; S. 268; - s.a. Rüdiger Schmitt-Beck; Über die Bedeutung der Massenmedien für soziale Bewegungen; in: Kölner Zeitschrift für Soziologie und Sozialpsychologie, 42. Jg., 4/1990, S. 642-662.
110 In der Literatur wird die perzipierte „mangelhafte Interessenvertretung" auch zumeist als Ursache für die Entstehung von Bürgerinitiativen bzw. sozialen Bewegungen benannt. Siehe dazu u.a. Udo Bermbach; Demokratietheorie und politische Institutionen; a.a.O.; S. 109.

fragten sogar bei 85 %[111]. Ähnliche Daten für die Vereinigten Staaten von Amerika legte auch die Gruppe um Cheryl Lynn Herrera vor, die eine hohe Übereinstimmung zwischen den Positionen und Handlungen der Mitglieder des amerikanischen Kongresses und dem Wahlvolk feststellen konnten[112].

Angesichts dieser durchaus beeindruckenden Daten erscheint die von Ismayr angestellte Überlegung, der Bundestag habe über einen längeren Zeitraum spezifische Themen aus dem politischen Prozeß ausgeklammert bzw. ignoriert, nur wenig plausibel, allzumal Brettschneider ebenfalls feststellt, daß die Responsivität des Parlamentes in Deutschland zwischen 1949 und 1990 weder zu-, noch abgenommen habe.

Doch bei einer genauen Analyse dieses scheinbaren Widerspruchs wird die hier zu untersuchende Problematik deutlich. Brettschneider versteht nämlich öffentliche Meinung als „...*die Verteilung der in Umfragen gemessenen individuellen Einstellungen zu politischen Sachfragen in einem repräsentativen Querschnitt der Bevölkerung*"[113] und als den gebräuchlichsten Indikator für die unabhängige Variable „öffentlich Meinung" die repräsentative Bevölkerungsbefragung zu politischen Sachfragen[114]. Die Divergenz der beiden Positionen (Ismayr: Parlament in wichtigen Fragen unsensibel; Brettschneider: keine Ab- und Zunahme der Responsivität) ist demnach aus dem divergierenden Verständnis und einer unterschiedlichen Perzeption der öffentlichen bzw. der öffentlich artikulierten Meinung zu erklären. Brettschneider ist diese Diskrepanz durchaus bewußt und bemerkt deshalb an anderer Stelle, es sei durchaus denkbar, „...daß die Handlungen in jenen Themenbereichen inkongruent waren, die eine hohe Medienaufmerksamkeit erfuhren und von der Bevölkerung daher als besonders wichtig angesehen wurden" und schließlich gibt er zu bedenken: „Mangelnde Responsivität könnte dann doch eine Ursache für 'Politikverdrossenheit' darstellen"[115].

Wendet man sich diesem Problem intensiver zu, dann lassen sich auch die genaueren Ursachen für diese scheinbar divergierenden Positionen ausfindig machen. Bernd Guggenberger hatte zu Beginn der achtziger Jahre in Auseinandersetzung mit der Friedens- und Anti-AKW-Bewegung geltend gemacht, daß der Bereich der Entscheidungsmotivation und der Teilhabevoraussetzungen für die Entscheidungsbeteiligten für die Entfaltung der legitimatorischen Wirkung der Mehrheitsregel entscheidend sei:

---

111 Vgl. Frank Brettschneider; Öffentliche Meinung und Politik. Eine empirische Studie zur Responsivität des deutschen Bundestag zwischen 1949 und 1990; Opladen 1995; S. 223.
112 Vgl. Cheryl Lyn Herrera / Richard Herrera / Eric R. A. N. Smith; Public Opinion and Congressional Representation; in: Public Opinion Quarterly, 56. Jg., 2/1992, S. 185-205.
113 Frank Brettschneider; Öffentliche Meinung und Politik; a.a.O.; S. 24.
114 Vgl. ebenda; S. 36; - Zur Kritik an dieser Methodik vgl. Dietrich Herzog; Responsivität; in: Otfried Jarren / Ulrich Sarcinelli / Ulrich Saxer (Hg.); Politische Kommunikation in der demokratischen Gesellschaft. Ein Handbuch mit Lexikonteil; Opladen 1998; S. 300.
115 Beide Zitate: Frank Brettschneider; Parlamentarisches Handeln und öffentliche Meinung. Zur Responsivität des Deutschen Bundestages bei politischen Sachfragen zwischen 1949 und 1990; in: Zeitschrift für Parlamentsfragen, 27. Jg., 1/1996, S. 117.

> „Je mehr der Staat und die Politik für alles zuständig werden, um so häufiger treffen wir auf die Konstellation, daß apathische, schlecht informierte und mangels ersichtlicher persönlicher Betroffenheit auch völlig desinteressierte Mehrheiten engagierten, sachkundigen und hochgradig betroffenen Minderheiten gegenüberstehen."[116]

Schließlich stellt er die rhetorisch gemeinte Frage:

> „Leuchtet es denn so ohne weitere ein, daß dem, was fünfzig Prozent plus eine Stimme beschließen, ein höherer Rang zukommt als dem, was fünfzig Prozent minus eine Stimme wollen? [...] Übertreffen tausend matte Jas wirklich hundert leidenschaftliche Neins um das Zehnfache?"[117]

Der Argumentation Guggenbergers, die hier nur in einem äußerst kleinen Ausschnitt angeführt wurde, verweist mit aller Deutlichkeit auf das eigentliche, hier zu erörternde Problem. Auch bei Elmar Wiesendahl findet sich eine ähnliche Argumentation: Zwar „lärmten" die sozialen Bewegungen im Vorhof zur politischen Macht und besäßen eine hohe Thematisierungskapazität, aber noch „so authentische, unmittelbare, aktionsorientierte und basisdemokratische Massenpartizipation des bürgerschaftlichen Aufbegehrens" brächte eben noch keinen Einfluß zu Wege, der nach wie vor innerhalb der „verfestigten und bewehrten Gemäuer des Staatsapparates ausgeübt" werde[118].

Zunächst ist der Auffassung Guggenbergers insbesondere auf institutioneller Ebene heftig widersprochen worden. So machte Oberreuter deutlich, daß die von Guggenberger eingenommene Sichtweise hinsichtlich des Majoritätsprinzips die eigentliche Problematik zu engführe und damit zugleich verfälsche. Seiner Auffassung nach sei gerade das Mehrheitsprinzip nicht isoliert zu betrachten, sondern es gewinne seine Bedeutung erst im Rahmen der Verfassung, die ihm seine Funktion, aber eben auch seine *Grenzen*[119], wie z.B. die Garantie individueller Grundrechte, das Gewaltenteilungsgefüge, das zu einer Verhinderung von Machtmißbrauch durch die Mehrheit beitrüge, sowie die zahlreichen (parlamentarischen) Minderheitsrechte, die sich in erhöhten Mehrheitserfordernissen (z.B. Zweidrittelmehrheit)[120], aufweise:

---

116 Bernd Guggenberger; An den Grenzen der Mehrheitsdemokratie; in: ders. / Claus Offe (Hg.); An den Grenzen der Mehrheitsdemokratie. Politik und Soziologie der Mehrheitsregel; Opladen 1984; S. 191; in der „weit überdurchschnittlichen Sachkompetenz" sieht Guggenberger schließlich auch die neue Macht der Minderheit begründet; vgl. Bernd Guggenberger; Die neue Macht der Minderheit; in: ders. / Claus Offe (Hg.); An den Grenzen der Mehrheitsdemokratie. Politik und Soziologie der Mehrheitsregel; Opladen 1984; S. 213.
117 Bernd Guggenberger; Grenzen der Mehrheitsdemokratie; a.a.O.; S. 188.
118 Elmar Wiesendahl; Neue soziale Bewegungen; a.a.O.; S. 344-383.
119 Vgl. Heinrich Oberreuter; Abgesang auf einen Verfassungstyp?; a.a.O.; S. 23.
120 Vgl. dazu u.a. Winfried Steffani; Mehrheitsentscheidung und Minderheiten in der pluralistischen Verfassungsdemokratie; in: Roland Roth / Dieter Rucht (Hg.); Neue soziale Bewegungen in der Bundesrepublik Deutschland. Frankfurt am Main u.a. 1987; S. 348-350; - s.a. Peter Graf Kielmansegg; Experiment der Freiheit; a.a.O.; S. 106-130; - Aus einer stärker philosophischen Perspektive: Birgit Palzer-Rollinger; Zur Legitimität von Mehrheitsentscheidungen. Die Legitimitätsproblematik von Mehrheitsentscheidungen angesichts zukunftsgefährdender politischer Beschlüsse; Baden-Baden 1995; S. 233-245.

"Mehrheitsherrschaft heißt nicht Unterdrückung oder Nichtbeachtung der Minderheitspositionen. Mehrheitsentscheidungen fallen in aller Regel nach einem langen Prozeß politischer Willensbildung, in welchem mit der Minderheit nach Kompromissen und Konsens gesucht wird. Mehrheitsherrschaft bleibt also auf die Gesamtheit bezogen"[121]

Guggenberger hatte allerdings (mehr oder weniger unbewußt) noch einen weiteren Aspekt angesprochen, dem mit dieser stärker *institutionell* gebundenen Replik nicht ohne weiteres beizukommen war, denn seine Kritik bezog seine argumentative Kraft nicht allein aus der vermeintlichen *institutionellen Vernachlässigung* von Minderheiten, sondern vor allem aus der Diskrepanz von kommunikativer Dominanz bzw. „Lautstärke" dieser aktiven Minderheiten im politischen Kommunikationsprozeß einerseits und der (vermeintlich) inadäquaten Berücksichtigung dieser Anliegen im institutionellen Kontext andererseits. Nur auf der Basis dieser wahrgenommenen Diskrepanzen konnte er zu der abschließenden Aussage kommen: „Wo es dagegen allein die mathematische Operation ist, die einem Beschluß die Anerkennung sichert, steht jede Entscheidung auf politisch schwachem Fundament"[122]. Auch wenn die Intensität der Beteiligung am demokratischen politischen Prozeß aufgrund des der Demokratie immanenten Gleichheitsprinzips formal keine qualitative Differenzierung erlaubt[123] - Millionen von Demonstranten oder Unterschriften sind eben nicht das Volk[124] -, so ist dennoch gerade diese Dominanz im politischen Kommunikationsprozeß von entscheidender Bedeutung.

Die Möglichkeit zur öffentlichen Artikulation von der Mehrheit abweichender Meinungen ist in demokratietheoretischer Hinsicht - unabhängig von der spezifischen Auffassung von Demokratie - kein grundsätzliches Problem, ja sie kann sogar allgemein zum Wesen der Demokratie gezählt werden. Aus Sicht der Pluralismustheorie ist dies sogar ein durchaus begrüßenswertes Element der Demokratie. Sie sieht ja grundsätzlich in der Artikulation und im Konflikt der Interessen kein Problem, sondern sieht den Konflikt als eine natürliche Tatsache an. Das Problem divergierender Meinungen wird allerdings dann erheblich, wenn die „Lautstärke" einer vertretenen Meinung bzw. eines Interessenkomplexes zugleich auch als Argument für oder gegen die Legitimität eines politischen Systems in Anschlag gebracht wird. Damit wäre die Demokratie selbst in ihrem Kern getroffen. So gibt auch Kaase zu bedenken:

„Die nunmehr vorliegende empirische Evidenz läßt keinen Zweifel daran, daß immer mehr Bürger ihr Recht auf politische Beteiligung ernst nehmen und im Gefolge die etablierten Entscheidungsmechanismen in Politik, Wirtschaft und Organisation wie etwa den Gewerkschaften und Kirchen mit Erfolg in Frage gestellt, teilweise verändert haben. [...] Während diese Beteiligungsformen nämlich sehr gut geeignet sind, Forderungen in den politischen Entscheidungsprozeß einzufüttern, ist die Legitimitätsgrundlage so zustandegekommener *Entscheidungen* zweifelhaft, der Tendenz nach eher undemokratisch, da

---

121 Heinrich Oberreuter; Abgesang auf einen Verfassungstyp?; a.a.O.; S. 23.
122 Beide Zitate: Bernd Guggenberger; Grenzen der Mehrheitsdemokratie; a.a.O.; S. 188-189.
123 Vgl. Ernst-Wolfgang Böckenförde; Staat, Verfassung, Demokratie; a.a.O.; S. 338.
124 Vgl. Giovanni Sartori; Demokratietheorie; a.a.O.; S. 97.

ausschließlich an individueller Betroffenheit plus organisatorischem Selbstinteresse orientiert. Zusätzlich darf man nicht übersehen, daß die - empirisch nachgewiesene - Überrepräsentation der Mittelschichten in diesen ad-hoc Organisationen (à la Umweltschutz) die Gleichheitschancen unterminiert, die durch die Verwirklichung des Prinzips 'ein Mensch - eine Stimme' (one man one vote) bei allgemeinen Wahlen mühsam hergestellt worden war."[125]

Während bislang nur die mögliche Dominanz von Minderheiten im politischen Kommunikationsprozeß diskutiert worden ist, so ist jetzt nach den Ursachen bzw. den Voraussetzungen zu dieser Dominanz zu fragen. Von nachhaltiger Bedeutung erweist sich hier zunächst insbesondere der Wandel im Partizipationsverhalten.

Über den Begriff der politischen Partizipation gibt es in der Partizipationsforschung einen weitestgehenden Konsens. Während Sidney Verba und Norman H. Nie politische Partizipation noch eng an den verfassungsmäßig gewährten Rechten (Wahl, Versammlungsfreiheit, Meinungsfreiheit) politischer Aktivitäten definieren, wenn sie schreiben, unter politischer Partizipation sei zu verstehen „...all those activities by private citizens that are more or less directly aimed at influencing the selection of governmental personnel and/or the decisions that they make"[126], fassen Samuel H. Barnes und Max Kaase in ihrer 1979 erschienenen „Political-Action-Studie" Partizipation zwar in Anlehnung an Verba und Nie, aber dennoch weiter als „...all voluntary activities by individual citizens intended to influence either directly or indirectly political choice at various levels of the political system"[127].

Der Beginn eines durchaus als radikal zu bezeichnenden Wandels im Partizipationsverständnis läßt sich in etwa Anfang der sechziger Jahre nachweisen. Vor allem zu Beginn der 1970er Jahre schien sich insbesondere das Spektrum politischer Partizipation schlagartig zu verändern. Ohne weiteres läßt sich dieser Transformationsprozeß als der Beginn einer partizipatorischen Revolution bezeichnen. Im Rahmen der nun immer stärker werdenden Partizipationsforschung konnte gezeigt werden, „...daß die passive Politikorientierung zunehmend durch eine Haltung des aktiven Engagements an der Politik abgelöst wurde", wobei sogleich anzumerken war, daß dieses aktive Engagement „...sich im Kern nicht gegen die Demokratie richtete, sie allerdings offensiver in-

---

125 Max Kaase; Legitimationskrise in westlichen demokratischen Industriegesellschaften: Mythos oder Realität?; in: Helmut Klages / Peter Kmieciak (Hg.); Wertwandel und gesellschaftlicher Wandel. Frankfurt am Main u.a. ³1984; S. 344-345; - s.a. Martin Greiffenhagen / Sylvia Greiffenhagen; Ein schwieriges Vaterland. Zur politischen Kultur Deutschlands; München 1979; S. 114; - Zur Frage der Überrepräsentation von Mittelschichten und die Bedeutung für die Bürgerinitiativen: Vgl. Udo Bermbach; Demokratietheorie und politische Institutionen; a.a.O.; S. 123.
126 Sidney Verba / Norman H. Nie / Jae-On Kim; The Modes of Democratic Participation: A Cross-National Comparison; Beverly Hills 1971; S. 9.
127 Samuel H. Barnes / Max Kaase u.a.; Political Action. Mass Participation in Five Western Democracies; Beverly Hills u.a. 1979; S. 42.

terpretierte..."[128] und die demokratische Realität mit zunehmend partizipationsorientierten Idealen konfrontierte.

Diese Zunahme politischer Beteiligung drückte sich in erster Linie jedoch nicht in den „konventionellen" bzw. „verfaßten" Formen der Partizipation aus, d.h. im Rahmen von institutionalisierten Mitgestaltungsmöglichkeiten, sondern besonders im Bereich „unkonventioneller" bzw. „unverfaßter" Partizipationsmöglichkeiten. Kaase unterteilt diese Formen der unverfaßten Partizipation noch ein weiteres Mal hinsichtlich ihres Legalitätsstatuses, d.h. unkonventionelle Partizipation kann auf der Basis der existierenden Gesetze geschehen, z.B. in Form von Bürgerinitiativen oder genehmigten Demonstrationen, aber eben auch im Kontext illegaler Aktivitäten, wie z.B. der Besetzung eines Hauses als einen politisch-symbolischen Akt. Dieser Komplex unverfaßter Partizipation scheint in den letzten zwei Jahrzehnten an Bedeutung deutlich zugenommen zu haben[129].

An diesem Punkt treten nun die Medien als weiterer Faktor in Erscheinung. Den Orientierungen der Medien, insbesondere des Fernsehens, kommt nämlich diese Form der Teilhabe nun aber durchaus entgegen, denn sie ist besonders geeignet, spezifische Problemlagen auf den Konflikt zuzuspitzen und dies zugleich in einer Form, die nicht selten auch besonders gut visualisierbar ist.

Als paradigmatisches Beispiel kann in diesem Zusammenhang die spektakuläre Aktion der Umweltschutzorganisation „Greenpeace" in Verbindung mit der Ölbohrinsel „Brent Spar" angeführt werden. Hier zeigte sich mit aller Deutlichkeit der eigentliche Mechanismus dieser Partizipationsform. Von zentraler Bedeutung ist nämlich nicht die Aktion selbst, sondern zunächst geht es dabei um die Bedienung eines spezifischen Mechanismuses, der durch eine Normverletzung in Gang gesetzt wird bzw. offensichtlich in Gang gesetzt werden kann. Den „Partizipierenden" ging es nämlich ersichtlich nicht um die Versenkung der Bohrinsel im Speziellen, sondern in erster Linie darum, anhand der Inszenierung eines symbolischen und zugleich visualisierbaren Konfliktes das Augenmerk auf eine grundlegendere Problematik zu richten: die Bewahrung des ökologischen Systems „Nordsee".

Die Beurteilung solcher Partizipationsformen ist in der wissenschaftlichen Diskussion durchaus unterschiedlich. So hatte der Soziologe Ulrich Beck in seiner Theorie der „Risikogesellschaft" festgestellt, daß die Idee eines Zentrums der politischen Steuerung in der Gegenwart obsolet geworden sei. Die Gestaltung der Zukunft und die dafür notwendigen Entscheidungen fielen schon längst nicht mehr im Parlament oder in den politi-

---

128 Beide Zitate: Max Kaase; Systemakzeptanz in den westlichen Demokratien; a.a.O.; S. 111.
129 Vgl. Michael Eilfort; Die Nichtwähler. Wahlenthaltung als Form des Wahlverhaltens; Paderborn u.a. 1994; S. 38; s.a. Max Kaase; Partizipatorische Revolution - Ende der Parteien?; in: Joachim Raschke (Hg.); Bürger und Parteien. Ansichten und Analysen einer schwierigen Beziehung; Opladen 1982; S. 181; - Max Kaase; Legitimitätskrise; a.a.O.; S. 348.

schen Parteien, sondern in den Forschungslabors und Vorstandsetagen der Industrie[130]. Mit der Inszenierung eines symbolischen Massenboykotts kehre hingegen die „Subpolitik" zurück. Der Erfolg dieser Aktion, so Beck, sei jedoch nicht auf „Greenpeace" alleine zurückzuführen, sondern auf den durch sie herbeigeführten Boykott. Mit durchaus positiver Wertung stellt er schließlich fest:

> „Das Handeln von Weltkonzernen und nationalen Regierungen gerät unter den Druck einer Weltöffentlichkeit. Dabei ist die individuell-kollektive Partizipation an globalen Handlungszusammenhängen entscheidend und bemerkenswert: *Der Bürger entdeckt den Kaufakt als direkten Stimmzettel*, den er immer und überall politisch anwenden kann. Im Boykott verbindet und verbündet sich derart die aktive Konsumgesellschaft mit der direkten Demokratie - und dies weltweit"[131]

Eine ähnlich positive Einschätzung derartiger Partizipation äußern auch Elmar Altvater und Birgit Mahnkopf. Via Internet gerieten immer mehr transnationale und transkulturelle Partizipationsmöglichkeiten in die Perspektive von Demokratisierungsprojekten, in denen „...die traditionellen Instanzen der Vermittlung von gesellschaftlichen Interessen in Politik - die Parteien nämlich - eine weniger wichtige Rolle spielen" und sich derart artikulierte Interessengruppen zwischen Staat und Gesellschaft schöben: „Die intermediären Partizipationsmöglichkeiten durch Repräsentation werden auf diese Weise institutionell und funktionell erweitert"[132].

An dieser Stelle trifft sich die Frage der Partizipation organisierter Interessen an den Entscheidungsvorbereitungen schließlich direkt mit dem Thema „Medien". Daß Interessengruppen auf eine breite Resonanz zur Legitimation und Durchsetzung ihrer Ziele angewiesen sind, steht außer Frage, doch gelingt „„...dies nur in dem Maße, wie die Beteiligten die Funktionsmechanismen der Massenmedien erkennen und sich darauf einstellen, was sogar in symbiotische Beziehung münden kann"[133]. Oberreuter bezeichnet diesen wichtigen Schnittpunkt gar als eine der zentralen Herausforderungen für die politischen Systeme und deren Institutionen, wenn es vor allem die unkonventionellen Aktions- und Protestformen aktiver Minderheiten seien, die öffentliche Aufmerksamkeit durch die Wahrnehmung der Medien fänden:

> „Wer bestimmte Ziele erreichen will, muß zur Folgerung kommen, dies nicht innerhalb oder mit den Institutionen zu versuchen, sondern gegen sie und neben ihnen. Die normalen Formen politischer Willensbildung atmen Konventionalität. Sie scheinen sich öffentlicher Aufmerksamkeit geradezu zu entziehen. Aber immerhin sind dies die demokrati-

---

130 Vgl. Ulrich Beck; Risikogesellschaft. Auf dem Weg in eine andere Moderne; Frankfurt am Main 1996 (Sonderausgabe); S. 358.
131 Ulrich Beck; Was ist Globalisierung? Irrtümer des Globalismus - Antworten auf Globalisierung; Frankfurt am Main 1997; S. 124.
132 Beide Zitate: Elmar Altvater / Birgit Mahnkopf; Grenzen der Globalisierung. Ökonomie, Ökologie und Politik in der Weltgesellschaft. Münster 1996; S. 570.
133 Dieter Rucht; Politische Öffentlichkeit und Massenkommunikation; in: Otfried Jarren (Hg.); Medienwandel - Gesellschaftswandel? Zehn Jahre dualer Rundfunk in Deutschland. Eine Bilanz; Berlin 1994; S. 170.

schen Verfahrensweisen, welche die Verfassung kunstvoll konstruiert und anbietet, und zwar als wichtigen Bestandteil der politischen Kultur. Ihre Herausforderer suchen die Eigengesetzlichkeit der Medien zu nutzen - von der Ausreizung der Grenzen der Verfassung bis hin zur terroristischen Propaganda der Tat."[134]

Auch Ulrich Sarcinelli gibt im Kontext der Debatte um die Bedeutung von „Brent Spar" zu bedenken:

„Hier ergibt sich ein sehr grundsätzliches, demokratietheoretisch bedeutsames Problem: In Nutzung des modernen Kommunikationsprozesses entsteht eine historisch neue national und transnational operierende Form politischer (Protest-) Kultur mit faktischer Vetomacht, die sich nicht institutionell und durch demokratische Verfahren legitimiert, sondern vorwiegend über ihre mediale Wirkung"[135]

und deshalb müsse man nachhaltig der Frage nachgehen, „...inwieweit durch solche sich häufende, nicht immer so spektakuläre, mediatisierte politische Aktionen einer schleichenden Erosion des Vertrauens in demokratisch legitimierte Institutionen, Verfahren und Prozesse Vorschub geleistet wird"[136].

Wie bereits Jürgen Weber in seiner Studie über die Interessengruppen verdeutlicht hat, besitzen bestimmte Verbände Vetopositionen innerhalb der Gesellschaft und begünstigen somit nachhaltig einen generellen Immobilismus[137]. Durch die Möglichkeit, über den Weg des (inszenierten) Konfliktes die öffentliche Kommunikation zwischen „Demos" und Eliten zu bestimmen, erlangen nun auch (weniger eindeutig bestimmbare) *Minderheiten* eine (zumindest in diesem Bereich geltende) faktische Vetomacht, die nur zu dem Preis einer schwindenden Legitimität der politischen Institutionen erkauft werden kann. Die Politik ist damit in einem unauflöslichen Dilemma verhaftet, denn gleich wie sie handelt, wird sie sich immer gegen eine „Mehrheit" entscheiden müssen: entweder gegen die kommunikative „Mehrheit" aktiver Minderheiten oder gegen die faktische Mehrheit passiver Mehrheiten[138]. Die jeweils unterlegene Gruppe wird in der Folge ihre Nichtbeachtung im politischen (Entscheidungsfindungs-) Prozeß mit einer zunehmen-

---

134 Heinrich Oberreuter; Stimmungsdemokratie; a.a.O.; S. 94.
135 Ulrich Sarcinelli; Mediatisierung von Politik als Herausforderung für eine Neuorientierung - Politische Bildung zwischen „Antiquiertheit" und Modernitätsdruck; in: Deutscher Verein für politische Bildung (Hg.); Politische Bildung in der Bundesrepublik. Zum 30jährigen Bestehen der Deutschen Vereinigung für politische Bildung. Opladen 1996; S. 206.
136 Ebenda.
137 Vgl. Jürgen Weber; Interessengruppen im politischen System der Bundesrepublik Deutschland; München ²1981.
138 Auf dieses Dilemma weist - wenngleich mit einer vollständig anderen Sichtweise - auch Guggenberger hin, wenn er bemerkt: „Je mehr der Staat und die Politik für alles zuständig werden, um so häufiger treffen wir auf die Konstellation, daß apathische, schlecht informierte und mangels ersichtlicher persönlicher Betroffenheit auch völlig desinteressierte Mehrheiten engagierten, sachkundigen und hochgradig betroffenen Minderheiten gegenüberstehen"; auf dem „Schlachtfeld" blieben dann massiv betroffene Minderheiten zurück. Schließlich betont Guggenberger: „Sie alle neigen in wachsendem Maße zum zivilen Ungehorsam und zu separatistischen Verhaltensweisen, die sich gelegentlich auch in korporatistisch agierenden Vetomachtgruppen verdichten"; Beide Zitate: Bernd Guggenberger; Grenzen der Mehrheitsdemokratie; a.a.O.; S. 191.

den Abkehr vom politische System „honorieren". Dabei ist das angewandte (Argumentationsmuster denkbar einfach:

> „Die Nichterfüllung von Forderungen, die aus neu entstandenen Rechtsansprüchen resultieren (Beschäftigung, Bildung, angemessenes Wohnen, ärztliche Fürsorge [Ökologie; Erg. A.B.] usw.), von Forderungen, die also *legitim* sind, läßt das Gefühl entstehen, daß das Herrschaftssystem nicht in Ordnung ist"[139]

Mit anderen Worten: Die Legitimität eines politischen Systems ließe sich ohne Probleme mit Hilfe der Instrumentalisierung der Medien erheblich beeinträchtigen.

4.3. Pluralismustheorie der Demokratie und Medien - Eine Beurteilung

1962 hatte Lewis Mumford bereits sehr allgemein mit Bezug auf die Ausweitung des Radios angemerkt: „Perhaps the greatest social effect of radio-communication, so far, has been a political one: The restoration of direct contact between the leader and the group"[140]. Auch wenn sich seine Aussage nicht ausschließlich auf das kommunikative Verhältnis von „Demos" zur Elite bezog, so machte sie bereits deutlich, daß gerade die mediale Kommunikation Veränderungen in diesem Verhältnis hervorrufen kann. Im Kontext der partizipatorischen Revolution schien diese Beziehungsveränderung eine weitere Dynamik zu bekommen, denn durch die gezielte Ausnutzung von Nachrichtenwerten ist es auch organisierten *Minderheiten* möglich geworden, sich publizistisch Gehör zu verschaffen und damit unter Zuhilfenahme der Visualisierung spezifischer Interessen auch Druck auf das politische System auszuüben. Eine Nichtbeachtung dieser Positionen im Kontext politischer Beratung erscheint dann als ein vermeintliches unresponsives Verhalten des politischen Systems und liefert damit unweigerlich die argumentative Grundlage, dem politischen System Legitimität abzuerkennen.

Diese „publizistische" Macht führt schließlich zu einem entscheidenden Problem in der Pluralismustheorie der Demokratie: Die politischen Institutionen laufen Gefahr, in eine komplexe „Zwickmühle" zu geraten. Sie stehen unter dem Druck, entweder immer mehr Interessengruppen in den Entscheidungs(findungs)prozeß einzubinden und damit zugleich an Dezisionskraft zu verlieren, oder aber sie müssen damit rechnen, daß durch konflikthafte Zuspitzung im jeweiligen Themengebiet ein publizistischer Druck (durch Dominanz der Interessengruppen im Kommunikationsprozeß) aufgebaut wird, auf den die Politik zu reagieren hat. Anderenfalls wird die Diskrepanz zwischen der kommunikativen Dominanz spezifischer Interessengruppen und politischem Handeln einen nachhaltigen Verlust an Legitimität nach sich ziehen. Dies ist das eigentliche Dilemma der Pluralismustheorie: sie kann die Dezisionskraft der politischen Institutionen nur auf

---

139 Claus Mueller; Politik und Kommunikation; München 1975; S. 205.
140 Lewis Mumford; Technics and Civilization. London ⁸1962; S. 241.

Kosten der *Gefahr der Delegitimierung* erlangen. Und dies erscheint ein kausal auf die Existenz der Medien zurückzuführendes Dilemma zu sein.

In seiner Studie zu Jugendunruhen und Protestbewegungen in Europa hat der Soziologe Helmut Willems folgenden Schluß gezogen:

> „Wenn das Ziel des Friedens nicht außer Sicht geraten soll, können nichtinstitutionalisierte Konflikte immer nur als Durchgangsphase akzeptiert werden, bis Verfahren entwickelt sind, in denen nicht nur Interessen und Ideen wahrgenommen, sondern auch verbindliche und legitime Entscheidungen hergestellt werden"[141]

In der von Willems vorgeschlagenen Strategie scheint sich der oben benannte Mechanismus und das daraus resultierende direkt zu bestätigen.

Eng mit dieser Problematik ist ein weiterer Effekt der Medien verbunden. Sofern es zahlreichen Interessengruppen nicht möglich ist, sich über formale Verfahren in den Diskussionsprozeß einzugliedern, scheinen diese gezwungen zu sein, über den Weg der öffentlichen Resonanz sich im Willensbildungsprozeß bemerkbar zu machen. Die Aufmerksamkeitsregeln der Medien legen es dabei nahe, dieses Ziel über den (symbolischen) Konflikt zu erreichen. Erfolgversprechend ist eine solche Kommunikationsstrategie zum Beispiel dann, wenn sie ein Thema zum Gegenstand hat, das sich auf zentrale Wertvorstellungen einer Gemeinschaft bezieht (z.B. Ökologie, Menschenrechte). Konflikthaftigkeit und eine Sensibilisierung für spezifische Themen bereiten dann den Boden für die Aufmerksamkeit der Medien. Das entscheidende Problem hierbei ist es allerdings, daß die Inszenierung des Konfliktes dabei Mittel in Anspruch nehmen kann, die zugleich im Gegensatz zum „nicht-kontroversen" Sektor stehen, z.B. Gewalt. Mit anderen Worten: das Anliegen einer Interessengruppe erscheint in der Öffentlichkeit (weil es z.B. eine Verletzung von Wertmaßstäben anzeigt) als gerecht (fertigt), hingegen die Strategie zum Erhalt von Aufmerksamkeit nicht. Inwieweit damit ein schleichender Erosionsprozeß gemeinsamer Grundlagen verbunden ist, läßt sich lediglich vermuten. Daß hier für die Pluralismustheorie weiterer Begründungsbedarf entstanden ist, liegt auf der Hand: sie muß zeigen können, warum die Einhaltung von Verfahren wichtiger und bedeutsamer ist, als die Erreichung von Aufmerksamkeit für ein spezifisches und gemeinschaftlich durchaus als relevant eingestuftes Thema ist.

Die besondere Bedeutung, die in diesem Kapitel die responsive Dimension der Kommunikation eingenommen hat, darf allerdings nicht darüber hinwegtäuschen, daß die Pluralismustheorie auch in der Publizität eine wichtige und zentrale Voraussetzungen der Funktionsfähigkeit der Demokratie sieht. Doch ergänzend zu den elitentheoretischen Ansätzen ist für sie die responsive Dimension eine weitere und nicht weniger wichtige Dimension der Kommunikation. Wie bereits im vorangegangenen Kapitel angedeutet wurde, haben sich die Akteure des Agenda-Settings in den letzten Jahren stark verändert

---

141 Helmut Willems; Jugendunruhen und Protestbewegung in fünf europäischen Ländern. Eine Studie zur Dynamik gesellschaftlicher Konflikte; Opladen 1997; S. 493.

bzw. erweitert. Die politischen Eliten bzw. die Parteien, deren maßgebliche Funktion ja die Definition von Problemhorizonten und damit verbundenen Lösungsvorschlägen ist, haben insbesondere bei der Bestimmung neuer Aufgaben Konkurrenz „von unten", z.B. durch soziale Bewegungen oder Bürgerinitiativen bekommen[142]. Die nicht selten unkonventionelle Form der Partizipation hat diesen neuen Gruppen eine nicht unerhebliche mediale Aufmerksamkeit sichern können. Deshalb ist es auch richtig, den sozialen Bewegungen eine hohe Thematisierungskapazität zuzuerkennen[143]. Ob diese Veränderung durch die Medien begünstigt bzw. sogar kausal auf diese zurückzuführen ist, kann nur vermutet werden. Jedoch scheinen die hier angestellten Überlegungen durchaus die Hypothese zuzulassen, mit der Ausdifferenzierung des Mediensystems in einer Demokratie die Einflußmöglichkeiten organisierter Interessen auf den politischen (Willensbildungs-) Prozeß deutlich gewachsen sind - auch wenn nicht alles, was auf das Interesse der Medien stößt, auch gleich eine politische Bedeutung besitzen muß[144].

Es darf allerdings nicht übersehen werden, daß der hohen Thematisierungskapazität weitgehend unkonventionell handelnder Interessengruppen eine eher schwache Realisierungskapazität gegenübersteht[145]. Gerade der faktische *Einfluß* von sozialen Bewegungen oder von sogenannten, vor allem auf der internationalen Bühne agierenden, „Non-Governmental-Organizations" (NGO's) wird zumeist überschätzt. So ist Jens Martens vom Bonner Verein für Weltwirtschaft, Ökologie und Entwicklung der Auffassung, NGO's seien lediglich in der Lage, für mehr Transparenz und Pluralismus in der internationalen Politik zu sorgen, indem dieser policy-Bereich nicht nur den Ministerialbeamten überlassen würde[146] und bei Benjamin Barber heißt es: „What are 25,000 NGOs compared to one Walt Disney Company or a Microsoft Corporation or the global McDonald's network?"[147]. Dennoch muß die Pluralismustheorie sich den durch die Medien veränderten Bedingungen demokratischer Kommunikation erneut stellen.

---

142 Klaus von Beyme; Die Massenmedien und die politische Agenda; a.a.O.; S. 329.
143 Vgl. Joachim Raschke; Soziale Bewegungen. Ein historisch-systematischer Grundriß; Frankfurt am Main u.a. 1985; S. 386.
144 Vgl. Ulrich Sarcinelli; Mediatisierung von Politik; a.a.O.; S. 205.
145 Vgl. Joachim Raschke; Soziale Bewegungen; a.a.O.; S. 386.
146 Vgl. Christian Wernicke; Die hofierten Störenfriede; in: Die Zeit, 6.9.1997, S. 13-14.
147 Benjamin Barber; Three Challenges to Reinventing Democracy; in: Paul Hirst / Sunil Khilnani (Hg.): Reinventing Democracy; Oxford 1996; S. 154.

5. Partizipationstheorie der Demokratie und Medien

5.1. Grundzüge der Partizipationstheorie der Demokratie

Die Partizipationstheorie der Demokratie verfügt über die längste Tradition aller bislang bekannten Varianten der Demokratietheorie. Mit der starken Betonung der Rolle „Demos" und der grundsätzlichen Annahme, daß das Volk herrsche, konnte die moderne Partizipationstheorie der Demokratie direkt an die Beschreibung der Demokratie in der griechischen Antike, aber auch an die identitätstheoretischen Überlegungen des französischen Philosophen Jean-Jacques Rousseau anknüpfen. Wenngleich sich in der Antike der „Demos" lediglich auf die männlichen Bürger einer Polis erstreckte, und somit Sklaven, Metöken und Frauen von jeder politischen Teilhabe ausgeschlossen waren, so stand doch der Grundgedanke der griechischen Demokratie, daß nämlich das Volk selbst und direkt über die eigenen Angelegenheiten der Polis abzustimmen habe, auch zu Beginn der Moderne Pate. Wie kaum ein anderer Theoretiker der Demokratie war es schließlich Jean-Jacques Rousseau, der mit seinem berühmten Diktum, die Souveränität sei grundsätzlich unteilbar, diesen Anspruch artikulierte und ihn zur Meßlatte für die Verwirklichung demokratischer Strukturen in den entstehenden Demokratien der Moderne werden ließ. Repräsentative Demokratien konnten aus dieser Perspektive nur als eine defizitäre Variante der Demokratie interpretiert werden.

Neben mehreren Renaissancen dieses häufig als „klassisch"[1] bezeichneten Ansatzes erlebte schließlich gegen Ende der sechziger Jahre die Partizipationstheorie der Demokratie einen erneuten Aufschwung. Wiederholt stand dabei die Forderung nach einer erweiterten Mitwirkung des Volkes an den politischen Entscheidungsprozessen im Vordergrund. Unabhängig davon, ob damit „nur" die stärkere Einbindung in den Prozeß der Entscheidungsfindung gemeint war - mithin die Entscheidung selbst durch Akteure in repräsentativen Institutionen gefällt werde - oder selbst *diese* faktische Entscheidung in den Händen des Volkes zu liegen habe, um damit dem demokratischen Gedanken seinen Durchbruch zu verschaffen, so speiste sich der zu diesem Zeitpunkt artikulierte Forderungskatalog aus zunächst sehr unterschiedlichen Quellen.

Bereits Anfang der dreißiger Jahre hatten sich zahlreiche sozialpsychologische Studien mit der Frage nach der Wirkung demokratischer Herrschaft und der demokratischen Teilhabe beschäftigt. So fanden Kurt Lewin, Ronald Lippitt und R. White in ihrer Untersuchung über „Patterns of Aggressive Behavior in Experimentally Created Social Climates" heraus, daß Aggression und Apathie Folgen einer grundsätzlich autoritären

---

[1] So zum Beispiel Karl Graf Ballestrem, der in seinem höchst informativen Aufsatz aufzeigen kann, daß es sich bei der Bezeichnung „klassisch" letztlich um ein Konstrukt handelt, das es in dieser Form nicht gegeben habe; vgl. Karl Graf Ballestrem: „Klassische Demokratietheorie". Konstrukt oder Wirklichkeit?; in: Zeitschrift für Politik, 35. Jg (NF.), 1/1988; S. 33-56.

Führerschaft seien und zugleich umgekehrt eine demokratische Führung zu einer höheren Produktivität führe[2]. Diese Untersuchung wurde häufig als wissenschaftlicher Beweis für die Überlegenheit der Demokratie über den Autoritarismus herangezogen. Auch andere Untersuchungen schienen diesen Befund bestätigen zu können und die „Ohio State Studies in Leadership" schließlich kamen aus einer anderen Perspektive zu dem Ergebnis, daß *die* Person die effektivste Führung vorweisen konnte, die an Untergebene Autorität delegierte und diese auch an Entscheidungen teilhaben ließ. So konnte am Beispiel der Stadtplanung gezeigt werden, daß eine Teilhabe der Bevölkerung die Einführung von Veränderungen in der Stadtpolitik erleichterte[3].

Diese Untersuchungen zeigten zunächst allerdings nur die Überlegenheit eines demokratischen, respektive kooperativen Führungsstils und bezogen sich nicht selten allein auf die Bedeutung innerbetrieblicher Mitbestimmung bzw. ganz allgemein auf die Situation am Arbeitsplatz. So heißt es in einem Handbuch, demokratische Führung sei zu verstehen als „*...leading in ways that give the followers a feeling of taking part in setting the goals and methods of their groups*"[4] und Sidney Verba resümiert schließlich treffend, daß eine „*...participatory democratic leadership refers not a technique of decision but to a technique of persuasion*"[5].

Wenngleich diese Untersuchungen die Überlegenheit einer demokratischen Führung einerseits und der Bereicherung durch demokratische Teilhabe andererseits zu unterstützen schienen, so konnten sie dennoch nicht ohne weiteres als empirisches Indiz für die Überlegenheit einer auf starker Partizipation beruhenden Demokratie in einer *Massen*gesellschaft dienen, denn zumeist wurden diese Ergebnisse anhand von Kleingruppenexperimenten gewonnen. Kleine Gemeinschaften tendieren allerdings per se dazu, ihre Entscheidungen auf der Basis eines (demokratisch herbeigeführten) Konsenses zu fällen und zugleich bestimmte, mit dem Verständnis von Demokratie eng verbundenen Entscheidungsregeln, wie z.B. die Mehrheitsregel, eher seltener anzuwenden. Als wesentlich entscheidender erwies nämlich schließlich die Erkenntnis, daß mit zunehmender Größe einer Gruppe auch die Bereitschaft zu individueller Partizipation abnehme - Mancur Olson hatte dies in seiner Schrift über die Logik kollektiven Handelns überzeugend nachgewiesen[6].

Dieser Einwand Olsons bedeutete jedoch nicht, daß die zu Beginn genannten Untersuchungen bei der Entwicklung und Begründung der Partizipationstheorie der Demokratie

---

2   Vgl. Kurt Lewin / Ronald Lippitt / R. White; Patterns of Aggressive Behavior in Experimentally Created Social Climates; in: Journal of Social Psychology, 10. Jg., 2/1939, S. 271-299.
3   Vgl. Sidney Verba; Small Groups and Political Behaviour. A Study of Leadership; Princeton 1961; S. 219-221.
4   zit. in: ebenda; S. 221.
5   ebenda; S. 220.
6   Vgl. Mancur Olson; The Logic of Collective Action. Public Goods and the Theory of Groups. Cambridge 1965; - s.a. bezogen auf die innerparteiliche Partizipation: Oskar Niedermayer; Innerparteiliche Demokratie; a.a.O.; S. 247.

obsolet geworden wären. So griff 1960 Erich Fromm in seiner spekulativen Schrift über die „Wege aus einer kranken Gesellschaft" auf diese Untersuchungen zurück, um mit empirischen Belegen die von ihm favorisierte Umgestaltung der Gesellschaft i.S. eines „kommunitären Sozialismus" zu stützen[7]. Die Umgestaltung der Arbeitswelt - und im Wesentlichen bezogen sich ja die oben benannten empirischen Untersuchungen auf diesen Teilbereich menschlichen Zusammenlebens - solle grundsätzlich dem Primat der Partizipation folgen.

Fromms Reformüberlegungen blieben an einer Organisation der Gesamtgesellschaft auf der Basis von Kleingruppen beschränkt. Für die Partizipationstheorie der Demokratie sollte schließlich ein in den sechziger Jahren einsetzender „Megatrend" von nachhaltiger Bedeutung werden. Schon 1963 verkündeten Gabriel A. Almond und Sidney Verba in ihrer „Civic-culture-Studie" den Beginn einer partizipatorischen Revolution[8]. Ronald Inglehart schließlich verdeutlichte in seiner weit beachteten empirischen Studie Anfang der siebziger Jahre, daß ein fundamentaler Wertewandel zu attestieren sei, den man aufgrund seiner zentralen Bedeutung und nachhaltigen Konsequenz für die westlichen Demokratien auch als „stille Revolution" bezeichnen könne[9]. Inglehart glaubte auf der Basis empirischer Daten einen Orientierungswandel von „materialistischen" hin zu „postmaterialistischen" Werten feststellen zu können. Während er zu der ersten Wertgruppe den Wunsch nach stabilen wirtschaftlichen Verhältnissen, Wirtschaftswachstum, Preisstabilität sowie innere und äußere Sicherheit zählte, kennzeichneten persönliche Selbstverwirklichung, die Achtung der Natur, der Wunsch nach schönen Städten sowie die Forderung nach Teilhabe am politischen Prozeß die Gruppe der postmaterialistischen Wertvorstellungen[10]. Auch Helmut Klages kam auf einer breiten Basis empirischer Daten zu dem Ergebnis, daß ein grundlegender Wandel in den Wertvorstellungen der Bürger in den westlichen Demokratien zu vermerken sei. Seiner Auffassung nach hätten vor allem die Pflicht- und Akzeptanzwerte wie Disziplin, Gehorsam, Ordnung und Pflichterfüllung gegenüber Selbstentfaltungswerten, zu denen er Kreativität, Spontaneität, Ungebundenheit sowie politische Partizipation zählte, nachhaltig an Bedeutung verloren[11]. Trotz zahlreicher Differenzen zwischen den beiden wohl ausgereiftesten und ambitioniertesten Projekten der Wertewandelsforschung, besteht doch grundsätzliche

---

7   Vgl. Erich Fromm; Wege aus einer kranken Gesellschaft. Eine sozialpsychologische Untersuchung [Übersetzung von Liselotte und Ernst Mickel]; Frankfurt am Main u.a. 1982; S. 254-330.
8   Vgl. Gabriel A. Almond / Sidney Verba (Hg.); The Civic Culture; a.a.O.
9   Vgl. Ronald Inglehart; The Silent Revolution. Changing Values and Political Styles among Western Publics; Princeton 1977.
10 Siehe dazu u.a. Ronald Inglehart; Kultureller Umbruch. Wertwandel in der westlichen Welt; Frankfurt am Main u.a. 1995.
11 Vgl. dazu u.a. Helmut Klages / Peter Kmieciak (Hg.); Wertwandel und gesellschaftlicher Wandel; Frankfurt am Main u.a. ³1984; - Helmut Klages; Wertorientierungen im Wandel. Rückblick, Gegenwartsanalyse, Prognosen; Frankfurt am Main u.a. ²1985; - Helmut Klages; Wertedynamik. Über die Wandelbarkeit des Selbstverständlichen; Zürich 1988.

Einigkeit darüber, daß dieser Wandlungsprozeß in den sechziger Jahren begonnen hatte und maßgeblich durch die allgemeine Wohlstandsentwicklung begünstigt worden sei[12]. In Anlehnung an Ingleharts Wertedichotomie faßt Karl-Heinz Hillmann zusammen:

> „Bei der in unsicheren und armseligen Verhältnissen aufgewachsenen Generation werden sich eher 'materialistische Wertprioritäten' herausbilden, die vorrangig auf wirtschaftliche Stabilität, auf den Kampf gegen Inflation, Auf Ordnung, Verbrechensbekämpfung und starke Verteidigungskräfte ausgerichtet sind. Führt in der Folgezeit die wirtschaftlich-politische Entwicklung zu einer erheblichen Wohlstandssteigerung, dann können die verbesserte Lebensumstände bei der nächsten Generation den Aufbau von Wertprioritäten begünstigen, die eher einen 'postmaterialistischen' Charakter aufweisen und sich vorrangig auf wirtschaftliche und politische Mitbestimmung, Redefreiheit und Ideen, auf eine weniger unpersönliche Gesellschaft und auf schöne Städte sowie Natur beziehen."[13]

Auch in der Diskussion zwischen den verschiedenen Ansätzen der Demokratietheorie schlug sich diese Entwicklung deutlich nieder. Zunächst in den Vereinigten Staaten von Amerika und mit leichter Verzögerung dann auch in Europa wuchs die Kritik an den strikt repräsentativen Demokratien und der mit ihr noch am stärksten verbundenen Elitentheorie der Demokratie. So forderte Carole Pateman in ihrem Buch „Participation and Democratic Theory" ganz in der Tradition von John Dewey stehend, der in seinem Essay „The Public and it's Problems" gefordert hatte, die Demokratie müsse „...affect all modes of human association, the family, the school, industry, religion"[14], nachhaltig die Ausweitung partizipatorischer Elemente, denn allein dieser Schritt führe zu einem Abbau von Fremdbestimmung bei gleichzeitiger Erweiterung der Selbstbestimmungsmöglichkeiten des Individuums (Emanzipationsfunktion) und verbessere durch das Einbringen des bürgerlichen Sachverstandes die Qualität politisch-administrativer Entscheidungen[15]. Peter Bachrach schließlich entwickelte seine Forderung nach einer Ausweitung der partizipatorischen Elemente aus einer kritischen Analyse der Theorie demokratischer Elitenherrschaft. Im letzten Kapitel seiner Ausführungen schließlich skizzierte er - z.T. ebenfalls unter Berufung auf die oben erwähnten sozialpsychologischen Studien der dreißiger Jahre - einen alternativen Weg zu der, seiner Auffassung nach zu stark auf die Elite fixierten Form der Demokratie. Grundlegend erschien ihm:

> „Die Mehrheit der Individuen kann nur durch eine aktivere Partizipation an bedeutsamen Entscheidungen des Gemeinwesens Selbstbewußtsein gewinnen und ihre Fähigkeiten

---

12 Vgl. Helmut Klages; Wertedynamik; a.a.O.; S. 51; Vgl. Ronald Inglehart; Kultureller Umbruch; a.a.O.; S. 427.
13 Karl-Heinz Hillmann; Wertwandel. Zur Frage soziokultureller Voraussetzungen alternativer Lebensformen; Darmstadt ²1989; S. 117.
14 John Dewey; The Public and it's Problems; in: ders.; The Later Works, 1925-1953, Vol. 2: 1925-1927 [Herausgegeben von Jo Ann Boydston]; Carbondale u.a. 1984; S. 325.
15 Vgl. Carole Pateman; Participation and Democratic Theory; London 1970; S.1 und S. 45-102.

besser entfalten. Das Volk hat daher im allgemeinen ein doppeltes politisches Interesse - Interesse an den Endresultaten und Interesse am Prozeß der Partizipation"[16]

und weiter heißt es bei ihm:

„Wenn der Politikwissenschaftler realistisch sein will, so muß er erkennen, daß weite Bereiche der bestehenden so genannten privaten Machtzentren politisch sind und deshalb der Möglichkeit nach einer breiten und demokratischen Beteiligung am Entscheidungsprozeß offen stehen"[17]

Auch in Deutschland begann zu Beginn der siebziger Jahre eine intensive Diskussion um die vermeintliche Defizienz der repräsentativen Demokratie. Die Äußerung des damaligen Kanzlerkandidaten Willy Brandt, er wolle im Falle eines Wahlsieges „Mehr Demokratie wagen", eröffnete in Deutschland eine intensive Debatte um eine breite Demokratisierung der Gesellschaft. So forderte einer der herausragenden Vertreter der Debatte, Fritz Vilmar: „Demokratie ist [...] mehr als eine Staatsform. Sie ist die Idee einer freiheitlichen Lebensgestaltung des einzelnen und der gesamten Gesellschaft"[18] und deshalb müßten vermittels einer multifrontalen Strategie auch alle Lebensbereiche grundsätzlich demokratisiert werden[19].

Mit den Forderungen nach einer Erweiterung der Partizipation knüpfte die damalige Debatte noch stark an die gildensozialistische bzw. die vor allem in den Vereinigten Staaten von Amerika populäre kommunitäre[20] Bewegung an. Die Forderungen nach einer solch breit angelegten Demokratisierung der Gesellschaft und damit nach erweiterten Partizipationsmöglichkeiten stieß erwartungsgemäß auf heftigen Widerstand. So wandte sich Hennis scharf gegen diese Art von Forderungen, denn seiner Auffassung nach ließen sich „Polis-Begriffe" nicht auf „Oikos-Begriffe" übertragen. So sei z.B. die Familie eine Ansammlung von Unfreien und Ungleichen, während die Demokratie als Kategorie nur auf ein Miteinander von Freien und Gleichen anzuwenden sei[21]. Die hier nur exemplarisch angeführte Kritik von Hennis bezog sich gleichwohl auf einen, vielleicht sogar *den* zentralen Punkt der Partizipationsforderungen dieser Zeit. Vorwiegend wurden in dieser Diskussion Positionen formuliert, die auf eine Ausweitung der Mitbestimmung in den Betrieben bzw. sozialen Institutionen hinauslief. Anders als Hennis

---

16　Peter Bachrach; Die Theorie demokratischer Elitenherrschaft. Eine kritische Analyse; Frankfurt am Main 1970; S. 120-121.
17　ebenda; S. 121.
18　Fritz Vilmar; Strategien der Demokratisierung (Band 1); Neuwied 1973; S. 54.
19　Vgl. ebenda; S. 107-114.
20　Die in den sechziger Jahren aktive Bewegung, die sich in Opposition zu liberalen (Wert-) Vorstellungen brachte, war ihrerseits von zwei wesentlichen Strängen der Philosophie beeinflußt: dem (amerikanischen) Pragmatismus (vor allem durch John Dewey) und dem (europäischen) Marxismus; s. z.B.: Robert Paul Wolff; Das Elend des Liberalismus; Frankfurt am Main ²1969.
21　Vgl. Wilhelm Hennis; Demokratisierung. Zur Problematik eines Begriffes [Arbeitsgemeinschaft für Forschung des Landes Nordrhein-Westfalen (Geisteswissenschaften) Heft 161]; Düsseldorf 1969; S. 34; - fast identisch Carl Schmitt, wenn er konstatiert, daß sich politische Gesichtspunkte nicht auf ökonomische Beziehungen übertragen ließen; vgl. Carl Schmitt; Die geistesgeschichtliche Lage; a.a.O.; S. 33.

sahen die damaligen Partizipationstheoretiker der Demokratie die Notwendigkeit, eine Kongruenz zwischen der Organisation politischer und sozialer bzw. ökonomischer Strukturen herzustellen. Eine Demokratie, die in ihren Institutionen grundsätzlich undemokratisch strukturiert sei, müsse deshalb als eine instabile Staatsform angesehen werden. Mit der ausschließlichen Fixierung der Demokratie auf die politischen Institutionen werde schließlich - und hier zeigte sich die Stoßrichtung der damaligen Theoriedebatte am deutlichsten - die eigentlich undemokratische Herrschaftsstruktur verschleiert und die Massen „...auf den Zustand des Staatsbürgers zurückgeschraubt"[22].

Im Verlaufe der siebziger Jahre mehrte sich immer stärker die Kritik an den erweiterten Partizipationsforderungen. Dabei wurde den Forderungen - in Anlehnung an Olson - mangelnder Realismus entgegengehalten. Schon 1967 hatte Ralf Dahrendorf angemerkt, daß sich die Öffentlichkeit, d.h. hier der „Demos", nur sporadisch am politischen Prozeß beteilige und dies sei, so Dahrendorf weiter, möglicherweise auch durchaus zu begrüßen: „Ein gewisses, recht erhebliches Maß an politischer Teilnahmslosigkeit kann also mit durchaus stabilen marktrationalen Verhältnissen zusammengehen"[23] und umgekehrt befürchtete er, daß die demokratische Utopie einer total aktivierten Öffentlichkeit in den Totalitarismus führen könne[24]. Dahrendorfs These von der nur bedingten Teilnahme des „Demos" am politischen Prozeß wurde durch zahlreiche empirische Studien aus der Partizipationsforschung umfangreich bestätigt. Trotz der allgemeinen Zunahme an politischer Partizipation, blieb doch im Generellen das Faktum eines mehrheitlich passiven „Demos" weiterhin bestehen. Damit schien die Partizipationstheorie der Demokratie unter den Bedingungen moderner Massengesellschaften weiterhin eine utopische Vorstellung von Demokratie zu bleiben[25].

In den achtziger Jahren erlebte die Partizipationstheorie durch zwei Diskurse eine erneute Renaissance. Zum einen waren es die osteuropäischen Dissidenten, die sich durch eine (Re-) Formulierung der Theorie der Zivilgesellschaft in der Demokratiedebatte vor allem in Opposition zu jeder Form von Totalitarismus und Autoritarismus stellten und den Gedanken der aktiven Teilhabe des „Demos" an den Geschicken des Landes einforderten[26], zum anderen wurde durch die Kommunitaristen die Vorstellung einer auf Par-

---

22 Johannes Agnoli / Peter Brückner; Die Transformation der Demokratie; Berlin 1967; S. 47.
23 Ralf Dahrendorf; Aktive und passive Öffentlichkeit; in: Merkur. Deutsche Zeitschrift für Europäisches Denken, 21. Jg., Heft 226-227/1967, S. 1114.
24 Vgl. ebenda; S. 1114 und S. 1120.
25 Vgl. u.a. die kritische Auseinandersetzung bei Fritz W. Scharpf; Demokratietheorie zwischen Utopie und Anpassung; a.a.O.; S. 43-48 und S. 54-65.
26 Vgl. dazu u.a. György Konrád; Antipolitik. Mitteleuropäische Meditationen; Frankfurt am Main 1985. In der Ära der Transformation wurden die Protagonisten einer auf Partizipation beruhenden Demokratietheorie sogar zu den eigentlichen Gewinnern; vgl. Manfred G. Schmidt; Der Januskopf der Transformationsperiode. Kontinuität und Wandel der Demokratietheorien; in: Klaus von Beyme (Hg.); Politische Theorie in der Ära der Transformation (Sonderheft 26 der Politische Vierteljahresschrift); Opladen 1996; S. 189.

tizipation beruhenden Demokratie erneut in Stellung gegen die liberale, auf repräsentativen Institutionen beruhende Demokratievorstellung gebracht.
1984 veröffentlichte der Amerikaner Benjamin Barber sein Buch „Strong Democracy. Participatory Politics for a New Age". Seine Begründung einer starken, auf partizipatorischen Elementen aufbauenden Demokratietheorie soll hier einer genaueren Betrachtung unterzogen werden, denn seine Überlegungen stellen einerseits einen grundlegenden und zugleich aber auch in seiner Begründung archetypischen und modernen Ansatz der Partizipationstheorie der Demokratie dar.
Barbers zentrales Argument im ersten Teil seines Buches ist es, daß die Probleme der Gegenwart das Ergebnis einer verfehlten politischen Theorie der liberalen Demokratie seien. Barbers Angriff richtet sich dabei zunächst auf die politische Anthropologie, die dem liberalen Demokratieverständnis zugrundeliege. Zwar seien die Prämissen dieser Theorie hinsichtlich der menschlichen Natur, dem Wissen und der Politik im Allgemein genuin liberalen, aber keineswegs demokratischen Ursprungs. Insbesondere das Mißtrauen der liberalen Philosophie gegenüber dem Menschen sei für die Etablierung einer grundsätzlich defizienten Demokratievariante verantwortlich:

> „Liberal democratic imagery seems to have been fashioned in a menagerie. It teems with beasts and critters of every description: sovereign lions, princely lions and foxes, bleating sheep and poor reptiles, ruthless pigs and ruling whales, sly polecats, clever coyotes, ornery wolves (often in sheep's clothing), and finally, in Alexander Hamilton's formidable image, all mankind itself but one great Beast."[27]

Ein derartiges Menschenbild, so folgerte Barber schließlich weiter, habe zu dem unauflöslichen Widerspruch geführt, daß die liberale Philosophie im Naturzustand die *potentielle* Freiheit des Menschen gefährdet sehe, während im Staat dessen *wirkliche* Freiheit bedroht sei: „Liberty cannot survive without political power, but political power extirpates liberty. Sovereign power may be a fit custodian of our liberties, but then *quis custodiet custodes?*"[28].
Eine starke Demokratie könne sich allerdings dieser zentralen Annahme nicht anschließen. Vielmehr habe das Mißtrauen gegenüber dem Menschen zur Etablierung der repräsentativen Regierungsform geführt, die allerdings mit den zentralen Grundwerten der Demokratie Freiheit, Gleichheit und soziale Gerechtigkeit nicht mehr viel gemein habe: „The inevitable consequences are everywhere visible: increased irresponsibility in the representatives, increased apathy in the represented"[29].

---

27 Benjamin Barber; Strong Democracy; a.a.O.; S. 20.
28 ebenda; S. 21.
29 Benjamin Barber; The Compromised Republic: Public Purposelessness in America; in: Robert H. Horwitz (Hg.); The Moral Foundations of the American Republic; Charlottesville 1986; S. 56.

Im zweiten Teil von „Strong Democracy" ist es nun sein Ziel, „...to develop an alternative justification: to associate democracy with a civic culture nearer to the themes of participation, citizenship, and political activity that are democracy's central virtues"[30]. Barber ist sich allerdings durchaus des Argumentes bewußt, daß die repräsentative Demokratie auch das Ergebnis gewachsener und geographisch großer politischer Einheiten ist und ergänzt deshalb:

> „We must do so too without falling victim to either the nostalgia for ancient, small-scale republics that has made so many communitarian theories seem irrelevant to modern life or to taste for monolithic collectivism that can turn large-scale direct democracy into plebiscitary tyranny."[31]

Barbers Konzept einer starken Demokratie setzt zunächst direkt an den räumlich naheliegendsten Einheiten einer komplexen Gesellschaft an: den Nachbarschaften. Barber schlägt dabei vor, sogenannte „neighborhood assemblies" zu bilden, die als Foren zur Aufstellung politischer Tagesordnungen, Diskussion einzelner Themen und schließlich auch als Entscheidungsforen fungieren sollten. Ihrer Größe nach sollte eine solche Versammlung maximal 20000 Bürger umfassen. Dieses Konstrukt entspricht weitestgehend der vor allem in den Gemeinden Neuenglands eingerichteten und von Tocqueville beschriebenen Gemeindeversammlungen („Town-meeting").

Barber ist dabei der Auffassung, daß der Problemhaushalt solcher Gemeinschaften ohne weiteres von diesen kleinen Zusammenschlüssen selbst geregelt werden könnte. Fragen, die von regionaler oder gar nationaler Bedeutung seien, seien allerdings über solche Foren nicht mehr zu klären und zu entscheiden. Repräsentative Institutionen sind deshalb seiner Auffassung nach in einem solchen Rahmen nur schwer zu ersetzen. Damit allerdings auch in umfassenderen Kontexten das demokratische Element grundsätzlich vorhanden bliebe, entwirft er die Idee eines „artificial town meetings", also der Konstruktion eines virtuellen Raumes, in dem die Menschen zusammentreffen könnten um über einen großen Bereich der Angelegenheiten von regionaler bzw. nationaler Bedeutung zu diskutieren und eventuell darüber schließlich auch abzustimmen. Dabei spielen die neuen Möglichkeiten der Medientechnik eine entscheidende Rolle. Die Entwicklung des Internets, so Barber, ermögliche es den Bürgern, sich über bereitgestellte Datenbanken umfassend zu informieren, in Kontakt mit anderen Menschen auch außerhalb der eigenen, physisch erfahrbaren Welt zu treten und mit ihnen über die anstehenden Sachfragen zu diskutieren und schließlich durch „Home voting" bzw. „Electronic balloting" auch über die jeweilige Sachfrage abzustimmen[32].

Barbers Konzept einer starken Demokratie ist äußerst präzise und detailliert. Es enthält konkrete Überlegungen zu prozessuralen Fragen der Abstimmung, zu Abstimmungs-

---

30 Benjamin Barber; Strong Democracy; a.a.O.; S. 25.
31 ebenda.
32 Vgl. ebenda; S. 289.

formaten, zu Kontrollmechanismen, die eine stimmungsabhängige Wahl verhindern sollten und auch Überlegungen zu einem nationalen Militär- und Zivildienst, der das Engagement und das Interesse für die Angelegenheiten der gesamten Gemeinschaft wecken und weiter intensivieren solle. In dem hier zu erörternden Kontext würde es jedoch zu weit führen, alle Vorschläge Barbers aufzuführen und zu diskutieren. Vielmehr soll es um den zentralen Kern seiner Überlegungen gehen: den Aspekt der Diskursivität, der sich zwingend aus dem Beteiligungsbegriff Barbers ergibt[33]: „At the heart of strong democracy is talk. As we shall see, talk is not mere speech. It refers here to every human interaction that involves language or linguistic symbols"[34]. Die zentrale Bedeutung der Kommunikation bei Barber läßt sich vor allem daran erkennen, daß er ihr insgesamt neun Aufgaben zuerkennt, die für den Prozeß der starken Demokratie an je unterschiedlichen Stellen von Bedeutung sind: Artikulation von Interessen, Überredung, Festlegen der politischen Tagesordnung, Ausloten von Wechselseitigkeiten, Ausdruck von Zugehörigkeit und Gefühl, Wahrung der Autonomie, Bekenntnis und Ausdruck des Selbst, Reformulierung und Rekonzeptualisierung sowie Gemeinschaftsbildung als Schaffung öffentlicher Interessen, gemeinsamer Güter und aktiver Bürger.

Die letzte Funktion der Kommunikation ist schließlich das eigentliche Ziel seiner Überlegungen: die Schaffung einer Gemeinschaft, die aufgrund der Wirkungsmächtigkeit der individualistisch orientierten liberalen Philosophie verloren gegangen sei:

> „All of the functions of talk discussed above converge toward a single, crucial end - the development of a citizenry capable of genuinely public thinking and political judgement and thus able to envision a common future in terms of genuinely common goods."[35]

Die entscheidende Bedeutung des Gespräches sei es - und hier knüpft er ganz dezidiert an die sprachphilosophischen Überlegungen und Forschungen seit dem „Tractatus" von Ludwig Wittgenstein an -, daß durch die Reflexivität des Gesprächs der Bürger befähigt werde, Interessen, Wünsche und Bedürfnisse seiner Mitmenschen wahrzunehmen und ihn zugleich zu einem „public thinking" führe, in dem sich gemeinsame Ziele und Güter wiederfinden lassen. Gewissermaßen dient die Kommunikation als Transformator von Eigen- in Gemeinschaftsinteressen:

> „Strong democracy creates the very citizens it depends upon *because* its depends upon them, because it permits the representation neither of *me* nor of *we*, because it mandates a permanent confrontation between the *me* as citizen and the 'Other' as citizen, forcing *us* to think in common and act in common. The citizen is by definition a *we*-thinker, and to think of the *we* is always to transform how interests are perceived and goods defined."[36]

---

33 So heißt es bei ihm: „Beteiligung bedeutet Beteiligung am öffentlichen Diskurs..."; Benjamin Barber; Die liberale Demokratie und der Preis des Einverständnisses; in: Bert van den Brink / Willem van Reijen (Hg.); Bürgergesellschaft, Recht und Demokratie; Frankfurt am Main 1995; S. 375.
34 Benjamin Barber; Strong Democracy; a.a.O.; S. 173.
35 ebenda; S. 197.
36 ebenda; S. 153.

Hingegen garantiert das Gespräch bzw. der Diskurs *nicht* die Entstehung von absoluten Wahrheiten, sondern er kann im Ergebnis nur den im Gespräch hergestellten Konsens reflektieren. Dies mag unter *wissenschaftlichen* Gesichtspunkten zwar als ein Mangel erscheinen, aber Barber macht mit Verweis auf Edmund Burke und William James deutlich:

> „The citizen wishes in any case only to act rightly, not to know for certain; only to choose reasonably, not to reason scientifically; only to overcome conflict and secure transient peace, not to discover eternity; only to cooperate with others, not to achieve moral oneness; only to formulate common causes, not to obliterate all differences"[37]

Dies impliziert, daß die Entscheidungen, die aus dem Gespräch resultieren sollen, nicht zwingend „wahr" sein müssen. Vielmehr könnten sie auch grundsätzlich „falsch" sein. Politische Wahrheit - sofern es sie gebe - ist deshalb für Barber das Ergebnis von Erfahrung; die starke Orientierung am amerikanischen Pragmatismus ist unverkennbar.

Auch bei einem weiteren Theoretiker dieses Ansatzes spielt das Gespräch bzw. die Kommunikation der Mitglieder einer Gemeinschaft als Basis der politischen Entscheidung eine zentrale Rolle. So ist für Jürgen Habermas ebenfalls der Diskurs das zentrale Element seiner Demokratieauffassung, wobei Demokratie für ihn zunächst sehr allgemein gleichbedeutend „...mit der politischen Selbstorganisation der Gesellschaft" ist[38] und an anderer Stelle heißt es bei ihm: „Demokratie arbeitet an der Selbstbestimmung der Menschheit, und erst wenn diese wirklich ist, ist jene wahr. Politische Beteiligung wird dann mit Selbstbestimmung identisch sein"[39].

In seiner Analyse unterscheidet Habermas nun zwischen drei verschiedenen, normativen Modellen der Demokratie: der liberalen, republikanischen und der deliberativen Demokratie. Dabei sieht er in den beiden erstgenannten Modellen die historisch bedeutsamsten Formen der Demokratie, doch beide betrachtet er als grundsätzlich defizitäre Demokratieauffassungen, denen er schließlich einen deliberativen Demokratiebegriff entgegensetzt. Dabei sieht er sehr wohl, daß insbesondere die republikanische Variante, der „Reflexionsform eines sittlichen Lebenszusammenhangs"[40], an einem radikaldemokratischen Sinn der Selbstorganisation der Gesellschaft durch kommunikativ vereinigte Bürger festhält und dem demokratischen Ideal der Selbstregierung näher kommt, als die liberale, staatszentrierte Auffassung von Demokratie. Zugleich aber kritisiert er gerade am republikanischen Modell dessen idealistische Perspektive, denn dort sei der

---

37 ebenda; S. 131.
38 Jürgen Habermas; Drei normative Modelle der Demokratie: Zum Begriff deliberativer Politik; in: Herfried Münkler (Hg.); Die Chancen der Freiheit. Grundprobleme der Demokratie; München 1992; S. 21.
39 Jürgen Habermas / Ludwig von Friedeburg / Christoph Oehler / Friedrich Weltz; Student und Politik; a.a.O.; S. 15; eine nahezu identische Position s. bei Charles Taylor; Wieviel Gemeinschaft braucht die Demokratie?; in: Transit. Europäische Revue, 3. Jg., 5/1992, S. 15.
40 Jürgen Habermas; Die Einbeziehung des Anderen. Studien zur politischen Theorie. Frankfurt am Main 1996; S. 277.

demokratische Prozeß von der starken Existenz von den Tugenden der Bürger abhängig. Das grundlegende Problem des republikanischen Modells sieht er darin, daß Politik eben nicht nur im Austragen der ethischen Selbstverständnisse bestünde und deshalb politische Diskurse Gefahr liefen, in eine ethische Engführung einzumünden. Die deliberative Demokratie stehe somit „zwischen" beiden Ansätzen. Sie verbinde mit dem demokratischen Prozeß stärkere normative Konnotationen als das liberale, aber schwächere als das republikanische Modell:

> Sie „...nimmt wiederum von beiden Seiten Elemente auf und fügt sie auf neue Weise zusammen. In Übereinstimmung mit dem Republikanismus rückt sie den politischen Meinungs- und Willensbildungsprozeß in den Mittelpunkt, ohne jedoch die rechtsstaatliche Verfassung als etwas Sekundäres zu verstehen; viel mehr begreift sie Grundrechte und Prinzipien des Rechtsstaates als konsequente Antwort auf die Frage, wie die anspruchsvollen Kommunikationsvoraussetzungen des demokratischen Verfahrens institutionalisiert werden können"[41]

Trotz der sehr unterschiedlichen Ausprägungen innerhalb der Partizipationstheorie der Demokratie, kann doch *ein* zentraler Aspekt an dieser Stelle als eine entscheidende Facette festgehalten werden: Die Anerkennungswürdigkeit einer Entscheidung wird durch die korrekte Anwendung des Verfahrens hergestellt, d.h. durch die diskursiv zu gewinnenden Begründungen für diese Entscheidung. Ob die letzte Entscheidung über diskutierte Sachfragen schließlich das Volk selbst, oder Repräsentanten innerhalb eines Institutionengefüges fällen, wird unter den Partizipationstheoretikern durchaus unterschiedlich beantwortet. So teilt Habermas die Auffassung, eine Entscheidung könne durchaus auch von den Repräsentanten selber gefällt werden, denn die Abgeordneten würden geradezu automatisch ihre Entscheidungen von richtigen, diskursiv gebildeten Urteilen abhängig machen,

> „Weil die Institutionen so eingerichtet sind, daß sie sich in der Regel der Kritik ihrer Wähler nicht aussetzen möchten, denn die Repräsentanten können bei nächster Gelegenheit von ihren Wählern sanktioniert werden, während sie diesen gegenüber keine vergleichbaren Sanktionsmittel in der Hand haben."[42]

Mit anderen Worten: ob ein Diskurs direkt in eine Entscheidung mündet und damit ein plebiszitäres Element der Demokratie darstellt, wie z.B. bei Barber, oder ob der Diskurs die Entscheidungsbasis für ein stärker repräsentativ ausgelegtes Institutionensystem ist, wie z.B. bei Habermas[43], ist aus Sicht der Partizipationstheorie der Demokratie eine empirische Frage. Entscheidend ist vielmehr, daß durch den Diskurs der Bürger unter-

---

41 ebenda; S. 287.
42 Jürgen Habermas; Volkssouveränität als Verfahren. Ein normativer Begriff von Öffentlichkeit; in: ders; Die Moderne - Ein unvollendetes Projekt. a.a.O.; S. 208-209.
43 Habermas favorisiert eindeutig die letztere Variante, denn wie er bemerkt, erfordert die Übernahme von Verantwortung bei praktisch folgenreichen Beschlüssen ein klare institutionelle Zurechnung; vgl. Jürgen Habermas; Volkssouveränität als Verfahren. Ein normativer Begriff von Öffentlichkeit; in: ders; Die Moderne - Ein unvollendetes Projekt. a.a.O.; S. 207-208.

einander Gründe produziert werden, die schließlich die Basis der Anerkennungswürdigkeit der Entscheidung und damit des gesamten politischen Systems darstellen.

5.2. Partizipationstheorie der Demokratie und Öffentlichkeit

5.2.1 Der Öffentlichkeitsbegriff in der Partizipationstheorie

Die hier vorgetragenen Grundzüge der Partizipationstheorie der Demokratie machen bereits deutlich, daß dieser Theorieansatz eine von den beiden vorher diskutierten Ansätzen vollständig divergierende Position gegenüber dem Begriff „Öffentlichkeit" hat. Anders als die Elitentheorie und (mit Einschränkungen) die Pluralismustheorie der Demokratie betrachtet sie Öffentlichkeit nicht als etwas Herzustellendes oder als Forum, das aus dem politischen Prozeß entstehe, sondern sie betrachtet ihre Existenz als eine notwendige *Voraussetzung,* ja als eine unhintergehbare Grundbedingung für ein demokratisches Gemeinwesen[44].

Gerade Habermas war es, der in seiner Studie über den „Strukturwandel der Öffentlichkeit" die Kritik an einer allein auf Publizität ausgerichteten Öffentlichkeit formuliert und ihr zugleich einen „emphatischen Begriff"[45] von Öffentlichkeit entgegengesetzt hat. Sein Verdienst ist es ohne Zweifel, „...die Sache, um die es dabei geht, mit großangelegten historischen und analytischen Arbeiten für die Diskussion der Sozialwissenschaften ständig angemahnt zu haben"[46].

Unter Öffentlichkeit versteht Habermas „...zunächst einen Bereich unseres gesellschaftlichen Lebens, in dem sich so etwas wie öffentliche Meinung bilden kann. Der Zutritt steht grundsätzlich allen Bürgern offen". Umgekehrt sei eine Öffentlichkeit, von der angebbare Gruppen ausgeschlossen seien, nicht nur eine unvollständige, sondern vielmehr überhaupt nicht als Öffentlichkeit zu bezeichnen. Gekennzeichnet sei dieser Bereich dadurch, daß sich die öffentlichen Diskussionen (auch mit Hilfe von Medien, wie z.B. Zeitungen, Rundfunk und Fernsehen) auf Gegenstände bezögen, „die mit der Praxis des Staates zusammenhängen"[47]. Öffentlichkeit sollte demnach ein Forum sein, in dem ein räsonnierendes Bürgertum in einem offenen politische Diskurs rationale öffentliche Meinungen sucht.

Eine solche Öffentlichkeit, so Habermas weiter, bestehe heute allerdings nicht mehr. Vielmehr, und dies stellte schließlich die Kernthese seiner Untersuchung dar, sei die politische Öffentlichkeit zunehmend „refeudalisiert" worden. Dazu führt er aus:

---

44   Vgl. Jürgen Habermas; Strukturwandel der Öffentlichkeit; a.a.O.; S. 38.
45   Helmut Dubiel; Kritische Theorie der Gesellschaft; Weinheim u.a. 1988; S. 120.
46   Jürgen Gerhards / Friedhelm Neidhardt; Strukturen und Funktionen moderner Öffentlichkeit; a.a.O.; S. 33.
47   Beide Zitate: Jürgen Habermas; Öffentlichkeit (ein Lexikonartikel); in: ders.; Kultur und Kritik. verstreute Aufsätze; Frankfurt am Main 1973; S. 61.

„Zusammen mit den politisch wirksamen Repräsentanten der kulturellen und religiösen Kräfte führt die [...] Konkurrenz der organisierten Privatinteressen gegenüber dem 'Neomerkantilismus' einer interventionistischen Verwaltung zu einer 'Refeudalisierung' der Gesellschaft insofern, als mit der Verschränkung von öffentlichem und privatem Bereich nicht nur politische Instanzen gewisse Funktionen in der Sphäre des Warenverkehrs und der gesellschaftlichen Arbeit, sondern auch umgekehrt gesellschaftliche Mächte politische Funktionen übernehmen. - Deshalb erstreckt sich auch diese 'Refeudalisierung' auf die politische Öffentlichkeit selbst: in ihr streben die Organisationen mit dem Staat und untereinander politische Kompromisse, möglichst unter Ausschluß der Öffentlichkeit an, müssen sich dabei aber durch Entfaltung demonstrativer oder manipulierter Publizität beim mediatisierten Publikum plebiszitärer Zustimmung versichern."[48]

Habermas begründet seine These mit reichhaltigem historisch-analytischem Material. Seiner Auffassung nach hätten die bürgerlichen Salons und Kaffeehäuser ihre einstmalige Bedeutung verloren und seien durch die Entwicklung der Institutionen der Massenkommunikation hin zu Großorganisationen gänzlich verdrängt worden. Durch diese Entwicklung habe sich allerdings zugleich der Charakter der Massenkommunikation von einem privilegierten Forum des rational-kritischen Diskurses hin zu „...a sham world of pseudo-privacy that is fashioned and controlled by the culture industry"[49] verändert, wie es John B. Thompson treffend zusammengefaßt hat. Durch diesen Prozeß, so Habermas weiter, sei aber auch die Massenkommunikation als Medium der öffentlichen Sphäre zerstört worden, die Presse sei entpolitisiert und zugleich auch personalisiert und sensationalisiert worden[50]. So resümiert Thompson:

„The residues of the bourgeois public sphere have thus taken on a quasi-feudal character: new techniques are employed to endow public authority with the kind of aura and personal prestige which was once bestowed by the staged publicity of the feudal courts."[51]

Diese fundamentale Kritik am Strukturwandel der Öffentlichkeit, die Habermas erstmals zu Beginn der sechziger Jahre publizierte, schien vor allem die Demokratiegläubigkeit vieler Studenten der 68er Generation[52] zu desillusionieren. Am Ende seines Vorwortes zur Neuauflage von 1990 stellt Habermas allerdings fast entschuldigend fest:

Mit dem Vorangegangenen „...will ich sagen, daß ich, wenn ich heute noch einmal an eine Untersuchung des Strukturwandels der Öffentlichkeit herangehen würde, nicht wüßte, welches Ergebnis sie für eine Demokratietheorie haben würde - vielleicht eines, das Anlaß wäre für eine weniger pessimistische Einschätzung und für einen weniger trotzigen, bloß postulierenden Ausblick als seinerzeit"[53].

Habermas hat es allerdings nicht bei dieser Kritik am Transformationsprozeß der öffentlichen Sphäre belassen, sondern dieser Entwicklung einen normativen Begriff von

---

48 Vgl. Jürgen Habermas; Strukturwandel der Öffentlichkeit; a.a.O.; S. 337.
49 John B. Thompson; Ideology and Modern Culture. Critical Social Theory in the Era of Mass Communication; Cambridge 1990; S. 112-113.
50 Vgl. Jürgen Habermas; Strukturwandel der Öffentlichkeit; a.a.O.; S. 319.
51 John B. Thompson; Ideology and Modern Culture; a.a.O.; S. 113.
52 Vgl. Walter Reese-Schäfer; Jürgen Habermas; Frankfurt am Main u.a. ²1994; S. 87.
53 Vgl. Jürgen Habermas; Strukturwandel der Öffentlichkeit; a.a.O.; S. 49-50.

Öffentlichkeit entgegengesetzt. Sein Versuch war es stets, die von den Großorganisationen administrierte Öffentlichkeit wieder zu einem Forum offener Diskursivität zurückzuführen.

Grundlage seines Öffentlichkeitsbegriffes ist der Begriff des kommunikativen Handelns, den er in einem umfangreichen Theorieansatz entwickelt hat. Kommunikatives Handeln bezieht sich dabei in erster Linie auf eine direkte Verständigung:

> „Für das kommunikative Handlungsmodell ist Sprache allein unter dem pragmatischen Gesichtspunkt relevant, daß Sprecher, indem sie Sätze verständigungsorientiert verwenden, Weltbezüge aufnehmen, und dies nicht nur im teleologischen, normengeleiteten oder dramaturgischen Handeln direkt, sondern auf eine reflexive Weise. [...] Sie nehmen nicht mehr *geradehin* auf etwas in der objektiven, sozialen oder subjektiven Welt Bezug, sondern relativieren ihre Äußerung an der Möglichkeit, daß deren Geltung von anderen Akteuren bestritten wird. Verständigung funktioniert als handlungskoordinierender Mechanismus nur in der Weise, daß sich die Interaktionsteilnehmer über die beanspruchte *Gültigkeit* ihrer Äußerungen einigen, d.h. *Geltungsansprüche*, die sie reziprok erheben, intersubjektiv anerkennen. [...] Der Begriff kommunikativen Handelns setzt Sprache als Medium einer Art von Verständigungsprozessen voraus, in deren Verlauf die Teilnehmer, indem sie sich auf die eine Welt beziehen, gegenseitig Geltungsansprüche erheben, die akzeptiert und bestritten werden können."[54]

Diese Bereitschaft zur Relativierung der eigenen Position setze jedoch die Anerkennung der anderen Teilnehmer an diesem Gespräch voraus. Damit werden zugleich drei wesentliche Ansprüche an die Situation der Kommunikation geknüpft. Während die Verständlichkeit der Aussage eine grundlegende Voraussetzung ist, bilden *Wahrheit, Richtigkeit* und *Wahrhaftigkeit* die zentralen Geltungsansprüche des kommunikativ Handelnden[55]. Diese Geltungsansprüche nennt Habermas „rational", weil sie verlangen, daß man dem Gesprächspartner, bis zur Prüfung auf ihre Richtigkeit, vernünftiges Handeln unterstellt: „Um überhaupt die Äußerung eines anderen auf ihre Wahrheit, normative Richtigkeit und Aufrichtigkeit prüfen zu können", so faßt Walter Reese-Schäfer zusammen, „...muß also die Rationalität des Gegenspielers angenommen werden"[56]. Zusammen mit der transzendentalphilosophischen Fundierung Karl-Otto Apels ging diese von Habermas umfangreich begründete These schließlich zentral in den Kontext des als „Diskurstheorie" bezeichneten Ansatzes ein.

Politische Öffentlichkeit läßt sich somit nicht als Institution oder gar als Organisation begreifen[57], sondern sie ist als ein fluider, „metatopischer Raum", in dem „vernünftige Ansichten entwickelt werden, die der Regierung als Richtschnur ihres Handelns dienen sollten"[58], zu begreifen. Dieser Raum werde allein durch die Kommunikation unter den

---

54   Jürgen Habermas; Theorie des kommunikativen Handelns (Band I); a.a.O.; S. 148.
55   Vgl. Jürgen Habermas; Erläuterungen zum Begriff des kommunikativen Handelns; in: ders.; Vorstudien und Ergänzungen zur Theorie kommunikativen Handelns; Frankfurt am Main 1995; S. 588.
56   Walter Reese-Schäfer; Jürgen Habermas; a.a.O.; S. 30.
57   Jürgen Habermas; Faktizität und Geltung; a.a.O.; S. 435-436.
58   Charles Taylor; Liberale Politik; a.a.O.; S. 29 und S. 31.

Akteuren aufgespannt und in ihm werde die Verständigung über Angelegenheiten von allgemeinem Interesse, die *res publica* betreffend, gesucht. Dabei rechne die Diskurstheorie mit der *höherstufigen Intersubjektivität* von Verständigungsprozessen, die sich eben über demokratische Verfahren oder im Kommunikationsnetz politischer Öffentlichkeiten vollzögen[59]. Die Bildung einer rationalen bzw. aufgeklärten öffentlichen Meinung erscheint hier als das Ergebnis eines öffentlichen Diskursprozesses. In diesem Modell des politischen Prozesses geht es

> „...um eine Reflexion vorgegebener Interessendefinitionen, um eine mögliche Transformation und Weiterentwicklung auch individueller Interessen und Aspirationen, um normative Prinzipien und Regeln, welche den egozentrischen individuellen Interessenhorizont transzendieren"[60].

Öffentlichkeit i.s. der Partizipationstheorie zeichnet sich demgemäß durch die *Akzeptanz der Gleichheit der diskutierenden Akteure*, die *Reziprozität der kommunikativen Beziehungen* sowie durch eine *Struktur* aus, *die ausreichend Möglichkeiten zur Teilnahme am Diskurs bietet* und nicht bestimmte Meinungen oder gar ganze Themenkomplexe strukturell ausschließt.

Die Konsequenzen, die aus diesem Begriff von Öffentlichkeit gezogen wurden, sind durchaus unterschiedlich. Die „strenge" Partizipationstheorie der Demokratie hat in der Tradition von Rousseau stehend, weiterhin auch darauf bestanden, daß dieser Diskursprozeß in eine formale Entscheidung überführt wird, d.h. sie hat den Demokratiebegriff i. S. von „kollektiver Selbstregierung" bis in den Prozeß der faktischen Entscheidung verlängert. C. Wright Mills hat diese Variante idealtypisch in seiner kritischen Analyse der amerikanischen Elite unzweideutig wiedergegeben:

> „In einer klassischen Öffentlichkeitsgesellschaft, wie wir sie verstehen wollen, gibt es erstens im Durchschnitt genauso viele Menschen, die Meinungen formulieren, wie Menschen, die die formulierte Meinung entgegennehmen, sind zweitens die öffentlichen Informationsmittel derart organisiert, daß die Möglichkeit des unmittelbaren Widerspruch gegen eine öffentlich geäußerte Meinung gegeben ist. Die Meinung, die sich als Ergebnis derartiger Diskussionen herausgebildet hat, kann drittens ohne jede Behinderung in wirksames Handeln umgesetzt werden, und das, wenn erforderlich, sogar auch gegen die eingesetzte Autorität; viertens darf der Staat keinen Einfluß auf die Öffentlichkeit nehmen, so daß sie in ihren Äußerungen und Handlungen mehr oder weniger autonom ist [...] Dieses Modell stimmt genau mit den verschiedenen Voraussetzungen der klassischen Theorie von der Demokratie überein."[61]

und bei Barber wird dieses Motiv einer auf Diskurs und weitgehend vom Volk selbst getroffenen Entscheidungen basierenden „starken Demokratie", wie gezeigt wurde, fortgeführt. Die Zivilgesellschaftstheorie, die in ihren Ursprüngen zwar auf die gleiche

---

59 Vgl. Jürgen Habermas; Faktizität und Geltung; a.a.O.; S. 362.
60 Bernhard Peters; Der Sinn von Öffentlichkeit; a.a.O.; S. 48.
61 C. Wright Mills; Die amerikanische Elite. Gesellschaft und Macht in den Vereinigten Staaten; Hamburg 1962; S. 343-344.

bzw. eine ähnliche „Ahnengallerie" verweisen kann, hat einen anderen Weg gewählt. Sie erteilt der Hoffnung eine Absage, politische Institutionen könnten erobert werden und zu Organen einer transparenten demokratischen Selbstregierung der Gesellschaft gemacht werden:

> „Statt dessen werden die politischen Erwartungen verlagert auf eine kritische, innovative und machtbegrenzende Kraft von öffentlichen Kommunikationskreisläufen, die von sozialen Bewegungen, freiwilligen Assoziationen und informellen Milieus erhalten werden. Diesen informellen Kommunikationen werden Vorzüge im Hinblick auf Authentizität, Kreativität, die Sensibilität für Probleme und die Offenheit für minoritäre, im informellen Prozess [sic!] nicht organisatorisch repräsentierte Auffassungen oder Interessen zugesprochen. Es wird gewissermaßen die Irritationsfunktion von Öffentlichkeit betont."[62]

Mit der grundsätzlichen Anerkennung repräsentativer Institutionen hat sich dieser Strang der Partizipationstheorie der Demokratie stärker an das Theoriemodell der Pluralisten angelehnt. Dabei spielen, wie auch bei den Pluralisten, vor allem die nichtstaatlichen und nicht-ökonomischen Zusammenschlüsse auf freiwilliger Basis als Beteiligte am Meinungs- und Willensbildungsprozeß eine maßgebliche Rolle[63]. Der Diskurs, verstanden als „kommunikativ verflüssigte Souveränität" ist hinsichtlich der sozialen Anerkennung der repräsentativen Institutionen, von nachhaltiger Bedeutung:

> „Kommunikative Macht wird ausgeübt im Modus der Belagerung. Sie wirkt auf die Prämissen der Entscheidungsprozesse des Verwaltungssystems ohne Eroberungsabsicht ein, um in der einzigen Sprache, die die belagerte Festung versteht, ihre Imperative einzubringen: sie bewirtschaftet den Pool von Gründen, mit denen die administrative Macht zwar instrumentell umgehen kann, ohne sie aber, rechtsförmig verfaßt wie sie ist, ignorieren zu dürfen."[64]

Die Einschätzungen hinsichtlich der Möglichkeiten einer diskursiv zu bildenden rationalen öffentlichen Meinung divergiert erheblich. Während Habermas in „Faktizität und Geltung" noch unterstellt, eine deliberative Demokratie könne zu einer rationalen öffentlichen Meinung und damit auch zu rationalen Entscheidungen führen[65], wird dies von anderen nachhaltig bestritten. In Anlehnung an Neil Postman's These, die Menschen „amüsierten sich zu Tode"[66], macht Heinrich Oberreuter deutlich, insbesondere das Fernsehen diene nicht einer rationalen Aufklärung, denn dieses Medium sei nicht

---

62 Bernhard Peters; Der Sinn von Öffentlichkeit; a.a.O.
63 Jürgen Habermas; Strukturwandel der Öffentlichkeit; a.a.O.; S. 46; - Als Beispiele für solche Zusammenschlüsse nennt er Kirchen, kulturelle Vereinigungen, Akademien, unabhängige Medien, Sport- und Freizeitvereine, Debattierclubs, Bürgerforen und -initiativen, Berufsverbände, politische Parteien, Gewerkschaften und alternative Einrichtungen.
64 Jürgen Habermas; Volkssouveränität als Verfahren. Ein normativer Begriff von Öffentlichkeit; in: ders; Die Moderne - Ein unvollendetes Projekt; a.a.O.; S. 208; - vgl. Jürgen Habermas; Ist der Herzschlag der Revolution zum Stillstand gekommen? Volkssouveränität als Verfahren. Ein normativer Begriff der Öffentlichkeit?; in: Forum für Philosophie Bad Homburg (Hg.); Die Ideen von 1789 in der deutschen Rezeption; Frankfurt am Main 1989; S. 34.
65 Vgl. Jürgen Habermas; Faktizität und Geltung; a.a.O.; S. 347.
66 Vgl. Neil Postman; Wir amüsieren uns zu Tode; a.a.O.

das Medium des rationalen Diskurses: „Seine raschen Bilderfolgen, der opulente Augengenuß, die geringen Anforderungen an das Auffassungsvermögen zielen nicht auf die Rationalität des Individuums ab, sondern auf seine Unterhaltung"[67]. Auch Michael Th. Greven teilt diese Skepsis. Seiner Auffassung nach basiere dieser Ansatz auf einer problematischen axiomatischen Annahme hinsichtlich des genuin demokratischen Charakters der Praktiken und Ergebnisse der Zivilgesellschaft. Außerdem werde in diesem Ansatz häufig von einer überlegenen Problemlösungskapazität der Zivilgesellschaft im Sinne höherer Rationalitätsstandards ausgegangen, doch dabei handele es sich um ein rationalistisches Vorurteil, welches zu der Illusion beitrage, rationale Institutionen, Konstruktion und Begründung könnten das Ergebnis der politischen Willensbildung positiv determinieren. Damit versuche dieser Ansatz den tatsächlichen Problemen der Pluralisierung und Fragmentierung der modernen politischen Gesellschaft mit unzulänglichen Mitteln zu entkommen"[68]. Bei Alexander Schwan gewinnt dieser Punkt noch eine weitere Schärfe, wenn er anmerkt:

„Das grundverkehrte, das sie durchherrscht, ist die Sucht nach nichtsubjektiver, nach zwingender Gewißheit, die sich zu einer formalistischen Operation versteigt, welche keinerlei inhaltliche Konkretionen für die präzise Formulierung von allseits akzeptablen Normen der pluralistischen Gesellschaft zu erbringen vermag, sich aber selbst das Recht an die Hand gibt, im Namen ihrer Voraussetzungen und Postulate diese Gesellschaft in ihrer Faktizität mehr oder minder zu verwerfen und umzuorientieren."[69]

5.2.2 Begrenzungen des öffentlichen Diskurses

Auf der Suche nach den (technischen) Trägern eines solchen politischen Diskurses wird die Partizipationstheorie, wie jeder andere Ansatz auch, an der Struktur der jeweiligen Mediensysteme nicht vorbeikommen. Sie alleine können letztlich Träger eines umfassenden Diskurses und größere Nationalstaaten in ihrem kommunikativen Zusammenhang unterstützen. Habermas und Barber, die hier nur beispielhaft für eine Vielzahl weiterer Vertreter des Partizipationsansatzes genauer beleuchtet wurden, sind sich dieser Tatsache auch durchaus bewußt. Die Tatsache, daß das bestehende Mediensystem im Großen und Ganzen monologisch strukturiert ist, ist eines der bedeutsamsten Hindernisse bei der Entstehung einer diskursiven Öffentlichkeit, bei der Entstehung einer öffentlichen Meinung. Wilhelm Hennis macht dies deutlich:

„Wenn das Miteinander-Sprechen die elementare Bedingung öffentlicher Meinung ist, so muß man auch die sogenannten Medien der öffentlichen Meinung einmal unter diesem Gesichtspunkt überprüfen. Die Wochenschriften des 18. Jahrhunderts und die große Mei-

---

67 Heinrich Oberreuter; Stimmungsdemokratie; a.a.O.; S. 81
68 Michael Th. Greven; Pluralisierung politischer Gesellschaften; a.a.O.; S. 273.
69 Alexander Schwan; Philosophie der Gegenwart vor dem Problem des Pluralismus; in: Gerhard Göhler (Hg.); Politische Theorie. Begründungszusammenhänge in der Politikwissenschaft; Stuttgart 1978; S. 35.

nungspresse des 17. Jahrhunderts konnten sich mit Recht als Organe der öffentlichen Meinung bezeichnen, da sie mit einem diskutierenden Publikum kommunizierten. Gilt das noch für unsere modernen Medien und das ihnen entsprechende, wesentlich visuell 'angesprochene' Publikum, und wer wollte behaupten, daß ihre Sendungen prinzipiell darauf angelegt seien, eine Diskussion in Gang zu setzen, wie man das etwa vom klassischen Theaterstück durchaus sagen kann?"[70]

Diese monologische Strukturierung führt indes nicht nur zur Unterbindung einer diskursiven, auf Rede und Widerrede aufgebauten Diskussion – Habermas hatte diese Beschränkung treffend analysiert -, sondern verstärkt indes auch eine Kommunikation, die gar nicht auf Verständigung ausgerichtet ist:

„Die empirische Beobachtung liefert vor allem Material für Verlautbarungs- und Agitationsmuster öffentlicher Kommunikation. Kommunikationsverweigerung ist laufend zu erkennen. Beispiele für das Grassieren agitatorischer Kommunikationsstile sind zahlreich belegt"[71]

Eine der wichtigsten strukturellen Konsequenzen dieser medialen „Einbahnstraßen-Kommunikation" ist es, daß im öffentlichen Diskurs grundsätzlich von einer *Asymmetrie der Hörer- und Sprecherrollen* auszugehen ist. Die von Mills skizzierte „klassische Öffentlichkeitsgesellschaft", in der ebenso viele Sprecher, wie Zuhörer vorzufinden seien, ist unter den Bedingungen medialer Kommunikation wenig realistisch[72]. Schon Robert A. Dahl und Edward R. Tufte hatten in ihrer Untersuchung über das Verhältnis von Größe und Demokratie in ihrem Kapitel über „Citizen Communication and Control" deutlich gemacht, daß mit der Zunahme der potentiell am Diskurs beteiligten Personen die Redezeit jedes Einzelnen immer kleiner werden würde und schließlich der Anspruch auf gleiche Rede*zeit* für alle nicht sinnvoll gewährleistet werden könne[73]. So auch Klaus Lenk:

„Herrschaftsfreie Kommunikation, die gesellschaftliche Relevanz hätte, würde (mindestens) den Zeitbedarf ins Unermeßliche wachsen lassen. Demokratie braucht daher Selektionsinstanzen und die Ausdifferenzierung von Institutionen, die bestimmte Fragen

---

70 Wilhelm Hennis; Zum Begriff der öffentlichen Meinung; in: ders; Politik als praktische Wissenschaft; a.a.O.; S. 47.
71 Friedhelm Neidhardt; Öffentlichkeit, Öffentliche Meinung, Soziale Bewegungen; in: ders. (Hg.); Öffentlichkeit, Öffentliche Meinung, Soziale Bewegungen [Sonderheft 34 der Kölner Zeitschrift für Soziologie und Sozialpsychologie]; Opladen 1994; S. 21.
72 Aus den bereits zu Beginn der Untersuchung genannten Gründen wurde auf den Begriff „Massenmedien" grundsätzlich verzichtet. In dem hier zu erörternden Kontext läßt sich ein weiteres Argument gegen diesen Terminus hinzufügen, denn das Wort „Massenmedien" kann durchaus auch irreführen und suggerieren, damit seien Techniken gemeint, durch die jeweils Massen miteinander kommunizieren könnten. Im Normalfall handelt es sich jedoch um eine Kommunikationsstruktur, durch die *ein* Sender sich an ein disperses Massenpublikum richtet - um diesen Sachverhalt ausdrücken zu wollen, findet sich in der Literatur auch gelegentlich der Begriff der „Einer-an-Viele"-Medien. Das Internet wäre demnach (das einzig bislang bekannte) Medium, das einer „Viele-an-Viele"-Struktur entspräche. Daß dies jedoch nicht zur Aufhebung der Hörer-Sprecher-Asymmetrie führt, darauf wird später noch zurückzukommen sein.
73 Vgl. Robert A. Dahl / Edward R. Tufte; Size and Democracy; a.a.O.; S. 66-88.

verbindlich entscheiden. Wenn Demokratie nicht bloß Vorwand für eine Elitenherrschaft sein soll, muß Öffentlichkeit strukturiert sein"[74].

An dieser Situation hat auch die Entwicklung der Medien bis zur Verbreitung des Internets nichts verändern können[75]. Unabhängig von der technisch bedingten monologischen Strukturierung der Medien erzwingt gerade der Faktor „Zeit" in großen Gemeinschaften eine „Asymmetrie von Sprecher- und Hörerrollen"[76] in der öffentlichen Kommunikation. Dieser Aspekt der Ungleichheit in den Kommunikationsbeziehungen unterstützt bzw. evoziert schließlich die zunehmende Ausbildung sogenannter „repräsentativer Sprecher, [...] die von Teilen des Publikums als authentischer Vertreter ihrer Erfahrungen, Ansprüche und Aspirationen akzeptiert werden"[77]. Solche Sprecher können in jeweils spezifischen Rollenkontexten als „Moral entrepreneurs" oder aber auch in Gestalt von Experten oder Advokaten, die sich als Repräsentanten sozialer Gruppen, von denen allgemein angenommen wird, daß sie sich nicht selbst artikulieren können (z.B. Kinder oder intellektuell Behinderte), in den öffentlichen Diskussionsprozeß einbringen.

Doch allein die Vorgabe einer Repräsentanz einer mehr oder weniger großen Gruppe garantiert für sich genommen noch keinen Zugang zu diesem Kommunikationsprozeß. Wie bereits an anderer Stelle ausführlicher diskutiert, erweisen sich die begrenzten Aufnahmekapazitäten des Mediensystems als ein fundamentaler Filter, der selbst unter den Personen und Akteuren, die in der Lage und Willens sind, sich in den öffentlichen Kommunikationsprozeß einzubringen, noch einmal eine Selektion vornimmt. Angesprochen ist das, was mit dem Begriff des „Gatekeepers" bzw. auch des „Nachrichtenwertes" umschrieben wurde. Selbst wenn man im Sinne eines „pluralistischen Repräsentationsmodells öffentlicher Kommunikation" einfordern will, daß zumindest alle relevanten gesellschaftlichen Gruppen einen Einfluß, besser: Beitrag zur öffentlichen Diskussion leisten können sollten - unabhängig davon, was man unter der zugegebenermaßen vagen Formulierung von „relevanter gesellschaftlichen Gruppierung" verstehen mag - so müssen, selbst wenn man den Gleichheitsanspruch auf die Durchlässigkeit für „repräsentative Sprecher" aufrechterhalten würde, durch die Existenz von medieninternen Selektionskriterien zu einer weiteren Verschärfung des Gleichheitsgrundsatzes führen. Das Mediensystem kann - geht man von einem freien und pluralen Mediensystem aus - per se keine Garantie dafür bieten, daß den „repräsentativen Sprechern" Zeit und Raum gewährt wird, den jeweiligen Beitrag zur Meinungs- und Willensbildung auch leisten zu können. Vielmehr müssen eben Eigenschaften der Person (Stichwort: Prominenz), oder aber spezifische Qualitäten des zu diskutierenden Themas selbst

---

74 Klaus Lenk; Partizipationsfördernde Technologien?; a.a.O.; S. 241.
75 Die besondere Rolle des Internets wird weiter unten genauer untersucht werden.
76 Bernhard Peters; Der Sinn von Öffentlichkeit; a.a.O.; S. 52.
77 Ebenda; S. 57.

(Stichwort: „Neophilie" oder Normabweichung bzw. Konflikthaftigkeit) gegeben sein, um eine erfolgreiche mediale Behandlung zu sichern. Dadurch sichern sich zugleich aktive Minderheiten mit unkonventionellen Organisations- und Protestformen – wie bereits im vorangegangenen Kapitel ausführlicher diskutiert – besondere Aufmerksamkeit: „normale" Formen politischer Willensbildung atmen Konventionalität und Normalität und scheinen sich deshalb der öffentlichen Aufmerksamkeit geradezu zu entziehen[78]. Mit anderen Worten: der Faktor „begrenztes Zeitbudget" und strukturimmanente Effekte der medialen Kommunikation führen zu einer personellen und thematischen Engführung des öffentlichen Diskurses - eine durchaus erhebliche Einschränkung des Ansatzes der Partizipationstheorie der Demokratie.

Neben dieser strukturell begründeten Asymmetrie ist jedoch noch ein weiteres Moment von nachhaltiger Bedeutung, das mit der Bezeichnung *„Asymmetrie der Wissensvoraussetzungen"* umschrieben werden kann[79]. Besonders im Kontext jüngerer Diskussionen ist dieser Aspekt immer betont worden. So gibt die Gruppe um den ehemaligen EU-Kommissar Martin Bangemann zu bedenken, eine der Hauptgefahren der informationstechnischen Entwicklung liege „...in einer Zweiteilung der Gesellschaft in 'Wissende', die Zugang zu den neuen Technologien haben, sie problemlos nutzen und voll von ihnen profitieren können, und 'Nichtwissende', denen dies nicht möglich ist"[80]. Dies könne, so Otto Ulrich, schließlich gar zu einer Restauration feudaler Strukturen führen, die nicht mehr durch die Existenz zweier, durch Industrieprozesse strukturierter Klassen, sondern durch unterschiedliche Informationszugangskanäle geprägt sei[81].

Die Bedeutung asymmetrischer Wissensvoraussetzungen haben schon sehr früh die Vertreter der Elitentheorie erkannt. Von einer Gleichverteilung des Wissens bzw. der Information könne grundsätzlich nicht ausgegangen werden. Schumpeter war es, der die These popularisiert hatte, daß das Volk aufgrund seiner Uninformiertheit nicht in der Lage sei, über spezifische Sachfragen selber zu entscheiden und deshalb müsse dies durch eine nach der demokratischen Methode ausgewählten Elite geschehen. Noch einmal sei an das Zitat Schumpeters erinnert, demnach der Bürger auf eine „tiefere Stufe der gedanklichen Leistung" falle, sobald er das politische Gebiet betrete. Damit glaubte er ein Argument zur Rechtfertigung repräsentativer Demokratien angeführt zu haben.

---

78 Vgl. Heinrich Oberreuter; Einfluß der Medien auf die politische Kultur; a.a.O.; S. 54.
79 Vgl. dazu u.a.: Herbert I. Schiller; Information Inequality; New York u.a. 1996; - Zur empirischen Forschung in diesem Bereich siehe grundlegend: Heinz Bonfadelli / Ulrich Saxer; Lesen, Fernsehen und Lernen; Zug 1986.
80 Martin Bangemann u.a.; Europa und die globale Informationsgesellschaft. Empfehlungen einer Arbeitsgruppe; in: Stefen Bollmann (Hg.); Kursbuch Neue Medien; Mannheim ²1996; S. 266; - s.a. Peter Glotz; Chancen und Gefahren der Telekratie. Der Wandel der Kommunikationskultur seit 1984; in: Stefen Bollmann (Hg.); Kursbuch Neue Medien; Mannheim ²1996; S. 47.
81 Vgl. dazu die Ausführungen von Otto Ulrich; Computer, Wertewandel und Demokratie. Öffnet die Informationsgesellschaft die Chancen für mehr politische Partizipation?; in: Aus Politik und Zeitgeschichte, B25/1984, 23.6.1984, S. 24.

Vielmehr aber ist *dieses* Argument in seinem *grundsätzlichen* Gehalt nachhaltig widersprüchlich. Emilio Santoro hat in Anlehnung an David Held zu Recht auf den immanenten Widerspruch dieses Argumentes aufmerksam gemacht, wenn er rhetorisch fragt:

> „If the electorate is regarded as unable to form reasonable judgements about pressing political questions, why should it be regarded as capable of discriminating between alternative sets of leaders? On what basis could an electoral verdict be thought to be adequate? If the electoral is capable of assessing competing leaderships, it is surely able to understand key issues and discriminate between rival platforms."[82]

Doch jenseits dieses grundlegenden „schumpeterianischen Dilemmas"[83] spielt das Problem der Information, und im Kontext der Partizipationstheorie der Demokratie die Problematik asymmetrischer Wissensvoraussetzungen eine entscheidende Rolle, denn Information bzw. Informiertheit ist die Basis, gewissermaßen der „Rohstoff" eines rationalen öffentlichen Diskurses.

Eventuelle Informationsdefizite zu schließen bzw. ganz allgemein: „zu informieren" und damit einen Beitrag zu einem politischen Diskurs zu leisten - darin sehen nicht wenige Autoren die eigentliche Funktion der Medien. So schreibt Herbert Schambeck: *„Aufgabe dieser Massenmedien* ist die *Information*, die Mitwirkung an der *Meinungsbildung* sowie *Kontrolle* und *Kritik*"[84]. Brian McNair sieht die Funktionen der Medien in idealtypischen demokratischen Gesellschaften darin, zu informieren, zu erziehen, eine Plattform für öffentlichen politischen Diskurs abzugeben, politischen und Regierungsinstitutionen Publizität zu geben und einen Kanal für die Äußerung politischer Standpunkte zu liefern. Damit diese Funktionen auch adäquat umgesetzt werden könnten, so McNair in Anlehnung an Habermas weiter, sei es notwendige Voraussetzung, daß diese mediale Öffentlichkeit für alle Bürger erreichbar, ein Zugriff auf die Informationen möglich sei, institutionelle Garantien für die Medien existierten und daß „...specific means for transmitting information must be accessible to those who can be influenced by it"[85].

Von jeher stand jedoch die Informationsfunktion in einem Spannungsverhältnis zur Unterhaltungsfunktion der Medien. In seiner historisch angelegten Studie machte Werner Faulstich deutlich, daß Unterhaltung durch Medien eine Funktion sei, die nicht erst in der Moderne den Medien zugeschrieben worden sei, sondern schon immer auch zum Funktionskatalog der Medien gehörte[86]. In ihrem Essay „Kulturindustrie. Aufklärung

---

82 Emilio Santoro; Democratic theory and individual autonomy. An interpretation of Schumpeter's doctrine of democracy; in: European Journal of Political Research, 23. Jg., 2/1993; S. 130.
83 Manfred G. Schmidt; Demokratietheorien; a.a.O.; S. 137.
84 Herbert Schambeck; Staat, Öffentlichkeit und öffentliche Meinung; a.a.O.; S. 27.
85 Brian McNair; Introduction to Political Communication; a.a.O.; S. 22; - s. auch: Heribert Schatz; Massenmedien und Massenkommunikation; in: Wolfgang W. Mickel (Hg.); Handlexikon zur Politikwissenschaft. München 1983; S. 288; - Raymond A. Bauer / Alice H. Bauer, 'Mass Society' and Mass Media; in: The Journal of Social Issues, 16. Jg., 4/1960, S. 3.
86 Vgl. Werner Faulstich; Medien und Öffentlichkeiten; a.a.O.

als Massenbetrug", das Rudolf Maresch zu Unrecht als „Adorno-Horkheimer-Flaschenpost"[87] abqualifizierte, hatten Theodor W. Adorno und Max Horkheimer hinsichtlich der Kunst und Kultur grundlegend kritisiert, daß der einstmals vorhandene aufklärerische Impetus durch die massenhafte Verfügbarkeit moderner Medientechnik verloren gegangen sei und zu einer Ausbildung einer „Kulturindustrie" als „Amüsierbetrieb" geführt habe: „Amusement ist die Verlängerung der Arbeit unterm Spätkapitalismus. Es wird von dem gesucht, der dem mechanisierten Arbeitsprozeß ausweichen will, um ihm von neuem gewachsen zu sein"[88] und deshalb gelte: „Die Kulturwaren der Industrie richten sich [...] nach dem Prinzip ihrer Verwertung, nicht nach dem eigenen Gehalt und seiner stimmigen Gestaltung"[89], wie Adorno an anderer Stelle bemerkt.

In den neueren Diskussionen ist diese Befürchtung noch erweitert worden, denn zunehmend vermutete man auch, die Informationsfunktion der Medien werde aufgrund der Zunahme des Unterhaltungsangebots nicht mehr adäquat erfüllt. Mit Blick auf die zunehmende Dominanz des Fernsehens spricht u.a. Oberreuter, der noch zu Beginn der achtziger Jahre formulierte, „...die Integration des Volkes und die Artikulation seiner Forderungen und Interessen gegenüber dieser Herrschaft."[90] seien die zentralen Funktionen der Medien, nunmehr davon, daß die „Unterhaltung [...] die Superideologie des Fernsehens"[91] geworden sei - der Faktor „Information" spiele im Fernsehen nur noch eine untergeordnete Rolle.

Bereits vor Beginn der Einführung des „Dualen Systems" in Europa war ein Trend zur vermehrten Nutzung unterhaltungsorientierter Programme zu verzeichnen, der sich mit der Einführung privatfinanzierter Sender verstärken sollte[92]. Diesem gesellschaftlichen Trend folgten schließlich auch die Programminhalte der Fernsehsender. Dadurch kam es vor allem bei den öffentlich-rechtlichen Sendern zu einer erheblichen Reduzierung des traditionell hohen Anteils an politischer Information – für manche war damit der „Zwangsvolkshochschule"[93] ein Ende gesetzt. So konnte im Kontext der Diskussion um die „Konvergenz-Hypothese" Klaus Merten am Beispiel öffentlich-rechtlichen Sender in Deutschland zeigen, daß diese den Informationsanteil im Laufe von 13 Jahren um

---

87 Rudolf Maresch; Mit imperialen Begriffen. Harold Adams Innis - ein Pionier der Medienwissenschaft; in: Süddeutsche Zeitung; 19.3.1997; (Beilage) S. IX.
88 Max Horkheimer / Theodor W. Adorno; Dialektik der Aufklärung. Philosophische Fragmente; Frankfurt am Main [Neuausgabe] 1969; S. 145.
89 Theodor W. Adorno; Résumé über Kulturindustrie; in: ders.; Gesammelte Schriften (Band 10-1); Frankfurt am Main 1977; S. 338.
90 Heinrich Oberreuter; Legitimität und Kommunikation; a.a.aO.; S. 71.
91 Heinrich Oberreuter; Zwischen Erlebnisgesellschaft und Medieneinfluß: Die offene Zukunft des Parteiensystems; in: ders. (Hg.); Parteiensystem am Wendepunkt?; a.a.O., S.12; - s.a. Josef Hackforth; Neue Medien und gesellschaftliche Konsequenzen; a.a.O., S. 10.
92 Vgl. Horst Pöttker; Dualer Rundfunk und Politikverdrossenheit; a.a.O.; S. 101.
93 Christoph Engel; Multimedia und das deutsche Verfassungsrechts; in: Wolfgang Hoffmann-Riem / Thomas Vesting (Hg.); Perspektiven der Informationsgesellschaft (Symposium des Hans-Bredow-Instituts 16); Baden-Baden 1995; S. 160.

13% verringert, im gleichen Zeitraum aber den Anteil von „Infotainment"-Sendungen um 10,9% erhöht haben[94]. Auch Katrin Voltmer legte Daten vor, die das Sinken des Anteils politischer Information im Fernsehen deutlich belegten. Ihre aufklärerische Funktion, so ihre Schlußfolgerung, hätten die Medien deshalb weitestgehend eingebüßt[95] - Hans Magnus Enzensberger hatte dafür den Begriff des „Nullmediums" geprägt, da es im Fernsehen „Null Inhalt" gebe[96].

Die meisten Untersuchungen zu diesem Themenkomplex beziehen sich jedoch fast ausschließlich auf das Medium „Fernsehen". Dagegen ließe zunächst durchaus die Vermutung äußern, daß der Verlust der Informationsfunktion des Fernsehens kein grundsätzliches Problem sei, da es ja eine Vielzahl an Medien gebe, über die sich die Bürger informieren könnten: neben der Presse wäre hier auf das reichhaltige Angebot an (Special-Interest-) Zeitschriften oder auch auf die (populärwissenschaftliche) Literatur zu verweisen, die als Informationsquellen zur Verfügung stehen. Interessanterweise ist von der unzureichenden Wahrnehmung der Informationsfunktion durch die Presse oder den Buchmarkt auch nur selten die Rede.

Die Konzentration auf das Medium „Fernsehen" erweist sich in diesem Fall allerdings durchaus als angebracht, denn ohne Zweifel hat das Fernsehen in den letzten Jahrzehnten deutlich an allgemeiner sozialer Bedeutung gewonnen. Zugleich gilt das Fernsehen im Informationsbereich auch als das Medium mit einer hohen Glaubwürdigkeit[97] - die

---

94 Vgl. Klaus Merten; Konvergenz der Fernsehprogramme; a.a.O.; S. 159; s.a. Klaus Merten; Konvergenz der Deutschen Fernsehprogramme. Eine Langzeituntersuchung 1980 - 1993; Münster u.a. 1994; - Allerdings, so die Untersuchung von Ralf Hohlfeld und Gernot Gehrke, zeichne sich das (verbliebene) Informationsprogramm der deutschen öffentlich-rechtlichen Sender durch ein deutlich höheres Niveau aus; Vgl. Ralf Hohlfeld / Gernot Gehrke; Wege zur Analyse des Rundfunkwandels. Leistungsindikatoren und Funktionslogiken im „Dualen Fernsehsystem"; Opladen 1995; S. 267.

95 Katrin Voltmer; Politisches Denken in der Informationsgesellschaft. Zum Zusammenhang von Fernsehnutzung und Einstellungskonsistenz; in: Winfried Schulz (Hg.); Medienwirkungen. Einflüsse von Presse, Radio und Fernsehen auf Individuen und Gesellschaft; Weinheim 1992; S. 249; - Dies scheint die empirische Bestätigung der These zu sein, die bereits 1986 Josef Hackforth formulierte, indem er annahm, das Medium „Fernsehen" werde in Zukunft noch stärker ein weitgehendes Unterhaltungsmedium sein; Vgl. Josef Hackforth; Neue Medien und gesellschaftliche Konsequenzen; a.a.O.; S. 10

96 Hans Magnus Enzensberger; Das Nullmedium; a.a.O.; S.89-103; - Die Quintessenz von Enzensberger ist es schließlich, daß das Fernsehen eine Gehirnwäsche betreibe und schließlich zur „Verblödung" der Konsumenten führe. Dieter Prokop hat zu Recht darauf geantwortet, es sei keineswegs ausgemacht, ob „...verblödete Fernsehzuschauer vielleicht schon verblödet waren, bevor sie fernsahen..."; Dieter Prokop; Medien-Macht und Massen-Wirkung; a.a.O.; S. 325.

97 Vgl. u.a. Wolfgang Ismayr; Der deutsche Bundestag;; S. 346; - s.a. Wolfgang Bergsdorf; Legitimität aus der Röhre; S. 41; - Heinrich Oberreuter; Stimmungsdemokratie; a.a.O.; S. 88; - s.a. die Umfrage des Eurobarometer vom Herbst 1997. Als besonders krasser Fall ist hier Großbritannien zu nennen: nur 15% der Befragten haben Vertrauen in die Presse (vgl. Eurobarometer; Bericht Nr. 48, S. 18); - s.a. Hans-Dieter Klingemann,; Massenkommunikation, interpersonale Kommunikation; a.a.O.; S. 397; - Die Ursache für die hohe Glaubwürdigkeit des Fernsehens wird zumeist in deren Möglichkeit gesehen, ein Geschehen auch visuell sichtbar zu machen. Dadurch wird dem Fernsehen eine höhere Authentizität unterstellt. Mit Bezug auf die französische Landbevölkerung schreibt Henry W. Ehrmann, diese schenke in der Regel dem, was sie mit eigenen Augen sehen

Aussage, es handele sich dabei um ein sogenanntes „Leitmedium" ist deshalb auch durchaus zutreffend.

Für viele Bürger ist das Fernsehen das primäre und nicht selten auch das einzige politische Informationsmedium[98]. Die Konsequenzen einer solch einseitigen Mediennutzung sind dabei durchaus erheblich. Schon Anfang der achtziger Jahre hatte die Gruppe um George Gerbner in einer interessanten Studie herausgefunden, daß Menschen mit einem hohen Fernsehkonsum eine äußerst homogene Wertstruktur und ebenso homogene politische Einstellungen aufweisen - die Bedeutung des Fernsehens übersteige dabei sogar alle anderen politischen und sozialen Einflüsse[99]. In einer weiteren Differenzierung dieses Forschungsbereiches erwies sich einmal mehr der Faktor „formale Bildung" als erhebliche Einflußvariable. So konnte Voltmer nachweisen, daß Personen mit niedriger Schulbildung und einem zugleich niedrigen politischen Interesse bei intensiver Nutzung der Fernsehnachrichten über ein strukturierteres Einstellungsmuster verfügen, als Menschen mit formal höherer Bildung. Die Ursache sieht Voltmer darin, daß in der zuletzt genannten Gruppe keine homogene Mediennutzung zu verzeichnen sei, sondern daß diese in der Regel zur Information und Meinungsbildung mehrere verschiedene Medientypen nutzen. Es läßt sich schlußfolgern, daß durch diese vielfältige Mediennutzung die Bedeutung des Fernsehens für den Informationsstand deutlich relativiert wird[100].

Die Untersuchungen im Kontext der Vielseherforschung sind noch in einem zweiten Punkt von Bedeutung. Sofern man der These zustimmt, Rundfunk sei in erster Linie als Unterhaltungsmedium zu begreifen und als solches für die Sozialisation[101] der Bürger

könne mehr Glauben, als dem, was sie lesen könne oder was ihr erzählt würde; vgl. Henry W. Ehrmann; Das politische System Frankreichs. Eine Einführung; München ²1976; S. 101.

98   Hans-Dieter Klingemann,; Massenkommunikation, interpersonale Kommunikation; a.a.O.; S. 392.
99   Vgl. u.a. George Gerbner et al.; Political Correlates of Television Viewing; Public Opinion quarterly; 48. Jg., 2/1984, S. 284-300; - Ähnlich auch Christine Holtz-Bacha, die zeigen konnte, daß ein Einfluß der Medienberichterstattung auf die Politiksicht bei solchen Personen erkennbar ist, die Medien in erster Linie zur Unterhaltung nutzen; vgl. Christina Holtz-Bacha; Verleidet uns das Fernsehen die Politik? Auf den Spuren der „Videomalaise"; in: Max Kaase / Winfried Schulz (Hg.); Massenkommunikation. Theorie, Methoden, Befunde [Sonderheft 30 der Kölner Zeitschrift für Soziologie und Sozialpsychologie]; Opladen 1989; S. 239-251.
100   Vgl. Katrin Voltmer; Politisches Denken in der Informationsgesellschaft; a.a.O.; S. 265.
101   Zur Bedeutung der Sozialisation durch Medien s. u.a.: Bernd Schorb / Erich Mohn / Helga Theunert; Sozialisation durch (Massen-) Medien; in: Klaus Hurrelmann / Dieter Ulich (Hg.); Neues Handbuch der Sozialisationsforschung; Weinheim u.a. 1992; S. 493-508; - s.a. Michael Kunczik; Massenkommunikation. Eine Einführung; Köln u.a. 1977; S. 185-206; - Auch Luhmann ist der Auffassung, die Unterhaltung werde einen Einfluß auf das nehmen, was als Realität konstruiert werde und damit einen Einfluß auf die Sozialisation von Individuen nehmen; vgl. Niklas Luhmann; Die Realität der Massenmedien; Opladen ²1996; S. 146; - Mancher Autor, wie z.B. Klaus von Beyme, hat selbst die politischen Parteien in den Kreis primärer Sozialisationsagenturen aufgenommen. Diese Einschätzung dürfte allerdings (selbst in historischer Perspektive) weit übertrieben sein - richtig hingegen ist die Auffassung, daß die Parteien nicht mehr *den* Einfluß auf die individuelle Sozialisation ausüben, wie noch zu Beginn des 20. Jahrhunderts und die (allgemeinen) Medien einen Teil der Sozialisationsfunktionen übernommen haben; vgl. Klaus von Beyme; Krise des Parteienstaats - ein internationales Phänomen?; in: Joachim Raschke (Hg.); Bürger und Parteien. Ansichten und Analysen einer schwierigen Beziehung; Opladen 1982; S. 93 und S. 95.

wichtiger als in seiner Funktion als Medium politischer Information[102], dann wäre es schlichtweg fatal, den Unterhaltungsbereich im Kontext politikwissenschaftlicher Fragen *nicht* zu problematisieren.

Der Begriff „Infotainment" deutet bereits an, daß nicht nur der Anteil der „sachlichen Information" schwindet, sondern daß der verbliebene Rest sich mit (dramaturgischen) Elementen der Unterhaltung verbindet. Doch selbst der (reine) „Entertainment-Bereich" ist politisch nicht indifferent und hat - wie eben jede subjektive Erfahrung, selbst wenn sie medial vermittelt ist - einen Einfluß auf die Vorstellungen der Menschen über die politische und soziale Realität. So versuchte Gerbner in einem Verfahren kombinierter Methoden von Inhaltsanalyse und nationalen Umfragen zu zeigen, inwiefern sich die im Fernsehen zur Hauptsendezeit gezeigten Inhalte - und diese zeichneten sich durch einen hohen Gewaltanteil aus - auf die Vorstellungen vielsehender Menschen über die Realität niederschlagen würden. Die Ergebnisse waren durchaus beachtlich. So konnte er zeigen, daß hoher Umfang der TV-Nutzung zu paranoiden Effekten führe indem er z.B. die Angst verstärke, in Kriminalität verwickelt zu werden bzw. die Vorstellung kräftige, in einer schlechten Welt zu leben[103]. Unterhaltung wird damit zu einem (vom individuellen Bildungsniveau abhängigen)[104] Konstitutivum individueller Realitätskonstruktion.

Die Frage, inwiefern dies schließlich auch in Forderungen gegenüber der Politik mündet (Stichwort: Innere Sicherheit) oder sich langfristig auch in Parteiprogrammen bzw. parteipolitischen Strategien niederschlägt, wäre eine interessante, aber bislang noch kaum erforschte Frage. Darüber hinaus wäre zu fragen, welche Bedeutung den in den Unterhaltungsangeboten transportierten Wertvorstellungen beizumessen ist - reflektieren diese nur die in der Gesellschaft dominanten Wertstrukturen (sogenannte Refle-

---

102 Vgl. Wolfgang Hoffmann-Riem / Thomas Vesting; Ende der Massenkommunikation? Zum Strukturwandel der technischen Medien; in: dies. (Hg.); Perspektiven der Informationsgesellschaft (Symposium des Hans-Bredow-Instituts 16); Baden-Baden 1995; S. 29.
103 Vgl. George Gerbner / Larry Gross; Living with Television: The Violence profile; in: Journal of Communication, 26. Jg, 2/1976, S. 173-199; zur Diskussion über den Ansatz der „Vielseher-Forschung" s.a. Michael Schenk; Medienwirkungen; Tübingen 1987; S. 11; - Von großer publizistischer Bedeutung sind in diesem Zusammenhang sogenannte „Nachahmer-Taten", d.h. Straftaten, die nach dem Muster einer Filmsequenz in der Realität von einem Konsumenten nachgeahmt werden. Untersuchungen belegen den von Gerbner angedeuteten Trend: Dauerkonsumenten von Gewaltfilmen neigen dazu, gegenüber Freude, Schmerz, Haß und Liebe unempfindlich zu werden und die Welt der inneren Bilder mangels relativierender und kompensierender sozialer Kontakte mit den Gewaltakten der Filme zu füllen. Gemeinhin kommt es zu einer Vermischung von Realität und Fiktion, in der für den Täter subjektiv keine Differenz zwischen beiden Ebenen mehr besteht; vgl. dazu u.a. Klaus Neumann-Braun; Kinder im Mediennetz. Aspekte der Medienrezeption im Kindesalter; in: Stefan Aufenanger (Hg.); Neue Medien - Neue Pädagogik? Eine Lese- und Arbeitsbuch zur Medienerziehung in Kindergarten und Grundschule; Bonn 1991; S. 77.
104 So kommen Hans Mathias Kepplinger und Christiane Tullius in einer Untersuchung zu diesem Themenkomplex u.a. zu dem Ergebnis: „Je geringer die Bildung ist, desto eher beziehen die Betrachter das Gesehene auf die Realität"; Hans Mathias Kepplinger / Christiane Tullius; Fernse-

Wertestrukturen bzw. deren Wandel feststellen[105]. Es ist deshalb von nachhaltiger Bedeutung, den Bereich der Unterhaltung im Kontext politikwissenschaftlicher Untersuchungen stärker ins Blickfeld zu nehmen: sie muß als Faktor wahrlich ernst genommen werden[106].

Die hier angeführten Auffassungen und empirischen Ergebnisse zur Problematik der Informationsleistung des „Leitmediums" Fernsehens bzw. zu den politischen Implikationen unterhaltungsorientierter Angebote verdeutlichen die Verschärfung der Wissensasymmetrie. Dabei scheinen formal besser Gebildete weit deutlicher von dem vielseitigen Medienangebot zu profitieren, als formal weniger gut Gebildete - und dieser Vorteil verschafft ihnen im öffentlichen Diskurs auch einen nachhaltigen (strategischen) Vorteil.

Daß Information an Bedeutung in Zukunft weiter zunehmen wird, darüber ist in den letzten Jahren viel geschrieben und gesagt worden. Die Prognose bzw. Diagnose, die Menschen lebten oder werden in einer Gesellschaft leben, in der die soziale Bedeutung der Information stetig zunehme, hat den Terminus der „Informationsgesellschaft" geprägt. Zunächst besagt dieser nicht mehr (und nicht weniger), als daß in einer solchen Gesellschaft „...die Mehrzahl der Erwerbstätigen mit der Handhabung von Information beschäftigt"[107] sein werden. An die Stelle traditioneller Industriezweige treten demnach immer mehr Unternehmen, „...die sich mit Information und Kommunikation beschäftigen (bzw. der Herstellung der dafür benötigten Geräte und Technologien)"[108].

Die Bedeutung des „sich informierens" hat schon immer im Kontext der Diskussion um die Demokratie eine nachhaltige Bedeutung gespielt - im 19. Jahrhundert wurde die mangelnde Bildung gar als Ausschlußgrund für einen großen Teil des „Demos" herangezogen. Das Recht auf Zugang zu den Bildungsinstitutionen wurde schließlich sogar durch die Einführung der allgemeinen Schul*pflicht* zu einer „Pflicht zur Bildung".

---

hunterhaltung als Brücke zur Realität. Wie die Zuschauer mit der Lindenstraße und dem Alten umgehen; in: Rundfunk und Fernsehen, 43. Jg., 2/1995, S. 154.

105 Ein Überblick zu diesem Themenbereich findet sich in Michael Kunczik; Massenkommunikation; a.a.O.; S. 102-113; So vermutet auch Helmut Klages, den Medien käme bei der Delegitimierung von Wertüberzeugungen und dem Identitätsverlust, der es den Bürgern nicht mehr erlaube, stabile Einstellungen und Verhaltensorientierungen herauszubilden, eine bedeutende Rolle zu. Empirische Nachweise dieses Kausalzusammenhanges gibt Klages jedoch nicht; Vgl. Helmut Klages; Wertedynamik. Über die Wandelbarkeit des Selbstverständlichen. Zürich 1988; s.a. Heinrich Oberreuter; Wirklichkeitskonstruktion und Wertwandel; a.a.O.; S. 23.

106 Vgl. Christina Holtz-Bacha; Unterhaltung ernst nehmen. Warum sich die Kommunikationswissenschaft um den Unterhaltungsjournalismus kümmern muß; Media Perspektiven, 4/1989, S. 200-206; - Die Einbeziehung der Unterhaltung in politikwissenschaftliche Überlegungen und Untersuchungen müßte dann jedoch auch den Bereich „Werbung" umfassen; s. zur Bedeutung der Werbung für den sozialen Wandel u.a.: Siegfried J. Schmidt / Brigitte Spieß; Die Kommerzialisierung der Kommunikation. Fernsehwerbung und sozialer Wandel 1956-1989; Frankfurt am Main 1996.

107 Karl W. Deutsch; Einige Grundprobleme der Demokratie; a.a.O.; S. 41.

108 Peter Wilke; Medienmarkt Europa. Ein vergleichender Überblick; in: Hans J. Kleinsteuber / Volker Wiesner / Peter Wilke (Hg.), EG-Medienpolitik. Fernsehen in Europa zwischen Kultur und Kommerz, Berlin 1990. S. 8.

Grundlage dieser Pflicht war die auch heute noch allgemein geteilte Auffassung, nur informierte Menschen - und dazu ist eben ein Mindestmaß an Ausbildung notwendig - könnten Demokratie leben, könnten sich in einer pluralistischen Gesellschaft orientieren[109].

Doch selbst wenn die soziale Bedeutung der Information bzw. kognitiven Wissens in den letzten Jahrzehnten deutlich gestiegen ist, so gibt dies noch keine Auskunft über die faktische Informiertheit der potentiell am Diskurs Beteiligten. So vertritt Christiano German die Auffassung, trotz verbesserter Möglichkeiten des Zugangs zu den Informationen sei kein generelles Wachstum des Informations- und Wissenstandes der Bevölkerung zu verzeichnen[110] und auch Otfried Jarren gibt zu bedenken: „Ein Mehr an Informationen oder Unterhaltung führt keineswegs dazu, daß wir das Angebot überhaupt kennen, geschweige denn davon alles nutzen"[111]. Karl W. Deutsch warnt schließlich hinsichtlich des Trends, mit immer mehr Informationen konfrontiert zu werden bzw. diese leichter erreichen zu können davor, daß der ansteigende Informationsüberfluß gar eine Gefahr darstelle, denn er überlaste den Einzelmenschen und damit sei auch seine Fähigkeit bedroht, die Informationen zu verstehen oder gar einer Überprüfung zu unterziehen. Diese Überprüfung, die zu einem Großteil durch Rückkoppelung der Erfahrung geschehe, werde in der Informationsgesellschaft immer seltener[112]. Doch daraus entsteht ein grundsätzliches Dilemma, denn mit dem zunehmenden Verlust von physischer Erfahrung nimmt zugleich auch wieder die Bedeutung der Information selbst zu, wie Franz Ronneberger richtigerweise feststellt:

„Angesichts des primären Erfahrungsverlustes, unter dem die Menschen in der Hochzivilisation unzweifelhaft leiden, bringt das Angewiesensein auf die Informationen in den Medien zwangsläufig eine gewisse Abhängigkeit mit sich. Dies ist selbstverständlich individuell außerordentlich verschieden, je nach persönlicher Autonomie, aber auch je nach Informationsverarbeitungskapazität des einzelnen."[113]

Eine ähnliche Perspektive findet sich auch in dem Buch „Wege zum Gleichgewicht" des Vizepräsidenten der Vereinigten Staaten von Amerika Al Gore:

---

109 Vgl. Fritz Wolf; Alle Politik ist medienvermittelt. Über das prekäre Verhältnis von Politik und Fernsehen; in: Aus Politik und Zeitgeschichte; B 32/1996, 2.8.1996; S. 26.
110 Christiano German; Politische (Irr-) Wege in die globale Informationsgesellschaft; in: Aus Politik und Zeitgeschichte; B 32/1996, 2.8.1996; S. 24-25.
111 Otfried Jarren; Demokratie durch Internet?; in: Stephan Eisel / Mechthild Scholl (Hg.); Internet und Politik [Interne Studie der Konrad-Adenauer-Stiftung]; Nr. 164/1998]; Sankt Augustin 1998; S. 29; - s.a. Wolfgang Bergsdorf; Öffentliche Meinung; a.a.O.; S. 43.
112 Vgl. Karl W. Deutsch; Einige Grundprobleme der Demokratie; a.a.O.; S. 43-46; - So sieht Deutsch in der „Nachrichtenüberlastung" nicht nur das Problem individueller Orientierungslosigkeit, sondern auch die Herausforderung „systemischer Aufmerksamkeitsüberlastung", was schließlich zu einem Zusammenbruch politischer Systeme führen kann; s.a. Giovanni Sartori; Demokratietheorie; a.a.O.; S. 114.
113 Franz Ronneberger; Publizistische und politische Macht; in: Rundfunk und Fernsehen, 31. Jg., 3-4/1983, S. 263.

"Wir sehen uns einer ganz und gar selbstgemachten Krise gegenüber: wir ertrinken in Information. Wir haben mehr Daten, Statistiken, Wörter, Formeln, Bilder, Dokumente und Erklärungen erzeugt, als wir je aufnehmen können. Und statt neue Wege zum Verständnis und zur Aufnahme der Informationen zu suchen, die wir bereits haben, schaffen wir einfach mehr und immer neue, und das in zunehmenden Tempo."[114]

Der immensen Erweiterung der Angebotsvielfalt und der damit unmittelbar verbundene Vermehrung der Information wurde jedoch auch skeptisch begegnet: Reizüberflutung, Entfremdung und eine generelle Orientierungslosigkeit seien in diesem Zusammenhang als soziale Folgekosten in Anschlag zu bringen. Auch wenn sich diese negativen Prognosen bislang als überzogen herausgestellt haben[115], so verweisen sie doch auf ein wichtiges Moment. John Keane macht mit Verweis auf eine Analyse Jean Baudrillards deutlich: „There are indeed dangers [...] that citizens will become trapped in a neverending blizzard of information, without adequate free time to digest or make sense of the information flows which envelop them"[116].

Die Voraussetzung für die Zunahme der Informationszugänge bildeten schon immer neue Speichertechnologien. Doch um diese Techniken auch im angestrebten Sinne nutzen zu können, bedarf es immer mehr der Kompetenz, diese Speichermedien auch nutzen zu können. So stellen Sidney Kraus und Dennis Davis fest: „Highly educated individuals tend to learn specific uses of the mass media, especially how to use media to seek information"[117]. Dies bedeutet jedoch auch, daß der Faktor „Bildung" beim Zugang zu den verschiedenen Informationsquellen eine immer stärkere Bedeutung bekommt: eine weitere Verschärfung der Wissensasymmetrien wäre dann die Folge.

Von überragender politischer Bedeutung wird eine solche Wissenskluft (knowledge-gap) allerdings erst dann, wenn, wie Bernhard Peters treffend anmerkt, diese Asymmetrien des Wissens strukturell *weiter* verschärft werden. Als solche strukturellen Faktoren wäre zu benennen:

1. Diskursteilnehmer verfügen über ein Informations*monopol*: Eine solche Beschränkung wäre dann gegeben, wenn ein Individuum oder eine Institution über ein gesellschaftlich relevantes Wissen alleine verfügt. Die Problematik einer solchen Monopolstellung wird besonders dann deutlich, wenn z.B. die Politik auf Informationen aus den Medien angewiesen sind[118]. In der Gefahr einer solchen

---

114 Al Gore; Wege zum Gleichgewicht. Ein Marshallplan für die Erde; Frankfurt am Main 1992; S. 199.
115 Vgl. Dieter Rucht; Politische Öffentlichkeit; a.a.O.; S. 172.
116 John Keane; The Media and Democracy; a.a.O.; S. 183; s.a. Ludger Kühnhardt; Wieviel Bytes verträgt der Staat?; a.a.O.; S. 36.
117 Sidney Kraus / Dennis Davis; The Effects of Mass Communication on Political Behavior; London u.a. 1976; S. 185.
118 Vgl. Franz Ronneberger; Publizistische und politische Macht; a.a.O.; S. 264; - Deutlich wird ein solches (partielles) „Informationsmonopol" dann, wenn z.B. im Kontext außenpolitischer Aktivitäten die Medien die schnelleren Informationsgeber sind und die Politik auf unvollständige und

Asymmetrie und in der Motivation, eine solche Situation zu vermeiden dürfte auch der wichtigste Beweggrund für eine Medienpolitik liegen, die auf Sicherung pluraler Medienstrukturen angelegt ist. Eine Monopolisierung des Rundfunkmarktes kann ein demokratischer Staat grundsätzlich nicht akzeptieren, denn der Pluralismus an Meinungen ist eine der wichtigsten Garantien für eine freiheitliche Politik[119]. Dies gilt auch dann, wenn eine plurale Medienstruktur noch nicht die Richtigkeit der Information garantiert. Wohl aber ist die Vermutung naheliegend, daß eine Vielheit der Kanäle die Menge und Vollständigkeit der Information erhöht[120].

2. Informationen sind in einer Form gespeichert und veröffentlicht, daß sie sich dem Laien nicht mehr erschließen können[121]. Gemeint ist damit das, was mit den Begriffen der „Spezialsprache" bzw. „Fachterminologie" gemeint ist. Gerade das vorhandene „Expertenwissen" hat, gefaßt in Fachsprache bzw. Wissenschaftssprache nachhaltige Schwierigkeiten, aufgrund der verwandten Terminologie Bestandteil umfassender öffentlicher Diskussionen zu werden[122].

3. Es existiert eine strukturelle Ausgrenzung aufgrund von Persönlichkeitsmerkmalen: Angesprochen ist damit die Ausgrenzung von Personengruppen, die nicht über das notwendige Wissen verfügen, die jeweiligen Technologie zu benutzen (Jung vs. Alt) oder aber sich die notwendigen Basistechniken finanziell nicht leisten können (Arm vs. Reich)[123]. Damit wären diese Gruppen strukturell von der Teilnahme am öffentlichen Diskurs ausgeschlossen und müßten einen nachhaltigen kommunikativen Nachteil in Kauf nehmen[124]. Daß dies vor allem ein Problem der neuen Medientechnologien ist, wird weiter unten zu zeigen sein.

Es ist leicht ersichtlich, daß die bisher genannten Einschränkungen des Diskurses auch eine zentrale Bedeutung für die Bildung einer rationalen öffentlichen Meinung in einer komplexen Öffentlichkeit hat. Schon alleine um im öffentlichen Diskurs einen Teil dieser Asymmetrien zu vermeiden, zumindest sie jedoch zu verringern, sehen es Jürgen Gerhards und Friedhelm Neidhardt als zentrales Moment moderner Öffentlichkeit an, daß diese auf Laienorientierung ausgelegt ist:

zusammenhangslose (ggf. sogar noch falsche) Berichte reagieren muß; vgl. dazu James F. Hoge; Der Einfluß der Massenmedien auf die Weltpolitik; in: Karl Kaiser / Hans-Peter Schwarz (Hg.); Die neue Weltpolitik; Bonn 1995; S. 269.
119 Vgl. Alexander Schwan; Grundwerte in der Demokratie. Orientierungsversuche im Pluralismus; München 1978; S. 81.
120 Vgl. Giovanni Sartori; Demokratietheorie; a.a.O.; S. 112.
121 Vgl. Bernhard Peters; Der Sinn von Öffentlichkeit; a.a.O.; S. 53.
122 Vgl. dazu u.a. ebenda, S. 59; - s.a. Jürgen Habermas; Umgangssprache, Bildungssprache, Wissenschaftssprache; in: ders.; Die Moderne - ein unvollendetes Projekt; a.a.O.; S. 12.
123 Vgl. Margot Berghaus; Multimedia-Zukunft. Herausforderungen für die Medien- und Kommunikationswissenschaft; in: Rundfunk und Fernsehen, 42. Jg., 3/1994, S. 410.
124 Vgl. Winfried Brugger; Grundrechte und Verfassungsgerichtsbarkeit; a.a.O.; S. 280.

„Daß es sich um ein offenes Laiensystem handelt, daß also das Material von Öffentlichkeit allgemein verständliche Kommunikation ist, sichert die Publikumsnähe des Systems. Jeder kann potentiell teilnehmen und möglicherweise alles verstehen."[125]

Zusammenfassend läßt sich attestieren, daß defiziente Informationsstrukturen einerseits und strukturell bedingte Asymmetrien der Wissensvoraussetzungen andererseits den demokratischen Diskurs im Sinne der Partizipationstheorie der Demokratie nachhaltig erschweren. Dies ist auch der Grund, warum viele Autoren in der Entwicklung des Internets eine neue Chance für eine stärker partizipatorische angelegte Demokratie sehen, denn dieses neue Medium scheint vielen zu versprechen, eine leicht bedienbare Informationsquelle zu sein und Optionen für eine direkte Demokratie zu beinhalten.

5.2.3 Internet und Demokratie

In der Diskussion um die Erweiterung und Erleichterung des Zugangs zu Informationen, sowie über die Implementierung direkt-demokratischer Verfahren in die Struktur moderner, repräsentativer Demokratien hat von jeher die Entwicklung der Medientechnik eine maßgebliche Rolle gespielt[126]. So stellte C. Wright Mills durchaus treffend fest:

„Frühe Beobachter vertraten die Ansicht, daß Wachstum und Ausbreitung der modernen Informationsmittel den Kreis der Primärgruppen-Öffentlichkeit erweitern und anregen würden. Solche optimistischen Kommentatoren, die in der Zeit vor der Erfindung des Radios, des Fernsehens und des Kinos lebten, sahen im Aufkommen neuzeitlicher Informationsmittel einzig und allein die Möglichkeit, den Horizont und die Intensität der persönlichen Diskussion zu vergrößern."[127]

So schrieb 1909 z.B. der Amerikaner Charles Horton Cooley, daß durch die neuen Medientechnik ein Diskurs in Gang gesetzt werden könnte, der zu einer weiteren Verbreitung vernünftiger Urteile führen, den Individuen eine freiere Entfaltung gewähren und den Zusammenbruch lokaler Gemeinschaften partiell kompensieren könnte[128].

Erste Visionen einer globalen Kommunikationsgemeinschaft skizzierte bereits am Ende des 19. Jahrhunderts Nikola Tesla. Er sah diese Welt vor allem durch Elektrizität verbunden. Über ein globales Netz, so der Physiker, könne man in elektrische Impulse codierte Kommunikation übertragen. Die Idee des Internets schien geboren. Am Ende der zwanziger Jahre hatte der Staats- und Verfassungsrechtler Carl Schmitt mit Blick auf die sich dynamisch entwickelnde Medientechnik in einer durchaus als weitsichtig zu

---

125 Jürgen Gerhards / Friedhelm Neidhardt; Strukturen und Funktionen moderner Öffentlichkeit; a.a.O.; S. 47.
126 Siehe dazu die allgemeinen Einführungen und Diskussionen bei: Grame Browning; Electronic Democracy; Witton 1996; - Christopher F. Aterton; Teledemocracy: Can Technology protect Democracy?; Newbury Park 1987; - Kenneth Laudon; Communications Technology and Democratic Participation; New York 1977.
127 C. Wright Mills; Die amerikanische Elite; a.a.O.; S. 350-351.
128 Vgl. Charles Horton Cooley; Social Organization. A Study of the larger Mind; New York ⁴1972; S. 80-90.

bezeichnenden Sichtweise die Idee des Internets praktisch schon konkretisiert, als er schrieb:

„Es ließe sich ausmalen, daß eines Tages durch sinnreiche Erfindungen jeder einzelne Mensch, ohne seine Wohnung zu verlassen, fortwährend seine Meinungen über politische Fragen durch einen Apparat zum Ausdruck bringen könnte und daß alle diese Meinungen automatisch von einer Zentrale registriert würden, wo man sie dann nur abzulesen brauchte".

In Auseinandersetzung mit dem Gedanken der „volonté générale" ergänzt er jedoch schließlich kritisch:

„Das wäre keineswegs eine besonders intensive Demokratie, sondern ein Beweis dafür, daß Staat und Öffentlichkeit restlos privatisiert wären. Es wäre keine öffentliche Meinung, denn die noch so übereinstimmende Meinung von Millionen Privatleuten ergibt keine öffentliche Meinung, das Ergebnis ist nur eine Summe von Privatmeinungen. Auf diese Weise entsteht kein Gemeinwille, keine volonté générale, sondern nur die Summe aller Einzelwillen, eine volonté de tous."[129]

Auch bei Noberto Bobbio klingt diese kritische Haltung mit, wenn er in der Auseinandersetzung mit dem Institut der Volksabstimmung bemerkt, daß allein die Anzahl der Gesetze so hoch sei, daß man täglich zu einer Volksabstimmung rufen müßte und schließlich feststellt: „Das wäre nur denkbar in einer bislang noch der science-fiction angehörenden Vorstellung, nach der jeder Bürger seine Stimme über Computer abgeben könnte, was er bequem von zuhause aus und per Knopfdruck erledigen könnte"[130].

Bobbios Bemerkung, ein solches Verfahren müsse als „Science-Fiction" zu betrachten sein, ist bereits wenige Jahre nach seiner Formulierung technisch realisierbar. Der Begriff „Internet" ist dabei zum Synonym für eine technische Infrastruktur geworden, über die im wesentlichen drei Demokratie-relevante Prozesse leichter zu bewerkstelligen seien:

1. Das Internet erleichtert den Prozeß des sich Informierens und gestaltet ihn zugleich komfortabler.
2. Das Internet ermöglicht durch die Optionen einer bidirektionalen (Echtzeit-) Kommunikation einen umfassenden öffentlichen Diskurs - beide bislang genannten Aspekte seien im Zeitalter der „TV-Demokratie" ins Hintertreffen geraten[131].

---

129 Beide Zitate: Carl Schmitt; Verfassungslehre; a.a.O.; S. 245-246.
130 Noberto Bobbio; Die Zukunft der Demokratie; Berlin 1988; S. 50; - Eine ähnliche Auffassung findet sich auch in: Giovanni Sartori; Demokratietheorie; a.a.O.; S. 127; - Zu den Optionen der Demokratie durch eine verstärkte Nutzung der Medien: vgl. Zbigniew K. Brzezinski; Between two Ages: America's Role in the Technocratic Age; New York 1970.
131 Vgl. Frank Patalong; Die Chance auf mehr direkten Einfluß während des politischen Entscheidungsprozesses; in: Das Parlament, 28.8.1998, S. 15.

3. Das Internet ermöglicht schließlich gar die faktische Durchführung des Wahlaktes auch von Zuhause aus.

Um den Hintergrund dieser Erwartungen genauer analysieren und diskutieren zu können, bedarf es zunächst einmal einer genaueren Betrachtung des Mediums selbst. Das Internet hat sich, und dies ist in der Vergangenheit gelegentlich auch kritisch vermerkt worden, aus der Kommunikationsstruktur des amerikanischen Militärs entwickelt (Advanced Research Project Agency-Net (ARPANET)). Die grundlegende Idee dabei war es, daß nicht mehr Zentralcomputer für das Funktionieren des militärischen Kommunikationsnetzes verantwortlich sein sollten - die Zerstörung dieses Computers hätte schließlich zu einem Zusammenbruch eines großen Teils der militärischen Kommunikationsstruktur geführt -, sondern daß die Kommunikationsinfrastruktur über ein grundsätzlich dezentrales Netz von einzelnen Computern gesichert wird. Der Ausfall eines Rechners hätte somit keine nennenswerte Bedeutung für die Kommunikation im Gesamtnetz. Im Laufe der siebziger und achtziger Jahre wurden immer mehr Computer mit diesem Netz verbunden und schließlich entstand auch für private Nutzer die Möglichkeit, mit spezieller Software die Informationen auf den im Netz vereinten Computern einzulesen. Die technischen Optionen, die von einer erleichterten Suche nach Informationen in bereitgestellten Datenbanken, „elektronische Post (E-Mail)" bis hin zu den verschiedensten Formen der Diskussion und Kommunikation (News-Groups, Chat-Rooms) reichen, scheinen den normativen Vorgaben der Partizipationstheorie hinsichtlich einer umfassenden Öffentlichkeit durchaus entgegen zu kommen.

Die Entwicklung des Netzes verlief in einer atemberaubenden Geschwindigkeit und mit dem Wachstum des Netzes auch die Ausnutzung der verschiedenen, oben genannten Möglichkeiten der Kommunikation[132]. Zugleich war damit auch ein neuer, öffentlich zugänglicher Kommunikationsraum entstanden[133].

Eines der augenfälligsten Strukturmerkmale des Internets ist seine Unstrukturiertheit. Wie kaum ein anderes Medium unterliegt das Internet nur in einem äußerst geringfügigen Maße staatlich-politischer Kontrolle. Wolfgang Hoffmann-Riem stellt treffend fest, daß im Internet „...fast jede staatliche Verhaltensregulierung faktisch ausgeschlossen [sei; Erg. A.B.], wenn ein Kommunikationsnetz transnational oder gar global eingerichtet wird und sich auf eine sich 'spontan' selbstregelnde Struktur vertraut"[134].

---

132 Einen hervorragenden Überblick über die verschiedenen Aspekte und Möglichkeiten der neuen Medientechnologien gibt: Jürgen Wilke; Multimedia. Strukturwandel durch neue Kommunikationstechnologien; in: Aus Politik und Zeitgeschichte, B32/1996, 2.8.1996, S. 3-15.
133 Vgl. Franz C. Mayer; Recht und Cyberspace; in: Neue Juristische Wochenschrift, 49. Jg., 28/1996, S. 1783.
134 Wolfgang Hoffmann-Riem; Multimedia-Politik vor neuen Herausforderungen; in: Rundfunk und Fernsehen, 43. Jg., 2/1995, S. 127.

Dadurch schien die Vision einer scheinbar grenzenlosen Freiheit globaler Kommunikation durchaus Realität geworden zu sein. Doch zugleich zeigten sich auch grundsätzliche Probleme, die mit dem Internet verbunden waren. Die globale Verfügbarkeit von Daten und Informationen führte in Staaten, wo von einem Recht auf Meinungs- und Informationsfreiheit nicht die Rede sein kann (z.b. China, Singapur) zu einer restriktiven Einführung des Internets. Doch auch zwischen den Staaten mit grundsätzlich übereinstimmenden Auffassungen über das Recht der freien Meinungsäußerung, bezogen auf dort abgelegte Inhalte, ist die Implementierung des Internets nicht problemlos. So ist bis heute die Frage unbeantwortet, wie mit Inhalten umzugehen ist, deren Verbreitung in einem Staat nicht, in einem anderen allerdings sehr wohl strafbar ist. So erfüllen z.b. manche Äußerungen in Deutschland den Straftatbestand der Volksverhetzung, nicht jedoch zwingend auch in dem Land, von dem aus die Information verbreitet wird. Auch das Problem der Verbreitung von (Kinder-) Pornographie macht dies deutlich. Aus diesen Gründen wird in Zukunft das Aushandeln internationaler Vereinbarungen und Regelungen eine zentrale Zukunftsfrage sein - ein durchaus problembehaftetes Unterfangen, wenn man bedenkt, daß selbst *in* den einzelnen Ländern keine klaren Abgrenzungskriterien darüber existieren, was als Kunst bzw. Meinungsäußerung zu bezeichnen sei (und damit unter grundrechtlichem Schutz steht) und was z.B. als Pornographie zu bezeichnen sei.

Trotz der rapiden weltweiten Zunahme an Nutzern erweisen sich vor allem die Kosten als entscheidendes Hindernis für das Internet auf dem Weg zu einem Medium für Viele. Wenngleich im Allgemeinen der Ausbau der Medientechnik als wirtschaftlich ertragreich gilt[135], so mehrten sich die Zweifel, ob eine umfassende Nutzung dieser Medientechnik durch alle Bürger überhaupt möglich sei. Selbst wenn man den Zugang zum Internet nicht über einen Computer (bei etwaigen Anschaffungskosten von 2.000.- bis 3.000.- DM), sondern über einen Decoder (z.B. in Zusammenhang mit dem Fernsehen) möglich machen sollte, so wären z.B. in Deutschland nach einer Umfrage des FORSA-Instituts nur 2% der Bürger bereit, für einen solchen Decoder einen Betrag von etwa 1.000.- DM zu entrichten[136]. Auch die Gruppe um Martin Bangemann macht auf dieses Problem aufmerksam, wenn sie die hohen Einführungskosten dieser Technologie benennt[137].

Die Diskussion um das Pro und Contra dieser Medientechniken zeichnete sich erneut durch eine massive Wiederholung von Argumenten aus, die bereits in vorangegangenen

---

135 Vgl. Margot Berghaus; Multimedia-Zukunft; a.a.O.; S. 406.
136 Vgl. Die Zeit, Nr. 37/1996, 6.9.1996, S. 63; - Den Kostenaspekt verdeutlicht noch eine weitere Zahl: so werden die Kosten für den Wiederaufbau der Kommunikationsinfrastruktur in den neuen Bundesländern auf ca. 100 bis 300 Milliarden DM geschätzt; vgl. Wolfgang Hoffmann-Riem / Thomas Vesting; Ende der Massenkommunikation?; a.a.O.; S. 16.
137 Martin Bangemann u.a.; Europa und die globale Informationsgesellschaft; a.a.O.; S. 270.

Debatten über neue Medientechniken vorgebracht wurden[138]. Auch erwiesen sich vor allem in Deutschland *die* Koalitionen von Befürwortern und Gegnern als durchaus stabil, die sich schon im Rahmen der Debatte um die Einführung des Kabelfernsehens bzw. des „Dualen Rundfunksystems" gebildet hatten. Noch zu Beginn der Debatte um das Kabelfernsehen sahen viele darin eine durchaus positive und zu begrüßende Entwicklung. Dabei hofften viele Autoren, mit der Einführung des Kabels sei zugleich auch die Schaffung eines Rückkanals möglich und transformiere schließlich das rein konsumorientierte Fernsehen in ein interaktives Medium, an dem sich der Rezipient auch beteiligen könne[139]. Als sich schließlich die Technik des Rückkanals als eine Illusion erwies[140] und deutlich wurde, daß mit der Einführung des Kabels sehr wohl eine Programm*vermehrung*, jedoch keine neue Programm*qualität* zu verbinden sei, wuchs zugleich auch die Gegnerschaft zur Einführung der Kabeltechnologie.

Das Internet hingegen war von Beginn an seiner Struktur nach generell „interaktiv" angelegt und erforderte vom Nutzer dieses Mediums eine gewisses aktives Verhalten. Möglicherweise ist in dieser Tatsache auch die Ursache dafür zu finden, daß eine (publizistische) Dominanz der einen oder anderen Gruppe in der Diskussion um das neue Medium nicht ausgemacht werden kann[141].

Dennoch ist genauer zu prüfen, inwieweit dieses neue öffentliche Forum die oben beschriebenen Erwartungen, die an dieses Medium gestellt werden, auch erfüllen kann oder ob nicht die Hoffnungen und Projektionen, die mit dem Internet verbunden sind, sich als illusionär erweisen.

ad 1. „These von der Verbesserung der Informationsstruktur": Es dürfte vielleicht etwas übertrieben sein, das Internet *heute* schon als das „ultimative Informationsmedium"[142] zu bezeichnen, aber ohne Zweifel hat die technische Entwicklung im Bereich des Internets eine geradezu explosive Erweiterung der Zugänge zu den verschiedensten Informationsbeständen mit sich gebracht. Damit sind nicht nur die über den (neben der elektronischen Post (= E-Mail)) zumeist genutzten Bereich, dem World-Wide-Web, abfragbaren Daten und Informationsangebote, sondern auch die, vor allem im wissenschaftlichen Bereich genutzten Zugänge zu Datenbanken und Expertensystemen gemeint.

---

138 Vgl. Josef Hackforth; Neue Medien und gesellschaftliche Konsequenzen; a.a.O.; S. 4.
139 Zur kritischen Diskussion der demokratietheoretisch relevanten Argumente für das Kabelfernsehen, die nahezu identisch mit den Argumenten hinsichtlich des Internets sind, vgl. Klaus Lenk; Partizipationsfördernde Technologien?; a.a.O.; S. 235-248.
140 Vgl. dazu u.a. Hans J. Kleinsteuber; Vom Zwei-Wege-Fernsehen zu den „interactive media". Der Mythos vom Rückkanal; in: Walter Hömberg / Heinz Pürer (Hg.); Medien-Transformation. Zehn Jahre dualer Rundfunk in Deutschland. Konstanz 1996; S. 106-110.
141 Vgl. Klaus Beck / Gerhard Vowe; Multimedia aus Sicht der Medien; a.a.O.; S. 555.
142 Frank Patalong; Die Chance auf mehr direkten Einfluß während des politischen Entscheidungsprozesses; in: Das Parlament, 28.8.1998, S. 15.

In der Diskussion um das Internet sind die erweiterten Zugangsmöglichkeiten zu einer Vielzahl an Informationen nur selten negativ beurteilt worden. Jarren stellt dazu fest, gerade politische Informationen würden vielfältiger bereitgestellt und diese könnten auch selektiver und problem- bzw. prozeßnäher abgerufen werden[143]. Dieser zweifelsohne vorhandene Vorteil wird zugleich aber durch mangelhafte Strukturierung der Information relativiert. Zwar ist es dem Informationssuchenden möglich, über sogenannte „Suchmaschinen" Informationen im Internet zu finden, doch setzt bereits die Nutzung dieser Hilfsdienste ein erhebliches Wissen voraus, so z.B. ein Wissen über adäquate Stichworte und Begriffe, die als Indikatoren des gesuchten Themenkomplex zur Verfügung stehen könnten[144]. Für die sinnvolle Nutzung des Mediums bedarf es zunächst eines auf die Technik bezogenem Orientierungswissen[145].

ad 2. „These von der Stärkung des Diskurses": Eine zweite Dimension des Internets ist im Laufe der Diskussion zunehmend kontroverser diskutiert worden. Die Möglichkeiten der elektronischen Post sowie der „Newsgroups" bzw. „Chat-Rooms" haben der Hoffnung Auftrieb gegeben, diese (unterschiedlichen) Kommunikationsangebote könnten einen neuen gesellschaftlichen Diskurs evozieren, der nicht nur zur Wiederbelebung der Gemeinschaft beitragen könnte, sondern auch neue virtuelle Gemeinschaften hervorbringe. So schreibt Howard Rheingold:

> „Solange sich Viele-an-viele Medien für die gesamte Bevölkerung zugänglich sind, solange sie erschwinglich, leicht zu handhaben und als Forum für die freie Meinungsäußerung gesetzlich geschützt sind, versprechen sie die Wiederbelebung der Öffentlichkeit"[146].

Eine solche Auffassung teilt auch die Parlamentarische Versammlung des Europarates. So betrachtet sie die Demokratie als den perfekten Ausdruck der europäischen Kultur, weil sie Konfliktlösungen auf der Basis des Austausches von Argumenten im Rahmen klarer Regeln erlaube. Deshalb könne die zukünftige Entwicklung auf dem Medienmarkt auch zu einem neuen Schwung für die Demokratie führen[147].

---

143 Otfried Jarren; Demokratie durch Internet?; a.a.O.; S. 46.
144 Ein Beispiel mag dies erläutern: Auf der Suche nach Informationen zum Thema „Schach" wäre z.B. die Eingabe eines Figurennamens ein möglicher Suchbegriff (z.B. Bauer). Es ist leicht einsichtig, daß mit solchen Begriffen wenig gewonnen ist, denn die Suchmaschinen wissen zunächst nicht, ob damit die Schachfigur gemeint ist oder ein Landwirt. Erweiterte Suchmaschinen sind zwar schon intelligenter ausgelegt und können das Problem durchaus minimieren, aber nie vollständig beseitigen.
145 Vgl. u.a. Mark Woessner; Medientechnologien und wirtschaftliche Entwicklung. Ein Ordnungsrahmen für die Wissensgesellschaft; in: Internationale Politik, 53. Jg, 8/1998, S. 6.
146 Howard Rheingold; Die Zukunft der Demokratie und die vier Prinzipien der Computerkommunikation; in: Stefen Bollmann (Hg.); Kursbuch Neue Medien; Mannheim ²1996; S. 194.
147 Vgl. Das Parlament, 2.2.1996, S. 11.

Mit Hilfe einer derart „wiederbelebten Öffentlichkeit", so wird im Allgemeinen weiter vermutet, könnte schließlich auch ein Potential entstehen, durch das dem Bürger wieder direkteren Einfluß auf den politischen Diskurs zu geben wäre[148] - gemeint ist eine stärkere Betonung der responsiven Dimension der politischen Kommunikation. Die dezentrale Struktur des Internets hat dabei den Argumenten für eine stärkere Demokratisierung vor allem auf kommunaler und regionaler Ebene Aufschwung gegeben. So schreibt Mark Poster, mit dem Internet sei eine Technologie entstanden, die dezentrale und damit auch demokratische Kommunikationsstrukturen fördere[149].

Die amerikanische Diskussion und Erprobung technischer Möglichkeiten im politisch-demokratischen Kontext sind erheblich weiter vorangeschritten, als dies hier in Europa der Fall ist. Sowohl der Wahlkampf Ross Perots[150], vor allem aber die Initiative der Regierung von Bill Clinton und Al Gore haben in den Vereinigten Staaten von Amerika die Debatte um den Einsatz dieses neuen Medientyps in einer Demokratie deutlich dynamisiert und zu einer rapiden Zunahme von Projekten geführt, die sich mit den Möglichkeiten der neuen Technologie beschäftigten. So hegte Amitai Etzioni bezüglich eines sehr frühzeitig angestoßenen Projektes zur „elektronischen Demokratie" die Hoffnung:

> „It is clear that several technical developments [...] social innovations[...], and economic investments are needed before a mass participatory System will be available. [...] Moreover, it will enable dialogue among smaller entities, and frequent, easy, 'feedback' by the citizens of larger ones. The extent to which this System is used and its effect on our society will depend, in part, on how specifically it is set up [...] and, in part, on external factors such as the responsiveness of the government, the spread of college education, and higher per capita income. But it does offer an opportunity for a more open, participatory society."[151]

und Richard Remp kommt schließlich 1974 auf der Basis der empirischen Daten dieses Projektes zu dem Ergebnis: „Our data indicate the electronic meetings worked, and worked quite well"[152].

Es waren die ersten, positiven Erfahrungen mit den technischen Optionen der neuen Technologien, die bei Barber in der Mitte der achtziger Jahre die Hoffnung

---

148 Vgl. Frank Patalong; Die Chance auf mehr direkten Einfluß während des politischen Entscheidungsprozesses; in: Das Parlament, 28.8.1998, S. 15.
149 Mark Poster; Elektronische Identitäten und Demokratie; in: Stefan Münker / Alexander Roesler (Hg.); „Mythos Internet"; Frankfurt am Main 1997; S. 170.
150 Vgl. u.a. Michael McManus; The Ultimate Town Meeting: Dialing D for Democracy; Washington Post, 5.5.1992, S. 12; - Dieter Buhl; Im Ansturm auf das Weiße Haus; in: Die Zeit, 5.6.1992, S. 4; - Eine kritische Auseinandersetzung mit den Thesen und Vorschlägen Ross Perots: Walter Goodman; And Now, Heeeeeeere's a Referendum; New York Times, 21.6.1992, S. B25.
151 Amitai Etzioni; Minerva: An Electronic Town Hall; in: Policy Sciences,; 3. Jg, 3/1972, S. 474.
152 Richard Remp; The Efficacy of Electronic Group Meetings; in: Policy Science; 5. Jg.; 1/1974; S. 115.

aufkommen ließen, die Wiederherstellung eines öffentlichen Raumes sei durch eine sinnvolle Nutzung dieser Technologien durchaus im Bereich des Möglichen[153]. In der Zwischenzeit haben sich aufgrund der immensen Eigendynamik des Internets auch Parlamente, Parteien und Regierungsinstitutionen diesem Medium geöffnet - und dies im doppelten Sinne[154]. Zum einen „präsentieren" sich die politischen Institutionen in diesem Forum und bieten Zugang zu Informationen, die von den jeweiligen Institutionen bereitgestellt werden. In diesem Sinne nutzen die Institutionen das Internet zu ihrer eigenen Darstellung, d.h. im Sinne einer Ausweitung der „Publizität". Zum anderen aber haben sich die Institutionen auch der „responsiven" Dimension der Kommunikation geöffnet, d.h. sie haben einen weiteren Kommunikationskanal bereitgestellt, durch den Bürger oder gar Interessengruppen mit den jeweiligen Akteuren in der Politik kommunizieren können – direkt über den Weg der elektronischen Post, durch „Chats" mit Spitzen der Parteien bzw. der Institution oder durch (mehr oder minder stark moderierte) Diskussionsforen zu aktuellen Themen.

Erste Untersuchungen aus den Vereinigten Staaten von Amerika belegen, daß dieses öffentliche Forum von den Internetnutzern durchaus häufig genutzt wird und somit zu einer Intensivierung der Kommunikationsbeziehungen zwischen Verantwortlichen und dem „Demos" geführt hat[155].

Gegenüber der Qualität dieses Diskurses haben sich allerdings in der letzten Zeit vermehrt auch skeptische Stimmen zu Wort gemeldet. Dabei ist der Einwand, die Netzwelt könne nicht zu einem Hort der freien Rede oder einer basisdemokratischen Keimzelle werden, weil die Logik militärischer Kriegstechnik auf einer fein säuberlichen Trennung von System und Benutzer beruhe und schließlich deshalb keine „Rückkopplungsschleifen entstehen, die den Mitspielern tatsächlich noch einmal den Ausgang aus dem Labyrinth implementierter Höhlengänge zeigen", noch der am wenigsten stichhaltigste[156].

Noch sehr allgemein gab der amerikanische Philosoph Michael Sandel in einem Interview zu bedenken, daß eine Revitalisierung der politischen Agenda nicht elektronisch hergestellt werden könne: „You can't get away from the public deliberation and discourse that frames the questions and presents the alternatives"[157]

---

153 Zur weiteren Diskussion elektronischer Town-Meetings s.a.: Duane Elgin; Revitalizing Democracy through Electronic Town Meetings; in: Spectrum, 1/1993, S.6-13; - Evan Schwartz; „Electronic Town Meetings: Reach out and Vote for something; in: Business Week, 13.4.1992, S. 38.
154 Vgl. Gebhard Schweigler; „Internetionale" Politik. Herausforderung für Wirtschaft und Gesellschaft; in: Internationale Politik, 51. Jg., 11/1996, S. 23.
155 Vgl. Thomas Zittel; Über die Demokratie in der vernetzten Gesellschaft. Das Internet als Medium politischer Kommunikation; in: Aus Politik und Zeitgeschichte, B42/1997, 10.10.1997, S. 23-29.
156 Rudolf Maresch; Mediatisierte Öffentlichkeiten; in: Leviathan, 23. Jg., 3/1995, S. 410-411.
157 Michael Sandel; Post-National Democracy Vs. Electronic Bonapartism; in: New Perspectives Quarterly, 3/1992, S. 6.

- die Parallelen zu den oben angeführten Zitaten von Carl Schmitt oder Noberto Bobbio sind offensichtlich.

Doch die Hoffnung, das Internet ermögliche einen umfassenderen politischen Diskurs, als dies die bisherigen Technologien zugelassen hätten, zeigt sich anhand der Entwicklung, die das Internet selbst genommen hat, als deutlich überhöht. Erste Untersuchungen über die faktische Beteiligung der Nutzergruppe an politischen Diskursen im Internet macht deutlich, daß es auch in diesem Medium die formal besser Gebildeten sind, die es aktiv nutzen:

Tab 3: Nutzung des Internets (Deutschland)

	forsa-Umfrage vom Juni 1998 (Angaben in %)
Geschlecht	
Männer	15
Frauen	6
Alter	
14 - 29-jährige	18
30 - 39-jährige	15
40 - 49-jährige	11
50 Jahre und älter	3
Schulbildung	
Hauptschule	3
mittlere Reife	7
Abitur, Studium	23
Beruf	
Arbeiter	5
Angestellte	14
Beamte	14
Selbständige	20
Schüler / Studenten	25

Dadurch wird aber auch hier die Asymmetrie der Hörer- und Sprecherrollen reproduziert, aufgrund der im Internet dominierenden Sprache „englisch" sogar noch verschärft. So beurteilt der Soziologe Raimund Werle die Erwartungen an eine *neue* Diskursstruktur durch das Internet sehr skeptisch. Seiner Auffassung nach sind nur 5 - 20% der Nutzer aktive „Redner", der Rest hingegen lese lediglich die Nachrichten anderer und teile selbst nichts mit. Im Internet seien „immer wieder die selben Wortführer am Werk"[158]. Sollte sich diese Entwicklung fortführen, so ergibt sich ein (zunächst) anachronistisch erscheinendes Bild: auf der einen Seite steht ein Medium zur Verfügung, mit dessen Hilfe eine leichtere Partizipation (an politischen Diskursen) möglich wäre, zum anderen führt dies aber nicht zu einer faktischen (personellen) Erweiterung des Kreises der Partizipierenden. Mit anderen Worten: der aktive Teil des „Demos", den bereits die „klassische Partizipationsforschung" identifiziert hat, verändert sich quantitativ (aber auch qualitativ) nicht bzw. nur geringfügig, d.h. die bereits von den Partizipationsforschern offengelegte (quantitative) Ungleichheit von passiver und aktiver Öffentlichkeit reproduziert sich auch hinsichtlich der Nutzung des Internets - mit allen demokratierelevanten Problemen, wie sie auch schon im vorherigen Kapitel benannt worden sind. So auch Alexander Roesler:

> „Das Internet wird also den Traum der Aufklärung nach vollständiger Gleichheit in der Konstituierung von Öffentlichkeit nicht verwirklichen können. Es bleiben Selektionskriterien erhalten, sie werden bloß durch das Internet verschoben. Der Grundirrtum des Mythos besteht darin zu glauben, daß Öffentlichkeit ein technisches Problem darstellt, das sich mit einem geeigneten technologischen Instrumentarium lösen läßt"[159]

Schon hinsichtlich der Einführung der Kabeltechnologie hatten sich Heribert Schatz und Marianne Schatz-Bergfeld die Frage gestellt, ob die neuen Informations- und Kommunikationstechniken die gesellschaftlichen Machtstrukturen veränderten bzw. ob diese Techniken neue Chancen für politische Partizipation eröffneten und für eine stärkere Transparenz des politischen Willensbildungs- und Entscheidungsprozesses und damit die Aussichten auf eine authentische Konsensbildung sorgten. Aber schon damals fiel die Antwort ähnlich ambivalent aus, wie sie in vielen Fällen auch hinsichtlich des Internets gegeben werden kann: Der immer schnellere Zugriff auf Daten und Informationen schaffe zwar günstige Voraussetzungen für mehr Partizipation, allerdings bestünde zugleich die Gefahr, daß aufgrund der mangelnden Rückkoppelung durch Erfahrung neue „gatekeeper"-Positionen, d.h. neue Asymmetrien in der gesellschaftlichen Kommunikation entstünden[160].

So scheint es, als ob durch das Internet zwar ein neues Kommunikationsforum entstanden ist, aber trotz der Intensivierung der Kommunikationsbeziehungen zwischen „Demos" und Politik nicht von einem neuen Typus des öffentlichen

---

158 Raymund Werle; zit. in: Die Zeit, 19.1.1996, S. 17.
159 Alexander Roesler; Bequeme Einmischung; a.a.O.; S. 191.
160 Vgl. Heribert Schatz / Marianne Schatz-Bergfeld; Macht und Medien. Perspektiven der informationstechnologischen Entwicklung; in: Max Kaase (Hg.); Politische Wissenschaft und Politische Ordnung. Analysen zu Theorie und Empirie demokratischer Regierungsweise (Festschrift zum 65. Geburtstag von Rudolf Wildenmann); Opladen 1986; S. 378.

Diskurses gesprochen werden kann. So kommt auch Christian Stegbauer zu dem abschließenden Ergebnis:

> „Der Optimismus vieler Anhänger der direkten Demokratie wird enttäuscht [...] Die Chancen für demokratische Mitbestimmung und mehr Bildung werden nur diejenigen ergreifen können, die bislang schon überdurchschnittlich Gelegenheit zur Einmischung hatten"[161].

Ob sich diese Tendenz auch in Zukunft so fortschreibt, läßt sich schon aufgrund der ungewissen (technischen) Entwicklung des Internets nicht genau vorhersagen, aber es spricht viel dafür, daß fundamentale und die Demokratie radikal transformierende Entwicklungen ausgeschlossen sind.

In der deutschen Ausgabe von 1994 beurteilt selbst Benjamin Barber die Möglichkeiten eines solchen Technologieeinsatzes skeptisch. So heißt es bei ihm:

> „Die in diesem Kapitel beschriebenen Technologien haben sich in den letzten zehn Jahren rapide verändert, so daß die Überlegungen zu einer Vernetzung der Bürger über das Fernsehen und einer Teledemokratie an praktischer Durchführbarkeit gewonnen haben. Allerdings hat sich die Technologie in eine Richtung weiterentwickelt, die während meiner Arbeit an *Strong democracy* nicht vorauszusehen war [...] Leider weisen die gegenwärtigen Entwicklungen auf eine nahezu vollständige Privatisierung der schnellen Informationsbahnen hin, so daß sie vermutlich nur von Leuten mit der entsprechenden Bildung und dem nötigen technischen Wissen genutzt werden können [...] Sollen diese Technologien für die Bürgerschaft und die Erziehung eingesetzt werden und nicht nur der Unterhaltung, dem Profit und privatem Nutzen dienen, dann bedarf es eines sehr viel entschiedeneren politische Willens als sich derzeitig abzeichnet."[162]

ad 3. „Internet als Keimzelle wirklicher Volksherrschaft". Auf dem internationalen Kongreß „Internet und Politik" der „Akademie zum Dritten Jahrtausend" im Jahr 1997 spielte die Frage nach den Möglichkeiten der unmittelbaren Demokratie durch die Technik des Internets eine herausragende Rolle. Politiker, Wissenschaftler und „Internetaktivisten" diskutierten dabei unter anderem die Möglichkeiten technologischer Veränderungen und ihre Verwendbarkeit bei neuen Formen politischer Partizipation. Nicht wenige sahen im Internet die einmalige Chance, die Idee der Volksherrschaft in großen Gesellschaften zu verwirklichen[163]. Joshua Meyrowitz hat ein solches Modell direkter Partizipationsdemokratie bereits pointiert beschrieben:

---

161 Christian Stegbauer; Euphorie und Ernüchterung auf der Datenautobahn; Frankfurt am Main 1996; S. 144.
162 Benjamin Barber; Starke Demokratie. Über die Teilhabe am Politischen; Hamburg 1994; S. 247-248 [Anmerkung 13]; - s.a. seine kritischen Bemerkungen in: Benjamin Barber; Coca Cola und Heiliger Krieg. Wie Kapitalismus und Fundamentalismus Demokratie und Freiheit abschaffen; Bern u.a. 1996; S. 126.
163 Vgl. u.a. Frankfurter Allgemeine Zeitung, 24.2.1997; Badische Zeitung, 25.2.1997, S. 6; Süddeutsche Zeitung, 25.2.1997, S. 11.

„Die elektronischen Medien enthalten das Potential, eine Regierung durch direkten Volksentscheid zu bilden, und da es immer mehr Fernsehshows gibt, in der das Publikum direkt auf das Geschehen im Studio einwirken kann, steht zu erwarten, daß wir auch ein politisches System nach diesem Modell bekommen könnten, in der die Akteure während der Show von der Bühne per Zuschauerabstimmung entfernt werden können. (Eine freundliche Metapher für dieses System ist das griechische Forum.) Die neuen Technologien enthalten das Potential, daß wir der partizipatorischen Demokratie so nahe kommen wie noch niemals zuvor - mit all den sich daraus ergebenden Problemen und Möglichkeiten"[164]

Die entschiedene Parteinahme für eine Ausweitung partizipatorischer Elemente mit Hilfe des Internets ist allerdings in keinem einzigen Fall auch nur annähernd ausreichend begründet – zumindest haben die Befürworter eines solchen Abstimmungsprozesses mit Ausnahme des Argumentes besserer Praktikabilität keine substantielle Argumentation hervorgebracht, die das Institut der Plebiszites im Kontext repräsentativer Demokratien in einem anderen Licht erscheinen ließe. Mit anderen Worten: Befürworter einer stärker partizipatorisch bzw. plebiszitär ausgerichteten Demokratie werden mit Hilfe des Internets ein vereinfachtes Verfahren erblicken, Gegner einer Einrichtung solcher Elemente werden zwar die Vereinfachung des Verfahrens anerkennen können, aber in der Technologie des Internets nicht erkennen können, wie die anderen Probleme, die mit dem Plebiszit verbunden sind, gelöst werden können. Mit anderen Worten: Diese Technologie mag manches praktikabler machen, aber sie produziert aus sich heraus keine neuen Gründe und Argumente für oder gegen einer stärker plebiszitär ausgerichtete repräsentative Demokratie.

Das Internet ist in den letzten Jahren zu einer „Projektionsfläche" für eine stärker partizipatorisch ausgerichtete Demokratie geworden. Die hier vorgenommene Analyse konnte und kann kein abschließendes Bild über die Bedeutung dieses neuen Mediums in der Demokratie geben, sondern lediglich die Kernstruktur des neuen Mediums analysieren sowie Hinweise darauf geben, in welchen Bereichen in Zukunft die empirische Forschung anzusetzen hat. Dennoch bleibt allgemein festzuhalten, daß mit großer Gewißheit, wie es Thomas Zittel formuliert hat, das Internet einen „Anpassungsdruck" auf die repräsentative Demokratie ausüben wird[165]. Ähnlich auch Wolfgang Bergsdorf:

„Multimedia und Internet werden die politische Kultur ändern. Es wird neue Formen der politische Kommunikation geben. Aber es besteht kein Anlaß zur Sorge, das System unserer freiheitlichen Demokratie könnte durch die neuen technologischen Möglichkeiten

---

164 Joshua Meyrowitz; Die Fernseh-Gesellschaft. Wirklichkeit und Identität im Medienzeitalter; Weinheim u.a. 1987; S. 218.
165 Thomas Zittel; Verändert das Internet unsere Gesellschaft?; in: Stephan Eisel / Mechthild Scholl (Hg.); Internet und Politik [Interne Studie der Konrad-Adenauer-Stiftung; Nr. 164/1998]; Sankt Augustin 1998; S. 73.

herausgefordert werden, wenn Schule, Hochschule und politische Bildung das Ihre tun, um die ihnen Anvertrauten mit der notwendigen Medienkompetenz auszustatten"[166]

Von einer umfassenden Erweiterung plebiszitärer und partizipatorischer Elemente, so Rudolf Maresch, seien die repräsentativen Demokratien weit entfernt, denn:

„Cyberspace meint zuvörderst Handelsfreiheit für Kaufleute, Einkaufsparadies für den Verbraucher, einkaufen und arbeiten zu jeder Tages- und Nachtzeit. Er bedeutet den Aufstand der Geschäftsleute gegen den Staat, nicht Projektionsfläche einer idealen Demokratie"[167].

5.3. Partizipationstheorie der Demokratie und Medien - Eine Beurteilung

Eine Beurteilung der Partizipationstheorie der Demokratie unter den Bedingungen weitgehend medialer Kommunikation darf nicht übersehen, daß es sich im Gegensatz zu den realistischen bzw. empirisch-normativen Ansätzen der Eliten- bzw. Pluralismustheorie der Demokratie bei dem hier behandelten Ansatz - auch seinem eigenen Selbstverständnis nach - um einen streng normativen Ansatz der Demokratietheorie handelt. Ihr Interesse liegt weniger in der möglichst exakten Beschreibung der Realität, sondern primär darin, den Begriff der Demokratie möglichst nahe an seiner etymologischen Bedeutung mit Gehalt zu füllen. Schon deshalb erhält die grundsätzliche Beurteilung, daß nämlich die normativen Ansprüche des hier untersuchten Ansatzes unter den strukturellen Bedingungen moderner Öffentlichkeit nur sehr begrenzt erfüllt werden, eine etwas andere Bedeutung, denn diese Beurteilung läßt sich nur dann fundieren und die Bedingungen folgenreicher Annahmen lassen sich überhaupt erst erkennen, wenn mit diesem Ansatz gearbeitet wird[168]. So stellt auch Bernhard Peters treffend fest: „Das normative Modell ist revisionsbedürftig, aber nicht alle seine Gehalte sind hinfällig"[169].

Dies bedeutet jedoch nicht, daß sich dieser Ansatz einer substantiellen Kritik entziehen könnte. Bereits im 2. Kapitel dieser Arbeit wurde verdeutlicht, daß der gesellschaftliche Diskurs fundamentaler Bestandteil einer repräsentativen Demokratie ist und deshalb ist es auch von nachhaltiger Bedeutung, die hier aufgezeigten Problemfelder nicht nur auf den spezifischen Ansatz der Partizipationstheorie zu beziehen, sondern für eine, den veränderten Kommunikationsbedingungen Rechnung tragenden Demokratietheorie fruchtbar zu machen.

---

166 Wolfgang Bergsdorf; Die Bürger sollen stärker an politischen Entscheidungen beteiligt sein; in: Das Parlament, 25.9.1998; S. 5.
167 Rudolf Maresch; Öffentlichkeit im Netz. Ein Phantasma schreibt sich fort; in: Stefan Münker / Alexander Roesler (Hg.); „Mythos Internet"; Frankfurt am Main 1997; S. 211.
168 Vgl. Friedhelm Neidhardt; Öffentlichkeit, Öffentliche Meinung, Soziale Bewegungen; a.a.O.; S. 38.
169 Bernhard Peters; Der Sinn von Öffentlichkeit; a.a.O.; S. 71.

Als eine wesentliche Beschränkung des Diskurses erwies sich insbesondere die monologische Struktur der bislang bekannten Medien. Aus diesem Grund ist auch das Internet, wie bei Barber, stärker in den Mittelpunkt des Interesses gerückt, denn dieses Medium versprach eine deutliche Erweiterung der diskursiven Strukturen. Erste Untersuchungen legen den Schluß nahe, daß das Internet auch in der Lage ist, den Zugang zum weltweiten Informationsangebot deutlich zu erweitern und darüber hinaus auch eine Erweiterung der responsiven Dimension der Kommunikation zu erwarten ist. Einschränkend belegen die selben Untersuchungen aber auch, daß es bislang nur ein geringer Teil des „Demos" ist - vorwiegend die formal besser Gebildeten - der sich zur Artikulation eigener bzw. gruppenspezifischer Interessen dieses Mediums bedient. Mit anderen Worten: die bisherige Dominanz der gebildeten Mittelschichten im Bereich der politischen Partizipation wird auch im Internet reproduziert. Schon hinsichtlich des Kabelfernsehens konnte gezeigt werden, daß Bevölkerungsteile mit hohem sozioökonomischen Status u.a. wegen ihrer finanziellen Mittel und ihrer höheren Medienkompetenz ihre Position im Diskurs weiter stärken konnten[170]. Von einer Ausweitung der Öffentlichkeit kann deshalb nur in einem technischen Sinn gesprochen werden. Darüber hinaus bleibt gerade die responsive Dimension der Kommunikation via Internet darauf angewiesen, daß der potentielle Adressat (z.B. Abgeordnete, Regierungsmitglieder) diesem Kommunikationsweg öffnet bzw. nicht verweigert. Auch mit der zunehmenden Ausdifferenzierung und Erweiterung der verschiedenen Medien hat sich die Asymmetrie der Sprecher und Hörerrollen bzw. die Asymmetrie des Wissens im öffentlichen Diskurs nicht verbessert. Dies bedeutet zugleich eine starke Einschränkung der Rationalität der öffentlichen Meinung im Sinne der Partizipationstheorie der Demokratie.

Zugleich aber hat die hier angestellte Untersuchung ein grundsätzliches Dilemma verdeutlichen können. Vertreter aller Ansätze der Demokratietheorie haben stets die Auffassung vertreten, daß ein informiertes und aufgeklärtes Volk Grundlage einer stabilen und funktionsfähigen Demokratie ist. Einen Beitrag dazu zu leisten, darin sahen die meisten Demokratietheoretiker eine zentrale Aufgabe der Medien. Empirische Untersuchungen legen aber vielmehr den Schluß nahe, daß von einer solchen Informationsleistung der Medien nicht ausgegangen werden kann - und zugleich die Medien zur Wahrnehmung dieser Aufgabe auch nicht grundsätzlich politisch gezwungen werden können[171].

---

170 Vgl. Heribert Schatz / Marianne Schatz-Bergfeld; Macht und Medien; a.a.O.; S. 384.
171 So bestreiten David Kelley und Roger Donway mit Bezug auf den Locke'schen Eigentumsbegriff ganz nachhaltig, es könne gar ein „Recht auf Zugang zu den Medien" geben; Vgl. David Kelley / Roger Donway; Liberalism and free speech; in: Judith Lichtenberg (Hg.); Democracy and the Mass Media; Cambridge u.a. 1990; S. 81.

Dieses Dilemma zeigt einmal mehr, daß eine Partizipationstheorie der Demokratie, die zentral auf das Potential der Medien setzt, bereits in ihrem Ansatz zu verwerfen ist. Es bleibt aber dennoch eine der zentralen Zukunftsaufgaben, einen Weg aus diesem Dilemma zu finden.

6. Demokratie und Medien - Europäische Perspektiven

6.1. Demokratie und Medien - Eine systematische Beurteilung

Über kein Thema ist in den gesellschaftlichen, wissenschaftlichen oder politischen Diskussionen so viel spekuliert und gemutmaßt worden, wie über den Zusammenhang von Demokratie und Medien. Und doch erscheint die erste und wichtigste Erkenntnis trivial: moderne Demokratien in Massengesellschaften sind ohne Medien nicht denkbar. Jeder Versuch, das Gegenteil zu belegen muß scheitern, denn Demokratie ist in ihrem Kern ein Muster politischer Organisation, das maßgeblich auf Kommunikation deren Vermittlung angewiesen ist. Moderne, repräsentative Demokratie basiert auf Verantwortlichkeit der gewählten Eliten gegenüber dem Volk, die auf eine öffentliche Rechtfertigung ihres Handelns hinausläuft. Sie basiert zum zweiten auf der freien Diskussion des Volkes über das Handeln dieser Eliten, die in Zustimmung, aber auch Ablehnung münden kann und schließlich nur bestehen kann, wenn der Struktur und vor allem dem Handeln der Eliten auch Legitimität zuerkannt werden kann. Zum dritten schließlich basiert eine Demokratie auch auf der Beachtung der öffentlich artikulierten Meinungen. Doch eine solche Kommunikationsstruktur ist nicht alleine auf der Basis einer direkten Kommunikation zu bewerkstelligen, sondern ist in geographisch größeren Gebilden auf die Vermittlung durch (freie) Medien angewiesen[1].

Die hier genannten Strukturmerkmale bilden zugleich auch ein signifikantes Merkmal zur Abgrenzung der Demokratie gegenüber anderen, im 20. Jahrhundert besonders wirkungsmächtigen Herrschaftstypen. Gerade das Beispiel totalitärer Regime macht diese

---

[1] In diesem Sinne ist auch das von Sarcinelli formulierte „Symbiose-Paradigma" zu verstehen. Sarcinelli hatte zu Recht darauf verwiesen, daß das „Gewaltenteilungsparadigma", demnach die Medien eine vierte Gewalt darstellten, bereits aufgrund der Begriffe problematisch sei, denn über eine Gewalt i.S. verfaßter Gewalt wie es Exekutive, Judikative und Legislative in demokratischen Systemen sind, verfügten die Medien nicht (Vgl. Ulrich Sarcinelli; Mediale Politikdarstellung und politisches Handeln; a.a.O.; S. 38; - s.a. Vgl. Peter Voß; Mündigkeit im Mediensystem; a.a.O.; S. 22-24; - Franz Ronneberger; Publizistische und politische Macht; a.a.O.; S. 266; - Barbara Pfetsch/ Rüdiger Schmitt-Beck; Amerikanisierung von Wahlkämpfen?; a.a.O.; S. 232; - Allerdings ist der bei Pfetsch und Schmitt-Beck angegebene Grund wenig überzeugend: sie geben als Begründung an, daß dieses Abhängigkeitsverhältnis darauf basiere, daß es ja gerade der Daseinszweck der Medien sei, Informationen zu vermitteln. Dies ist aber eine, wie im vorangegangenen Kapitel gezeigt wurde durchaus fragliche Prämisse). Auch das „Instrumentalisierungsparadigma", demnach Politik die Medien steuere bzw. umgekehrt das Mediensystem die Politik steuere und den spezifischen Eigengesetzlichkeiten unterwerfe, vermag so recht nicht zu überzeugen. Vielmehr haben die Ergebnisse dieser Untersuchung gezeigt, daß im Grundsatz von einer, nicht immer unproblematischen symbiotischen Beziehung zwischen demokratischer Politik und dem Mediensystem auszugehen ist (Vgl. Ulrich Sarcinelli; Mediale Politikdarstellung und politisches Handeln; a.a.O.; S. 39; s.a. Ulrich Saxer / Barbara Pfetsch / Otfried Jarren / Hans Mathias Kepplinger / Wolfgang Donsbach,; Medien und Politik; a.a.O.; S. 317). Der Begriff der „reflexiven Verschränkung" ist für diesen Zusammenhang treffend gewählt (Max Kaase; Massenkommunikation und politischer Prozeß; a.a.O.; S. 370).

Differenz besonders deutlich, denn diese basieren nicht, wie auch Fraenkel immer wieder betont hat, auf einer autonomen Legitimation des Herrschaftssystems, sondern vermittels der zentralen Rolle und Funktion einer Heilsideologie, auf einer *heteronomen* Legitimationsbasis[2]. Die kritische Hinterfragung dieser Ideologie gilt dabei nicht nur als unerwünscht oder unzulässig, sondern sie muß im Kern sogar als eine Gefährdung des gesamten politischen Systems angesehen werden; schließlich rechtfertigt sich das Handeln der Eliten ausschließlich durch diese Ideologie. Daraus folgt aber auch, daß die Handelnden in totalitären Regimen nicht gegenüber den Herrschaftsunterworfenen verantwortlich sind, sondern ihr Handeln nur in Übereinstimmung mit diesem ideologisch-abstrakten Interpretationsrahmen bringen müssen. Totalitäre Systeme beziehen ihre Legitimität deshalb auch nicht aus dem „Demos". Deshalb kann und darf es eine Opposition auch aus systemischen Selbsterhaltungsgründen nicht geben - Terror gegen den Andersdenkenden wird dann zur logischen und zugleich alles beherrschenden Konsequenz[3]. Eine freie Kommunikationsstruktur, wie sie gerade die Demokratie auszeichnet, kann es in totalitären Regimen nicht geben, denn sie stellt eine „Macht" dar, die für das Gesamtsystem eine prinzipielle Bedrohung darstellen könnte.

Ein Zusammenhang zwischen moderner Demokratie und Medien wird allerdings auch nur selten bestritten. Zumeist schließen sich allerdings an diese Ausgangsthese weitere wichtige Fragen an, deren Beantwortung wesentlich komplexer ist, als man auf den ersten Blick meinen möchte. Eine der zentralen Fragen war es immer - und wird es auch immer bleiben -, ob nicht gerade diese Abhängigkeit der modernen Demokratie von einem weitgehend freien, und das heißt eben auch nur bedingt steuerbaren Mediensystem nicht zu einer Deformation, oder gar Bedrohung für die Demokratie werden könnte. Die Begriffe „Mediendemokratie", „Telekratie" oder „Kabel-Demokratie"[4] deuten diese Befürchtung bereits semantisch an.

Sind diese Terminologien im Sinne von Zukunftsprojektionen bzw. generellen Befürchtungen gemeint, so ist bei ihrer Verwendung durchaus einige Vorsicht angemessen. Die rasante Entwicklung in der Kommunikationstechnologie sollte den Analytikern und Prognostikern einer derartigen Entwicklung eine gewisse Bescheidenheit abverlangen. Auch die Fortschreibung vermeintlich empirisch nachgewiesener Trends erscheint problematisch, denn ihre adäquate Einordnung in das komplexe Verhältnis von Demo-

---

2   Ernst Fraenkel; Strukturanalyse der modernen Demokratie; in: ders.; Deutschland und die westlichen Demokratien; a.a.O.; S. 330-342; - Die von Fraenkel benutzte Bezeichnung „heteronom legitimierte Demokratie" ist allerdings fraglich, denn grundlegende Strukturmerkmale, die auch Fraenkel der Demokratie als Herrschaftstypus zuerkennt, sind in heteronom legitimierten „Demokratien" gar nicht denkbar, in etwa die freie Äußerung der Meinung.
3   Vgl. Hannah Arendt; Elemente und Ursprünge totaler Herrschaft; Frankfurt am Main 1955; S. 724-752.
4   Vgl. Gerhard Vowe / Gernot Wersig; „Kabel-Demokratie" - der Weg zur Informationskultur; in: Aus Politik und Zeitgeschichte, B45/1983, 12.11.1983, AS. 15-22.

kratie und Medien ist noch lange nicht abgeschlossen. So lassen sich nämlich sehr wohl die häufig beschriebenen Beispiele „mediokratischer" Tendenzen auch genau gegenteilig interpretieren. Der relative Erfolg des ehemaligen Präsidentschaftskandidaten der Vereinigten Staaten von Amerika, Ross Perot, kann nämlich sowohl als das Ergebnis eines intensiven Medienwahlkampfes interpretiert werden, aber eben auch als ein millionenschweres Fiasko: trotz der hohen Medienpräsenz im Wahlkampf ist es Perot damals eben nicht gelungen, Präsident der Vereinigten Staaten von Amerika zu werden. Offensichtlich sind es *andere* Kriterien als Medienpräsenz oder „Telegenität", bzw. andere Mechanismen und Voraussetzungen die z.b. eine Wahlentscheidung beeinflussen können. Ähnliches wäre auch im Kontext der Debatte um die Person Silvio Berlusconis anzumerken.

Im Vergleich zu der großen Bedeutung, die den Medien in der Demokratie zukommt, nimmt sich das Interesse der Demokratietheorie an diesen Mitteln zur Kommunikation eher bescheiden aus. So hat die vorangegangene Analyse offengelegen können, daß die drei wichtigsten Ansätze der Demokratietheorie dem Transformationsprozeß im Medienbereich und deren Bedeutung für den demokratischen Prozeß nur unzureichend Aufmerksamkeit geschenkt haben. Dabei müssen sich die jeweiligen Protagonisten und Theoretiker diesen Kritikpunkt nicht unbedingt direkt zurechnen lassen, denn ein großer Teil der Theorieentwürfe entstammte einer Zeit, als sich die überragende Bedeutung der Medien noch gar nicht abzuzeichnen schien. Auch gegenüber den Demokratietheoretikern der Gegenwart ist nur bedingt die Kritik zu äußern, diesem Sachverhalt unzureichend Beachtung geschenkt zu haben, denn kaum ein Bereich ist durch eine solch dramatische Entwicklungsdynamik gekennzeichnet, wie der Bereich der Medien- und Kommunikationstechnologie.

Mao Tse-tung wird der Satz zugeschrieben, eine historische Einordnung der französischen Revolution sei zum gegenwärtigen Zeitpunkt verfrüht - sie habe ja gerade erst vor 150 Jahren stattgefunden. In Anlehnung daran und angesichts der attestierten Dynamik der Entwicklung ließe sich durchaus die Schlußfolgerung ziehen, daß sich angesichts der Veränderungen in einem zentralen Bereich demokratischer Gesellschaften sich eine abschließende Betrachtung verbietet. In vielen Bereichen sind die empirischen Ergebnisse noch zu dürftig, um daraus Schlußfolgerungen für die bereits existierenden und z.T. auch elaborierten Theorieansätze der Demokratie zu ziehen. Dabei mangelt es nicht an verschiedenen Theorien der Demokratie, aber es mangelt an Theorien der Demokratie, die sich der Tatsache bewußt sind, daß Medien in einer solchen Theorie eine nachhaltige Bedeutung zu spielen haben.

Diese Untersuchung hat es sich zur Aufgabe gemacht, drei wichtige Ansätze der Demokratietheorie systematisch hinsichtlich der Frage zu untersuchen, ob und inwieweit die jeweiligen Theorieansätze auf die Transformation der Medien reagieren bzw. reagiert haben bzw. welche Veränderungen auf der Ebene der Demokratietheorie aufgrund der empirischen Entwicklung im Medienbereich angezeigt erscheinen. Eine Wiederholung der in den einzelnen Kapiteln gesammelten Ergebnisse soll hier allerdings nicht unternommen werden, sondern vielmehr sollen die Ergebnisse und Hypothesen der vorangegangenen Untersuchung in systematischer Absicht in Bezug auf drei zentrale Themenfelder der Demokratietheorie gebracht werden: Repräsentation, Öffentlichkeit und Legitimität.

Die Ergebnisse dieser Untersuchung legen zunächst sehr grundlegend nahe, daß durch die Transformation der Mediensysteme in den verschiedenen Demokratien keine Argumente für eine substantielle Transformation der *repräsentativen Demokratie* gewissermaßen „produziert" worden sind. Die erweiterten Interaktions- und Kommunikationsmöglichkeiten zwischen „Demos" und politischer Elite bieten dabei keinen Ersatz für das Prinzip der Repräsentation[5]. Die grundlegenden Begründungen, die schon in der Entstehungszeit der repräsentativen Demokratien für diesen Demokratietyp angeführt wurden, behalten auch am Ende des 20. Jahrhunderts unter den Bedingungen weitgehend medialer Kommunikation ihre uneingeschränkte Gültigkeit oder mit anderen Worten: auch in Zukunft wird die Demokratie eine repräsentative sein (müssen).

Wenngleich die repräsentative Demokratie weiterhin konkurrenzlos erscheint, so bedeutet dies nicht, diese sei von der Transformation der Medien unberührt geblieben. So bemerkt Walter Wriston treffend:

> „Without passing a value judgment on whether this is good or bad, the fact is that representative government, as envisaged by the Founding Fathers, is no longer operating in the manner originally intended. Every government in the world has had to change and adapt its way of governing because the use of information technology has far outstripped the political process."[6]

Medieninduzierte Veränderungen der repräsentativen Demokratie sind dabei vor allem im Bereich des demokratischen Willensbildungs-, aber auch in der Struktur des Entscheidungsprozesses zu finden. Dabei seien summarisch und z.T. auch nur im Sinne von Hypothesen genannt:

1. Der Verlust von Steuerungspotentialen der Politik gegenüber den Medien (insbesondere dem Fernsehen) und der damit verbundene Verlust eines weitgehend gesicherten Zugangs zu den Medien führt dazu, daß sich die Politik in ihrer Darstellung immer stärker den von den Medien vorgegebenen Imperativen anpassen muß. Damit ist die Konsequenz verbunden, daß Beiträge zur Willensbildung, die sich in ihrer „dramaturgischen" bzw. „symbolischen Inszenierung" mit dem Mediensystem nicht kompatibel erweisen, auf nachhaltige Schwierigkeiten stoßen,

---

5 Vgl. Dieter Weirich; Das globale Dorf. Chancen und Risiken der künftig weltweiten Informationsfreiheit; in: Internationale Politik, 51. Jg., 11/1996, S. 32.
6 Walter B. Wriston; The Twilight of Sovereignty. How information revolution is transforming our World. New York u.a. 1992; S. 145.

von den Medien und damit auch von einer breiten Öffentlichkeit wahrgenommen zu werden.

2. Mit diesem Aspekt eng verbunden ist der Verlust der Dominanz in der Themensetzung im politischen Prozeß. Das Aufkommen neuer gesellschaftlicher bzw. sozialer Akteure mit hoher Thematisierungskapazität führt dabei zu einer Konkurrenzsituation zwischen (mehr oder minder stark) organisierten Interessengruppen und Politik und damit vor allem auch zu einer Erweiterung der letztlich politisch zu behandelnden Themenpalette.

3. Responsivität gegenüber der Bürgerschaft ist im großen und ganzen eine notwendige, aber keine hinreichende Bedingung der Demokratie[7]. Dennoch scheint mit der Ausdifferenzierung des Mediensystems eine Verstärkung der direkten Kommunikation zwischen den Bürgern und ihren Repräsentanten verbunden zu sein. So schrieb Lewis Mumford: „Perhaps the greatest social effect of radio-communication, so far, has been a political one: the restoration of direct contact between the leader and the group"[8]. Welche Bedeutung dies für die Ausübung des freien Mandates hat, kann zum gegenwärtigen Zeitpunkt nicht abschließend beurteilt werden und bedarf weiterer Forschung.

4. Diese Veränderungsprozesse scheinen die These nahezulegen, daß durch die veränderten Kommunikationsbedingungen der Willensbildungsprozeß in demokratischen Gesellschaften schwieriger geworden ist, vor allem aber scheint sich dieser Prozeß aufgrund der Zunahme der potentiell beteiligten Akteure verlängert zu haben. Mit Blick auf die zugleich aber auch notwendige Effizienz eines politischen Systems ist dies eine durchaus prekäre Entwicklung.

5. Die Medien scheinen durch ihre Tendenz zur Personalisierung der Politik eine deutliche Stärkung des gouvernementalen Bereichs der Politik, d.h. der Regierung und bei den Parteien die jeweiligen Partei- bzw. Fraktionsspitzen zu stärken. Aus demokratietheoretischer Sicht ist eine solche Gewichtsverlagerung nicht unbedingt bedenklich. Bedenklich wird diese Verlagerung allerdings dann, wenn dadurch legitimitätsstiftende Institutionen, wie z.B. das Parlament, an Bedeutung verlieren und aufgrund der mangelhaften Präsenz in den Medien sogar als irrelevant eingestuft werden. In welcher Art und Weise Parlamente auf einen solchen (perzipierten) Machtverlust reagieren, ist bislang noch weitestgehend unerforscht. Die Hypothese, daß dies durch eine Ausweitung der öffentlich zugänglichen Bereiche, wie z.B. dem Ausschußwesen etc., kompensiert wird, scheint aufgrund der ersten Untersuchungsergebnisse durchaus an Plausibilität zu gewinnen.

6. Wie John Locke in seinen „Zwei Abhandlungen über die Regierung" deutlich gemacht hat, basiert repräsentative Demokratie auf einem komplizierten System

---

7 Vgl. Michael Th. Greven; Pluralisierung politischer Gesellschaften; a.a.O.; S. 276.
8 Lewis Mumford; Technics and Civilization; a.a.O.; S. 239.

von Kontrolle und Vertrauen. Die empirische Forschung scheint aber seit geraumer Zeit einen Rückgang dieses notwendigen Vertrauens der Bevölkerung gegenüber den Repräsentanten festzustellen. Da dieser Vertrauensrückgang nicht auf ein spezifisches Bevölkerungssegment beschränkt zu sein scheint, schiebt sich dabei die Frage in den Vordergrund, welche Rolle in diesem Kontext den Medien zukommt:

> „Da es naiv erscheint, diese umfassenden, allerdings nur in den USA durch empirische Daten untermauerten Veränderungen lediglich einzelnen politischen Ereignissen zuzuschreiben, liegt die Frage nach alternativen, überzeugenderen Erklärungen nahe. Hier nun - dies liegt jedoch ausschließlich im Bereich der Spekulation - sollte man die Rolle der Massenmedien, insbesondere des Fernsehens, einmal näher untersuchen"[9]

So ließe sich durchaus die These formulieren, die Medien trügen aufgrund der immanenten Tendenz zu einer negativistischen Berichterstattung (Stichwort: Nachrichtenwert „Normabweichung", sogenannte: „Video-Malaise-These") zu einer zunehmenden Erosion des Vertrauens in der Bevölkerung und der Glaubwürdigkeit der Politik bei. So vermutet Max Kaase, der Negativismus in der Berichterstattung erzeuge bei den Bürgern eine „...übermäßig kritische und nicht sachlich begründete Sicht politischer Sachverhalte und damit eine schleichende Erosion des Vertrauens in die demokratischen Institutionen"[10] und bei Hans-Dieter Klingemann heißt es: „Je höher der Grad der kritischen Berichterstattung und je höher der Grad der Mediennutzung, umso niedriger ist der Grad des Vertrauens des Lesers zur Regierung"[11] - ein Kausalzusammenhang, der empirisch wie theoretisch allerdings nur schwer zu fassen ist.

Die vermutlich gravierendsten Veränderungen im System repräsentativer Demokratien dürfte hingegen der „siamesische Zwilling des Parlamentes"[12] erfahren haben: die *Öffentlichkeit*. So haben Jürgen Gerhards und Friedhelm Neidhardt in ihrer Soziologie der Öffentlichkeit zunächst zeigen können, daß von einem „holistischen Öffentlichkeitsbegriff" in der Moderne nicht mehr auszugehen sei. Vielmehr machen sie deutlich, daß „Öffentlichkeit" strukturell immer nur als ein Begriff für die Gesamtheit verschiedener, z.T. auch disjunkter Teilöffentlichkeiten mit je verschiedenen Grundstrukturen und -funktionen zu verstehen sei[13]

---

9   Max Kaase; Legitimitätskrise; a.a.O.; S. 335; - s.a. Max Kaase; Systemakzeptanz in den westlichen Demokratien; a.a.O.; S. 116.
10   Max Kaase; Massenkommunikation und politischer Prozeß; a.a.O.; S. 366.
11   Hans-Dieter Klingemann,; Massenkommunikation, interpersonale Kommunikation; a.a.O.; S. 395.
12   nach: Lothar Bucher; Der Parlamentarismus wie er ist; Stuttgart ³1894; S. 219.
13   Vgl. Jürgen Gerhards / Friedhelm Neidhardt; Strukturen und Funktionen moderner Öffentlichkeit; a.a.O.; - So auch Rudolf Maresch: „Die Kollektivsingulare 'Öffentlichkeit' und 'Publikum' erscheinen aus der Perspektive der Netzwerkkommunikation als überholt [...]'Die' Öffentlichkeit [...] gibt es nicht, sie hat es in dieser universalen Form nie gegeben, weder auf öffentlichen Plät-

Eine, die gesamte Nation zusammenführende Öffentlichkeit ist jedoch in modernen Gesellschaften eine Fiktion. Dieses Bild dürfte allemal noch dann eine gewisse Plausibilität für sich in Anspruch nehmen können, wenn man von der Existenz *genau eines* Mediums ausgehen würde, d.h. der „Demos" keine Möglichkeit der Wahl des jeweiligen Senders hätte. Doch ein solches Bild medialer Öffentlichkeit ist in einer pluralen Medienlandschaft - und dies bezieht sich nicht nur auf die verschiedenen Medien*typen*, wie Tageszeitungen oder Fernsehsendern - nicht tragfähig. Auch wenn man vor allem bis in die achtziger Jahre im audio-visuellen Medienbereich von einer starken Konzentration der Sendekapazitäten bei den öffentlich-rechtlich organisierten Sendeanstalten ausgehen konnte, so bildete sich vor allem schon im Printmedienbereich mit der sukzessiven Gewährleistung des Rechtes auf die Freiheit der Presse schon sehr frühzeitig in allen Staaten eine plurale bzw. ausdifferenzierte Medienstruktur aus. Der Bereich des Rundfunk- und Fernsehwesens folgte dieser Diversifizierung seit den 1980er Jahren - ein Prozeß, der nicht ohne Folgen geblieben ist. So stellt Otfried Jarren dazu fest:

> „Unabhängig von der Organisationsform oder der Programmverpflichtung von Rundfunkanbietern ist festzustellen, daß allein die quantitative Vervielfachung von Anbietern und die qualitative Ausdifferenzierung von Programmangeboten sozial folgenreich für die Gesellschaft sind: Organisationen und Individuen können sich in der im Entstehen begriffenen 'Viel-Kanal-Öffentlichkeit' anders verhalten als in einer Gesellschaft mit einem nur gering ausdifferenzierten Massenkommunikationssystem [...] Der Differenzierungsprozeß führt zu Veränderungen der Kommunikationsbedingungen innerhalb der Gesellschaft, auch weil die weiteren Programmanbieter mit ihren Programmangeboten neue soziale Gruppen konstituieren."[14]

Der Prozeß der Ausdifferenzierung des Mediensystems macht jedoch deutlich, daß Öffentlichkeit nicht nur als horizontal segmentierte Öffentlichkeit zu begreifen ist, sondern daß die entscheidende und wichtigste Ebene der durch Medien aufgespannten Öffentlichkeit sich zusätzlich noch vertikal differenziert hat. Eine „Kommunikationsgemeinschaft", die gewissermaßen im letzten Refugium umspannender Kommunikation am Bildschirm zusammenfände, existiert in diesem Sinne noch nicht einmal in den klassischen Nationalstaaten.

Es ist diese Segmentierung, die an die öffentliche Kommunikation der Politik erhöhte Anforderungen stellt. Dabei ergibt sich das Paradoxon, daß die Vielzahl der Kanäle gerade nicht eine breite Diffusion politischer Kommunikation garantiert, sondern den Prozeß öffentlicher Kommunikation vielmehr zu erschweren scheint. So sind u.a. die Einrichtung eines Parlamentskanals, das Abhalten von Pressekonferenzen sowie die Forcierung symbolischer Politik durchaus rationale Strategien, die differenzierte Öffentlichkeit zumindest punktuell wieder zusammenzuführen. Ob eine solche Zusammenführung

---

zen, Straßen oder anderen frei zugänglichen Räumen noch vor diversen Screens"; Rudolf Maresch; Öffentlichkeit im Netz; a.a.O.; S. 194; s.a. Dieter Rucht; Politische Öffentlichkeit; a.a.O.; S. 163.

14 Otfried Jarren; Folgenforschung; a.a.O.; S. 358-359; - s.a. Otfried Jarren; Auf dem Weg in die „Mediengesellschaft"?; a.a.O.; S. 79.

der Kommunikation sogar dringend geboten ist, weil Demokratie als Ganzes voraussetze, daß politische Ereignisse gleichzeitig allen bekannt würden, wie Luhmann vermutet[15], ist allerdings aus demokratietheoretischer Sicht durchaus zu bezweifeln. Zugleich stellen solche Bündelungen auch nicht den Regelfall dar.

In der Fähigkeit, eine Gesellschaft zu integrieren und zu einer „Kommunikationsgemeinschaft" zusammenzuführen, darin haben viele in der Vergangenheit die zentrale Funktion der Öffentlichkeit und schließlich auch der Medien erblickt. So schreibt Winand Gellner, daß es zu den Funktionen der Medien gehöre,

> „...neben der häufig als Generalfunktion bezeichneten Aufgabe und Herstellung von Öffentlichkeit, die Artikulation von Meinungen, Kritik und Information, Unterhaltung und Bildung. Eine an diesen Funktionen orientierte Medienordnung von Staaten bewirkt damit auf der gesellschaftlichen Ebene die Erfüllung integrativer, sozialisierender und mobilisierender Funktionen"[16]

Doch gegenüber dieser Fähigkeit zur Integration sind in den letzten Jahren immer deutlicher kritische Stimmen zu hören gewesen. Schon zu Beginn der achtziger Jahre hatte Helmut Schelsky nachhaltige Zweifel gegenüber der Erfüllung dieser Funktion geäußert. Ihre integrative Funktion, so Schelsky, erfüllten die Medien schon lange nicht mehr[17]. Auch Josef Klein sieht die Integrationsfunktion immer weniger sichergestellt, denn angesichts des Massenangebotes spalte sich die Gemeinschaft in immer spezialisiertere „Teilpublika" auf[18] und auch Peter Glotz sieht die Integrationsfunktion der Medien durch die zunehmende Differenzierung nicht mehr gewährleistet:

> „Die Chance zur Integration einer Gesellschaft wird gleichzeitig geringer. Das Publikum hat weniger gemeinsame Erlebnisse. Die Chance, am Arbeitsplatz die ersten 20 Minuten eines Arbeitstages über gemeinsame Fernseherlebnisse zu sprechen, nimmt ab; zu oft haben die Kollegen von heute den Vorabend mit unterschiedlicher Software verbracht"[19]

Horst Pöttker faßt dieses Argumentationsmuster wie folgt zusammensen:

> „In einer alltagssoziologischen Perspektive ist der Rundfunk oft als Integrationsmedium betrachtet worden. Manches spricht dafür, daß er während und kurz nach seiner Einführung tatsächlich etwas geleistet hat, das die längst ausdifferenzierte Presse nicht mehr leisten konnte; nämlich so etwas wie die eine, die Komplexität einer modernen Gesellschaft überbrückende Öffentlichkeit zu bilden. [...] Wenn ein neues Medium seine Innovationsfaszination verloren hat und es sich inhaltlich ausdifferenziert, schwindet seine integrative

---

15 Vgl. Niklas Luhmann; Veränderungen im System gesellschaftlicher Kommunikation; a.a.O.; S. 20;
16 Winand, Gellner; Massenmedien; in: Oscar W. Gabriel / Frank Brettschneider (Hg.); Die EU-Staaten im Vergleich. Strukturen, Prozesse, Politikinhalte. Opladen ²1994. S. 283; - s.a. Otfried Jarren; Auf dem Weg in die „Mediengesellschaft"?; a.a.O.; S. 81; s.a. H. A. Kluthe; Die öffentliche Aufgabe der Presse; in: Martin Löffler (Hg.); Die Rolle der Massenmedien in der Demokratie; München u.a. 1966; S. 25.
17 Vgl. Helmut Schelsky; Politik und Publizität; a.a.O.; S. 70 und S. 79.
18 Vgl. Josef Klein; Plebiszite in der Mediendemokratie; in: Günther Rüther (Hg.); Repräsentative oder plebiszitäre Demokratie - eine Alternative?; Baden-Baden 1996.
19 Peter Glotz; Chancen und Gefahren der Telekratie; a.a.O.; S. 47.

Kraft, genauer: seine Fähigkeit, den einzelnen in einer hochkomplexen Struktur für das Ganze zu interessieren. Die eine Öffentlichkeit zerfällt wieder in Teilöffentlichkeiten. Was das Medium Rundfunk betrifft, haben 'Deregulation' und duales System diesen Prozeß nicht herbeigeführt, aber sie beschleunigen ihn."[20]

Gegen diese Hypothese, die im Kern mit der (nicht besonders neuen)[21] Formel „Individualisierung durch Massenmedien" charakterisiert werden kann, lassen sich gleichwohl auch Einwände vorbringen. So bietet die Ausdifferenzierung der Programmstruktur strukturell nämlich kein Abwehrschild gegen die Nivellierung und Globalisierung ästhetischer Trends, „...wie sie in den visuell suggestiv vermittelten Leitbildern und stereotypen Images für Lebensstile und Kulturformen zum Ausdruck kommen"[22]. Am Beispiel der Rolle der Medien in ländlichen Regionen konnte Jarren zeigen, daß sich mit der Ausdehnung des Fernsehens „typisch ländliche Lebensstile" in Richtung „urbaner Vorstellungen" verändert hätten, gewissermaßen eine „Homogenisierungstendenz" durch das Fernsehen zu verzeichnen sei[23] - ob allerdings von einer „Globalisierung" dieser Homogenisierungstrends gesprochen werden kann, wie dies von manchem Autor im Kontext der Globalisierungsdiskussion häufiger behauptet wird, ist zumindest angesichts der zunehmenden Bedeutung kulturell divergierender Gemeinschaften auf dem Wissens- und Medienmarkt eine bestreitbare Behauptung[24]. Für die europäisch-atlantische Kulturgemeinschaft hingegen kann der Einwand von der Homogenisierung durchaus einige Plausibilität für sich beanspruchen[25]. Das Entscheidende ist hierbei vielmehr, daß es nicht die Medien - auch nicht in ihrer Gesamtheit - sind, die zur sozialen Integration in eine Gesellschaft beitragen, sondern die vermittelten *Inhalte*. Zwar steht zu vermuten, daß neue Kommunikationsmedien, wie z.B. das Internet, neue (virtuelle und nationentranszendierende) Teilgemeinschaften konstituieren werden, allerdings dürfte sich die Hoffnung auf eine Wiederkehr einer umfassenden Gemeinschaft via Internet[26] als verfehlt erweisen.

Diese Untersuchung hat verdeutlichen können, wie sehr der Gedanken der Demokratie mit dem zugegebenermaßen nur schwer zu fassenden Begriff „Öffentlichkeit" verbunden ist. Öffentlichkeit ist nicht nur der zentrale Adressat politischer Kommunikation („Publizität"), sondern nicht selten auch der „Absender" bzw. der „Richter" politischer

---

20 Horst Pöttker; Dualer Rundfunk und Politikverdrossenheit; a.a.O.; S. 107.
21 Vgl. Florian Rötzer; Interaktion; a.a.O.; S. 77.
22 Stefan Müller-Dohm / Klaus Neumann-Braun; Öffentlichkeit, Kultur, Massenkommunikation; a.a.O.; S. 18.
23 Vgl. Otfried Jarren; Kommunikationsstrukturen und Lokalmedien; a.a.O.; S. 22.
24 Vgl. Manfred Faßler; Privilegien der Ferne. Elektronische Landschaften, transkulturelle Kommunikation und Weltrhetorik; in: ders. / Johanna Will / M. Zimmermann; Gegen die Restauration der Geopolitik. Zum Verhältnis von Ethnie, Nation und Globalität; Gießen 1996; S. 172.
25 Die Dominanz der amerikanischen Filmproduktionen auf dem europäischen Medienmarkt einerseits und die zunehmende Konzipierung von Fernsehsendungen auf ihre internationale Vermarktungsfähigkeit belegen den Trend. Interkulturell angelegte Medienforschung, die sich mit dieser Thematik, beschäftigen könnte, gibt es allerdings nur selten.
26 So Howard Rheingold; Zukunft der Demokratie; a.a.O.; S. 189.

Kommunikation. In dieser dreifachen Funktion verfügt die „Öffentlichkeit" durchaus über ein nicht unerhebliches „Machtpotential". Eine Demokratietheorie, die der Öffentlichkeit eine nur eingeschränkte Bedeutung einzuräumen vermag, wird als (realistische) Theorie ebenso scheitern wie ein Ansatz, der Demokratie allein aus dem Öffentlichkeitsbegriff heraus verstehen will. Für ein solches Unterfangen bedarf es allerdings vor allem weiterer Antworten auf die Fragen, *wie* Medien Öffentlichkeit konstituieren und besonders, *was* die Medien als Öffentlichkeit konstituieren.

Diese Überlegungen hinsichtlich der Ausdifferenzierung der Öffentlichkeit verweisen schließlich nachhaltig auf eine zentrale Kategorie der repräsentativen Demokratie: der *Legitimität*. Die Anerkennungswürdigkeit eines demokratischen Systems ist die entscheidende Voraussetzung für seine Stabilität. In seiner allgemeinen Form bedeutet Legitimität „soziale Geltung als rechtens"[27]. Dies bedeutet aber auch, daß Legitimität durch die kommunikative Verbindung der Bürger untereinander sowie maßgeblich durch eine Kommunikation zwischen Bürgern und dem politischen System zustande kommen kann[28] und Charles Taylor erweitert:

> „Um legitim vorgehen zu können, muß ein Volk also derart beschaffen sein, daß seine Angehörigen einander - theoretisch wie praktisch - zuhören beziehungsweise diesem Zustand immerhin nahe genug kommen können, um die aus der Existenz von Randgruppen folgenden Defizite an demokratischer Legitimität auszugleichen."[29]

Die Entwicklung der Medien und die damit verbundenen Effekte für das politische System können hinsichtlich der Legitimitätsproblematik nicht überschätzt werden. Neben den bereits oben angesprochenen Herausforderungen für die Legitimität eines politischen Systems sei hier abschließend ein letzter Aspekt benannt:

„Das parlamentarische Regierungssystem ist ein komplexes System [...] das nur dann effizient arbeiten kann, wenn es transparent ist"[30]. So sehr die Transparenz eines politischen Systems einen Beitrag zur Legitimität zu leisten vermag, so bleibt aber auch seine Effizienz ein maßgeblicher Bestimmungsfaktor demokratischer Legitimation[31]. So schreibt Claus Mueller: „Heutzutage ist Effizienz eine wichtige, wenn nicht gar die wichtigste Quelle von Legitimität in der modernen Gesellschaft"[32].

Die Entwicklung der Medien scheint dabei zwei Entwicklungen zu stärken, die zu einer empfindlichen Beeinträchtigung der Effizienz der Demokratie führen könnten. Zum einen ist damit, wie bereits oben angedeutet, die Verlängerung des Willensbildungspro-

---

27 Peter Graf Kielmansegg; Legitimität; a.a.O.; S. 367.
28 Vgl. Heinrich Oberreuter; Legitimität und Kommunikation; a.a.O.; S. 64.
29 Charles Taylor; Ursprünge des neuzeitlichen Selbst; in: Krzysztof Michalski (Hg.); Identität im Wandel. Castelgandolfo-Gespräche 1995; Stuttgart 1995; S. 19.
30 Wolfgang Bergsdorf; Legitimität aus der Röhre; a.a.O.; S. 40.
31 Vgl. dazu u.a. Winfried Steffani (Hg.); Parlamentarismus ohne Transparenz; a.a.O. 1971.
32 Claus Mueller; Politik und Kommunikation; a.a.O.; S. 174-175.

zesses und die Ausweitung der politischen Partizipation gemeint[33]. Eng mit diesem verbunden ist jedoch zugleich auch der rapide Anstieg verfügbarer Informationen und Nachrichten. Nachrichten und Informationen müssen allerdings auch verarbeitet und in die tägliche politische Arbeit integriert werden. Dabei steht zu befürchten, daß die Politik immer schneller an die Grenzen der eigenen Verarbeitungskapazitäten kommt. Karl W. Deutsch hat zu Recht darauf aufmerksam gemacht, daß „Nachrichtenüberlastung" zu zunehmender Handlungsunfähigkeit und schließlich zum Zusammenbruch von Staaten und Regierungssystemen führen könne[34].

Die Ergebnisse dieser Untersuchung legen nahe, daß mit der zunehmenden Ausdifferenzierung der Medien und der damit verbundenen Ausweitung der Kommunikationsstrukturen das Verhältnis zwischen Demokratie und Medien zunehmend ambivalenter geworden ist. Während die Demokratie auf Medien angewiesen ist, sind Medien umgekehrt nicht zwingend auf die Demokratie angewiesen. Es ist vielleicht übertrieben, von einer „legitimité cathodique"[35] zu sprechen, wie dies Jean-Marie Cottoret getan hat. Daß aber Medien bei der Beschaffung demokratischer Legitimität eine zentrale Rolle spielen, scheint nunmehr evident.

6.2. Demokratie und Europa

6.2.1 Das Demokratiedefizit der Europäischen Union

Die enge Verknüpfung von Demokratie und Medien ist bislang, ohne daß dies weiter ausgeführt wurde, im Kontext von Nationalstaaten betrachtet worden. Demokratien sind bislang auch in der Regel auf den nationalstaatlichen Kontext fixiert geblieben. Doch mit der Unterzeichnung des Vertrages von Paris zur Europäischen Gemeinschaft für Kohle und Stahl (EGKS) am 18. April 1951 ist ein Integrationsprojekt ohne Präzedenzfall auf den Weg gebracht worden, das zunehmend auch im Kontext der Demokratietheorie zu diskutieren ist. Dabei steht zunächst die Frage im Mittelpunkt, ob soziale Gebilde jenseits des Nationalstaates überhaupt demokratisch organisiert werden können. Dabei ist Roland Axtmann zunächst durchaus zuzustimmen, wenn er konstatiert, daß die Auflösung des klassischen Nationalstaatsgedankens das „traditionelle Verständnis

---

33 Vgl. u.a. Robert A. Dahl; A Democratic Dilemma. System Effectiveness versus Citizen Participation; in: Political Science quarterly, 109. Jg, 1/1994, S. 23-34; - So kommt auch Jäger zu dem Ergebnis, die Ausweitung der politischen Partizipation habe die Möglichkeiten politischer Führung geschwächt (Vgl. Wolfgang Jäger; Von der Kanzlerdemokratie zur Koordinationsdemokratie; a.a.O.; S. 29). Ludger Kühnhardt fordert deshalb: „Die Demokratie muß deshalb wieder stärker reformalisiert und ihre Dezisionskraft, wo nötig, der Diskurskultur entzogen werden, die häufig zu einer Kultivierung des Zerredens geworden ist"; Ludger Kühnhardt; Der wehrhafte Rechtsstaat. 12 Thesen wider Political Correctness; in: MUT. Forum für Kultur, Politik und Geschichte, Nr. 354, Februar 1997, S. 18.
34 Vgl. Karl W. Deutsch; Politische Kybernetik; a.a.O.; S. 231.
35 Jean-Marie Cottoret, zit. in: Wolfgang Bergsdorf; Legitimität aus der Röhre; a.a.O.; S. 43.

von Demokratie" herausfordere[36]. Zu Recht fordert deshalb auch Joachim Krause: „Dies bedeutet, daß das primäre Interesse der Demokratietheorie auf die internationalen und transnationalen Verhandlungs- und Regimebildungsprozesse gerichtet sein sollte, an denen die demokratischen Verfassungsstaaten beteiligt sind"[37].

Eine Demokratietheorie, die die Transnationalität eines Herrschaftsverbandes in den Blick nimmt, ist heute noch nicht zu erkennen und eine einfache Übertragung bislang formulierter Ansätze scheitert an den Spezifika, die ein solcher Zusammenschluß mit sich bringt. Besonders offensichtlich wird dies, wenn man sich den Besonderheiten einer europäischen Öffentlichkeit zuwendet. Insbesondere die Sprachenvielfalt scheint der Entstehung eines „metatopischen Raumes", in dem Publizität, Responsivität und Diskursivität als kommunikative Strukturen möglich sind, zu verhindern. Wie aber die vorangegangenen Ausführungen verdeutlicht haben, ist gerade die Existenz einer öffentlichen Sphäre - welche spezifische Form von Öffentlichkeit man auch favorisieren mag - eine wichtige Voraussetzung für die Zuerkennung von Legitimität. Doch welche Strukturen von Öffentlichkeit haben sich in Europa bereits ausgebildet und reichen diese aus, repräsentativen Institutionen das notwendige Maß an Legitimität zukommen zu lassen? Abschließend ist danach zu fragen, welche Strukturveränderungen notwendig sind, um den Demokratisierungsprozeß in der Europäischen Union weiter zu stützen.

Die „Europäische Union" hat sich in den letzten Jahrzehnten immer stärker zu einem Herrschaftsverband entwickelt. Ob sich dieser auch zu einem Staat - im klassischen Sinne des Wortes - entwickeln wird, ist sicher eine zu diskutierende Frage, doch bereits heute sind die Institutionen der Europäischen Union durch Abtretung von Hoheitsrechten durch die Mitgliedsländer mit zahlreichen Befugnissen bzw. Rechtsetzungskompetenzen ausgestattet. Aus diesem Grund stellte sich immer vordringlicher die Frage, ob die bisher vorhandenen Teilhabemöglichkeiten ausreichen, um der Europäischen Union ein wichtiges Maß an demokratischer Legitimität zuerkennen zu können[38]. Im Verlauf dieser Debatte stellte sich allerdings dann sehr grundlegend die Frage, ob ein solch heterogener Herrschaftsverband überhaupt demokratisierbar sei.

Die demoskopisch ermittelte Mehrheitsmeinung in den europäischen Ländern spricht hinsichtlich der demokratischen Legitimation der Europäischen Union zunächst eine klare Sprache: die Europäische Union leidet aus Sicht ihrer Bürger unter einem erheblichen Demokratiedefizit. In der Herbstumfrage von 1997 durch Eurobarometer wurden die Menschen in Europa gefragt, wie zufrieden sie mit der Demokratie in Europa seien.

---

36   Vgl. Roland Axtmann; Kulturelle Globalisierung, kollektive Identität und demokratischer Nationalstaat; in: Leviathan, 23. Jg., 1/1995, S. 98.
37   Joachim Krause; Strukturprobleme der Demokratie zu Beginn des 21. Jahrhunderts; in: Aus Politik und Zeitgeschichte; B29-30/1998; 10.7. 1998; S. 23.
38   Vgl. dazu u.a. Edgar Grande; Demokratische Legitimation und europäische Integration; in: Leviathan, 24. Jg., 3/1996, S. 340-341; - Marcus Höreth; The Trilemma of Legitimacy - Multilevel Governance in the EU and the Problem of Democracy; ZEI-Discussion Paper C 11; Bonn 1998.

Nur 35% der Befragten äußersten sich ziemlich bzw. sehr zufrieden, während 44% mit der Demokratie in der Europäischen Union überhaupt nicht zufrieden waren[39]. Weitgehende Einigkeit besteht auch in Wissenschaft, Rechtsprechung und Politik in der zentralen Frage, ob die demokratische Legitimation der Europäischen Union denn bereits ausreiche. Die Antwort lautet eindeutig: „Nein". Vielmehr sei die Europäische Union durch ein generelles Demokratiedefizit gekennzeichnet, das vor allem im Rechtsetzungsprozeß zutage trete[40]. So stellte Anfang der siebziger Jahre Karl-Heinz Naßmacher fest, daß in Brüssel Entscheidungen getroffen würden, die für die demokratisch regierten Länder verbindlich seien, deren demokratische Legitimation beschränke sich allerdings auf die Willenserklärungen der nationalen Regierungen. Auch das Europäische Parlament könne keinen Beitrag zu dieser Legitimation leisten, weil es in dem Rechtsetzungsprozeß ausschließlich beratenden Charakter habe[41]. Mit der Einführung der Direktwahl zum Europäischen Parlament 1979 wurde zwar ein erster Schritt zur Stärkung der demokratischen Legitimität unternommen, aber zugleich zeichnete sich die Versammlung durch einen - vor allem im Vergleich zu den nationalen Parlamenten - eklatanten Kompetenzmangel aus. Durch die Einheitliche Europäische Akte, den Vertrag von Maastricht sowie den Vertrag von Amsterdam hat sich die Stellung des Parlamentes zwar bis heute deutlich verstärkt - man kann im Zusammenhang mit dem Vertrag von Amsterdam das Europäische Parlament durchaus als den „eindeutigen Gewinner"[42] ansehen - so reicht dies aber noch nicht aus, um von einer grundsätzlichen und umfassenden demokratischen Legitimität der Europäischen Union als Ganzes zu sprechen, allzumal Zweifel an der mangelnden Legitimität *anderer* Institutionen der Europäischen Union durchaus angebracht sind. So schreibt Ian Harden mit Bezug auf den Europäischen Rat:

„The Council as a whole [...] is accountable to no-one. However, it consists of individual branch of central government, who are accountable within the national constitutional frameworks. Such indirect democratic legitimation has proved only a partial success."[43]

---

39 Eurobarometer; Bericht Nr. 48, S. 2; zum Vergleich: in Deutschland waren nur 28% ziemlich oder sehr zufrieden, während 53% nicht sehr bzw. überhaupt nicht zufrieden waren. Nur in Irland äußerte sich die Mehrheit (genau: 63%) gegenüber der Demokratie in der Europäischen Union positiv.
40 Vgl. Dieter H. Scheuing; Zur Verfassung der Europäischen Union; in: Winfried Böhm / Martin Lindauer (Hg.); Europäischer Geist - Europäische Verantwortung. Ein Kontinent fragt nach seiner Identität und Zukunft; Stuttgart 1993; S. 146-148.
41 Vgl. Karl-Heinz Naßmacher; Demokratisierung der Europäischen Gemeinschaften; Bonn 1972; S. 8.
42 Ludger Kühnhardt / Hans-Gert Pöttering; Kontinent Europa. Kern, Übergänge, Grenzen; Zürich 1998; S. 248.
43 Ian Harden; Democracy and the European Union; in: Paul Hirst / Sunil Khilnani (Hg.): Reinventing Democracy; Oxford 1996; S. 132; - s.a. Fritz W. Scharpf; Europäisches Demokratiedefizit und deutscher Föderalismus; in: Staatswissenschaften und Staatspraxis; 3. Jg; 2/1992, S. 293-306.

Eine vollständige Wiedergabe der Diskussion um das Demokratiedefizit der Europäischen Union kann hier nicht geleistet werden. Von nachdrücklicher Bedeutung ist allerdings, daß im Rahmen dieser Diskussion immer deutlicher wurde, daß eine einfache Übertragung der institutionellen und prozessualen Elemente *nationalstaatlich* orientierter Demokratien auf die Europäische Union kein erfolgversprechender Weg zu sein scheint. So warnte Steffani unlängst davor, auf nationalstaatlicher Ebene entwickelte und geprägte Begriffe (z.B. Gesetzgebung, Parlament, Regierung oder Demokratie) leichtfertig auf die Europäische Union zu übertragen, denn zum gegenwärtigen Zeitpunkt divergierten Organisationsformen, Handlungsabläufe und Legitimationsprozesse in der Europäischen Union von den nationalstaatlichen Pendants erheblich. Steffani spricht dabei nicht nur von einem generellen Defizit an demokratischen Strukturen, sondern sogar von einem „Demokratie-Dilemma", das in zwei ausschlaggebenden Dimensionen begründet sei:

> „Zum einen in der unverzichtbaren Geltungskraft des demokratischen Gleichheitssatzes, und zum anderen in der Rückkoppelung der EU-Entscheidungsorgane zum 'Volk' als dem Träger aller demokratisch legitimierten Staatsgewalt ('Volkssouveränität')"[44]

Dabei bezieht sich die erste Dimension des „Demokratiedilemmas" auf das Problem der nationalstaatlichen Repräsentanz im Europaparlament. Demnach ist das Verhältnis von Einwohnern eines Landes zu den jeweils zustehenden Mandaten im Europäischen Parlament als extrem unausgewogen zu bezeichnen: eine Stimme eines Luxemburger Bürgers hat demnach das selbe Gewicht, wie zwölf Stimmen eines französischen Wählers. Daß dadurch der demokratische Gleichheitsgrundsatz erheblich beeinträchtigt wird, liegt auf der Hand[45]. Die zweite Dimension der Kritik spricht mit der Anforderung der Rückkoppelung von Entscheidungen an das Volk als dem Träger demokratisch legitimierter Staatsgewalt das zentrale Problem der Demokratisierungsdebatte an: wer ist das Volk?

Mit Blick auf diese zentrale Frage ist in den letzten Jahren das bereits oben angesprochene „Sprachenbabel"[46] immer stärker in den Mittelpunkt auch demokratietheoretischer Betrachtungen gelangt. Während zu Beginn der Debatte um das Demokratiedefizit die Frage nach dem „europäischen Volk" noch weitgehend im Hintergrund blieb und sich die Strategien zur Behebung des Demokratiedefizits vor allem auf institutionelle Reformvorschläge bezogen, z.B. durch Stärkung des Parlamentarismus, d.h. konkret der

---

44 Winfried Steffani; Das Demokratie-Dilemma der Europäischen Union. Die Rolle der Parlamente nach dem Urteil des Bundesverfassungsgerichts vom 12. Oktober 1993; in: ders. / Uwe Thaysen (Hg.); Demokratie in Europa: Zur Rolle der Parlamente [Zeitschrift für Parlamentsfragen / Sonderband zum 25jährigen Bestehen]; Opladen 1995; S. 38-49.

45 Vgl. dazu auch: Andreas Maurer; Reformziel, Effizienzsteigerung und Demokratisierung: die Weiterentwicklung der Entscheidungsmechanismen; in: Mathias Jopp / Otto Schmuck (Hg.): Die Reform der Europäischen Union. Analysen - Positionen - Dokumente zur Regierungskonferenz 1996/97; Bonn 1996; S. 26.

46 Ulrich Saxer; Sprachenbabel in Europas Medien; in: Media Perspektiven; 10/1990.

Stärkung der Rechte des Europäischen Parlamentes sowie eine deutliche Steigerung der Transparenz der Europäischen Union insgesamt eingefordert wurde[47] mehrten sich in jüngster Zeit eher generelle Bedenken an der Demokratie*fähigkeit* der Europäischen Union und erweiterten die Diskussion um die Demokratie in Europa um eine neue und zugleich höchst interessante Facette.

Ernst-Wolfgang Böckenförde hatte in seinem Buch „Staat, Verfassung, Demokratie. Studien zur Verfassungstheorie und zum Verfassungsrecht" die Existenz einer „relativen Homogenität innerhalb der Gesellschaft"[48] als eine wesentliche Grundvoraussetzung der Demokratie dargestellt. In Anschluß an Hermann Heller begreift er eine solche Homogenität als einen sozialpsychologischen Zustand,

> „...in welchem die vorhandenen politischen, ökonomischen, sozialen, auch kulturellen Gegensätzlichkeiten und Interessen durch ein gemeinsames Wir-Bewußtsein, einen sich aktualisierenden Gemeinschaftswillen gebunden erscheinen. [...] Von großer Bedeutung für die Fortdauer, das Wachsen oder den Zerfall der relativen Homogenität in einer Gesellschaft ist das in ihr wirksame Erziehungs- und Bildungswesen - es vermittelt Homogenitätselemente in die nachwachsende Generation oder treibt sie aus -, ferner heutzutage auch die mediale Kommunikation in ihrer suggestiven Kraft und Macht."[49]

Eine freie Information und Kommunikation sind somit unabdingbare Voraussetzung für die Entfaltung einer Demokratie[50]. Das eigentliche Problem wird deutlich, wenn man sich vergegenwärtigt, daß die Entstehung einer solchen relativen Homogenität eng mit der Fähigkeit verbunden zu sein scheint, sich einer gemeinsam geteilten Sprache zu bedienen. Damit ist eine zentrale Frage jeder Demokratietheorie aufgeworfen. Wer ist das Volk und wie konstituiert es sich? Sollte die Sprache dabei ein zentrale Rolle spielen, dann scheint die Sprachenvielfalt in der Europäischen Union zu einem erheblichen Problem bei einem solchen Konstituierungsprozeß zu werden.

Genau an diesem Punkt setzt die aktuelle Diskussion um die Demokratisierungsfähigkeit der Europäischen Union auch an. Allen voran der Politikwissenschaftler Peter Graf Kielmansegg war es, der sich in seinem Aufsatz „Integration und Demokratie" intensiv vor allem mit den Voraussetzungen einer europäischen Demokratie beschäftigte[51]. Seine Antwort fällt dabei äußerst skeptisch aus. Das Grundproblem erblickt er in der Abwesenheit eines sich selbst als Kollektiv begreifenden Subjektes, in dem sich die Demokratie gründe. Gerade die Notwendigkeit der Anerkennung von, dem Demokratieprinzip

---

47 Vgl. u.a. aus der umfangreichen Literatur den instruktiven Aufsatz von Axel Misch; Legitimation durch Parlamentarisierung? Das Europäische Parlament und das Demokratiedefizit der EU; in: Zeitschrift für Politikwissenschaft; 6. Jg.; 4/1996; S. 969-995; sowie bezogen auf das Transparenzproblem Hella Mandt; Bürgernähe und Transparenz im politischen System der Europäischen Union; in: Zeitschrift für Politik, 44. Jg. (NF), 1/1997, S. 1-20.
48 Ernst-Wolfgang Böckenförde; Staat, Verfassung, Demokratie; a.a.O.; S. 345.
49 ebenda; S. 348-350.
50 Vgl. ebenda; S. 353.
51 Vgl. Peter Graf Kielmansegg; Integration und Demokratie; in: Markus Jachtenfuchs / Beate Kohler-Koch (Hg.); Europäische Integration; Opladen 1996; S. 47-71.

innewohnenden Mehrheitsentscheidungen sei darauf angewiesen, daß alle Entscheidungsbetroffenen sich auch als einer gemeinsamen, übergreifenden politischen Identität teilhabend begreifen[52].

Der entscheidende Punkt ist nun aber, daß Kielmansegg die Existenz einer solchen politisch belastbaren europäischen Identität bestreitet[53]. Seine Begründung, ist eindeutig:

> „Es sind Kommunikations-, Erfahrungs- und Erinnerungsgemeinschaften, in denen kollektive Identität sich herausbildet, sich stabilisiert, tradiert wird. Europa, auch das engere Westeuropa, ist keine Kommunikationsgemeinschaft, kaum eine Erinnerungsgemeinschaft und nur sehr begrenzt eine Erfahrungsgemeinschaft. Europa ist keine Kommunikationsgemeinschaft, weil Europa ein vielsprachiger Kontinent ist - das banalste Faktum ist zugleich das elementarste."[54]

Das Verbleiben der jeweiligen Sprachgemeinschaften in den besonderen „Wahrnehmung- und Verständigungsstrukturen", wie Kielmansegg in Anlehnung an Rainer M. Lepsius[55] schreibt, führe dazu, daß Europa als Einheit nur begrenzt zu denken sei und vielmehr sich immer aus den jeweiligen Sprachgemeinschaften zusammensetze.

In seinen weiteren Ausführungen macht er dann aber deutlich, *warum* diese sprachliche Heterogenität für die Demokratisierung ein maßgebliches Hindernis darstellt. Seiner Auffassung nach nämlich werden die Bedingungen „...der Möglichkeit zivilgesellschaftlicher Verfassung [...] auch in Zukunft zu einem guten Teil an die Kommunikationsgemeinschaften, die wir Nationen nennen, gebunden bleiben" und er ergänzt:

> „In besonderem Maße gilt das für die 'Öffentlichkeit', die ja, als Forum des politischen Diskurses verstanden, ein Kernstück der hier in Rede stehenden Struktur ist. Der von Massenmedien getragene öffentliche politische Diskurs, der Politik überhaupt erst zu einer Sache der Allgemeinheit und damit die Demokratie erst zur Demokratie macht, bleibt seiner Natur nach an Sprachräume gebunden."[56]

Eine ähnliche Argumentation führt auch der Verfassungsrechtler Dieter Grimm in seinem Aufsatz „Braucht Europa eine Verfassung?" an. Eine Demokratisierung bzw. demokratische Verfassung für die Europäische Union scheitere nicht zuletzt an der Ermangelung einer politischen Substruktur, von der das Funktionieren eines demokratischen Systems und der Leistungsfähigkeit eines Parlamentes abhinge. Diese Substruktur könne jedoch nicht entstehen, weil eine kommunikative Verbindung durch die existierende Sprachenpluralität verhindert werde. Die Folge sei dann, daß es

---

52 Vgl. ebenda; S. 54.
53 Siehe auch: Peter Graf Kielmansegg; Läßt sich die Europäische Gemeinschaft demokratisch verfassen?; in: Werner Weidenfeld (Hg.); Reform der Europäischen Union. Materialien zur Revision des Maastrichter Vertrages 1996; Gütersloh 1995; S. 238-242.
54 Vgl. Peter Graf Kielmansegg; Integration und Demokratie; a.a.O.; S. 55.
55 Vgl. ebenda.
56 ebenda; S. 57.

"...auf längere Sicht weder eine europäische Öffentlichkeit noch einen europäischen politischen Diskurs geben wird. [...] Europäische Entscheidungsprozesse stehen infolgedessen nicht in derselben Weise unter Publikumsbeobachtung wie nationale"[57].

Mit anderen Worten: die zentrale Funktion der Öffentlichkeit als Institut der Kontrolle könne durch das existierende „Sprachenbabel" nicht mehr wahrgenommen werden. Ein solches Argumentationsmuster läßt sich auch bei anderen Autoren wiederfinden. So schreibt Fritz W. Scharpf, grundlegende Bedingung der Integration sei

„...die Abwesenheit tiefgehender ethnischer, *linguistischer*, religiöser, ideologischer und ökonomischer Spaltungen; positive Voraussetzung ist die Ausbildung einer auf staatsbürgerliche Gleichheit, Solidarität und Wertkonsens gestützten kollektiven Identität"[58]

und an anderer Stelle macht er unmißverständlich klar:

„Im übrigen gibt es noch immer keine europäischen Medien und deshalb auch keine europäische öffentliche Meinung, und seit der Gründung der EG sind nun fast vier Jahrzehnte vergangen, ohne daß sich europäische politische Parteien herausgebildet hätten, die europaweit sichtbare Führungspersonen und politische Programme präsentieren könnten. Deshalb gibt es auch keine europaweiten politischen Diskurse und Kontroversen, aus denen heraus sich ein Mehrheitsentscheidungen legitimierender politischer Konsens entwickeln könnte."[59]

Die kritische Position gegenüber der Demokratisierungsfähigkeit der Europäischen Union ist klar umrissen. Werner von Simson bringt es auf den Punkt, wenn er schreibt, eine europäische Demokratie brauche eben als Grundlage ein Volk. Um jedoch von einem solchen Volk sprechen zu können, bedarf es der Voraussetzung, daß dieses Volk in der Lage ist, einen gemeinsamen Willen zu bilden und daß diese Willensbildung auch frei sei:

„Das was man öffentliche Meinung nennt, ist zwar immer beeinflußt von äußeren Umständen, wie z.B. vom Fernsehen oder von Reklame- und Propagandamaßnahmen. Solange sich aber diesen Einflüssen gegenüber abweichende Ansichten bilden und zu Gehör bringen dürfen, kann bei dem, was schließlich im Namen aller vorgebracht wird, von dem Willen des Volkes gesprochen werden."[60]

---

57 Dieter Grimm; Braucht Europa eine Verfassung? in: Juristenzeitung, 50. Jg., 12/1995, S. 589; - s.a. Dieter Grimm; Mit einer Aufwertung des Europa-Parlaments ist es nicht getan. Das Demokratiedefizit der EG hat strukturelle Ursachen; in: Thomas Ellwein / Dieter Grimm / Joachim Jens Hesse / Gunnar Folke Schuppert (Hg.); Jahrbuch zur Staats- und Verwaltungswissenschaft; Baden-Baden 1994; S. 16.
58 Fritz W. Scharpf; Europäisches Demokratiedefizit; a.a.O.; S. 296 [Hervorhebung A.B.].
59 Fritz W. Scharpf; Föderalismus und Demokratie in der transnationalen Ökonomie; in: Klaus von Beyme (Hg.); Politische Theorie in der Ära der Transformation (Sonderheft 26 der Politische Vierteljahresschrift); Opladen 1996; S. 225.
60 Werner von Simson; Was heißt in einer europäischen Verfassung „Das Volk"?; in: Europarecht, 26. Jg., 1/1991, S. 3.

und weiter unten ergänzt er, daß gerade ein nur kommunikativ zu gewinnender Mythos notwendig sei, um ein europäisches Volk in ihrem innersten zusammenzuhalten[61]. Würde man dieser Position folgen, so ist die Quintessenz, die Kielmansegg zieht, fast zwingend:

„Daraus folgt, daß die Nationalstaaten für die Vermittlung von Legitimität entscheidende Bedeutung behalten [...] Damit ist der Nationalstaat nicht [...] zu einer 'finalité de l'histoire' erklärt. Wohl aber ist gesagt, daß die Chancen der Demokratie noch immer und für absehbare Zukunft aufs engste mit der politischen Form des Nationalstaates verknüpft sind."[62]

Dieser Implikation soll hier widersprochen werden. Zu diesem Zweck bedarf es zunächst eines Blickes auf die Kommunikationsbedingungen und -strukturen in Europa.

6.2.2 Kommunikationsbedingungen und -strukturen in Europa

Das gegenwärtige, durch eine Vielzahl vertraglicher Dokumente zur Europäischen Union verbundene Europa ist wie kaum ein anderer Herrschaftsverband durch eine sprachliche Zersplitterung gekennzeichnet. Allein der Tatbestand der elf offiziellen Landessprachen der gegenwärtig 15 Mitgliedsstaaten der Europäischen Union stellt eine besondere Herausforderung dar, die sich noch weiter vergrößert, wenn man die vielen Minderheitssprachen (wie z.B. Baskisch, Sorbisch etc.) und die kaum mehr zu übersehende Vielzahl an Dialekten hinzuzählt.

Im globalen Vergleich allerdings nimmt sich die Sprachenvielfalt in Europa eher bescheiden aus. So gibt der 5-bändige „Statistical Report on the Languages of the World as of 1985" für den afrikanischen Kontinent allein über 1000 verschiedene Sprachen an. Während im geographisch größten Kontinent Asien über 700 verschiedene Sprachen verzeichnet werden können, weist Europa mit 117 verschiedenen Sprachen die geringste sprachliche Heterogenität aller Kontinente auf. Neuere Erhebungen, die bereits die nach 1989 entstandene neue Kartographie in ihre Erhebungen einbeziehen, sprechen von bis zu 138 verschiedenen Sprachen, die in den 34 Staaten Europas gesprochen werden[63].

Diese sprachliche Fragmentierung Europas stellte schon von je her ein Problem im Zusammenleben der verschiedenen Völker dar. Doch nicht selten wurde gerade diese Pluralität zugleich auch als Motor der kulturellen Entwicklung gesehen. So vermutet Freeman J. Dyson, daß gerade die sprachliche Diversifizierung einen maßgeblichen Anteil

---

61 Vgl. ebenda; S. 10; Es muß an dieser Stelle jedoch vermerkt werden, daß von Simson keineswegs grundsätzlich davon überzeugt ist, die Europäische Union sei nicht zu demokratisieren. Vielmehr liegt sein Erkenntnisinteresse in der Frage, welche Momente eine Demokratisierung erschweren.
62 Peter Graf Kielmansegg; Integration und Demokratie; a.a.O.; S. 58.
63 Vgl. Guilio Lepschy; How many languages does Europe need?; in: M. M. Parry; The Changing Voices of Europe. Social and political changes and their linguistic repercussions, past, present and future; Cardiff 1994; S. 8; Lepschy's Daten beziehen sich auf einen Zeitpunkt, der bereits die Wiedervereinigung Deutschlands einbezieht, aber den Zerfall der Sowjetunion und Jugoslawiens noch unberücksichtigt läßt.

am kulturellen Fortschritt in Europa habe. Dort wo Sprachen als lebendige Sprachen verschwänden, verarme, und schließlich verschwände auch die mit dieser Sprache verbundene Kultur[64].

Ganz in dieser Tradition stehend formuliert es auch der ehemalige Generalsekretär der Vereinten Nationen Boutros Boutros-Gali:

> „Wenn alle Länder nur eine Sprache sprechen und sich alle gleich anziehen würden, hätten wir ein Einheitsregime, und es würde schwieriger werden, eine Demokratie zu haben. Die Struktur der Demokratie ist die Vielfalt, also auch die Vielfalt der Sprachen."[65]

Diese Aussage von Boutros-Gali klingt dennoch überraschend, denn zumeist wird ja gerade das Gegenteil für richtig gehalten, daß nämlich gerade die sprachliche Einheit die Demokratie begünstige, während kommunikative Pluralität eher hinderlich erscheint. Worauf der ehemalige Generalsekretär jedoch mit einer globalen Perspektive anspielt, ist die These vom Zusammenhang sprachlicher und daraus folgender kultureller Vielfalt. Die These von der sprachlichen, und damit auch kulturellen Pluraliät und deren Bedeutung für das menschliche Zusammenleben ist häufig auch umgekehrt formuliert worden: der Zwang zur sprachlichen Homogenität führe schließlich auch zu einer Verarmung der Kultur.

Es wäre gänzlich unangemessen, diese Auffassung umgekehrt als Aufforderung zur Verharrung in der je eigenen Sprachgemeinschaft zu interpretieren, um diese Vielfalt nicht zu gefährden. Gerade die Philosophie der Aufklärung hatte darauf bestanden, daß für weiteren Fortschritt das Gespräch auch über die (Sprach-) Grenzen des eigenen Lebensraumes hinweg zwingende Notwendigkeit sei. Dies erfordert allerdings, daß man zumindest die andere Sprache versteht und auch zu nutzen vermag oder mit anderen Worten: die Möglichkeit zur Verständigung ist darauf angewiesen, daß die Menschen neben der eigenen „Muttersprache" auch andere Sprachen erlernen, um aus dem jeweils eigenen und zunehmend beschränkteren Sprachhorizont heraustreten zu können.

Europäische Institutionen sind *diesem* Weg in ihren sprachpolitischen Programmen gefolgt. So schlug der „Rat der Gewählten", der in der Region des deutsch-französischschweizerischen Dreiländerecks grenzüberschreitend ausgerichtet ist, im Jahre 1983 dem Europarat ein Programm mit dem Titel „Lerne die Sprache deines Nachbarn" vor, um die Verständigung in dieser Region zwischen den verschiedensprachigen Ländern zu erleichtern[66] und die EU-Kommission stellte in ihrem Weißbuch zum Lehren und Lernen die Formel „1+2" auf: „Jede Bürgerin und jeder Bürger der Union soll mindestens drei Gemeinschaftssprachen 'beherrschen' - seine eigene Muttersprache und zwei

---

64 Vgl. Freeman J. Dyson; Disturbing the Universe; New York 1979.
65 Boutros Boutros-Gali; Kulturelles Erbe. Die Vielfalt der Sprachen verteidigen; Eine MUT-Interview mit dem ehemaligen UNO-Generalsekretär Boutros Boutros-Gali; in: MUT. Forum für Kultur, Politik und Geschichte, Nr. 372, August 1998, S. 44.
66 Vgl. Manfred Pelz; Lerne die Sprache des Nachbarn; in: Günter Brinkmann (Hg.); Europa der Regionen. Herausforderungen für Bildungspolitik und Bildungsforschung; Köln 1984; S. 181.

weitere Sprachen"[67]. Hans Maier unterstützt diese Strategie einer europäischen Sprachenpolitik, wenn er schreibt:

> „Die kulturelle Vielfalt, die sich in Sprachen zeigt, ist eine große Ressource - vielleicht die dauerhafteste Ressource - Europas. Doch sie ist nicht einfach da, sie muß erschlossen werden. [...] Da ein einzelner die europäische Sprachenvielfalt nicht allein bewältigen kann, sollten sich in jedem Land möglichst viele finden, die sich verschiedene Fremdsprachen aneignen, damit allmählich ein Netz von Kontakten, dauerhaften Verbindungen, ständigem Austausch entsteht"[68]

Die Europäische Union hat das Problem der Sprachenvielfalt in seiner Kernproblematik bereits erkannt. Ihr Bestreben ist es, die noch immer als unzureichend empfundene Kenntnis fremder Sprachen zu steigern. Die vorliegenden Daten bestätigen diese mangelnde Kenntnis:

Tab 4: Fremdsprachenkenntnis in ausgewählten Ländern der EU[69]

keine Fremdsprachen		zwei und mehr Fremdsprachen	
Iren	80	Luxemburger	90
Italiener	76	Niederländer	44
Engländer	74	Dänen	31
Spanier	68	Belgier (Flam.)	31
Franzosen	67	Belgier (Wall.)	22
Deutsche	60	Deutsche	7
Belgier (Wall.)	56	Franzosen	7
Belgier (Flam)	46	Italiener	6
Dänen	40	Spanier	6
Niederländer	28	Engländer	6

Auch andere Erhebungen vermitteln kein optimistischeres Bild. So gab Marie-Luise Große-Peclum in ihrer Untersuchung über die Chancen eines europäischen Fernsehens zu bedenken, daß selbst die Kenntnisse der dominierenden Sprache „Englisch" in Europa nur rudimentär ausgebildet seien. Gerade einmal 28% der Niederländer, 17% der belgischen Bürger, 15% der Dänen, 3% der Spanier und Franzosen, sowie 1% der Italiener verfügten über gute englische Sprachkenntnisse - für die französische oder auch die deutsche Sprache, die durch die Wiedervereinigung und den Beitritt Österreichs zur deutlich größten Sprachgemeinschaft in der Union geworden ist, dürften bestenfalls

---

67 Wolfgang Mackiewicz; Wie viele Sprachen braucht die EU?; in: Zeitschrift für Kulturaustausch; 48. Jg.; 1/1998; S. 111.
68 Hans Maier; Sprachenpolitik? in: Deutsche Akademie für Sprache und Dichtung (Hg.); Jahrbuch 1995; Göttingen 1995; S. 132-133.
69 Quelle: Manfred Pelz; Lerne die Sprache des Nachbarn; in: Günter Brinkmann (Hg.); Europa der Regionen. Herausforderungen für Bildungspolitik und Bildungsforschung; Köln 1984; S. 202.

ähnliche Werte gelten[70]. Sprachlich gesehen sind die Menschen auf den fundamentalen Transformationsprozeß in Europa nicht vorbereitet[71].

Die Überwindung dieser sprachlichen Trenngräben und limitierten Verständigungsmöglichkeiten ist eine wichtige Aufgabe für die Europäische Union geworden. Die bislang geförderten Städtepartnerschaften können zwar einen Beitrag zur Überwindung dieses Defizits leisten, bleiben aber in ihrer Wirkung und ihrem Effekt für das Lernen der Sprache begrenzt. Auch die immer wieder diskutierte Alternative, man könne durch Heranziehen einer künstlichen Weltsprache, wie z.b. Esperanto eine Brücke zur Überwindung dieser sprachlichen Differenzen errichten, hat sich in der Vergangenheit als nicht durchsetzbare Strategie erwiesen und wird wohl auch in der Zukunft (man mag dies bedauern oder auch nicht) keine Chance zur Realisierung erhalten[72].

Die empirischen Ergebnisse sind hinsichtlich der Kommunikationsbedingungen in der Europäischen Union wenig ermutigend und doch wäre es ein falscher Weg, sich von dem Wissen um die erheblichen Defizite entmutigen zu lassen. Diese Situation stellt keine statische und nicht mehr zu hintergehende Tatsache dar. Vielmehr kann und muß es das Ziel sein - und dies betrifft vor allem eine zukunftsorientierte europäische Bildungspolitik - immer wieder Ansätze zur weiteren Verdichtung des kommunikativen Netzwerkes in der Europäischen Union zu entwickeln[73] und diese durchaus auch mit öffentlichen Mitteln zu fördern. Das Programm der Europäischen Union „Multi Language Information Society" (MLIS), bildet nur *einen* Ansatz.

Von einer europäischen Kommunikationsgemeinschaft, die „mit einer Stimme" spricht bzw. in der Verständigung problemlos möglich ist, ist das als Europäische Union zusammengefaßte Europa weit entfernt und es wird sich mit der Osterweiterung der Union auch weiter von einer solchen Sprachgemeinschaft entfernen. Doch trotz aller Defizite darf dies nicht darüber hinwegtäuschen, daß die kommunikative Dichte auf vielen Ebenen bereits ein Maß erreicht hat, das nicht nur die Verständigung zwischen den Mitgliedern verschiedener Sprachgemeinschaften ermöglicht, sondern daß bereits äußerst rudimentär übergreifende bzw. gesamteuropäische Kommunikationsstrukturen herausgebildet haben. Gemeint sind damit nicht nur die politischen, wirtschaftlichen, wissenschaftlichen und kulturellen Eliten, die aufgrund der besseren Sprachkenntnis sehr wohl in der Lage sind, das Gerüst einer europäischen Sprachgemeinschaft zu bilden, sondern auch in einem geringen Maße *europäische Medien*.

---

70 Vgl. Marie-Luise Große-Peclum; Gibt es den europäischen Zuschauer? Fernsehnutzung in einem internationalisierten Fernsehangebot; in: Zeitschrift für Kulturaustausch, 40. Jg., Heft 2/1990, S. 193.
71 Vgl. Manfred Pelz; Lerne die Sprache des Nachbarn; a.a.O.; S. 201.
72 Vgl. Claude Hagège; Welche Sprache für Europa? Verständigung in der Vielfalt; Frankfurt am Main u.a.; S. 26-28.
73 Vgl. dazu u.a. Andreas Beierwaltes (Hg.); Lernen für das neue Europa. Bildung zwischen Wertevermittlung und High Tech? [Schriften des Zentrum für Europäische Integrationsforschung Band 2]; Baden-Baden 1998.

Geradezu paradox mutet es an, daß im Gegensatz zu historisch weiter zurückliegenden Epochen, die Moderne mit der Entwicklung hochtechnisierter Möglichkeiten des Kommunikationstransfers eine Situation geschaffen hat, in der die technischen Optionen größer zu sein scheinen, als die Möglichkeiten und Anstrengungen, diese auch wirklich in breiten Umfang zu nutzen. Während von der Antike bis weit ins Mittelalter hinein die Mensch-Medien dominierten und die Menschen nur sehr eingeschränkt Technologien zur Verbreitung von Kommunikation zur Verfügung hatten, die die Herstellung eines gemeinsamen Kommunikationsraumes befördern konnten, sehen sich die Menschen gegenwärtig mit der Situation konfrontiert, ein technisches Instrumentarium zur Verfügung zu haben, für das es nur eine beschränkte Nutzung zu geben scheint. Zu dieser Konstellation hat die Entwicklung der Satellitentechnik, in jüngster Zeit vor allem aber auch die erweiterten Möglichkeiten des Datentransfers (Stichwort: Internet) beigetragen. Die Herstellung eines europäischen oder gar die gesamte Welt umspannenden Kommunikationsraumes scheint zumindest nicht mehr an den technischen Voraussetzungen zu scheitern.

Worin könnte das Ausbleiben eines solchen (europäischen) Kommunikationsraumes begründet sein? Ein erster Grund wurde bereits angeführt: die Sprache. Doch dies ist nicht das einzige Trägheitsmoment, das die Entstehung eines europäischen Kommunikationsraumes behindert hat. Sehr wohl könnte nämlich als Argument angeführt werden, daß Kommunikation in modernen Gesellschaften ja im wesentlichen mediale Kommunikation sei und deshalb auch mit den Mitteln der Technik (Stichwort: Synchronisation oder Untertitelung) diese Sprachbarrieren überwunden werden könnten. Aus diesem Grund gilt es, zunächst einmal die Struktur der Medienlandschaft in Europa einer etwas genaueren Untersuchung zu unterziehen.

„Der europäische Printmedienmarkt ist vielfältig wie kaum ein anderer auf der Welt"[74]. Allein in der Bundesrepublik Deutschland wurden im Jahre 1990 etwa 375 verschiedene Tageszeitungen (TZ) sowie 1200 verschiedene Publikumszeitschriften (PZ) produziert. In den wirtschaftlich stärker entwickelten Ländern, wie z.B. Großbritannien (100 TZ / 1150 PZ) oder Frankreich (88 TZ / 900 PZ) ist deshalb bereits eine Printmediendichte entstanden, die nur noch wenig Raum für weitere neue Zeitschriftentitel läßt. Allein diese drei Länder produzieren mehr Zeitschriftentitel, als alle anderen Länder der Europäischen Union zusammengenommen.

Ein solch vielfältiger Markt konnte sich vorwiegend aus einem historisch tief verankerten Verständnis der Freiheit der Presse entwickeln. Was David Kelley und Roger Donway am Beispiel der Vereinigten Staaten von Amerika attestierten, traf identisch auch für die europäischen Staaten zu:

---

74 Peter Wilke; Medienmarkt Europa; a.a.O.; S. 11.

„A long and honored tradition, from the Founding Fathers to the present, declares that the printed press should not be regulated by government, outside a few narrowly drawn areas such as national security and obscenity. But the electronic press enjoys no such protection"[75]

Die nahezu grenzenlose Freiheit bei der Herausgabe neuer Zeitschriftentitel ist in fast allen europäischen Ländern gewährleistet. Versuche von Seiten der Politik, die jeweiligen Pressegesetze zu verschärfen, scheiterten zumeist am politischen Widerstand oder wurden durch die Einsetzung des Instruments einer freiwilligen Selbstkontrolle[76] obsolet.

An dieser Vielfalt hat sich auch mit dem Aufkommen der audiovisuellen Medien nur wenig geändert - eine Bestätigung der These, die u.a. Luhmann geäußert hatte, demnach ein neues Medium kein älteres verdränge. Sehr wohl aber hat innerhalb des Printmedienmarktes ein harter Verdrängungswettbewerb eingesetzt. Da sich Zeitungen nicht alleine durch die Einnahmen aus Abonnements bzw. die Einnahme des Verkaufspreises durch Kioskverkäufe etc. finanzieren können, sind sie zu einem großen Teil auf die Mittel der Werbeindustrie angewiesen. Da allerdings immer mehr finanzielle Mittel der Werbeetats auch auf andere Medientypen (Fernsehen, Radio etc.) verteilt werden, kommen gerade kleine und mittlere Zeitungen mit begrenzter (regionaler) Reichweite immer stärker unter ökonomischen Druck. Dennoch bleibt das Interesse großer Verlagshäuser an diesem Sektor ungebrochen und führt zugleich zu einer weiteren Konzentration des Marktes auf einige wenige Akteure, die unter ihrem Dach eine ganze Reihe an Zeitungen und Zeitschriften vereinen. Übernahmestrategien der großen Konzerne belegen, daß den Printmedien als Einnahmequelle, Machtbasis und Know-how-Trägern eine entscheidende Rolle auch in Zukunft zugedacht wird.

Hinsichtlich einer europäischen Dimension darf diese hier attestierte Dichte nicht zu dem Schluß verleiten, es sei gleichzeitig auch eine grenzüberschreitende Printmedienlandschaft entstanden. Vielmehr orientiert sich insbesondere der Bereich der Tagespresse zumeist an Sprach-, Politik- und Lebensräumen, bleibt mithin national bzw. regional gebunden[77]. Versuche, im Segment der Tagespresse bzw. der Wochenzeitungen diese nationalen Begrenzungen zu durchbrechen, hat es in der Vergangenheit zwar gegeben (z.B. „The European"), konnten aber nie mit nationalen Presseangeboten konkurrieren. Eine andere Entwicklung nahm der Bereich der *audio-visuellen Medien*. Da die Akteure in der Politik diesem Bereich eine deutlich höhere Wirkungskraft zusprachen, unterzog man von Beginn an die Medien Radio und später das Fernsehen einer verstärkten Kon-

---

75 David Kelley / Roger Donway; Liberalism and free speech; a.a.O.; S. 66.
76 So verabschiedete der Deutsche Presserat Richtlinien für die publizistische Arbeit, nachdem die Kritik am Verhalten von Journalisten zugenommen hatte; Dokument abgedruckt in: Frankfurter Rundschau, 28.3.1990, S. 10.
77 Peter Wilke; Medienmarkt Europa; a.a.O.; S. 12; eine andere Situation hat sich bei den Special-Interest-Zeitschriften herausgebildet (z.B. Modezeitschriften, Lifestyle- und Reisemagazinen).

trolle. Anders als in den Vereinigten Staaten von Amerika, wo der Markt im Bereich der audio-visuellen Medien von Beginn an durch das Prinzip des „Free for all" zu einer ausdifferenzierten, privatrechtlich organisierten und damit kommerziell finanzierten Struktur geführt hat[78], dominierte in den meisten europäischen Ländern - trotz geringfügiger Unterschiede - das Prinzip des „öffentlich-rechtlichen", durch Gebühren finanzierten Rundfunks.

Als entscheidende Wende erwies sich die in allen europäischen Ländern Ende der siebziger Jahre einsetzende Politik staatlicher Deregulierung und die Zulassung kommerzieller Sender. Bereits in den fünfziger Jahren begann sich in Großbritannien ein solches Mischsystem auszubilden, das später zum Vorbild für die Gestaltung dualer Systeme auf dem Kontinent werden sollte[79].

Die Ursachen für diesen Deregulierungsprozeß differierten von Land zu Land durchaus erheblich. Während in Frankreich in Folge der Unruhen vom Mai 1968 ein Prozeß der Umorganisierung des Office de Radiodiffusion-Télévision Française (ORTF) einsetzte, schließlich unter der Regierung von Francois Mitterand zu einer Teilprivatisierung staatlicher Programmgesellschaften führte und damit die staatsdirigistische Struktur in den französischen Medien aufzulösen begann[80], war es in der Bundesrepublik Deutschland vorwiegend eine sich zunehmend verändernde Rechtsprechung des Bundesverfassungsgerichtes[81], die den Prozeß der Ausdifferenzierung einleitete. Argumentierte das höchste deutsche Gericht in seinen ersten Urteilen zum Rundfunk noch mit den zu hohen finanziellen Kosten bei der Betreibung eines eigenen Radio- bzw. Fernsehsenders, die einen ausreichenden Wettbewerb verhinderten und vor allem mit der Knappheit der zur Verfügung stehenden Frequenzen. Noch 1981 schien das Gericht im sogenannten FRAG-Urteil (= 3. Rundfunkurteil; *Freie Rundfunk AG*) seine kritische Position gegenüber privatrechtlich organisierten Rundfunkunternehmern beizubehalten, indem es das Gesetz, das die Bedingungen für einen Zugang zum Mediensystem im audio-visuellen Bereich regeln sollte, wegen Unzulänglichkeiten für verfassungswidrig erklärte. Doch in ihrer Begründung legten die Richter die Bedingungen für eine Zulassung zum Mediensystem fest (Stichwort: Konzept des Binnen- und Außenpluralismus) und erklärten damit die Zulassung von privat betriebenen Rundfunkanstalten für grundsätzlich zuläs-

---

78 Dies darf allerdings nicht darüber hinwegtäuschen, daß es in den Vereinigten Staaten von Amerika sehr wohl auch ein umfangreiches öffentlich-rechtliches Fernsehen gibt (Public Service TV).
79 Vgl. Winand Gellner; Medien im Wandel; in: Hans Kastendiek / Karl Rohe / Angela Volle (Hg.); Länderbericht Großbritannien. Geschichte, Politik, Wirtschaft, Gesellschaft; Bonn 1994; S. 458-460.
80 Vgl. Klaus von Beyme; Die politische Klasse; a.a.O.; S. 102-103.
81 Einen hervorragenden Überblick über die Rechtsprechung des Bundesverfassungsgerichtes bis 1987 bieten die folgenden drei zusammenfassenden Aufsätze: Hannelore Keidel; Kommunikationspolitisch relevante Urteile; a.a.O.; S. 122-139; - Reinhart Ricker; Kommunikationspolitisch relevante Urteile des Bundesverfassungsgerichtes seit 1967; in: Publizistik, 21. Jg., 4/1976, S. 411-434; - Birgit Schumacher; Kommunikationspolitisch relevante Urteile des Bundesverfassungsgerichts seit 1976; in: Publizistik, 32. Jg., 4/1987, S. 405-421.

sig. Das Argument des Frequenzmangels spielte aufgrund der Möglichkeiten der zunehmend ausgereiften Kabeltechnologie nur noch eine zu vernachlässigende Rolle[82]. Technisch möglich und politisch gewollt etablierten sich seit Mitte der 1980er Jahre schließlich eine Vielzahl kommerzieller Sender[83] und führten zu einer Verdichtung der Medienstruktur auch bei den audiovisuellen Medien und zu einem ausgedehnten Ausdifferenzierungsprozeß, der ähnlich wie bei den Printmedien, zu einer Zunahme von allgemeinen Sendern (Vollprogramme), aber auch zu einer Segmentierung des Marktes durch das Entstehen von Spartensendern (Spartenprogramm) führte. Diese Segmentierung des Fernsehmarktes zielte dabei auf immer spezifischere Wünsche des Fernsehzuschauers ab. Dies gilt im wesentlichen für die Bereiche Sport (Euro-Sport, DSF), Unterhaltungsmusik (MTV, VIVA, VIVA 2, VH-1), Kultur (arte, 3sat) und Nachrichten (CNN, Euronews, N-TV). Aber auch hinsichtlich der personellen Zusammensetzung der Zielgruppen wurden in der Vergangenheit spezielle Programmangebote konzipiert (Kinder: Kinderkanal, Nickelodeon, Super RTL; Spezielle Formate: Cartoon-Channel, Movie-Channel). Nicht alle diese Programme konnten im harten Konkurrenzkampf um die begehrten Marktanteile bestehen und mußten z.T. kurz nach dem Sendestart ihren Betrieb wieder einstellen[84]. Doch eine Reihe an Spartensendern haben sich fest auf dem Markt etablieren können und stellen eine feste Größe in den jeweiligen Sendegebieten dar.

Eine ähnliche, zugleich aber ungleich intensivere Entwicklung nahm die Europäisierung der audiovisuellen Medien. Während im Bereich des Radios Kooperationen bzw. die Ausweitung des Sendegebietes zwar eher eine untergeordnete Rolle spielten, bildeten sich schon kurz nach 1949 raumübergreifende Kooperationen im Fernsehbereich. Der in der Mitte der 1950er Jahre gegründete Fernsehprogrammverbund EUROVISION, der einen Austausch von Programmen und gemeinsame Progammoperationen ermöglichen sollte[85], konnte sich erfolgreich am Markt behaupten und beliefert nationale Program-

---

82   Vgl. Hans H. Klein / Werner Lauff; Neue Medientechnik - neues Rundfunkrecht; a.a.O.; S.3-17; - Bernd-Peter Lange; Medienentwicklung und technischer, ökonomischer und sozialer Wandel. Zur Rundfunkpolitik nach dem FRAG-Urteil des Bundesverfassungsgerichts; in: Aus Politik und Zeitgeschichte, B51/1981, 19.12.1981, S.19-33.
83   Ausnahme in Europa ist das kleine Land Luxemburg. Dort bildete sich ein privates Fernsehmonopol aus, „...dessen Lizenz allerdings an die Erfüllung inhaltlicher Kriterien gebunden ist, die den luxemburgischen Sender für das Inlandsprogramm auf public service-Funktionen verpflichtet"; Vgl. Winand Gellner; Massenmedien; a.a.O.; S. 284.
84   So mußte der Sender „Nickelodeon" seinen Sendebetrieb in Deutschland im Jahr 1998 wegen anhaltender Erfolglosigkeit wieder einstellen. Ursache ist der harte Konkurrenzkampf um die - vor allem für die werbetreibende Industrie - interessante Gruppe der Kinder und Jugendlichen (z.B. durch „Super RTL" und „Kinderkanal"). Der „Kinderkanal" ist ein öffentlich-rechtlicher und zugleich auch werbefreier Sender - eine „durch Gebühren alimentierte öffentlich-rechtliche Konkurrenz" zu „Nickelodeon", wie es Bernd Schwintowski abfällig bewertet hat: Frankfurter Allgemeine Zeitung, 8. September 1998, (Beilage: Kommunikation und Medien), S. B 10.
85   Vgl. Albert Scharf; Europäisches Fernsehen; in: Reinhold Kreile (Hg.); Medientage München. Dokumentation Band 1; Baden-Baden 1990; S. 86.

me. Ein sehr viel ehrgeizigeres Projekt stellte die Gründung des transnationalen Vollprogramms EURICON dar, das aber ebenso wie das 1985/86 mit großer Beteiligung öffentlich-rechtlicher Rundfunksender ins Leben gerufene Europa-TV[86] schließlich kurz nach Inbetriebnahme scheiterten.

Anders die Kooperationen der Sender „3sat" und „arte". Während der Sender „3sat" Programme österreichischer, schweizer und deutscher Sender vereinigt, gemeinhin auch das Sprachenproblem bei diesem Programm keine Rolle spielt[87], mußte der Kultursender „arte" als deutsch-französisches Gemeinschaftsprojekt neben der Zweisprachigkeit u.a. noch mit dem Problem unterschiedlicher Kulturbegriffe kämpfen[88]. Trotz dieser Probleme, die insbesondere im technischen Bereich durch Untertitelung bzw. Ausnutzung sogenannter Zwei-Kanal-Tontechnik weitestgehend überwunden werden konnten, haben sich beide transnationale Sender fest auf den jeweiligen Fernsehmärkten etablieren können.

Neben diesen, vorwiegend kulturorientierten Sendern, etablierten sich jedoch auf europäischer Ebene eine Vielzahl weiterer Spartensender, die in nahezu allen europäischen Ländern zu empfangen sind. Diese Sender entwickelten sich jedoch insbesondere in Bereichen, die „...Interessen oder Sparten berühren, die ohnehin einen internationalen Bezug haben"[89], gewissermaßen eine Indifferenz gegenüber den jeweiligen kulturellen bzw. nationalen Besonderheiten aufweisen: Sport (Eurosport), Unterhaltungsmusik (MTV, VH-1), „Business" und internationale „News" (Euronews).

Alle diese Sender kommen z.B. in Deutschland allerdings nur auf einen Zuschauermarktanteil von 2,5% und die Entwicklungspotentiale dieser Sender werden gering eingeschätzt, denn diese vorwiegend werbefinanzierten Anstalten sehen sich mit dem Problem konfrontiert, daß die ausgestrahlte Werbung bei großer geographischer Verbreitung und gleichzeitig geringer Zuschauerzahl hohe Streuverluste aufweist und damit diese Sender für die werbetreibende Wirtschaft nur von begrenztem Interesse sind. Dennoch scheint es aber durchaus Strategien und Möglichkeiten im audio-visuellen Medienbereich zu geben, über die jeweiligen nationalen Grenzen hinweg ein Kommunikationsangebot erfolgreich auf dem Markt zu plazieren - ob dies bereits den „Nu-

---

86 Beteiligt an diesem Projekt waren Sender aus Deutschland, Niederlande, Irland, Italien und Portugal. Mangelnde ökonomische Ausstattung, vor allem aber das ungelöste Sprachenproblem führten nach 14 Monaten zum Zusammenbruch dieses Gemeinschaftsprogramms; Vgl. Winand Gellner; Massenmedien; a.a.O.; S. 298; - Jan Kurelmann; Europäische Öffentlichkeit; in: Ludger Hünnekens (Hg.); Kongreßbericht: Die Medien in Europa; Karlsruhe 1990; S. 107; - Hans J. Kleinsteuber; Europäische Medienpolitik am Beispiel der EG-Fernsehrichtlinie; in: ders / Volker Wiesner / Peter Wilke; EG-Medienpolitik - Fernsehen in Europa zwischen Kultur und Kommerz; Berlin 1990; S. 36.
87 Ausnahme sind Sendungen des schweizer Fernsehens, die in Schweizer-Deutsch ausgestrahlt werden, dann aber zumeist untertitelt sind.
88 Vgl. Albert Scharf; Europäisches Fernsehen; a.a.O.; S. 86.
89 Michael Schroeder; Originelle Randerscheinung; in: Zeitschrift für Kulturaustausch, 46. Jg., 3/1997, S. 90.

kleus"⁹⁰ der europäischen Integration auf dem Mediensektor darstellt, läßt sich zum gegenwärtigen Zeitpunkt nicht beurteilen.

Das von Spartenkanälen aufgespannte Gerüst einer europäischen Kommunikationsstruktur ist allerdings noch zu bruchstückhaft, als daß man von einem echten „Kommunikationsraum Europa" sprechen könnte. Doch welche weiteren Gründe - neben dem bereits mehrfach angesprochenen Sprachenproblem - könnten für das Ausbleiben einer umfangreichen Europäisierung der audiovisuellen Medienlandschaft verantwortlich sein?

6.2.3 Trägheitsmomente einer europäischen Öffentlichkeit

Jürgen Gerhards hat in einem höchst instruktiven Aufsatz neben der Sprachbarriere noch zwei weitere Trägheitsmomente für ein Scheitern eines europäischen Programmangebotes herausarbeiten können. Dabei machte er zunächst deutlich, daß gerade die Chancen einer Europäisierung der Medien im Bereich der audiovisuellen Medien deutlich größer seien, als bei den Printmedien, denn erstere seien bei der Produktion und vor allem der Distribution aufgrund der Satellitenübertragungstechnik im wesentlichen ortsunabhängig, während gerade die Tagespresse auf eine personalintensivere Infrastruktur beim täglichen Vertrieb der Presseerzeugnisse angewiesen sei. Dennoch scheiterten in der Vergangenheit die Transnationalisierungsversuche im Fernsehbereich neben der Sprache zum einen auch an der Problematik des Programmangebotes:

> „Neben der Sprache [...] spielt die nationale und kulturelle Herkunft des Programms und die damit verbundene kulturelle Identifikationsmöglichkeit eine zusätzliche Rolle. Sprachgemeinschaften sind in der Regel auch Kulturgemeinschaften. Die kulturelle Durchdringung der Sprache und die sprachliche Durchdringung der Kultur bewirken eine kulturspezifische Wahrnehmung, die sich auch auf das Medienverhalten auswirkt."⁹¹

Die Ausstrahlung landesspezifischer Programmangebote in den verschiedenen Nationen kann dabei durchaus politisch gewollt sein. Insbesondere Italien, Großbritannien und Frankreich, die über eine auch international anerkannte und erfolgreiche Filmindustrie verfügen, greifen verstärkt auf den Bestand eigener Produktionen zurück, um damit ein Gegengewicht zu den zumeist äußerst billigen und massenattraktiven Produktionen aus den Vereinigten Staaten von Amerika zu bilden⁹². Umgekehrt sind aber diese Produk-

---

90 So der Ministerpräsident von Baden-Württemberg, Erwin Teufel, über den Sender „arte"; vgl. Jörg Rüggeberg; ARTE - Das etwas andere Programm auf der europäischen Fernsehbühne; in: Bertelsmann Briefe, Heft 139/1998, S. 20.
91 Jürgen Gerhards; Westeuropäische Integration und die Schwierigkeiten der Entstehung einer europäischen Öffentlichkeit; in: Zeitschrift für Soziologie, 22. Jg., 2/1993, S. 101-102.
92 So hat sich Kanada hat mit den „Canadian Content Rules" für eine Quotenfestlegung für Programmangebote aus den Vereinigten Staaten von Amerika als Instrument gegen eine kulturelle „Überfremdung" entschieden; vgl. Werner B. Korte / Wolfgang J. Steinle; Kultur, Alltagskultur und neue Informations- und Kommunikationstechniken; in: Aus Politik und Zeitgeschichte, B3/1986, 18.1.1986, S. 29.

tionen der genannten Länder aufgrund ihres hohen Bezugsgrades zu länderspezifischen Besonderheiten bzw. regionalen Problemen nur selten auch für andere Länder in Europa von Interesse und finden somit auch nur selten den Weg aus dem eigenen Sprachraum. Mag dies noch für den Bereich großer Filmproduktionen gelten, so trifft dies für den Bereich der allgemeinen Unterhaltungsindustrie in der Zwischenzeit nur noch begrenzt zu. Die internationale Vermarktung von sogenannten Sendeformaten (z.B. Herzblatt, Glücksrad, Singled out...) hat dazu geführt, daß in nahezu allen Ländern Europas fast identische Unterhaltungsprogramme in den jeweiligen Landessprachen angeboten werden. Die Konzeption dieser Formate ist sogar ganz bewußt auf ihre internationale Vermarktungsfähigkeit hin entwickelt worden. Mithin wird dadurch eine Homogenisierung der Programminhalte erreicht[93].

Als zweites Argument benannte Gerhards die Bedeutung zeitlicher Konsumgewohnheiten, die in Europa erheblich differierten. Während in Großbritannien die Hauptnutzungszeit (prime time) bei 21 Uhr (MEZ), in Spanien gar bei 23 Uhr (MEZ) liegt, beginnt die Hauptsendezeit in Deutschland zwischen 19 und 20 Uhr (MEZ) mit der Ausstrahlung einer Nachrichtensendung[94]. Diese Gewohnheiten des Fernsehens haben, wie Gerhards zu Recht anmerkt, „...häufig rituellen Charakter und werden schwerlich zu synchronisieren sein"[95].

Aufgrund dieser Trägheitsmomente habe sich im europäischen Kontext keine umfassende Medienstruktur entwickeln können. Gerhards faßt zusammen:

> „Die Zuschauer sind aber im Hinblick auf ihre Sehgewohnheiten, ihre kulturell geprägten Wünsche, und vor allem im Hinblick auf ihre Sprachkompetenz zu heterogen, als daß ein homogenes Programm die Nachfragepräferenzen befriedigen könnte."[96]

Von einer europäischen Öffentlichkeit kann demnach grundsätzlich nicht ausgegangen werden. Doch den Konsequenzen, die Kielmansegg, Grimm und Scharpf aus dem Fehlen eines solchen Forums ziehen, kann hier dennoch nicht zugestimmt werden. Vielmehr lassen sich gegen diese Auffassung, die in den letzten Jahren die Diskussion um eine Demokratisierung der Europäischen Union insbesondere in Deutschland beeinflußt und auch nachhaltig bereichert hat, mindestens drei unterschiedlich starke und z.T. auch miteinander zusammenhängende Gründe anführen, die die Argumentationsmuster, wie sie u.a. von den drei Autoren angeführt wurden, widerlegen, zumindest jedoch in ihrer Bedeutung für die Demokratisierbarkeit der Europäischen Union deutlich relativieren.

---

93 Siehe dazu auch: Jürgen Wilke; Regionalisierung und Internationalisierung des Mediensystems; in: Aus Politik und Zeitgeschichte, B26/1990, 22.6.1990, S. 3-19.
94 Die Rolle der „tagesschau" als Zeitgeber für die Programmstruktur ist auch nach der Etablierung der Privatsender ungebrochen geblieben. Der Versuch einiger privater Sender, das Spielfilm- und Showprogramm zeitgleich mit der „tagesschau" beginnen zu lassen, mußte aufgrund erheblicher Einbrüche bei den Zuschauerquoten wieder rückgängig gemacht werden.
95 Jürgen Gerhards; Westeuropäische Integration; a.a.O.; S. 101-102.
96 ebenda.

Das erste Argument, das gegen diese These, angebracht werden kann, wurde jüngst von Habermas vorgetragen. In einer Erwiderung an Grimm hatte er zunächst klargestellt, daß Europa nur dann auch das Prädikat „demokratisch" verdiene, wenn sich im

> „...Horizont einer gemeinsamen politischen Kultur eine europaweit integrierte Öffentlichkeit bildet, eine Zivilgesellschaft mit Interessenverbänden, nicht-staatlichen Organisationen, Bürgerbewegungen usw., natürlich ein auf europäische Arenen zugeschnittenes Parteiensystem, kurz: ein Kommunikationszusammenhang, der über die Grenzen der bisher nur national eingespielten Öffentlichkeiten hinausgreift"[97]

In diesem Punkt ist zu Grimm, Scharpf und auch Kielmansegg noch kein grundsätzlicher Dissens zu entdecken. Wohl aber sind Differenzen hinsichtlich der Voraussetzungen eines Zustandekommens einer politischen Öffentlichkeit auszumachen. Habermas stellt dazu zunächst fest, daß man sich nicht mehr länger auf einen konkretistischen Begriff des „Demos" stützen könne, der dort „...wo nur noch Heterogenes anzutreffen ist, Homogenität vorspiegelt"[98]. Vielmehr sei das ethisch-politische Selbstverständnis der Bürger eines demokratischen Gemeinwesens nicht etwas vorausgehendes, sondern ein Moment, das „in einem Kreisprozeß, der durch die rechtliche Institutionalisierung einer staatsbürgerlichen Kommunikation"[99] überhaupt erst in Gang käme oder mit anderen Worten: es stehe vielmehr zu erwarten, daß z.B. eine Europäische Verfassung einen Kommunikationsprozeß induziere, der schließlich zur Ausdifferenzierung einer europäischen Öffentlichkeit führen werde - eine ähnliche Argumentation hatte vor rund 30 Jahren bereits Carl J. Friedrich angeführt, wenn er in der (lückenhaften) Errichtung einer institutionellen Struktur in Europa den Rahmen für die Ausbildung eines europäischen Gemeinschaftsbewußtseins sah[100]. Den bestehenden politischen Parteien käme nach Habermas in diesem Zusammenhang die Aufgabe zu, „...zunächst in ihren nationalen Arenen über die Zukunft Europas [zu; Erg. A.B.] streiten und dabei grenzüberschreitende Interessen [zu; Erg. A.B.] artikulieren"[101], um die Formierung eines europäischen Parteiensystems zu bestärken. Das Fehlen einer gemeinsamen Sprache sieht er angesichts des Standes der formalen Schulbildung als ein durchaus überwindbares Hindernis[102].

---

97 Jürgen Habermas; Die Einbeziehung des Anderen; a.a.O.; S. 190.
98 ebenda; S. 191; - s.a. Jürgen Habermas; Herzschlag der Revolution; a.a.O.; S. 18.
99 Jürgen Habermas; Die Einbeziehung des Anderen; a.a.O.; S. 191.
100 Carl J. Friedrich; Die Auswirkungen der informellen Gemeinschaftsentwicklung auf die politische Meinungsbildung über Europa; in: ders. (Hg.); Politische Dimensionen der europäischen Gemeinschaftsbildung; Köln 1968; S. 14.
101 Jürgen Habermas; Die postnationale Konstellation und die Zukunft der Demokratie; in: ders.; Die postnationale Konstellation. Politische Essays; Frankfurt am Main 1998; S. 154.
102 Jürgen Habermas; Die Einbeziehung des Anderen; a.a.O.; S. 191; allerdings sieht er wiederum die Existenz einer Fremdsprachenkenntnis als Voraussetzung eines transnationalen Mediensystems; vgl. Jürgen Habermas; Die postnationale Konstellation und die Zukunft der Demokratie; in: ders.; Die postnationale Konstellation; a.a.O.; S. 155.

Habermas spricht in seiner Erwiderung an Grimm bereits ein zweites Argument an, das einer genaueren Betrachtung bedarf. Im Zentrum der Argumentation von Kielmansegg, Grimm und Scharpf stand die Aussage, daß ein europäisches Volk aus Ermangelung einer gemeinsamen Sprache nicht entstehen könne. Da diese gemeinsame Sprache nicht existiere, sei auch keine Ausbildung einer kollektiven und belastbaren Identität möglich. Gewiß: Sprache spielt bei der sozialen Integration, also die „Einführung" eines Individuums in den sozialen, das Individuum umgebenden Kontext eine maßgebliche Rolle. Nur durch Sprache kann es mit seiner Umwelt intensiv in Verbindung treten und zugleich über diesen (reziproken) Prozeß auch seine individuelle Identität ausbilden. So schreibt Charles Taylor: „Niemand könnte sich aus eigener Kraft selbst definieren - wir alle sind auf die Mitwirkung von 'bedeutsamen Anderen' angewiesen (wobei wir alle innerhalb gewisser Grenzen selbst festlegen können, wer diese Rolle für uns spielen soll)"[103]. Zu diesem Zweck, so Taylor an anderer Stelle, würden wir eine Vielfalt menschlicher Sprachen erlernen, wobei er das Wort „Sprache" in einem weiten Sinne verwendet und damit nicht nur Worte, sondern auch andere Ausdrucksweisen, wie etwa die „Sprache der Kunst", der Gestik oder der Liebe einbezieht[104].

Das hier allerdings entscheidende Moment ist hingegen, daß Kielmansegg, Grimm und Scharpf als Voraussetzung einer kollektiven und zugleich auch belastbaren Identität die Existenz einer Kommunikationsgemeinschaft bzw. Öffentlichkeit einfordern, gewissermaßen eine „holistische Öffentlichkeit" als Voraussetzung für die Schaffung einer kollektiven Identität bzw. „relativen Homogenität" benennen, die dann ein tragfähiges Fundament für eine europäische Demokratie bilden könnte.

Bereits auf nationaler Ebene ist eine Ausbildung kollektiver Identität in modernen Gesellschaften allerdings keineswegs das ausschließliche Ergebnis eines einfachen, direkten Kommunikationsprozesses aller Mitglieder miteinander, sondern ein höchst komplexer Vorgang, der mit Bezug auf seine kommunikative Dimension sich aus direkter Kommunikation einerseits und in höchst komplex aufeinander bezogenen Ebenen medialer Kommunikation vollzieht. So stellt auch Bernhard Peters fest:

---

103 Charles Taylor; Ursprünge des neuzeitlichen Selbst; a.a.O.; S. 15; s.a. John Dewey, wenn er schreibt: „Ein Wesen, das mit anderen Wesen in Zusammenhang steht, kann seine Handlungen nicht durchführen, ohne die Handlungen anderer in Betracht zu ziehen"; John Dewey; Demokratie und Erziehung. Eine Einleitung in die philosophische Pädagogik. Weinheim u.a. ³1993; S. 28.
104 Charles Taylor; Multikulturalismus und die Politik der Anerkennung; Frankfurt am Main 1993; S. 21; Ähnlich auch Manfred Faßler, wenn er schreibt: „Identität ist demnach auf Kommunikation und auf Interaktion verwiesen; sie wird in *Relation* zu Ansässigkeiten, Infrastrukturen, Gebrauchsordnungen von Dingen o.ä. herstellbar; Manfred Faßler; Privilegien der Ferne; a.a.O.; S. 183.

„Kommunikation [ist; Erg. A.B.] nicht der einzige Modus der Integration - Integration *kann* [...] durch Kommunikation bzw. in kommunikativen Interaktionen realisiert werden, aber es gibt andere Weisen der Integration, die keine aktuelle Verständigung voraussetzen."[105]

und schließlich gibt er zu bedenken: „Andererseits wirken kommunikative Beziehungen nicht notwendig 'integrierend', selbst wenn man Integration nur im vagen Sinne sozialer Einheit oder Kohäsion versteht"[106].

Freilich ließe sich gegen die These vom Mangel einer europäischen Identität auch die empirische Beobachtung formulieren, daß es einen großen Fundus gemeinsamer Wertüberzeugungen und kultureller Gemeinsamkeiten gibt, die eine (rudimentäre) Grundlage einer europäischen Identität bereits darstellen.

Ohne Anspruch auf Vollständigkeit seien hier nur die Überzeugung von der universellen (!) Gültigkeit der Menschenrechte[107] und deren Sicherung durch die Demokratie, die Wahrung des Friedens und die „Bewahrung der Schöpfung" genannt[108], die in Europa eine nachhaltige Bedeutung und Gültigkeit beanspruchen können. Auch Literatur, Kunst, Musik und Architektur zeigten sich in ihren jeweiligen Epochen nicht als lokales bzw. regionales Spezifikum, sondern immer als europäische Erscheinungsform. Und nicht zuletzt die Europäische Union selbst: ihre Gründung basiert ja ganz wesentlich auf der gemeinsamen Geschichtserfahrung und den Lehren, die man (gemeinsam) daraus zog[109]. So gibt auch Carl J. Friedrich gibt zu bedenken, Europa sei schon lange eine kulturelle Gemeinschaft gewesen, bis diese durch die Nationalstaaten zersetzt wurde. Aber selbst nach der Entstehung der Nationalstaaten war „Homogenität und Konsens in Europa viel stärker als in Indien oder im Römischen Imperium"[110] und auch heute bilde Europa eine Gemeinschaft der Religion, Werte und Überzeugungen[111]. Sprachliche und kulturelle Homogenität sei sogar für einen Herrschaftsverband weniger notwendig, sondern entscheidender sei vielmehr, daß gemeinsame Werte, Überzeugungen und Interessen vorhanden seien[112].

---

105 Bernhard Peters; Die Integration moderner Gesellschaften; a.a.O.; S. 131.
106 Beide Zitate: ebenda; S. 130-131.
107 Vgl. u.a. Ludger Kühnhardt; Die Universalität der Menschenrechte; Bonn ²1991; Hans Maier; Wie universal sind die Menschenrechte?; Freiburg i. Brsg. 1997; - So auch Werner von Simson: „Was also die Grundrechte angeht, so läßt sich sagen, daß insoweit von einem 'Volk' in der Europäischen Gemeinschaft gesprochen werden kann"; Werner von Simson; Was heißt in einer europäischen Verfassung „Das Volk"?; a.a.O.; S. 14.
108 Wilfried von Bredow; Demokratie und transnationale Identität; in: Thomas Jäger / Dieter Hoffmann (Hg.); Demokratie in der Krise? Zukunft der Demokratie. Opladen 1995; S. 240.
109 Vgl. dazu u.a. Frank R. Pfetsch; Die Problematik der europäischen Identität; in: Aus Politik und Zeitgeschichte, B25-26/1998, 12.6.1998, S. 3-9.
110 Carl J. Friedrich; Auswirkungen der informellen Gemeinschaftsentwicklung ; a.a.O.; S. 15.
111 Vgl. Carl J. Friedrich; Europa - Nation im Werden?; Darmstadt 1972; S.12.
112 Vgl. ebenda; S. 23.

Daß eine kollektive Identität sich nicht ausschließlich aus dem ergibt, was sprachlich als Gemeinsames befunden wird, belegen die Nationalstaaten selber, denn würde es nicht auch andere Momente geben, die zu einer kollektiven Identität beitragen würden, wäre der Rückfall moderner Gesellschaften in einen von Dialekten und Regionalkulturen geprägten Partikularismus vorprogrammiert, denn nur in der unmittelbaren Gemeinschaft ist eine aktuelle Verständigung über das Gemeinsam als Verbindliche angesehene wirklich kommunikativ möglich. Es ist kein Zufall, daß gerade die Kommunitaristen die Notwendigkeit der gemeinsamen Sprache als Grundlage einer Gemeinschaft besonders betont haben[113].

Ein weiteres ist bezüglich der kollektiven Identität zu vermerken. Die Ausbildung individueller Identität vollzieht sich nicht nur in Beziehung zu *einem* „Kollektiv", sondern zu einer Mehrzahl an jeweils unterschiedlich zusammengesetzten Gemeinschaften. Der amerikanische Philosoph Michael Walzer hat darauf aufmerksam gemacht, daß Individuen auf natürliche Weise immer mit mehreren Kollektiven verbunden seien: sie sind mindestens Bewohner einer lokalen Gemeinschaft, einer Region und zugleich auch einer Nation, die mit ihrer jeweiligen und durchaus auch unterschiedlichen „kollektiven Identität" auf das Individuum einwirken. Daß es dabei zu Konflikten zwischen den verschiedenen Loyalitäten und Verpflichtungen gegenüber den jeweiligen Gemeinschaften kommen kann, räumt Walzer durchaus ein[114]. An anderer Stelle bemerkt er jedoch:

„Dem Selbst widerstrebt unter normalen Bedingungen eine Teilung nicht. Es kann sich zumindest aufteilen, und es gedeiht sogar dabei. Wenn ich mich sicher fühlen kann, werde ich eine komplexere Identität erwerben, als es der Gedanke des Partikularismus nahelegt. Ich werde mich selbst mit mehr als einer Gruppe identifizieren [...] Wenn sich Identitäten vervielfältigen, teilen sich die Leidenschaften."[115]

Eine europäische Identität kann [und muß auch gar nicht] die nationalen und regionalen Identitäten ersetzen. So kommt Walter Reese-Schäfer zu dem zutreffenden Ergebnis:

„Die europäische Integration wäre [...] gut beraten, würde sie auf allzu pathetische Einheitsformeln verzichten. Gerade Kultur ist in ihren meisten Bereichen eher universell, zumindest kontinentübergreifend. Und auch dort, wo sie an Sprachgemeinschaften oder Regionen, an Provinzen gebunden ist, kann sie durchaus überregional verstanden, durch Aneignung der Sprache oder durch Übersetzung auch aufgenommen werden"[116].

---

113 Vgl. dazu u.a. Charles Taylor; Sprache und Gesellschaft; in: Axel Honneth / Hans Joas (Hg.); Kommunikatives Handeln. Beiträge zu Jürgen Habermas' „Theorie des kommunikativen Handelns; Frankfurt am Main ²1988; S. 35-52; Vgl. zusammenfassend zu dieser Diskussion und den demokratietheoretischen Vorstellungen des „Communitarianism": Andreas Beierwaltes; Das Ende des Liberalismus? Der philosophische Kommunitarismus in der politischen Theorie; in: Aus Politik und Zeitgeschichte, B 43/95, 20.10.1995, S.24-31; - Walter Reese-Schäfer; Was ist Kommunitarismus? Frankfurt am Main u.a. 1994; - Shlomo Avineri / Avner de-Shalit (Hg.); Communitarianism and Individualism. Oxford 1992.
114 Vgl. Michael Walzer; Zivile Gesellschaft; a.a.O.; S. 201.
115 Ebenda; S. 136; - s.a. Edgar Grande; Demokratische Legitimation; a.a.O.; S. 348.
116 Walter Reese-Schäfer; Supranationale oder transnationale Identität - zwei Modelle kultureller Integration in Europa; in: Politische Vierteljahresschrift, 38. Jg., 2/1997, S. 327.

Dieses Gemeinsame muß allerdings auch sprachlich und symbolisch vermittelt werden, denn erst dann kann eine Individuum auch umfassendere Bezugsräume Bestandteil der eigenen Identität werden lassen.
Die Herstellung einer belastbaren bzw. kollektiven Identität erweist sich als komplexes Phänomen, das nicht alleine über direkte Kommunikation, sondern nur durch eine komplexe Verbindung kommunikativer und symbolischer Momente entstehen kann. Deshalb gilt für komplexe Gesellschaften: They need general symbol systems that evyrone [sic!] not only knows but feels"[117].
Auch mit Blick auf die bereits oben ausführlicher dargestellten Transformationsprozesse moderner Öffentlichkeit erscheint das Argument von Kielmansegg, Grimm und Scharpf nur wenig plausibel, die Ausbildung einer kollektiven Identität erfordere die Existenz einer Öffentlichkeit - die von einem europäischen Mediensystem aufgespannt würde[118]. Tatsächlich gab es zu Beginn der Nationalstaaten nirgendwo eine Medienstruktur, die einen solchen nationalen Diskursraum aufgespannt hätte. Weder gab es Rundfunk und Fernsehen, noch erlangte die Presse eine Auflage, die es angemessen erscheinen ließe, von einer „nationalen Öffentlichkeit" zusprechen: „Gewiß ist öffentliche Meinung heute ohne [...] Medien nicht zu denken. Aber lange bevor es die erste Zeitung, den ersten Radioapparat und die erste Fernsehtruhe gab, gab es öffentliche Meinung"[119], wie Hennis treffend anmerkt. Dennoch - so ließe sich ergänzen - muß es so etwas wie eine nationale Identität gegeben haben. Von einer umfassenden Öffentlichkeit, *einem* Forum bzw. *einer* Agora des öffentlichen Diskurses - das in der Tat sprachliche Homogenität voraussetzen würde - kann bereits in nationalen Kontexten nicht die Rede sein. Vielmehr ist auch die auf den Nationalstaat reduzierte Öffentlichkeit nichts anderes, als ein komplexes Geflecht von Teilöffentlichkeiten, die zu einem Teil kommunikativ, zu einem weiteren Teil durch Themengleichheit und zum Teil aber auch symbolisch zusammengehalten werden. Die Sprachenproblematik macht zwar die wichtigen auf Europa hin orientierten Verbindungen der jeweiligen Teilöffentlichkeiten nicht gerade leichter - und in diesem Sinne haben die Autoren durchaus Recht, wenn sie auf das Sprachenproblem aufmerksam machen - aber die Vielfalt der Sprachen macht diesen Prozeß nicht unmöglich.
Es dürfte mit Sicherheit übertrieben sein, auf der Basis der bisherigen Medienstrukturen bereits von der Existenz einer europäischen Öffentlichkeit zu sprechen[120], sehr wohl aber bilden sich gerade im wissenschaftlichen, politischen und kulturellen Bereich im-

---

117 W. Lloyd Warner; American Life. Dream and Reality [revised Edition]; Chicago 1962; S. 247.
118 Vgl. u.a. Dieter Grimm; Braucht Europa eine Verfassung? in: Juristenzeitung, 50. Jg., 12/1995, S. 588.
119 Wilhelm Hennis; Zum Begriff der öffentlichen Meinung; in: ders; Politik als praktische Wissenschaft. Aufsätze zur politischen Theorie und Regierungslehre; München ²1968; S. 37.
120 Vgl. Manfred Zuleeg; Demokratie in der Europäischen Gemeinschaft; in: Juristenzeitung, 48. Jg., 22/1993, S. 1074.

mer stärker europäische Teilöffentlichkeiten aus, die als Basis und Orientierungspunkt eines Netzwerkes öffentlicher Kommunikation in Europa dienen können. Mit diesen Ausführungen sind nun einige grundlegende Überlegungen gegen die These von der Unmöglichkeit der Demokratisierbarkeit der Europäischen Union vorgebracht worden, denn genau genommen liegen die Bedingungen, die u.a. Kielmansegg, Grimm und Scharpf als Voraussetzung für die Demokratie benennen, noch nicht einmal in einem nationalen Kontext vor. Würde man diese Voraussetzungen als Vorbedingung für die Demokratisierung eines Gemeinwesens wirklich stellen wollen, so würde dies letztendlich darauf hinauslaufen, daß lediglich kleine Gemeinschaften unter demokratischen Bedingungen leben könnten.

6.2.4 Mehrsprachigkeit und Demokratie

Im Hinblick auf die Demokratisierbarkeit der Europäischen Union könnte hingegen eine weitere Perspektive dieses Themenkomplexes durchaus hilfreich sein. Wenngleich Analogien zumeist in ihrem Anschauungscharakter äußerst prekär sind, so kann an dieser Stelle ein Blick auf multilinguale Staaten nicht unterbleiben. Mit dem Verweis, Länder wie z.B. die Schweiz oder Indien - um nur ein paar wenige zu nennen - seien zwar multilinguale und demokratisch organisierte Staaten entstanden, könnten aber aufgrund ihrer unterschiedlichen historischen Entwicklungsgeschichte und Erfahrungen nicht mit der Europäischen Union verglichen werden, ist es nicht getan, denn diese Länder belegen ganz nachhaltig, daß die Errichtung einer Demokratie und einer sie stützenden Identität auch dann möglich ist, wenn die Sprache als bindendes Mittel auszufallen scheint.

So sind sich Kielmansegg und Grimm dieser Tatsache durchaus bewußt, vertreten aber zugleich die Auffassung, daß es in den bekannten mehrsprachigen Demokratien um die Verständigung zwischen zwei oder drei Sprachgemeinschaften ginge und schon diese Anforderungen des Ausgleichs an die Demokratie stelle, wie Kielmansegg betont, denen sie nur mit prekären Lösungen begegnen könne[121]. Ein genauerer Blick auf die Bedeutung der Vielsprachigkeit, z.B. in der Schweiz aber zeigt, daß sich dort die Multilingualität gar nicht zu einem echten Problem zu entwickeln brauchte. So stellt Fritz René Allemann fest:

> „Die Schweiz ist nicht etwa deshalb als Bundesverband geordnet, weil sie vielsprachig ist. Viel eher verhält es sich umgekehrt: die Mehrsprachigkeit wurde möglich und brauchte sich deshalb nicht zu einem Problem zu entwickeln, weil die Eidgenossenschaft

---

121 Vgl. Peter Graf Kielmansegg; Integration und Demokratie; in: Markus Jachtenfuchs / Beate Kohler-Koch (Hg.); Europäische Integration; Opladen 1996; S. 56.

aus ganz anderen, sprachpolitisch zunächst völlig irrelevanten Gründen darauf angewiesen war, ihren Gliedern ein Maximum an Autonomie und Eigenleben zuzugestehen"[122].

Trotzdem, so fährt er an anderer Stelle fort, existiere eine gemeinsame Identität, die sich nicht aus einem allgemeinen Diskurs ergebe, sondern aus der gemeinsamen Erfahrung, die schließlich zum identitätsstiftenden Element der Schweiz wurde. So auch Andreas Ernst:

„Die Vielsprachigkeit ist kein grundsätzliches Problem für die gemeinsame Identität einer staatlichen Körperschaft, sofern der Gebrauch der eignen Sprache gewahrt bleibt und die Geltung der Sprache territorial definiert wird. Wer auf fremdsprachigen Territorium lebt, muss folglich die dort angestammte Sprache als Zweitsprache lernen"[123]

Warum sollte dies für Europa nicht gelten?[124]

Interessanterweise weisen die meisten multilingualen Staaten in ihrer Organisationsstruktur eine Gemeinsamkeit auf: sie sind allesamt im höchstem Maße föderal organisiert, d.h. der besonderen Dimension der kulturellen Besonderheiten, die z.T. auch sprachlich induziert sind, wird durch eine weitgehende Gewährung von Autonomierechten Rechnung getragen. Dies zeigt sich in der Schweiz, in Belgien und in Indien und ist eines der Kernargumente in der Diskussion um den spanischen Föderalismus bzw. in der Debatte um die Rolle Quebecs als „Gesellschaft mit besonderem Charakter", wie es das Meech-Lake-Amendement bezeichnete.

Der Grundtenor der von Kielmansegg, Grimm und Scharpf angeführten Kritik ließe sich in Form einer Hypothese zusammenfassen: Je stärker die sprachliche Fragmentierung einer politischen Gemeinschaft ist, desto geringer sind die Chancen, diese auch nach demokratischen Grundsätzen zu gestalten. Die skizzierten Beispiele lassen jedoch auch eine andere Hypothese zu, die schließlich eine andere Sichtweise bei der Demokratiefrage zu begründen vermag: Je föderaler ein politisches System ist, d.h. je stärker es auf regionale Spezifika Rücksicht nimmt, desto eher ist es in der Lage, sprachliche Heterogenität auch zu ertragen. Diese Hypothese kann auch in ihrer Umkehrung eine gewisse Plausibilität für sich in Anspruch nehmen, denn gerade die jüngste Geschichte scheint zu belegen, daß zentralistische Systeme mit der Herausforderung der Sprachenvielfalt auf Dauer überfordert sind: dies gilt u.a. für Jugoslawien, aber auch für die Sowjetunion, deren Zusammenbruch als „Union der sozialistischen Sowjetrepubliken" unter anderem das Ergebnis einer verfehlten Sprachpolitik Stalins war[125].

Weitere Beispiele könnten an dieser Stelle angeführt werden. Sie würden voraussichtlich in ihrer Mehrzahl belegen können, daß eine Politik, die in ihrer Quintessenz zu ei-

---

122 Fritz René Allemann; Die Schweiz - Ein Modell Europas?; in: Carl Joachim Friedrich / Benno Reifenberg; Sprache und Politik; Festgabe für Dolf Sternberger zum sechzigsten Geburtstag; Heidelberg 1968; S. 484.
123 Andreas Ernst; Wie die Schweiz, so Europa?; in: Neue Zürcher Zeitung, 5./6.12.1998, S. 55-56.
124 Siehe dazu auch: Ernst-Wolfgang Böckenförde; Welchen Weg geht Europa? [Vortrag, gehalten in der Carl Friedrich von Siemens Stiftung am 19. Juni 1997]; München 1997; S. 41.
125 Vgl. Guilio Lepschy; How many languages does Europe need?; a.a.O.; S. 8.

ner Unterdrückung bzw. strukturellen Ausgrenzung von (Minderheits-) Sprachen führen würde, für die Europäische Union keinesfalls gangbar ist. Alleine die Diskussion um eine solche Politik würde Europa als Institutionengefüge nicht überleben und zwar allein deshalb nicht, weil diese Politik in ihrem Gehalt einen Angriff auf einen fundamentalen Grundsatz des *europäischen* Wertehorizontes bedeuten würde: Die Würde des Menschen[126].

6.3. Europäische Demokratie und Medien - Lösungsansätze für den Weg zu einem gemeinsamen Europa

Auch wenn hier die Argumente gegen die Demokratisierbarkeit der Europäischen Union zurückgewiesen wurden, so sind die gemachten Einwände keineswegs bedeutungslos oder gar obsolet. So ist Heinrich Oberreuter durchaus zuzustimmen, wenn er schreibt: „Jede Verbesserung des demokratischen Kommunikationsprozesses bestärkt die [...] Demokratie"[127]. Mit Hinblick auf die Herausforderungen für die Demokratie in Europa, aber auch ihre theoretische Reflexion im Kontext der Demokratietheorie sollen hier abschließend einige Überlegungen hinsichtlich der Stärkung solcher Kommunikationsstrukturen angeführt werden.

1. „Struktur als erste Voraussetzung": In seiner überzeugenden Studie „Legitimität durch Subsidiarität" hat jüngst Frank Ronge nachhaltig darauf verwiesen, daß das Prinzip der Subsidiarität im Bezug auf die Europäische Union in seinem normativen Gehalt die Anerkennungswürdigkeit der politischen Ordnung begründen und einen Beitrag zur Anerkennung dieser Ordnung leisten kann[128]. So formuliert auch Tony Wright in seinem Aufsatz „Reinventing Democracy?" mit Blick auf die Europäische Union, es müsse generell der Grundsatz gelten, „...for doing things at the lowest level that is efficiently possible"[129]. Durch seine vor allem Handlungsfelder begrenzende Dimension, demnach die Übertragung eines nationalen Hoheitsrechtes auf die Europäische Union nachhaltig begründungspflichtig ist, kann es vor allem einen Beitrag *dazu* leisten, daß Themen bevorzugt auch dort behandelt werden, wo von einer hohen „Kommunikationsdichte" ausgegangen werden kann, mithin also das Sprachenproblem nicht auftritt.

---

126 Siehe dazu den höchst instruktiven Abschnitt „Selbstschaffung der Nation durch Abgrenzung und Homogenisierung" in: Dieter Oberndörfer; Der Wahn des Nationalen. Die Alternative der offenen Republik; Freiburg i. Brsg. ²1994; S. 27-29.
127 Heinrich Oberreuter; Parlament und Medien; a.a.O.; S. 511.
128 Vgl. Frank Ronge; Legitimität durch Subsidiarität. Der Beitrag des Subsidiaritätsprinzips zur Legitimation einer überstaatlichen politischen Ordnung in Europa; [Schriften des Zentrum für Europäische Integrationsforschung Band 1]; Baden-Baden 1998; S. 183.
129 Tony Wright; Reinventing Democracy; in: Paul Hirst / Sunil Khilnani (Hg.): Reinventing Democracy; Oxford 1996; S. 15.

2. „Transparenz als zweite Voraussetzung": In einem halbjährlichen Rhythmus befragen Meinungsforscher im Auftrag der Europäischen Kommission die Menschen in Europa zu verschiedenen europäischen Themen, aber auch zu ihrer Haltung gegenüber den Institutionen der Europäischen Union. Die Ergebnisse dieser demoskopischen Erhebungen sind zum Teil ernüchternd. Zwei Beispiele mögen dies verdeutlichen:

Beispiel 1: Im Juni 1997 beschlossen die Staats- und Regierungschefs der 15 Mitgliedsstaaten den „Amsterdamer Vertrag". Die Bedeutung dieses Vertrages für die Europäische Union ist kaum zu überschätzen: manche Autoren schreiben ihm sogar die Qualität einer Verfassung zu[130]. Unabhängig allerdings davon, ob man dem komplexen Vertragswerk diese Qualität zusprechen möchte, so steht seine Bedeutung, die dieser Vertrag für die Menschen in der Europäischen Union hat, in keinem Verhältnis zum seinem Bekanntheitsgrad: nur 34% aller Bürger in der Europäischen Union gaben an, schon einmal etwas über den Vertrag gehört zu haben, in Deutschland war es sogar nur jeder vierte Bundesbürger, der mit diesem Vertrag etwas anzufangen wußte[131]. Interessante Ausnahmen bilden in Europa lediglich die Länder Dänemark (Bekanntheitsgrad: 91%) und Niederlande (Bekanntheitsgrad: 74%). Diese erheblichen Differenzen zum Durchschnittswert läßt sich für Dänemark aus der bereits zum Zeitpunkt der Umfrage gemachten Ankündigung der dänischen Regierung, über den Vertrag per Referendum abstimmen zu lassen, erklären[132], während sich für die Niederlande der Bekanntheitsgrad zumindest zu einem großen Teil dadurch erklären läßt, daß die Sitzung des Europäischen Rates eben in Amsterdam stattfand und deshalb von den niederländischen Medien besondere Beachtung erfuhr.

Beispiel 2: In ihrer Umfrage vom Herbst 1997 stellten die Meinungsforscher die Frage, wie zufrieden die Bürger mit der Demokratie in der Europäischen Union seien. Nur 35% äußerten sich ziemlich bzw. sehr zufrieden, während 44% sich nicht sehr bzw. überhaupt nicht zufrieden zeigten. Auf einer Skala von 1 (= weiß überhaupt nichts über die EU) und 10 (= weiß sehr viel darüber) sollten schließlich die Bürger ihren subjektiven Kenntnisstand über die Europäische Union beurteilten und gaben sich dabei den Durchschnittswert 4.01[133]. Die *konkrete* Nachfrage offenbart ein überraschendes Bild. Die Frage, ob die Bürger in den letzten Wochen einmal etwas vom Europäischen Parlament gehört hätten, beantworteten

---

130 Vgl. für viele: Dieter H. Scheuing; Zur Verfassung der Europäischen Union; a.a.O.; S. 139.
131 Vgl. Eurobarometer Nr. 48; Herbst 1997; S. 11.
132 Vgl. dazu auch: Nikolaj Petersen; The Danish Referendum on the Treaty of Amsterdam; ZEI-Discussion Paper C 17; Bonn 1998.
133 Vgl. Eurobarometer Nr. 48; Herbst 1997; S. 10.

nur eine knappe Hälfte der europäischen Bürger mit „ja", während 40% angaben, nichts vom Europäischen Parlament gehört zu haben[134].

Die Untersuchung der Forschungsgruppe um Eberhard Grabitz über das Verhältnis zwischen den Bürgern und den damals erstmals direkt gewählten Abgeordneten des europäischen Parlamentes gibt vergleichbare Ergebnisse wieder, so daß die Forschungsgruppe schließlich folgerte:

> „Die Bürger sind jedoch mit dem bisherigen Ausmaß an Kommunikation zwischen Wählern und Gewählten unzufrieden. Diese vergleichsweise geringe Kommunikationsdichte ist in Zusammenhang mit den schwachen Entscheidungskompetenzen des EP [= Europaparlament; Anm. A.B.] zu sehen. Denn die Bürger akzeptieren das EP bisher aufgrund seiner vergleichsweise geringen Macht nur zu einem geringen Teil als Lösungsinstanz für ihre Probleme [...] Die Direktwahl hat dem EP also nicht dazu verholfen, die Interaktionsfunktion im Bereich der Mobilisierung wesentlich intensiver als vor der Wahl wahrzunehmen."[135]

Grabitz et al. machen in ihrer Untersuchung zweierlei Aspekte für die mangelnde Beachtung der europäischen Institutionen verantwortlich: mangelnde Transparenz und unzureichendes Wissen über die Bedeutung der europäischen Institutionen führe dazu, daß sich eine ausreichende Kommunikationsdichte gar nicht auszubilden vermag. So auch Thomas Jansen: Die „...Verschiedenheit der Prioritäten und das geringe Echo in den nationalen Medien führen dazu, daß die Relevanz des Beitrags der 'Europäer' im nationalen Kontext nicht erkannt, also auch nicht anerkannt wird"[136].

Transparenz ist in demokratietheoretischer Sicht die grundlegende Voraussetzung dafür, daß „Publizität" und damit auch der bedeutsame und fundamentale Vorgang der Kontrollwahrnehmung durch ein „europäisches Volk" auch in Gang gesetzt werden kann - ein zentrales Moment für die Legitimität einer Herrschaftsordnung[137]. Deshalb ist Hella Mandt hier nur zuzustimmen, wenn sie fordert,

> „...daß Transparenz nicht auf die Minimalforderung der Offenlegung der Entscheidungsverfahren beschränkt wird, vielmehr zugleich die ausschlaggebenden Gründe für eine getroffene Entscheidung wie der mit ihr verbundenen Prioritätensetzung dargelegt werden. Nur so kann politische Verantwortlichkeit und Kontrolle sichergestellt und zugleich verhindert werden, daß Abgeordnete aus politischem Opportunismus handeln"[138]

Die Transparenz politischer Institutionen bildet zwar eine notwendige, aber keinesfalls hinreichende Vorbedingung, Publizität auch Geltung zu verschaffen.

---

134 Vgl. Eurobarometer Nr. 47; Frühjahr 1997; S. 39.
135 Eberhard Grabitz / Otto Schmuck / Sabine Steppat / Wolfgang Wessels; Direktwahl und Demokratisierung. Eine Funktionenbilanz des Europäischen Parlaments nach der ersten Wahlperiode; Hamburg 1988; S. 546.
136 Thomas Jansen; Zur Entwicklung supranationaler Europäischer Parteien; in: Oscar W. Gabriel (Hg.); Der demokratische Verfassungsstaat. München 1992; S. 255.
137 Vgl. Heinrich Oberreuter; Legitimität und Kommunikation; a.a.O.; S. 66.

Transparenz ist überhaupt nur *eine* strukturelle Grundvoraussetzung dafür, daß Medien über die Europäische Union berichten können und die Politik Europas sichtbar machen können. Vielmehr, und auch dies hat die Untersuchung von Grabitz et al. zeigen können, ist auf Seite des Medienpublikums auch ein Bewußtsein dafür notwendig, daß die Entscheidungen der europäischen Institutionen auch eine unmittelbare Relevanz für die Bürger in der Europäischen Union hat.

3. „Relevanzbewußtsein als dritte Voraussetzung": Das Fehlen eines solchen Bewußtseins für die Bedeutung der europäischen Institutionen ist in der Vergangenheit häufig beklagt und diskutiert worden. Die Dynamik des europäischen Integrationsprozesses macht es jedoch immer vordringlicher, daß dieses „Relevanzbewußtsein" auch vorhanden ist.

Um die Bedeutung Europas für die Bürger deutlicher sichtbar zu machen, muß „Sprache europäisiert" werden. Durch die Einbeziehung europäischer Dimensionen in die bislang nur in nationalstaatlichen Kontexten geführten Debatten und die Verdeutlichung interdependenter Strukturen kommt „Europa" auch immer stärker als Teil einer individuellen Identität ins Bewußtsein.

Praktischer Ansatzpunkt einer solchen „Europäisierung" ist dabei zunächst die nationale bzw. regionale Bildungspolitik. Dies umfaßt eine Stärkung des Sprachunterrichts ebenso, wie die Verbindung der in Schul- und Ausbildung gelehrten Fächerinhalte mit europäischen Perspektiven. Dabei ist die europäische Dimension im Religions- bzw. Ethik-, Kunst- und Musikunterricht ebenso zu betonen, wie in den sozialwissenschaftlichen Fächern der Sozialkunde (bzw. Gemeinschaftskunde) oder dem Geschichtsunterricht[139].

Die Verdeutlichung der gemeinsamen europäischen Wertgrundlagen macht Europa damit zugleich auch zu einem Teil der individuellen Identität und wird somit, auch wenn dies erst in Zukunft deutlicher sichtbar werden wird, in ihrem komplexen Wirkungszusammenhang wieder ein Teil eines gesamteuropäischen Selbstverständnisses werden. Daß „Europa" nicht akademisch erlernt werden kann, liegt auf der Hand. Vielmehr bedarf es auch eines praktischen Bezugs. Auch wenn Friedrich die Bedeutung der Städtepartnerschaften zu überschätzen scheint, wenn er vermutet, im Rahmen der mit solchen Abkommen verbundenen Aktivitäten könne man die Entstehung eines solchen Gemeinschaftsgeistes erkennen[140], so macht er damit dennoch deutlich, von welch überragender Bedeutung die praktische Erfahrung „Europa" für das Verständnis für „Europa" ist. Der Austausch von

---

138 Hella Mandt; Bürgernähe und Transparenz; a.a.O.; S. 200.
139 Als ambitioniertes Projekt, das in diese Richtung gegangen ist, wäre das für den Schulunterricht konzipierte und von Frédéric Delouche initiierte Geschichtsbuch „Das europäische Geschichtsbuch. Von den Anfängen bis heute"; Stuttgart ²1998.
140 Carl J. Friedrich; Auswirkungen der informellen Gemeinschaftsentwicklung; a.a.O.; S. 22; - s.a. Carl J. Friedrich; Europa - Nation im Werden?; a.a.O.; S. 184.

Schülern, Lehrlingen und Auszubildenden, sowie Studenten innerhalb Europas, sowie ein an der Praxis orientiertes Lernen von Sprachen (z.B. auch mit Hilfe des Internets; Stichwort: „virtuelles Klassenzimmer") kann den Prozeß der Ausbildung eines europäischen „Relevanzbewußtseins" weiter stärken.

4. „Europäisierung der Öffentlichkeit": Erst wenn durch eine derartige Strategie die Relevanz Europas für die Bürger in der Europäischen Union deutlich geworden ist, kann auch von einem Interesse an den Angelegenheiten der Europäische Union ausgegangen werden. Da Öffentlichkeit in modernen Gesellschaften nur als stark differenzierte Öffentlichkeit zu begreifen ist und die Entstehung einer umfassenden europäischen Öffentlichkeit aus sprachlichen, wie auch aus strukturellen Gründen eher unwahrscheinlich ist, bedarf es einer Europäisierung der verschiedenen Öffentlichkeiten. Gemeint ist damit vor allem auch die Europäisierung nationaler bzw. der durch die Medien aufgespannten und umfassenden Öffentlichkeitsebene. Darunter soll verstanden werden, was Gerhards wie folgt beschrieben hat:

> „Unter einer Europäisierung der nationalen Öffentlichkeiten soll zum einen die Thematisierung europäischer Themen in den jeweiligen nationalen Medien, zum zweiten die Bewertung dieser Themen unter einer europäischen, nicht nationalstaatlichen Perspektive verstanden werden."[141]

Gerhards selbst ist allerdings der Auffassung, daß dies keine besonders aussichtsreiche Strategie sei. Als Grund für seinen Pessimismus gibt er zunächst das Übermaß an „nichtöffentlichem" Handeln der verschiedenen Institutionen, namentlich insbesondere des Rates und der Kommission, deren Mitglieder zugleich von der Zustimmung der Bürger unabhängig seien, an. Diese Unabhängigkeit der Institutionen führe deshalb zu einer Absenkung der Aufmerksamkeitsmotivation beim Publikum und das Interesse für das Handeln der Kommissare fiele allein deshalb auch eher gering aus, allzumal ein Sanktionspotential gegenüber diesen Institutionen nicht bzw. nur sehr indirekt bestünde.

Die Verträge von Maastricht und Amsterdam haben die Konstellation der verschiedenen Institutionen zueinander stark verändert. Das Recht des Parlamentes, der Kommission ihr Mißtrauen auszusprechen und damit einen kontrollierenden Einfluß auf die Kommission zu erlangen, hat nicht nur zu einer relativen Stärkung des Parlamentes innerhalb des Institutionengefüges der Europäischen Union geführt, sondern zugleich auch einer oppositionellen Politik gegenüber der Kommission Raum gewährt. Es ist kein Zufall, daß gerade der *Konflikt* zwischen dem Europäischen Parlament und der Kommission (Stichwort: BSE-Krise, Korruptionsaffäre) den Sprung in die Medien geschafft haben und die dadurch erzeugte negative öffentliche Resonanz für die Kommission diese zu weiterem Handeln bewegt hat.

---

141 Jürgen Gerhards; Westeuropäische Integration; a.a.O.; S. 102.

Doch dies ist nicht allein mit dem Begriff der „Europäisierung der Öffentlichkeit" gemeint. Vielmehr geht es auch darum, daß in den nationalen Arenen über die Zukunft Europas gestritten und dabei auch grenzüberschreitende Interessen artikuliert werden[142].

Gerade darin scheint allerdings ein spezifisch deutsches Problem zu stecken, denn bislang wurden europäische Themen auch jenseits gesamteuropäischer Grundsatzfragen im politischen Parteienspektrum Deutschlands eher konsensorientiert behandelt. Mit Blick auf die notwendige „Konflikthaftigkeit" eines Themas als Voraussetzung, auch in den Medien Beachtung zu finden, war und ist eine solche Konstellation - man mag dies bedauern oder auch nicht - wenig hilfreich. Doch auch hier sind Veränderungen bereits sichtbar. So war die Diskussion um die gemeinsame europäische Währung (EURO) begleitet von einer Reihe an kritischen Argumenten, die über das Parteienspektrum hinweg von verschiedenen Personen öffentlich artikuliert worden sind, so z.B. von dem Ministerpräsidenten des Freistaates Bayern Edmund Stoiber und dem damaligen Ministerpräsidenten von Niedersachsen und jetzigen Bundeskanzler Gerhard Schröder[143].

Wie Habermas aber zu Recht aber auch betont, umfaßt eine Europäisierung der Öffentlichkeit nicht nur den Diskurs zwischen den verschiedenen nationalen Parteien, sondern es geht auch darum, grenzüberschreitende Interessen innerhalb dieses Diskurses zu artikulieren. Den Medien könnte in diesem Zusammenhang eine wichtige Rolle zufallen. So schreibt Ludger Kühnhardt mit Bezug auf eine gemeinsame europäische Außen- und Sicherheitspolitik, die Medien könnten alleine dadurch einen Beitrag zur Europäisierung der nationalen Debatten leisten, „...indem sie regelmäßig Autoren aus anderen EU-Mitgliedstaaten in geeigneten Kolumnen zu Wort kommen ließen"[144].

5. „Ausbildung und Stärkung intermediärer Strukturen": Wie schon Alexis de Tocqueville eindrucksvoll gezeigt und Emile Durkheim mit aller Deutlichkeit formuliert hat, kann ein Verband

> „...sich nur dann erhalten [...], wenn sich zwischen dem Staat und den Bürgern eine ganze Reihe von sekundären Gruppen schiebt, die den Individuen nahe genug sind, um sie in ihren Wirkungsradius einzufangen und damit im allgemeinen Strom des sozialen Lebens mitzureißen"[145].

142 Vgl. Jürgen Habermas; Die postnationale Konstellation und die Zukunft der Demokratie; in: ders.; Die postnationale Konstellation; a.a.O.; S. 154; - s.a. Walter Reese-Schäfer; Supranationale oder transnationale Identität; a.a.O.; S. 323.
143 Wie sehr diese Kontroverse um den EURO mobilisiert hat, zeigt auch das durchaus beachtliche Wahlergebnis der „Initiative Pro-DM" bei den Bundestagswahlen von 1998. Diese Initiative erreichte immerhin einen Stimmenanteil von 0,9%, d.h. von fast 430.000 Stimmen.
144 Ludger Kühnhardt; Europas Interessen; in: Die politische Meinung, 44. Jg., 2/1999, Heft 351, S. 62.
145 Emile Durkheim; Über soziale Arbeitsteilung [Übersetzung von Ludwig Schmidts und Michael Schmid]; Frankfurt am Main ²1988; S. 71.

Das Fehlen einer solchen vermittelnden Struktur ist insbesondere in der wissenschaftlichen Literatur angemahnt worden und diese kann auch nicht durch eine noch so plurale Medienlandschaft ersetzt werden. Erste Tendenzen zur organisatorischen Ausbildung von transnationalen Parteien, wie z.B. der Europäischen Volkspartei (EVP)[146], sind durchaus schon nachweisbar. Auch Verbände und Interessengruppen orientieren sich schon lange nicht mehr nur an nationalen Institutionen der Politik. So konnten Rainer Eising und Beate Kohler-Koch zeigen, daß gerade die Produzenteninteressen im europäischen Institutionensystem umfassend präsent sind. Hingegen sind Interessen der Produzierenden bzw. allgemein gesellschaftliche, soziale oder umweltpolitische Interessen deutlich unterrepräsentiert[147]. Doch auch hier ist eine Veränderung nur dann zu erwarten, wenn die Bedeutung der Europäischen Union für das alltägliche Leben der Menschen in Europa steigt und zugleich auch bewußt gemacht werden kann, daß Partizipation in solchen Parteien und Interessengruppen auch „ertragreich" sein kann.

Ob derart ausgerichtete Öffentlichkeiten schließlich durch eine transnationale Medienlandschaft ergänzt werden, läßt sich zum gegenwärtigen Zeitpunkt weder bejahen, noch grundsätzlich verneinen - technisch wäre dies ohnehin möglich und mit den Optionen der digitalen Kompression und der „Near-Video-on-Demand"-Technik sind auch die von Gerhards benannten Trägheitsmomente weiter zu minimieren. Hinsichtlich einer europäischen Demokratie würden europäisierte Öffentlichkeiten eine ausreichende und zugleich auch belastbare Struktur bieten.

Die Europäische Union steht vor großen Aufgaben und Herausforderungen. Eine dieser Herausforderungen ist die weitere Vertiefung der Union. Dabei scheint sich in den Debatten immer deutlicher eine gemeinsame Verfassung als Zukunftsaufgabe für Europa herauszukristallisieren[148]. Eine Diskussion, die für eine europäische Verfassung mehr erreichen will, als einen Text, der aus mehr oder weniger verbindlichen Absichtserklärungen besteht, muß sich dabei stets vergegenwärtigen, daß die Demokratie in Europa ausreichend Raum für die politische Kommunikation benötigt, zugleich aber auch immer ihre Entscheidungsfähigkeit bewahren muß - zugegebenermaßen kein leichtes Unterfangen.

Gleiches gilt jedoch auch für die Begleitung dieses Prozesses in der Entwicklung einer Theorie der Demokratie. Die Komplexität von „Öffentlichkeit" wird durch die zusätzli-

---

146 Vgl. Thomas Jansen; Zur Entwicklung supranationaler Europäischer Parteien; a.a.O.; S. 241-256.
147 Vgl. Rainer Eising / Beate Kohler-Koch; Inflation und Zerfaserung: Trends der Interessenvermittlung in der Europäischen Gemeinschaft; in: Wolfgang Streek (Hg.); Staat und Verbände [Sonderheft 25 der Politischen Vierteljahresschrift]; Opladen 1994; S. 195.
148 Vgl. Ludger Kühnhardt; Eine Verfassung muß den Rahmen bilden; in: Rheinischer Merkur, 54. Jg., 1.1.1999, S. 3; - s.a. die pointierte Schrift von Claus Koch; Das Ende des Selbstbetrugs - Europa braucht eine Verfassung - Traktat; München 1997.

che sprachliche Heterogenität in Europa weiter gesteigert. Doch dies muß sich nicht zu einem grundsätzlichen Problem für eine transnationale Demokratie (-theorie) entwikkeln. Die hier gemachten Ausführungen legen vielmehr nahe, daß sich ein „holistischer Öffentlichkeitsbegriff" weder in einem nationalen, noch in einem transnationalen Kontext als angemessener Fokus anbietet. Deshalb ist es von besonderer Bedeutung, die Komplexität bzw. Segmentierung und Funktionsweise europäischer Öffentlichkeit weiter zu erforschen, denn erst dann kann beurteilt werden, ob die drei entscheidenden kommunikativen Dimensionen in einer Demokratie sich bereits im Stadium ihrer Entfaltung befinden bzw. weiter gesichert werden können. Dabei steht es außer Frage, daß auch in diesem Kontext den Medien eine herausragende Bedeutung zukommen wird bzw. bereits zukommt. Auch die transnationale Demokratie ist ohne Medien nicht denkbar.

Literaturverzeichnis

Adorno, Theodor W.; Meinungsforschung und Öffentlichkeit; in: ders.; Gesammelte Schriften 8. Soziologische Schriften 1. Frankfurt am Main 1972; S. 532-537.

Adorno, Theodor W.; Résumé über Kulturindustrie; in: ders.; Gesammelte Schriften (Band 10-1); Frankfurt am Main 1977; S. 337-345.

Agnoli, Johannes / *Brückner*, Peter; Die Transformation der Demokratie; Berlin 1967.

Alemann, Ulrich von; Responsive Demokratie - ein Lob dem Mittelmaß?; in: Zeitschrift für Parlamentsfragen, 12. Jg, 3/1981, S. 438-440.

Alemann, Ulrich von; Demokratie; in: Wolfgang W. Mickel (Hg.); Handlexikon zur Politikwissenschaft. München 1983; S. 75-79.

Allemann, Fritz René; Die Schweiz - Ein Modell Europas?; in: Carl Joachim Friedrich / Benno Reifenberg; Sprache und Politik; Festgabe für Dolf Sternberger zum sechzigsten Geburtstag; Heidelberg 1968; S. 480-500.

Almond, Gabriel A. / *Verba*, Sydney (Hg.); The Civic Culture; Princeton 1963.

Altvater, Elmar / *Mahnkopf*, Birgit; Grenzen der Globalisierung. Ökonomie, Ökologie und Politik in der Weltgesellschaft. Münster 1996.

Arendt, Hannah; Elemente und Ursprünge totaler Herrschaft; Frankfurt am Main 1955.

Arendt, Hannah; Vita activa oder vom tätigen Leben; München [8]1994.

Aristoteles, Politik [Übersetzung von Franz F. Schwarz]; Stuttgart 1989.

Arndt, Adolf; Die Massenmedien in der Demokratie; in: Martin Löffler (Hg.); Die Rolle der Massenmedien in der Demokratie; Berlin u.a. 1966; S. 1-21.

Aterton, Christopher F.; Teledemocracy: Can Technology protect Democracy?; Newbury Park 1987.

Avineri, Shlomo / *de-Shalit*, Avner (Hg.); Communitarianism and Individualism. Oxford 1992.

Axtmann, Roland; Kulturelle Globalisierung, kollektive Identität und demokratischer Nationalstaat; in: Leviathan, 23. Jg., 1/1995, S. 87-101.

Bachrach, Peter; Die Theorie demokratischer Elitenherrschaft. Eine kritische Analyse; Frankfurt am Main 1970.

Bagehot, Walter; The English Constitution [Eingeführt und herausgegeben von Richard H. S. Crossman]; Ithaka 1966.

Ballestrem, Karl Graf; Vertragstheoretische Ansätze in der politischen Philosophie; in: Zeitschrift für Politik, 30. Jg. (NF), 1/1983, S. 1-17.

Ballestrem, Karl Graf: „Klassische Demokratietheorie". Konstrukt oder Wirklichkeit?; in: Zeitschrift für Politik, 35. Jg (NF.), 1/1988; S. 33-56.

Bangemann, Martin u.a.; Europa und die globale Informationsgesellschaft. Empfehlungen einer Arbeitsgruppe; in: Stefen Bollmann (Hg.); Kursbuch Neue Medien; Mannheim [2]1996; S. 263-279.

Barber, Benjamin; Strong Democracy. Participatory Politics for a New Age; Berkeley u.a. 1984.

Barber, Benjamin; The Compromised Republic: Public Purposelessness in America; in: Robert H. Horwitz (Hg.); The Moral Foundations of the American Republic; Charlottesville 1986; S. 42-61.

Barber, Benjamin; Starke Demokratie. Über die Teilhabe am Politischen; Hamburg 1994.

Barber, Benjamin; Die liberale Demokratie und der Preis des Einverständnisses; in: Bert van den Brink / Willem van Reijen (Hg.); Bürgergesellschaft, Recht und Demokratie; Frankfurt am Main 1995; S. 360-384.

Barber, Benjamin; Coca Cola und Heiliger Krieg. Wie Kapitalismus und Fundamentalismus Demokratie und Freiheit abschaffen; Bern u.a. 1996.

Barber, Benjamin; Three Challenges to Reinventing Democracy; in: Paul Hirst / Sunil Khilnani (Hg.): Reinventing Democracy; Oxford 1996; S. 144-156.

Barnes, Samuel H. / *Kaase*, Max u.a.; Political Action. Mass Participation in Five Western Democracies; Beverly Hills u.a. 1979

Bauer, Raymond A. / *Bauer*, Alice H., 'Mass Society' and Mass Media; in: The Journal of Social Issues, 16. Jg., 4/1960, S. 3-66.

Beck, Klaus / *Vowe*, Gerhard; Multimedia aus Sicht der Medien. Argumentationsmuster und Sichtweisen in der medialen Konstruktion; in: Rundfunk und Fernsehen, 43. Jg., 4/1995, S. 549-563.

Beck, Ulrich; Risikogesellschaft. Auf dem Weg in eine andere Moderne; Frankfurt am Main 1996.

Beck, Ulrich; Was ist Globalisierung? Irrtümer des Globalismus - Antworten auf Globalisierung; Frankfurt am Main 1997.

Beierwaltes, Andreas; Das Ende des Liberalismus? Der philosophische Kommunitarismus in der politischen Theorie; in: Aus Politik und Zeitgeschichte, B 43/95, 20.10.1995, S.24-31

Beierwaltes, Andreas (Hg.); Lernen für das neue Europa. Bildung zwischen Wertevermittlung und High Tech? [Schriften des Zentrum für Europäische Integrationsforschung Band 2]; Baden-Baden 1998.

Bellers, Jürgen; Bundestag, Medien und Öffentlichkeit; in: Raban Graf von Westphalen [Hg.]; Parlamentslehre. Das parlamentarische Regierungssystem im technischen Zeitalter; München u.a. 1993.

Bentley, Arthur F.; The Process of Government. A Study of Social Pressures; Cambridge 1967.

Berghaus, Margot; Multimedia-Zukunft. Herausforderungen für die Medien- und Kommunikationswissenschaft; in: Rundfunk und Fernsehen, 42. Jg., 3/1994, S. 404-412.

Bergsdorf, Wolfgang; Politik und Sprache; München 1978.

Bergsdorf, Wolfgang; Legitimität aus der Röhre. Zur Konstruktion von Realität durch das Fernsehen; in: Publizistik, 28. Jg., 1/1983, S. 40-45.

Bergsdorf, Wolfgang; Öffentliche Meinung und politisches Argument: Zu Begriff und Funktion der pluralistischen Kommunikation; in: Jürgen Wilke (Hg.); Öffentliche Meinung - Theorie, Methoden, Befunde: Beiträge zu Ehren von Elisabeth Noelle-Neumann; Freiburg i. Brsg. u.a. 1992; S. 41-50.

Bermbach, Udo; Demokratietheorie und politische Institutionen; Opladen 1991.

Beyme, Klaus von; Interessengruppen in der Demokratie; München 1980.

Beyme, Klaus von; Krise des Parteienstaats - ein internationales Phänomen?; in: Joachim Raschke (Hg.); Bürger und Parteien. Ansichten und Analysen einer schwierigen Beziehung; Opladen 1982; S. 87-100.

Beyme, Klaus von; Theorie der Politik im 20. Jahrhundert. Von der Moderne zur Postmoderne; Frankfurt am Main ^{2}1992.

Beyme, Klaus von; Die politische Klasse im Parteienstaat; Frankfurt am Main 1993.

Beyme, Klaus von; Die Massenmedien und die politische Agenda des parlamentarischen Systems; in: Friedhelm Neidhardt (Hg.); Öffentlichkeit, Öffentliche Meinung, Soziale Bewegungen [Sonderheft 34 der Kölner Zeitschrift für Soziologie und Sozialpsychologie]; Opladen 1994; S. 320-336.

Beyme, Klaus von; Theorie der Politik im Zeitalter der Transformation; in: ders. (Hg.); Politische Theorie in der Ära der Transformation (Sonderheft 26 der Politische Vierteljahresschrift); Opladen 1996; S. 9-29.

Beywl, Wolfgang; Die Alternativpresse - ein Modell für Gegenöffentlichkeit und seine Grenzen; in: Aus Politik und Zeitgeschichte, B45/1982, 13.11.1982, S. 18-31.

Bluntschli, Johann Kaspar; Lehre vom modernen Staat (Band 3: Politik als Wissenschaft); Stuttgart 1876.

Bobbio, Noberto; Die Zukunft der Demokratie; Berlin 1988.

Böckenförde, Ernst-Wolfgang; Staat, Verfassung, Demokratie. Studien zur Verfassungstheorie und zum Verfassungsrecht; Frankfurt am Main 1991.

Böckenförde, Ernst-Wolfgang; Welchen Weg geht Europa? [Vortrag, gehalten in der Carl Friedrich von Siemens Stiftung am 19. Juni 1997]; München 1997.

Bonfadelli, Heinz / *Saxer*, Ulrich; Lesen, Fernsehen und Lernen; Zug 1986.

Boutros-Gali, Boutros; Kulturelles Erbe. Die Vielfalt der Sprachen verteidigen; Eine MUT-Interview mit dem ehemaligen UNO-Generalsekretär Boutros Boutros-Gali; in: MUT. Forum für Kultur, Politik und Geschichte, Nr. 372, August 1998; S. 42-47.

Breed, Warren; Social Control in the Newsroom: A Functional Analysis; in: Social Forces, 33. Jg., 4/1955; S. 326-335.

Bredow, Wilfried von; Demokratie und transnationale Identität; in: Thomas Jäger / Dieter Hoffmann (Hg.); Demokratie in der Krise? Zukunft der Demokratie. Opladen 1995; S. 231-240.

Brettschneider, Frank; Agenda-Setting. Forschungsstand und politische Konsequenzen; in: Michael Jäckel / Peter Winterhoff-Spurk (Hg.); Politik und Medien. Analyse zur Entwicklung der politischen Kommunikation; Berlin 1994; S. 211-229.

Brettschneider, Frank; Öffentliche Meinung und Politik. Eine empirische Studie zur Responsivität des deutschen Bundestag zwischen 1949 und 1990; Opladen 1995.

Brettschneider, Frank; Parlamentarisches Handeln und öffentliche Meinung. Zur Responsivität des Deutschen Bundestages bei politischen Sachfragen zwischen 1949 und 1990; in: Zeitschrift für Parlamentsfragen, 27. Jg., 1/1996, S. 108-126.

Brosius, Hans-Bernd; Agenda-Setting nach einem Vierteljahrhundert Forschung. Methodischer oder theoretischer Stillstand?; in: Publizistik, 39. Jg., 3/1994, S. 269-288.

Brosius, Hans-Bernd / *Kepplinger*, Hans Mathias; Linear and Nonlinear Models of Agenda-Setting in Television; in: Journal of Broadcasting and Electronic Media, 36. Jg., 1/1992, S. 5-23.

Brosius, Hans-Bernd / *Weimann*, Gabriel; Medien oder Bevölkerung: Wer bestimmt die Agenda? Ein Beitrag zum Zwei-Stufen-Fluß von Agenda-Setting; in: Rundfunk und Fernsehen, 43. Jg., 3/1995, S. 312-329.

Browning, Grame; Electronic Democracy; Witton 1996.

Brugger, Winfried; Grundrechte und Verfassungsgerichtsbarkeit in den Vereinigten Staaten von Amerika; Tübingen 1987.

Brzezinski, Zbigniew K.; Between two Ages: America's Role in the Technocratic Age; New York 1970.

Bucher, Lothar; Der Parlamentarismus wie er ist; Stuttgart ³1894.

Burke, Edmund; Speeches at his Arrival at Bristol and the Conclusion of the Poll, 1774; in: ders; The Works of Edmund Burke (Band II); Oxford u.a. 1924; S. 159-166.

Carey, James W.; Communication as culture. Essays on Media and Society. Boston u.a. 1989.

Cooley, Charles Horton; Social Organization. A Study of the larger Mind; New York ⁴1972.

Curran, James / *Gurevitch*, Michael; Mass Media and Society, London u.a. 1991.

Dahl, Robert A.; Who governs? Democracy and Power in an American City; New Haven 1961.

Dahl, Robert A.; A Democratic Dilemma. System Effectiveness versus Citizen Participation; in: Political Science quarterly, 109. Jg, 1/1994, S. 23-34.

Dahl, Robert A. / *Lindblom*, Charles E.; Politics, Economics, and Welfare; New York 1953.

Dahl Robert A. / *Tufte*, Edward R.; Size and Democracy; London 1974.

Dahrendorf, Ralf; Aktive und passive Öffentlichkeit; in: Merkur. Deutsche Zeitschrift für Europäisches Denken, 21. Jg., Heft 226-227/1967, S. 1109-1122.

Dahrendorf, Ralf; Fragmente eines neuen Liberalismus; Stuttgart 1987.

Davidson, Roger H.; Der Kongreß als repräsentative Institution; in: Uwe Thaysen / Roger H. Davidson / Robert G. Livingston (Hg.); US-Kongreß und Deutscher Bundestag. Bestandsaufnahme im Vergleich; Opladen 1988; S. 49-72.

Delouche, Frédéric (Hg.); Das europäische Geschichtsbuch. Von den Anfängen bis heute; Stuttgart ²1998.

Detjen, Joachim; Pluralistische Demokratie oder pluralistische Republik? Überlegungen zu einer thematischen Neuorientierung der Pluralismustheorie; in: Jürgen Hartmann / Uwe Thaysen (Hg.); Pluralismus und Parlamentarismus in Theorie und Praxis. Winfried Steffani zum 65. Geburtstag. Opladen 1992; S. 27-51.

Deutsch, Karl W.; Die Analyse internationaler Beziehungen. Konzeption und Probleme der Friedensforschung; Frankfurt am Main 1968.

Deutsch, Karl W.; Politische Kybernetik. Modelle und Perspektiven;. Freiburg i. Brsg. ²1970.

Deutsch, Karl W.; Einige Grundprobleme der Demokratie in der Informationsgesellschaft; in: Max Kaase (Hg.); Politische Wissenschaft und Politische Ordnung. Analysen zu Theorie und Empirie demokratischer Regierungsweise (Festschrift zum 65. Geburtstag von Rudolf Wildenmann); Opladen 1986; S. 40-51.

Dewey, John; The Public and it's Problems; in: The Later Works, 1925-1953, Vol. 2: 1925-1927 [Herausgegeben von Jo Ann Boydston]; Carbondale u.a. 1984; S. 237-372.

Dewey, John; Demokratie und Erziehung. Eine Einleitung in die philosophische Pädagogik. Weinheim u.a. ³1993.

Dörner, Andreas; Politische Sprache - Instrument und Institution der Politik; in: Aus Politik und Zeitgeschichte, B17/1991, 19.4.1991, S. 3-11.

Dorn, Wolfram; Effizienz statt Evidenz? Oder: Wie öffentlich ist der Bundestag?; in: Emil Hübner / Heinrich Oberreuter / Heinz Rausch; Der Bundestag von innen gesehen; München 1969; S. 221-234.

Downs, Anthony; Ökonomische Theorie der Demokratie; Tübingen 1968.

Dubiel, Helmut; Kritische Theorie der Gesellschaft; Weinheim u.a. 1988; S. 120.

Durkheim, Emile; Über soziale Arbeitsteilung [Übersetzung von Ludwig Schmidts und Michael Schmid]; Frankfurt am Main ²1988.

Dyson, Freeman J.; Disturbing the Universe; New York 1979.

Ehlers, Renate; Themenstrukturierung durch Massenmedien; in: Roland Burkart (Hg.); Wirkungen der Massenkommunikation. Theoretische Ansätze und empirische Ergebnisse; Wien 1987; S. 106-126.

Ehrmann, Henry W.; Das politische System Frankreichs. Eine Einführung; München ²1976.

Eilfort, Michael; Die Nichtwähler. Wahlenthaltung als Form des Wahlverhaltens; Paderborn u.a. 1994.

Eisermann, Gottfried; Vilfredo Pareto. Ein Klassiker der Soziologie; Tübingen 1987.

Eisermann, Gottfried; Max Weber und Vilfredo Pareto. Dialog und Konfrontation; Tübingen 1989.

Eising, Rainer / *Kohler-Koch*, Beate; Inflation und Zerfaserung: Trends der Interessenvermittlung in der Europäischen Gemeinschaft; in: Wolfgang Streek (Hg.); Staat und Verbände [Sonderheft 25 der Politischen Vierteljahresschrift]; Opladen 1994; S. 175-206.

Eith, Ulrich; Parteien; in: Werner Weidenfeld / Karl-Rudolf Korte (Hg.); Handbuch zur deutschen Einheit; Bonn 1996; S. 558-570.

Elgin, Duane; Revitalizing Democracy through Electronic Town Meetings; in: Spectrum, 1/1993, S.6-13.

Engel, Christoph; Multimedia und das deutsche Verfassungsrecht; in: Wolfgang Hoffmann-Riem / Thomas Vesting (Hg.); Perspektiven der Informationsgesellschaft (Symposium des Hans-Bredow-Instituts 16); Baden-Baden 1995; S. 155-171.

Enzensberger, Hans Magnus; Das Nullmedium oder Warum alle Klagen gegen das Fernsehen gegenstandslos sind; in: ders.; Mittelmaß und Wahn; Frankfurt am Main 1988; S.89-103.

Erbring, Lutz / *Goldenberg*, Edie / *Miller*, Arthur; Front Page News and Real World Cues: A New Look at Agenda Setting by the Media; in: American Journal of Political Science, 24. Jg.; 1/1980, S. 16-49

Eschenburg, Theodor; Herrschaft der Verbände?; Stuttgart 1955

Eschenburg, Theodor; Zur politischen Praxis der Bundesrepublik (Band II). Kritische Betrachtungen 1961-65; München 1966.

Eschenburg, Theodor; Das Jahrhundert der Verbände. Lust und Leid organisierter Interessen in der deutschen Politik; Berlin 1989.

Etzioni, Amitai; The Active Society. A Theory of Societal and Political Processes. London u.a. 1968.

Etzioni, Amitai; Minerva: An Electronic Town Hall; in: Policy Sciences,; 3. Jg, 3/1972, S. 457-474.

Etzioni, Amitai; Die aktive Gesellschaft. Eine Theorie gesellschaftlicher und politischer Prozesse. Opladen 1975.

Eulau, Heinz; The Legislator as Representative. Representational Roles; in: John C. Wahlke / Heinz Eulau / William Buchanan / LeRoy C. Ferguson (Hg.); The Legislative System. Explorations in Legislative Behavior; New York u.a. 1962; S. 267-286.

Faßler, Manfred; Privilegien der Ferne. Elektronische Landschaften, transkulturelle Kommunikation und Weltrhetorik; in: ders. / Johanna Will / M. Zimmermann; Gegen die Restauration der Geopolitik. Zum Verhältnis von Ethnie, Nation und Globalität; Gießen 1996; S. 166-202.

Faulstich, Werner; Medientheorien. Einführung und Überblick; Göttingen 1991.

Faulstich, Werner; Medien und Öffentlichkeiten im Mittelalter: 800-1400; Göttingen 1996.

Faulstich, Werner; Das Medium als Kult. Von den Anfängen bis zur Spätantike (8. Jahrhundert); Göttingen 1997.

Felber, Wolfgang; Eliteforschung in der Bundesrepublik Deutschland. Analyse, Kritik, Alternativen; Stuttgart 1986.

Feldmann, Erich; Theorien der Massenmedien. Eine Einführung in die Medien- und Kommunikationswissenschaft. München u.a. 1972.

Fetscher, Iring; Wieviel Konsens gehört zur Demokratie?; in: Bernd Guggenberger / Claus Offe (Hg.); An den Grenzen der Mehrheitsdemokratie. Politik und Soziologie der Mehrheitsregel. Opladen 1984; S. 196-206.

Finley, Moses I.; Antike und moderne Demokratie [Übersetzung von Edgar Pack]; Stuttgart 1980.

Fischer, Jörg-Uwe; Parlamentsdebatten: politische Erziehung oder politisches Theater? Zur Diskussion um die Rundfunkübertragungen von Reichstagsdebatten und -reden während der Weimarer Republik; in: Zeitschrift für Parlamentsfragen, 25. Jg., 4/1994, S. 637-652.

Forsthoff, Ernst; Die Bundesrepublik Deutschland. Umriß einer Realanalyse; in: Merkur. Deutsche Zeitschrift für europäisches Denken, 14. Jg., 9/1960, S. 807-821.

Fraenkel, Ernst; Reformismus und Pluralismus. Materialien zu einer ungeschriebenen politischen Autobiographie [Zusammengestellt und herausgegeben von Falk Esche und Frank Grube]; Hamburg 1973.

Fraenkel, Ernst; Deutschland und die westlichen Demokratien. Frankfurt am Main ²1991.

Friedrich, Carl J.; Der Verfassungsstaat der Neuzeit; Berlin 1953.

Friedrich, Carl J.; Die Auswirkungen der informellen Gemeinschaftsentwicklung auf die politische Meinungsbildung über Europa; in: ders. (Hg.); Politische Dimensionen der europäischen Gemeinschaftsbildung; Köln 1968; S. 13-24.

Friedrich, Carl J.; Europa - Nation im Werden? Darmstadt 1972.

Friedrich, Carl J.; Die Verantwortung der Regierung in den Vereinigten Staaten, Großbritannien und der Bundesrepublik; in: Theo Stammen (Hg.); Vergleichende Regierungslehre. Beiträge zur theoretischen Grundlegung und exemplarische Einzelstudien; Darmstadt 1976; S. 223-249.

Friedrich, Carl J. / *Brzezinski*, Zbigniew K.; Totalitarian Dictatorship and Autocracy; New York u.a. ⁵1965.

Fromm, Erich; Wege aus einer kranken Gesellschaft. Eine sozialpsychologische Untersuchung [Übersetzung von Liselotte und Ernst Mickel]; Frankfurt am Main u.a. 1982.

Funkhouser, G. Ray; The Issues of the Sixties: An Exploratory Study in the Dynamics of Public Opinion; in: Public Opinion Quarterly, 37. Jg., 1/1973, S. 62-75.

Gadamer, Hans-Georg; Hermeneutik II. Wahrheit und Methode. Ergänzungen, Register; Tübingen 1986.

Galtung, Johann / *Ruge*, Marie Holmboe; The Structure of Foreign News. The Presentation of the Congo, Cuba and Cyprus Crisis in Four Norwegian Newspapers; in: Journal of Peace Research; 2. Jg; 1/1965; S. 64-91.
Geißler, Rainer; Massenmedien, Basiskommunikation und Demokratie. Tübingen 1973.
Gellner, Winand; Medien im Wandel; in: Hans Kastendiek / Karl Rohe / Angela Volle (Hg.); Länderbericht Großbritannien. Geschichte, Politik, Wirtschaft, Gesellschaft; Bonn 1994; S. 456-470.
Gellner, Winand; Massenmedien; in: Oscar W. Gabriel / Frank Brettschneider (Hg.); Die EU-Staaten im Vergleich. Strukturen, Prozesse, Politikinhalte. Opladen ²1994; S. 279-304.
Gellner, Winand; Medien und Parteien; in: ders. / Hans-Joachim Veen (Hg.); Umbruch und Wandel in westeuropäischen Parteiensystemen; Frankfurt am Main 1995; S. 17-33.
Gentz, Friedrich von; Staatsschriften und Briefe (Auswahl in 2 Bänden); München 1921.
Gerbner, George / *Gross*, Larry; Living with Television: The Violence profile; in: Journal of Communication, 26. Jg, 2/1976, S. 173-199.
Gerbner, George et al.; Political Correlates of Television Viewing; Public Opinion quarterly; 48. Jg., 2/1984, S. 284-300.
Gerhards, Jürgen; Die Macht der Massenmedien und die Demokratie. Empirische Befunde; Discussion Paper FS III 91-108 des Wissenschaftszentrums Berlin; Berlin 1991.
Gerhards, Jürgen; Westeuropäische Integration und die Schwierigkeiten der Entstehung einer europäischen Öffentlichkeit; in: Zeitschrift für Soziologie, 22. Jg., 2/1993, S. 96-110.
Gerhards, Jürgen / *Neidhardt*, Friedhelm; Strukturen und Funktionen moderner Öffentlichkeit: Fragestellungen und Ansätze; in: Stefan Müller-Dohm / Klaus Neumann-Braun (Hg.); Öffentlichkeit, Kultur, Massenkommunikation. Beiträge zur Medien- und Kommunikationssoziologie; Oldenburg 1991; S. 31-89.
German, Christiano; Politische (Irr-) Wege in die globale Informationsgesellschaft; in: Aus Politik und Zeitgeschichte; B 32/1996, 2.8.1996; S. 16-25.
Giddens, Anthony; Jenseits von Links und Rechts; Frankfurt am Main 1997.
Glotz, Peter; Chancen und Gefahren der Telekratie. Der Wandel der Kommunikationskultur seit 1984; in: Stefen Bollmann (Hg.); Kursbuch Neue Medien; Mannheim ²1996; S. 41-56.
Gore, Al; Wege zum Gleichgewicht. Ein Marshallplan für die Erde; Frankfurt am Main 1992.
Grabitz, Eberhard / *Schmuck*, Otto / *Steppat*, Sabine / *Wessels*, Wolfgang; Direktwahl und Demokratisierung. Eine Funktionenbilanz des Europäischen Parlaments nach der ersten Wahlperiode; Hamburg 1988.
Grande, Edgar; Demokratische Legitimation und europäische Integration; in: Leviathan, 24. Jg., 3/1996, S. 339-360.
Greiffenhagen, Martin / *Greiffenhagen*, Sylvia; Ein schwieriges Vaterland. Zur politischen Kultur Deutschlands; München 1979.
Greven, Michael Th.; Die Pluralisierung politischer Gesellschaften: Kann die Demokratie bestehen? in: Thomas Jäger / Dieter Hoffmann [Hg.]; Demokratie in der Krise? Zukunft der Demokratie; Opladen 1995; S. 257-281.

Grimm, Dieter; Mit einer Aufwertung des Europa-Parlaments ist es nicht getan. Das Demokratiedefizit der EG hat strukturelle Ursachen; in: Thomas Ellwein / Dieter Grimm / Joachim Jens Hesse / Gunnar Folke Schuppert (Hg.); Jahrbuch zur Staats- und Verwaltungswissenschaft; Baden-Baden 1994; S. 13-18.

Grimm, Dieter; Braucht Europa eine Verfassung? in: Juristenzeitung, 50. Jg., 12/1995, S. 581-591.

Grossenbacher, R.; Hat die „Vierte Gewalt ausgedient? Zur Beziehung zwischen Public Relations und Medien; in: Media Perspektiven, 11/1986, S. 725-731.

Große-Peclum, Marie-Luise; Gibt es den europäischen Zuschauer? Fernsehnutzung in einem internationalisierten Fernsehangebot; in: Zeitschrift für Kulturaustausch, 40. Jg., Heft 2/1990, S. 185-194.

Guggenberger, Bernd; An den Grenzen der Mehrheitsdemokratie; in: ders. / Claus Offe (Hg.); An den Grenzen der Mehrheitsdemokratie. Politik und Soziologie der Mehrheitsregel; Opladen 1984; S. 184-195.

Guggenberger, Bernd; Die neue Macht der Minderheit; in: ders. / Claus Offe (Hg.); An den Grenzen der Mehrheitsdemokratie. Politik und Soziologie der Mehrheitsregel; Opladen 1984; S. 207-223.

Habermas, Jürgen; Öffentlichkeit (ein Lexikonartikel); in: ders.; Kultur und Kritik. Verstreute Aufsätze; Frankfurt am Main 1973; S. 61-69.

Habermas, Jürgen; Theorie des kommunikativen Handelns (2 Bände); Frankfurt am Main 1981.

Habermas, Jürgen; Ist der Herzschlag der Revolution zum Stillstand gekommen? Volkssouveränität als Verfahren. Ein normativer Begriff der Öffentlichkeit?; in: Forum für Philosophie Bad Homburg (Hg.); Die Ideen von 1789 in der deutschen Rezeption; Frankfurt am Main 1989; S. 7-36.

Habermas, Jürgen; Drei normative Modelle der Demokratie: Zum Begriff deliberativer Politik; in: Herfried Münkler (Hg.); Die Chancen der Freiheit. Grundprobleme der Demokratie; München 1992; S. 21-40.

Habermas, Jürgen; Strukturwandel der Öffentlichkeit. Untersuchungen zu einer Kategorie der bürgerlichen Gesellschaft; Frankfurt am Main [3]1993.

Habermas, Jürgen; Die Moderne - Ein unvollendetes Projekt. Philosophisch-politische Aufsätze; Leipzig [3]1994.

Habermas, Jürgen; Erläuterungen zum Begriff des kommunikativen Handelns; in: ders.; Vorstudien und Ergänzungen zur Theorie kommunikativen Handelns; Frankfurt am Main 1995; S. 571-604.

Habermas, Jürgen; Die Einbeziehung des Anderen. Studien zur politischen Theorie. Frankfurt am Main 1996.

Habermas, Jürgen; Faktizität und Geltung. Beiträge zur Diskurstheorie des Rechts und des demokratischen Rechtsstaats. Frankfurt am, Main [5]1997

Habermas, Jürgen; Die postnationale Konstellation und die Zukunft der Demokratie; in: ders.; Die postnationale Konstellation. Politische Essays; Frankfurt am Main 1998; S. 91-169.

Habermas, Jürgen / *Friedeburg*, Ludwig von / *Oehler*, Christoph / *Weltz*, Friedrich; Student und Politik. Eine soziologische Untersuchung zum politischen Bewußtsein Frankfurter Studenten; Neuwied [3]1969.

Hackforth, Josef; Neue Medien und gesellschaftliche Konsequenzen; in: Aus Politik und Zeitgeschichte, B3/1986, 18.1.1986, S. 3-10.

Haftendorn, Helga; Die politische Funktion der Parlamentsberichterstattung; in: Publizistik, 6. Jg., 5-6/1961, S. 273-300.

Hagège, Claude; Welche Sprache für Europa? Verständigung in der Vielfalt; Frankfurt am Main u.a.

Hagen, Lutz M.; Informationsqualität von Nachrichten. Meßmethoden und ihre Anwendung auf die Dienste von Nachrichtenagenturen; Opladen 1995.

Hamilton, Alexander / *Madison*, James / *Jay*, John; The Federalist [Herausgegeben von Jacob E. Cooke]; Middletown 1961.

Hammel, Eckhard; Medien, Technik, Zeit. Zur Geschichte menschlicher Selbstwahrnehmung; in: Mike Sandbothe / Walther Ch. Zimmerli (Hg.): Zeit - Medien - Wahrnehmung; Darmstadt 1994; S. 60-78.

Harden, Ian; Democracy and the European Union; in: Paul Hirst / Sunil Khilnani (Hg.): Reinventing Democracy; Oxford 1996; S. 132-143.

Hartmann, Jürgen; Vergleichende Regierungslehre und vergleichende politische Systemforschung; in: Dirk Berg-Schlosser / Ferdinand Müller-Rommel (Hg.); Vergleichende Politikwissenschaft. Ein einführendes Studienhandbuch; Opladen ^{2}1992; S. 29-49.

Hayek, Friedrich August; Der Weg zur Knechtschaft; München 1976.

Heimann, Eduard; Vernunftglaube und Religion in der modernen Gesellschaft; Tübingen 1955.

Heller, Hermann; Die Souveränität. Ein Beitrag zur Theorie des Staats- und Völkerrechts; in: ders.; Gesammelte Schriften (Band 2) Leiden 1971; S. 31-202.

Heller, Hermann; Staatslehre [In der Bearbeitung von Gerhard Niemeyer]; Tübingen ^{6}1983.

Helms, Ludger; Parteiensysteme als Systemstruktur. Zur methodisch-analytischen Konzeption der funktional vergleichenden Parteiensystemanalyse; in: Zeitschrift für Parlamentsfragen, 26. Jg., 4/1995, S. 642-657.

Hennis, Wilhelm; Meinungsforschung und repräsentative Demokratie. Zur Kritik politischer Umfragen; Tübingen 1957.

Hennis, Wilhelm; Politik als praktische Wissenschaft. Aufsätze zur politischen Theorie und Regierungslehre; München ^{2}1968.

Hennis, Wilhelm; Demokratisierung. Zur Problematik eines Begriffes [Arbeitsgemeinschaft für Forschung des Landes Nordrhein-Westfalen (Geisteswissenschaften) Heft 161]; Düsseldorf 1969.

Hennis, Wilhelm; Legitimität. Zu einer Kategorie der bürgerlichen Gesellschaft; in: ders.; Politik und praktische Philosophie. Schriften zur politischen Theorie; Stuttgart 1977; S. 198-242.

Hennis, Wilhelm; Der „Parteienstaat des Grundgesetzes". Eine gelungene Erfindung; in: Gunter Hofmann / Werner A. Perger (Hg.); Die Kontroverse. Weizsäckers Parteienkritik in der Diskussion; Frankfurt am Main 1992; S. 25-50.

Hennis, Wilhelm / *Kielmansegg*, Peter Graf / *Matz*, Ulrich (Hg.); Regierbarkeit. Studien zu ihrer Problematisierung (2 Bände); Stuttgart 1979.

Herman, Edward S. / *Chomsky*, Noam; Manufacturing Consent. The Political Economy of Mass Media; New York 1988.

Herodot, Historien (2 Bände) [Übersetzung von Walter Marg]; München 1991.

Herrera, Cheryl Lyn / *Herrera*, Richard / *Smith*, Eric R. A. N.; Public Opinion and Congressional Representation; in: Public Opinion Quarterly, 56. Jg., 2/1992, S. 185-205.

Herzog, Dietrich; Politische Karrieren. Selektionen und Professionalisierung politischer Führungsgruppen; Opladen 1975.

Herzog, Dietrich; Was heißt und zu welchem Ende studiert man Repräsentation?; in: Dietrich Herzog / Bernhard Weßels (Hg.); Konfliktpotentiale und Konsensstrategien. Beiträge zur politischen Soziologie der Bundesrepublik. Opladen 1989; S. 307-335.

Herzog, Dietrich; Responsivität; in: Otfried Jarren / Ulrich Sarcinelli / Ulrich Saxer (Hg.); Politische Kommunikation in der demokratischen Gesellschaft. Ein Handbuch mit Lexikonteil; Opladen 1998; S. 298-303.

Herzog, Dietrich / *Rebenstorf*, Hilke / *Werner*, Camilla / *Weßels*, Bernhard; Abgeordnete und Bürger. Ergebnisse einer Befragung der Mitglieder des 11. Deutschen Bundestages und der Bevölkerung; Opladen 1990.

Hill, Richard J. / *Bonjean*, Charles M.; „News Diffusion": A Test of the Regularity Hypothesis; in: Journalism Quarterly, 41. Jg., 3/1964, S. 336-342.

Hillmann, Karl-Heinz; Wertwandel. Zur Frage soziokultureller Voraussetzungen alternativer Lebensformen; Darmstadt ²1989.

Hirsch, Martin; Diktatur des Establishments? Zur Willensbildung in der Fraktion; in: Emil Hübner / Heinrich Oberreuter / Heinz Rausch; Der Bundestag von innen gesehen; München 1969; S. 83-93.

Hirsch-Weber, Wolfgang; Pluralismustheoretiker und ihre Kritiker; in: Max Kaase [Hg.]; Politische Wissenschaft und politische Ordnung. Analysen zu Theorie und Empirie demokratischer Regierungsweise (Festschrift zum 65. Geburtstag von Rudolf Wildenmann). Opladen 1986; S. 202-213.

Hobbes, Thomas; Leviathan [Übersetzung von Jacob Peter Mayer]; Stuttgart 1980.

Höffe, Otfried; Einleitung; in: ders. (Hg.): Einführung in die utilitaristische Ethik; Tübingen ²1992; S. 7-51.

Höreth, Marcus; The Trilemma of Legitimacy - Multilevel Governance in the EU and the Problem of Democracy; ZEI-Discussion Paper C 11; Bonn 1998.

Hoffmann-Lange, Ursula; Eliten, Macht und Konflikt in der Bundesrepublik; Opladen 1992.

Hoffmann-Riem, Wolfgang; Multimedia-Politik vor neuen Herausforderungen; in: Rundfunk und Fernsehen, 43. Jg., 2/1995, S.125-138.

Hoffmann-Riem, Wolfgang / *Vesting*, Thomas; Ende der Massenkommunikation? Zum Strukturwandel der technischen Medien; in: dies. (Hg.); Perspektiven der Informationsgesellschaft (Symposium des Hans-Bredow-Instituts 16); Baden-Baden 1995; S. 11-30.

Hofmann, Gunter / *Perger*, Werner A. (Hg.); Die Kontroverse. Weizsäckers Parteienkritik in der Diskussion; Frankfurt am Main 1992.

Hofmann, Hasso; Repräsentation. Studien zur Wort- und Begriffsgeschichte von der Antike bis ins 19. Jahrhundert; Berlin ²1990.

Hofmann, Rupert; Demokratie zwischen Repräsentation und Anarchie; in: Zeitschrift für Politik, 31. Jg. (NF); 2/1984, S. 123-134.

Hoge, James F.; Der Einfluß der Massenmedien auf die Weltpolitik; in: Karl Kaiser / Hans-Peter Schwarz (Hg.); Die neue Weltpolitik; Bonn 1995; S. 265-271.

Hohlfeld, Ralf / *Gehrke*, Gernot; Wege zur Analyse des Rundfunkwandels. Leistungsindikatoren und Funktionslogiken im „Dualen Fernsehsystem"; Opladen 1995.

Holtz-Bacha, Christina; Verleidet uns das Fernsehen die Politik? Auf den Spuren der „Videomalaise"; in: Max Kaase / Winfried Schulz (Hg.); Massenkommunikation. Theorie, Methoden, Befunde [Sonderheft 30 der Kölner Zeitschrift für Soziologie und Sozialpsychologie]; Opladen 1989; S. 239-251.

Holtz-Bacha, Christina; Unterhaltung ernst nehmen. Warum sich die Kommunikationswissenschaft um den Unterhaltungsjournalismus kümmern muß; Media Perspektiven, 4/1989, S. 200-206

Holtz-Bacha, Christina; Politikvermittlung und Probleme der Wirkungsforschung von Wahlspots; in: Rundfunk und Fernsehen, 42. Jg., 3/1994, S. 340-350.

Horkheimer, Max / *Adorno*, Theodor W.; Dialektik der Aufklärung. Philosophische Fragmente; Frankfurt am Main [Neuausgabe] 1969; S. 128-176.

Hübner, Emil; Probleme innerparteilicher Willensbildung; in: ders. / Heinrich Oberreuter (Hg.); Parteien in Deutschland zwischen Kontinuität und Wandel; München 1992; S. 169-185.

Hübner, Emil / *Oberreuter*, Heinrich; Parlament und Regierung. Ein Vergleich dreier Regierungssysteme; München 1977.

Hug, Detlef Mathias; Konflikte und Öffentlichkeit. Zur Rolle des Journalismus in sozialen Konflikten; Wiesbaden 1997.

Hunold, Christian; Lokal denken, global handeln: Globalisierung und lokale Demokratie; in: Leviathan, 24. Jg., 4/1996, S. 557-572.

Huntington, Samuel P. / *Moore*, Clement H. (Hg.): Authoritarian Politics in Modern Society. The Dynamics of Established One-Party-Systems. New York u.a. 1970.

Inglehart, Ronald; The Silent Revolution. Changing Values and Political Styles among Western Publics; Princeton 1977.

Inglehart, Ronald; Kultureller Umbruch. Wertwandel in der westlichen Welt; Frankfurt am Main u.a. 1995.

Ismayr, Wolfgang; Der deutsche Bundestag. Funktionen, Willensbildung, Reformansätze. Opladen 1992.

Iyengar, Shanto; Wie Fernsehnachrichten die Wähler beeinflussen: Von der Themensetzung zur Herausbildung von Bewertungsmaßstäben; in: Jürgen Wilke [Hg.]; Öffentliche Meinung - Theorie, Methoden, Befunde: Beiträge zu Ehren von Elisabeth Noelle-Neumann. Freiburg i.Brsg. u.a. 1992; S. 123-142.

Iyengar, Shanto / *Kinder*, Donald R.; News that Matters. Television and American Opinion; Chicago u.a. 1987.

Jäger, Wolfgang; Prämissen der repräsentativen Demokratie; in: Dieter Oberndörfer / Wolfgang Jäger (Hg.); Die neue Elite. Freiburg i.Brsg 1975. S. 59-68.

Jäger, Wolfgang; Von der Kanzlerdemokratie zur Koordinationsdemokratie; in: Zeitschrift für Politik, 35. Jg. (NF), 1/1988, S. 15-32.

Jäger, Wolfgang; Fernsehen und Demokratie. Scheinplebiszitäre Tendenzen und Repräsentation in den USA, Großbritannien, Frankreich und Deutschland; München 1992.

Jäger, Wolfgang; Für einen Parlamentskanal; in: Die politische Meinung, 37. Jg., 5/1992, Heft 270, S.53-60.

Jansen, Thomas; Zur Entwicklung supranationaler Europäischer Parteien; in: Oscar W. Gabriel (Hg.); Der demokratische Verfassungsstaat. München 1992; S. 241-256.

Jarren, Otfried; Kommunikationsstrukturen und Lokalmedien auf dem Lande; in: Aus Politik und Zeitgeschichte, B35/1985, 31.8.1985, S. 19-29.

Jarren, Otfried; Folgenforschung - in kommunikationswissenschaftlicher Ansatz zur Steuerung der Rundfunkentwicklung? in: ders. (Hg.); Medienwandel - Gesellschaftswandel? 10 Jahre dualer Rundfunk in Deutschland. Eine Bilanz; Berlin 1994; S. 355-379.

Jarren, Otfried; Kann man mit Öffentlichkeitsarbeit die Politik „retten"? Überlegungen zum Öffentlichkeits-, Medien- und Politikwandel in der modernen Gesellschaft; in: Zeitschrift für Parlamentsfragen, 25. Jg., 4/1994, S. 653-673.

Jarren, Otfried; Auf dem Weg in die „Mediengesellschaft"? Medien als Akteure und institutionalisierter Handlungskontext. Theoretische Anmerkungen zum Wandel des intermediären Systems; in: Kurt Imhof / Peter Schulz (Hg.); Politisches Raisonnement in der Informationsgesellschaft; Zürich 1996; S. 79-96.

Jarren, Otfried; Demokratie durch Internet?; in: Stephan Eisel / Mechthild Scholl (Hg.); Internet und Politik [Interne Studie der Konrad-Adenauer-Stiftung; Nr. 164/1998]; Sankt Augustin 1998; S. 27-51.

Jarren, Otfried / *Grothe*, Thorsten / *Rybarczyk*, Christoph; Medien und Politik – eine Problemskizze; in: Wolfgang Donsbach u.a.; Beziehungsspiele - Medien und Politik in der öffentlichen Diskussion. Fallstudien und Analysen; Gütersloh 1993; S. 9-44.

Jennings, Ivor W. / *Ritter*, Gerhard A. (Hg.); Das britische Regierungssystem; Köln u.a. 1970.

Jesse, Eckhard; Parlamentarische Demokratie; Opladen 1981.

Jesse, Eckhard; Repräsentative Demokratie [Reihe Deutschland Report Nr. 23 der Konrad-Adenauer-Stiftung]; St. Augustin 1995.

Jung, Otmar; Direkte Demokratie: Forschungsstand und -aufgaben; in: Zeitschrift für Parlamentsfragen, 21. Jg., 3/1990, S. 491-504.

Jung, Otmar; Direkte Demokratie: Forschungsstand und Forschungsaufgaben 1995; in: Zeitschrift für Parlamentsfragen, 26. Jg., 4/1995, S. 658-677.

Kaase, Max; Partizipatorische Revolution - Ende der Parteien?; in: Joachim Raschke (Hg.); Bürger und Parteien. Ansichten und Analysen einer schwierigen Beziehung; Opladen 1982; S. 173-189.

Kaase, Max; Legitimationskrise in westlichen demokratischen Industriegesellschaften: Mythos oder Realität?; in: Helmut Klages / Peter Kmieciak (Hg.); Wertwandel und gesellschaftlicher Wandel; Frankfurt am Main u.a. ^{3}1984. S. 328-350.

Kaase, Max; Systemakzeptanz in den westlichen Demokratien; in: Ulrich Matz (Hg.); Aktuelle Herausforderung der repräsentativen Demokratie; München 1985; S. 99-125.

Kaase, Max; Massenkommunikation und politischer Prozeß; in: ders. (Hg.); Politische Wissenschaft und Politische Ordnung. Analysen zu Theorie und Empirie demokratischer Regierungsweise. (Festschrift zum 65. Geburtstag von Rudolf Wildenmann); Opladen 1986; S. 357-374.

Keane, John; The Media and Democracy; Padstow 1991.

Keidel, Hannelore; Kommunikationspolitisch relevante Urteile des Bundesverfassungsgerichts; in: Publizistik; 12. Jg.; 2-3/1967; S. 122-139.

Kelley, David / *Donway*, Roger; Liberalism and free speech; in: Judith Lichtenberg (Hg.); Democracy and the Mass Media; Cambridge u.a. 1990; S. 66-101.

Kepplinger, Hans Mathias; Theorien der Nachrichtenauswahl als Theorien der Realität; in: Aus Politik und Zeitgeschichte; B15/1989, 7.4.1989, S. 3-16.

Kepplinger, Hans Mathias; Ereignismanagement. Wirklichkeit und Massenmedien; Zürich u.a. 1992.

Kepplinger, Hans Mathias / *Eps*, Peter / *Esser*, Frank / *Gattwinkel*, Dietmar; Am Pranger: Der Fall Späth und der Fall Stolpe; in: Wolfgang Donsbach u.a.; Beziehungsspiele - Medien und Politik in der öffentlichen Diskussion. Fallstudien und Analysen; Gütersloh 1993; S. 159-220.

Kepplinger, Hans Mathias / *Gotto*, Klaus / *Brosius*, Hans-Bernd / *Haak*, Dietmar; Der Einfluß der Fernsehnachrichten auf die politische Meinungsbildung; Freiburg i. Brsg. u.a. 1989.

Kepplinger, Hans Mathias / *Tullius*, Christiane; Fernsehunterhaltung als Brücke zur Realität. Wie die Zuschauer mit der Lindenstraße und dem Alten umgehen; in: Rundfunk und Fernsehen, 43. Jg., 2/1995, S. 139-157.

Kersting, Wolfgang; Die politische Philosophie des Gesellschaftsvertrags; Darmstadt 1994.

Kielmansegg, Peter Graf; Legitimität als analytische Kategorie; in: Politische Vierteljahresschrift, 12. Jg., 3/1971, S. 367-401.

Kielmansegg, Peter Graf; Volkssouveränität. Eine Untersuchung der Bedingungen demokratischer Legitimität; Stuttgart 1977.

Kielmansegg, Peter Graf; Das Experiment der Freiheit. Zur gegenwärtigen Lage des demokratischen Verfassungsstaates; Stuttgart 1988.

Kielmansegg, Peter Graf; Läßt sich die Europäische Gemeinschaft demokratisch verfassen?; in: Werner Weidenfeld (Hg.); Reform der Europäischen Union. Materialien zur Revision des Maastrichter Vertrages 1996; Gütersloh 1995; S. 229-242.

Kielmansegg, Peter Graf; Integration und Demokratie; in: Markus Jachtenfuchs / Beate Kohler-Koch (Hg.); Europäische Integration; Opladen 1996; S. 47-71.

Kißler, Leo; Die Öffentlichkeitsfunktion des Deutschen Bundestages. Theorie, Empirie, Reform; Berlin 1976.

Klages, Helmut; Wertorientierungen im Wandel. Rückblick, Gegenwartsanalyse, Prognosen; Frankfurt am Main u.a. ^{2}1985.

Klages, Helmut; Wertedynamik. Über die Wandelbarkeit des Selbstverständlichen; Zürich 1988.

Klages, Helmut / *Kmieciak*, Peter (Hg.); Wertwandel und gesellschaftlicher Wandel; Frankfurt am Main u.a. ^{3}1984.

Klapper, Joseph T.; The Effects of Mass Communication; Glencoe ^{3}1963.

Klein, Hans H. / *Lauff*, Werner; Neue Medientechnik - neues Rundfunkrecht; in: Aus Politik und Zeitgeschichte, B51/1981, 19.12.1981, S. 3-17.

Klein, Josef; Plebiszite in der Mediendemokratie; in: Günther Rüther (Hg.); Repräsentative oder plebiszitäre Demokratie - eine Alternative?; Baden-Baden 1996; S. 244-260.

Kleinsteuber, Hans J.; Massenmedien und Medienpolitik. Presse und Rundfunk als Thema der Politischen Wissenschaft; in: Stephan von Bandemer / Göttik Wever (Hg.); Regierungssystem und Regierungslehre. Fragestellungen, Analysekonzepte, Forschungsstand. Opladen 1989; S. 169-179.

Kleinsteuber, Hans J.; Europäische Medienpolitik am Beispiel der EG-Fernsehrichtlinie; in: ders / Volker Wiesner / Peter Wilke; EG-Medienpolitik - Fernsehen in Europa zwischen Kultur und Kommerz; Berlin 1990; S. 35-53.

Kleinsteuber, Hans J.; Medien und öffentliche Meinung; in: Willi Paul Adams u.a. (Hg.); Länderbericht USA. Geographie, Geschichte, Politische Kultur, Politisches System, Wirtschaft. Bonn ²1992 (Band 1); S. 546-562.

Kleinsteuber, Hans J.; Vom Zwei-Wege-Fernsehen zu den „interactive media". Der Mythos vom Rückkanal; in: Walter Hömberg / Heinz Pürer (Hg.); Medientransformation. Zehn Jahre dualer Rundfunk in Deutschland. Konstanz 1996; S. 106-118.

Klingemann, Hans-Dieter; Massenkommunikation, interpersonale Kommunikation und politische Einstellungen; in: Max Kaase [Hg.]; Politische Wissenschaft und Politische Ordnung. Analysen zu Theorie und Empirie demokratischer Regierungsweise. (Festschrift zum 65. Geburtstag von Rudolf Wildenmann); Opladen 1986; S. 387-399.

Kluthe, H. A.; Die öffentliche Aufgabe der Presse; in: Löffler; Martin (Hg.); Die Rolle der Massenmedien in der Demokratie; München u.a. 1966; S. 22-33.

Knöpfle, Franz; Krise der repräsentativen Demokratie; in: Politische Studien; 29. Jg.; Heft 240/1978, S. 341-357.

Knoll, Joachim H.; Elitebildung in der modernen Massengesellschaft; in: Aus Politik und Zeitgeschichte, B14/1966, 6.4.1966, S. 14-24.

Koch, Claus; Das Ende des Selbstbetrugs - Europa braucht eine Verfassung - Traktat; München 1997.

Köser, Helmut; Demokratie und Elitenherrschaft. Das Elitenproblem in der Demokratietietheorie; in: Dieter Oberndörfer / Wolfgang Jäger (Hg.); Die neue Elite; Freiburg i. Brsg. 1975; S. 149-192.

Kohl, Heribert; Pluralismuskritik in der Bundesrepublik; in: Aus Politik und Zeitgeschichte, B12/1970, 21.3.1970, S. 3-40.

Konrád, György; Antipolitik. Mitteleuropäische Meditationen; Frankfurt am Main 1985.

Kornhauser, William; The Politics of Mass Society; New York 1959.

Korte Werner B. / *Steinle*, Wolfgang J.; Kultur, Alltagskultur und neue Informations- und Kommunikationstechniken; in: Aus Politik und Zeitgeschichte, B3/1986, 18.1.1986, S. 26-38.

Kraus, Sidney / *Davis*, Dennis; The Effects of Mass Communication on Political Behavior; London u.a. 1976.

Krause, Joachim; Strukturprobleme der Demokratie zu Beginn des 21. Jahrhunderts; in: Aus Politik und Zeitgeschichte; B29-30/1998; 10.7. 1998; S. 16-23.

Kremendahl, Hans; Pluralismustheorie in Deutschland. Entstehung - Kritik - Perspektiven; Leverkusen 1977.

Kriele, Martin; Einführung in die Staatslehre. Die geschichtlichen Legitimitätsgrundlagen des demokratischen Verfassungsstaates; Reinbek 1975.

Kriesi, Hanspeter; Die Herausforderung direkter Demokratie durch die Transformation der Öffentlichkeit; in: Friedhelm Neidhardt (Hg.); Öffentlichkeit, Öffentliche Meinung, Soziale Bewegungen [Sonderheft 34 der Kölner Zeitschrift für Soziologie und Sozialpsychologie]; Opladen 1994; S. 124-260.

Kristen, Christian; Nachrichtenangebot und Nachrichtenverwendung. Eine Studie zum Gate-keeper-Problem; Düsseldorf 1972.

Krüger, Udo-Michael; Konvergenz im dualen Fernsehsystem? Programmanalyse 1989; in: Media Perspektiven, 12/1989, S. 776-808.

Kühnhardt, Ludger; Die Universalität der Menschenrechte; Bonn ²1991.

Kühnhardt, Ludger; Der wehrhafte Rechtsstaat. 12 Thesen wider Political Correctness; in: MUT. Forum für Kultur, Politik und Geschichte, Nr. 354, Februar 1997, S. 14-19.

Kühnhardt, Ludger; Wieviel Bytes verträgt der Staat?; in: MUT. Forum für Kultur, Politik und Geschichte, Nr. 357, Mai 1997, S. 34-41.

Kühnhardt, Ludger; Zukunftsdenker. Bewährte Ideen politischer Ordnung für das dritte Jahrtausend [Schriften des Zentrum für Europäische Integrationsforschung Band 3]; Baden-Baden 1999

Kühnhardt, Ludger; Europas Interessen; in: Die politische Meinung, 44. Jg., 2/1999, Heft 351, S. 58-66.

Kühnhardt, Ludger / *Pöttering*, Hans-Gert; Kontinent Europa. Kern, Übergänge, Grenzen; Zürich 1998.

Künzler, Jan; Grundlagenprobleme der Theorie symbolisch generalisierter Kommunikationsmedien bei Niklas Luhmann; in: Zeitschrift für Soziologie, 16.Jg., 5/1987, S. 317-332.

Kunczik, Michael; Massenkommunikation. Eine Einführung; Köln u.a. 1977.

Kurelmann, Jan; Europäische Öffentlichkeit; in: Ludger Hünnekens (Hg.); Kongreßbericht: Die Medien in Europa; Karlsruhe 1990; S. 97-111.

Lange, Bernd-Peter; Medienentwicklung und technischer, ökonomischer und sozialer Wandel. Zur Rundfunkpolitik nach dem FRAG-Urteil des Bundesverfassungsgerichts; in: Aus Politik und Zeitgeschichte, B51/1981, 19.12.1981, S.19-33.

Langenbucher, Wolfgang R.; Wahlkampf - ein ungeliebtes, notwendiges Übel?; in: Winfried Schulz / Klaus Schönbach (Hg.); Massenmedien und Wahlen; München 1983; S. 114-128.

Langenbucher, Wolfgang R. / *Lipp*, Michael; Kontrollieren Parteien die politische Kommunikation?; in: Joachim Raschke (Hg.); Bürger und Parteien. Ansichten und Analysen einer schwierigen Beziehung; Opladen 1982; S. 217-234.

Larsen, Jakob A.; Representative Government in Greek and Roman History; Berkeley 1955.

Laski, Harold; Klassenlose Gesellschaft statt Pluralismus; in: Franz Nuscheler / Winfried Steffani (Hg.); Pluralismus. Konzeptionen und Kontroversen; München 1972; S. 81-83.

Laudon, Kenneth; Communications Technology and Democratic Participation; New York 1977.

Lazarsfeld, Paul F. / *Berelson*, Bernard / *Gaudet*, Hazel; Wahlen und Wähler. Soziologie des Wahlverhaltens; Neuwied u.a. 1969.

Lemke, Anja; Überlegungen zur Sprachphilosophie bei Thomas Hobbes; in: Zeitschrift für Politik, 43. Jg (NF), 1/1996, S. 1-22.

Lenk, Klaus; Partizipationsfördernde Technologien? in: Wolfgang Langenbucher (Hg.); Politik und Kommunikation. Über die öffentliche Meinungsbildung; München u.a. 1979; S. 235-248.

Lenk, Kurt, Probleme der Demokratie, in: Hans-Joachim Lieber (Hg.); Politische Theorien von der Antike bis zur Gegenwart; Bonn ²1993; S. 933-989.

Lepschy, Guilio; How many languages does Europe need?; in: M. M. Parry; The Changing Voices of Europe. Social and political changes and their linguistic repercussions, past, present and future; Cardiff 1994; S. 5-21.

Lerner, Daniel; The Passing of Traditional Society. Modernizing the Middle East; Glencoe 1958.

Lewin, Kurt; Channels of Group Life and Action Research; in: Human Relations, 1. Jg., 1/1947, S. 143-153.

Lewin, Kurt / *Lippitt*, Ronald / *White*, R.; Patterns of Aggressive Behavior in Experimentally Created Social Climates; in: Journal of Social Psychology, 10. Jg., 2/1939, S. 271-299.

Lieber, Hans-Joachim; Zur Theorie totalitärer Herrschaft; in: ders.; Hans-Joachim Lieber (Hg.); Politische Theorien von der Antike bis zur Gegenwart; Bonn ^{2}1993; S. 881-932.

Lijphart, Arendt; Democracies. Patterns of Majoritarian and Consensus Government in Twenty-One Countries; New Haven u.a. 1984.

Linz, Juan L.; Totalitarian and Authoritarian Regimes; in: Fred I. Greenstein / Nelson W. Polsby (Hg.); Handbook of Political Science (Bd. 3: Macropolitical Theory); Reading/Mass 1975; S. 175-411.

Lippmann, Walter; The phantom public; New York u.a. 1925.

Lippmann, Walter; Die öffentliche Meinung; München 1964.

Locke, John; An Essay concerning Human understanding (Herausgegeben von Thaddeus O'Mahony); London 1881.

Locke, John; Zwei Abhandlungen über die Regierung (Herausgegeben und eingeleitet von Walter Euchner) [Übersetzung von Hans Jörn Hoffmann]; Frankfurt am Main ^{6}1995.

Loewenberg, Gerhard; Parlamentarismus im Politischen System der Bundesrepublik Deutschland; Tübingen 1969.

Loewenberg, Gerhard; Comparative Legislative Research; in: Samuel C. Patterson / John C. Wahlke (Hg.); Comparative Legislative Behavior. Frontiers of Research; New York 1972; S. 3-21.

Luhmann, Niklas; Veränderungen im System gesellschaftlicher Kommunikation und die Massenmedien; in: Oskar Schatz (Hg.); Die elektronische Revolution. Wie gefährlich sind die Massenmedien? Graz u.a. 1975; S. 13-30.

Luhmann, Niklas; Öffentliche Meinung; in: Wolfgang R. Langenbucher (Hg.); Politik und Kommunikation. Über die öffentliche Meinungsbildung; München u.a. 1979; S. 29-61.

Luhmann, Niklas; Legitimität durch Verfahren; Frankfurt am Main 1983.

Luhmann, Niklas; Die Realität der Massenmedien; Opladen ^{2}1996.

Mackiewicz, Wolfgang; Wie viele Sprachen braucht die EU?; in: Zeitschrift für Kulturaustausch; 48. Jg.; 1/1998; S. 111.

Maier, Hans; Sprachenpolitik? in: Deutsche Akademie für Sprache und Dichtung (Hg.); Jahrbuch 1995; Göttingen 1995; S. 118-134.

Maier, Hans; Wie universal sind die Menschenrechte?; Freiburg i. Brsg. 1997.

Majonica, Ernst; Ein Parlament im Geheimen? Zur Arbeitsweise der Bundestagsausschüsse; in: Emil Hübner / Heinrich Oberreuter / Heinz Rausch (Hg.); Der Bundestag von innen gesehen; . München 1969; S. 114-126.

Maletzke, Gerhard; Psychologie der Massenkommunikation; Hamburg 1963.

Mandt, Hella; Bürgernähe und Transparenz im politischen System der Europäischen Union; in: Zeitschrift für Politik, 44. Jg. (NF), 1/1997, S. 1-20.

Marcic, René; Die Öffentlichkeit als Prinzip der Demokratie; in: Horst Ehmke / Carlo Schmid / Hans Scharoun (Hg.); Festschrift für Adolf Arndt zum 65. Geburtstag. Frankfurt am Main 1969; S. 267-292.

Maresch, Rudolf; Mediatisierte Öffentlichkeiten; in: Leviathan, 23. Jg., 3/1995, S. 394-416.
Maresch, Rudolf; Öffentlichkeit im Netz. Ein Phantasma schreibt sich fort; in: Stefan Münker / Alexander Roesler (Hg.); „Mythos Internet"; Frankfurt am Main 1997; S. 193-212.
Marsilius von Padua; Der Verteidiger des Friedens [Übersetzung von Walter Kunzmann]; Stuttgart 1985.
Marx, Karl; Der achtzehnte Brumaire des Louis Bonaparte; in: ders. / Friedrich Engels; Werke (MEW); Band 8; Berlin / Ost 1960; S. 111-207.
Massing, Peter; Interesse und Konsensus. Zur Rekonstruktion und Begründung normativ-kritischer Elemente neopluralistischer Demokratietheorie; Opladen 1979.
Mathée, Ulrich; Der Gedanke der Repräsentation in der politischen Ideengeschichte; in: Günther Rüther (Hg.); Repräsentative oder plebiszitäre Demokratie - eine Alternative? Baden-Baden 1996.
Maurer, Andreas; Reformziel, Effizienzsteigerung und Demokratisierung: die Weiterentwicklung der Entscheidungsmechanismen; in: Mathias Jopp / Otto Schmuck (Hg.): Die Reform der Europäischen Union. Analysen - Positionen - Dokumente zur Regierungskonferenz 1996/97; Bonn 1996; S. 23-40.
Mayer, Franz C. (1996): Recht und Cyberspace; in: Neue Juristische Wochenschrift, 49. Jg., 28/1996, S. 1782-1791.
Mayntz, Gregor; Zwischen Volk und Volksvertretung. Entwicklung, Probleme und Perspektiven der Parlamentsberichterstattung unter besonderer Berücksichtigung von Fernsehen und Deutschem Bundestag. Bonn 1992.
McClure, Robert D. / *Patterson*, Thomas E.; Print vs. Network News. in: Journal of Communication, 26. Jg., 1/1976, S.23-28.
McCombs, Maxwell E. / *Shaw*, Donald L.; The Agenda-Setting Function of Mass Media; in: Public Opinion Quarterly, 36. Jg., 2/1972, S. 176-187.
McNair, Brian; An Introduction to Political Communication; London u.a. 1995.
Meier, Christian; Entstehung und Besonderheit der griechischen Demokratie; in: Zeitschrift für Politik, 25. Jg (NF), 1/1978; S. 1-32.
Merten, Klaus; Kommunikation. Eine Begriffs- und Prozeßanalyse. Opladen 1977.
Merten, Klaus; Konvergenz der Deutschen Fernsehprogramme. Eine Langzeituntersuchung 1980 - 1993; Münster u.a. 1994.
Merten, Klaus; Konvergenz der Fernsehprogramme im dualen Rundfunk; in: Walter Hömberg / Heinz Pürer (Hg.); Medientransformation. Zehn Jahre dualer Rundfunk in Deutschland. Konstanz 1996; S. 152-171.
Merten, Klaus; Hör zu - Schau hin - Schalt ab; in: Landeszentrale für politische Bildung Baden-Württemberg (Hg.); „Man muß dran glauben...". Politik und Publizistik (5. Forum der Landeszentrale für politische Bildung); Stuttgart 1996; S. 25-34.
Merz, Charles; What Makes a First-Page Story? A Theory Based on the Ten Big News Stories of 1925; in: New Republic; 30.12.1925; S. 156-158.
Meyn, Hermann; Drähte, die die Welt umspannen: die Nachrichtenagenturen; in: Aus Politik und Zeitgeschichte, B45/1983, 12.11.1983, S. 23-37.
Meyrowitz, Joshua; Die Fernseh-Gesellschaft. Wirklichkeit und Identität im Medienzeitalter; Weinheim u.a. 1987.
Miethke, Jürgen; Politische Theorie im Mittelalter; in: Hans-Joachim Lieber (Hg.); Politische Theorien von der Antike bis zur Gegenwart; Bonn ^{2}1993; S. 47-156.

Mill, John Stuart; Principles of political Economy [Herausgegeben von Sir W. J. Ashley]; New York 1961.
Mill, John Stuart; Betrachtungen über Repräsentativregierung; in: ders.; Gesammelte Werke (Band 8) [Übersetzung von Eduard Wessel]; Aalen 1968 (Neudruck der Ausgabe von 1873); S. 75-78.
Mill, John Stuart; Der Utilitarismus [Übersetzung von Dieter Birnbacher]; Stuttgart 1985.
Mill, John Stuart; Über die Freiheit [Übersetzung von Bruno Lemke]; Stuttgart 1988.
Mills, C. Wright; Die amerikanische Elite. Gesellschaft und Macht in den Vereinigten Staaten; Hamburg 1962.
Milton, John; Areopagitica; in: ders.; Complete Prose Works of John Milton (Vol. II 1643-1648); New Haven u.a. 1959; S. 485-570.
Misch, Axel; Legitimation durch Parlamentarisierung? Das Europäische Parlament und das Demokratiedefizit der EU; in: Zeitschrift für Politikwissenschaft; 6. Jg.; 4/1996; S. 969-995
Mosca, Gaetano; Die herrschende Klasse. Grundlagen der politischen Wissenschaft [Übersetzung von Franz Borkenau]; Bern 1950
Mueller, Claus; Politik und Kommunikation; München 1975.
Müller-Dohm, Stefan / *Neumann-Braun*, Klaus; Öffentlichkeit, Kultur, Massenkommunikation - Bezugspunkte für die Aktualisierung der Medien- und Kommunikationssoziologie; in: dies. (Hg.); Öffentlichkeit, Kultur, Massenkommunikation. Beiträge zur Medien und Kommunikationssoziologie; Oldenburg 1991; S. 7-30.
Mughan, Anthony / *Swarts*, Jonathan P.; The Coming of Parliamentary Television: The Lords and the Senate Compared; in: Political Studies, 45. Jg., 1/1997, S. 36-48.
Mumford, Lewis; Technics and Civilization. London ^{8}1962; S. 241.
Naßmacher, Hiltrud; Vergleichende Politikforschung. Eine Einführung in Probleme und Methoden. Opladen 1991.
Naßmacher, Karl-Heinz; Demokratisierung der Europäischen Gemeinschaften; Bonn 1972.
Negt, Oskar / *Kluge*, Alexander; Öffentlichkeit und Erfahrung. Zur Organisationsanalyse von bürgerlicher und proletarischer Öffentlichkeit; Frankfurt am Main ^{6}1978.
Neidhardt, Friedhelm; Öffentlichkeit, Öffentliche Meinung, Soziale Bewegungen; in: ders. (Hg.); Öffentlichkeit, Öffentliche Meinung, Soziale Bewegungen [Sonderheft 34 der Kölner Zeitschrift für Soziologie und Sozialpsychologie]; Opladen 1994; S. 7-41.
Neumann, Franz L.; Die Wissenschaft der Politik in der Demokratie (Schriftenreihe der deutschen Hochschule für Politik Berlin); Berlin 1950.
Neumann-Braun, Klaus; Kinder im Mediennetz. Aspekte der Medienrezeption im Kindesalter; in: Stefan Aufenanger (Hg.); Neue Medien - Neue Pädagogik? Eine Lese- und Arbeitsbuch zur Medienerziehung in Kindergarten und Grundschule; Bonn 1991; S. 65-82.
Niedermayer, Oskar; Innerparteiliche Demokratie; in: ders. / Richard Stöss (Hg.); Stand und Perspektiven der Parteienforschung in Deutschland. Opladen 1993; S. 230-250.
Nietzsche, Friedrich; Werke [Herausgegeben von K. Schlechta]; München 1955 (2. Band).

Nissen, Peter / *Menningen*, Walter; Der Einfluß der Gatekeeper auf die Themenstruktur der Öffentlichkeit; in: Wolfgang R. Langenbucher (Hg.); Politik und Kommunikation. Über die öffentliche Meinungsbildung. München u.a. 1979; S. 211-231.

Noelle-Neumann, Elisabeth; Die Schweigespirale. Über die Entstehung der öffentlichen Meinung; in: dies.; Öffentlichkeit als Bedrohung. Beiträge zur empirischen Kommunikationsforschung [Herausgegeben von Jürgen Wilke]; Freiburg i. Brsg. ²1979; S. 169-203.

Noelle-Neumann, Elisabeth; Neue Forschungen im Zusammenhang mit der Schweigespiralen-Theorie; in: Ulrich Saxer (Hg.); Politik und Kommunikation. Neue Forschungsansätze; München 1983; S. 133-144.

Noelle-Neumann, Elisabeth; Kumulation, Konsonanz und Öffentlichkeitseffekt. Ein neuer Ansatz zur Analyse der Wirkung der Massenmedien; in: Maximilian Gottschlich; Massenkommunikationsforschung. Theorieentwicklung und Problemperspektiven; Wien 1987, S. 155-183.

Noelle-Neumann, Elisabeth; Der getarnte Elefant. Über die Wirkungen des Fernsehens; in: Roland Burkart (Hg.); Wirkungen der Massenkommunikation. Theoretische Ansätze und empirische Ergebnisse; Wien 1987; S. 170-177.

Noelle-Neumann, Elisabeth; Manifeste und latente Funktion Öffentlicher Meinung; in: Publizistik, 37. Jg., 3/1992, S. 286.

Noelle-Neumann, Elisabeth / *Kepplinger*, Hans Mathias; Journalistenmeinungen, Medieninhalte und Medienwirkungen. Eine empirische Untersuchung zum Einfluß von Journalisten auf die Wahrnehmung sozialer Probleme durch Arbeiter und Elite; in: Gertraude Steindl (Hg.); Publizistik aus Profession. Festschrift für Johannes Binkowski aus Anlaß der Vollendung seines 70. Lebensjahres; Düsseldorf 1978; S. 41-68.

Oberndörfer, Dieter; Politische Meinungsforschung und Politik; in: ders. (Hg.); Wählerverhalten in der Bundesrepublik Deutschland. Studien zu ausgewählten Problemen der Wahlforschung aus Anlaß der Bundestagswahl 1976; Berlin 1978; S. 13-38.

Oberndörfer, Dieter; Der Wahn des Nationalen. Die Alternative der offenen Republik; Freiburg i. Brsg. ²1994.

Oberreuter, Heinrich; Scheinpublizität oder Transparenz? Zur Öffentlichkeit von Parlamentsausschüssen; in: Zeitschrift für Parlamentsfragen, 6. Jg., 1/1975, S. 77-92.

Oberreuter, Heinrich; Parlament und Öffentlichkeit; in: Wolfgang R. Langenbucher (Hg.); Politik und Kommunikation. Über die öffentliche Meinungsbildung; München u.a. 1979; S. 62-78.

Oberreuter, Heinrich; Legitimität und Kommunikation; in: Erhard Schreiber / Wolfgang R. Langenbucher / Walter Hömberg; Kommunikation im Wandel der Gesellschaft. Otto B. Roegele zum 60. Geburtstag; Düsseldorf 1980; S. 61-76.

Oberreuter, Heinrich; Abgesang auf einen Verfassungstyp? Aktuelle Herausforderungen und Mißverständnisse der parlamentarischen Demokratie; in: Aus Politik und Zeitgeschichte, B2/1983, 15.1.1983, S.19-31.

Oberreuter, Heinrich; Der Einfluß der Medien auf die politische Kultur; in: Studienzentrum Weikersheim e.V. (Hg.); Die Medien - Das letzte Tabu der offenen Gesellschaft. Die Wirkung der Medien auf Politik und Kultur; Mainz 1986; S. 47-59.

Oberreuter, Heinrich; Stimmungsdemokratie. Strömungen im politischen Bewußtsein; Zürich 1987.

Oberreuter, Heinrich; Wirklichkeitskonstruktion und Wertwandel. Zum Einfluß der Massenmedien auf die politische Kultur; in: Aus Politik und Zeitgeschichte, B27/1987, 4.7.1987, S. 17-29.

Oberreuter, Heinrich; Parlament und Medien in der Bundesrepublik Deutschland; in: Uwe Thaysen / Roger H. Davidson / Robert G. Livingston (Hg.); US-Kongreß und Deutscher Bundestag. Bestandsaufnahme im Vergleich; Opladen 1988; S. 500-515.

Oberreuter, Heinrich; Medien als Akteure des Wandels: Zur Rolle des Fernsehens bei der Wende; in: Theo Stammen / Heinrich Oberreuter / Paul Mikat (Hg.); Politik - Bildung - Religion. Hans Maier zum 65. Geburtstag; Paderborn u.a. 1992; S. 361-375,

Oberreuter, Heinrich (Hg.); Parteiensystem am Wendepunkt? Wahlen in der Fernsehdemokratie; München 1996.

Offe, Claus; Politische Herrschaft und Klassenstrukturen. Zur Analyse spätkapitalistischer Gesellschaftssysteme; in: Gisela Kress / Dieter Senghaas (Hg.); Politikwissenschaft. Eine Einführung in ihre Probleme; Frankfurt am Main 1973; S. 135-164.

Olson, Mancur; The Logic of Collective Action. Public Goods and the Theory of Groups. Cambridge 1965

Paletz, David L. (Hg.); Political Communication Research. Approaches, Studies, Assessments; Norwood 1987.

Palmgreen, Philip / *Clarke*, Peter; Agenda-Setting with Local and National Issues. in: Communication Research, 4. Jg., 4/1977, S. 435-452.

Palzer-Rollinger, Birgit; Zur Legitimität von Mehrheitsentscheidungen. Die Legitimitätsproblematik von Mehrheitsentscheidungen angesichts zukunftsgefährdender politischer Beschlüsse; Baden-Baden 1995.

Pareto, Vilfredo; Allgemeine Soziologie [Übersetzung von Carl Brinkmann]; Tübingen 1955.

Pareto, Vilfredo; La Transformation de la Démocratie [Übersetzung ins Französische Corinne Beutler-Real]; Genf 1970.

Parsons, Talcott; The Principal Structures of Community: A Sociological View; in: Carl J. Friedrich (Hg.); Community (Nomos-Yearbook of the American Society of Political and Legal Philosophy Vol. II); New York 1959; S. 152-179.

Parsons, Talcott; Zur Theorie sozialer Systeme; Opladen 1976.

Parsons, Talcott / *White*, Winston; Commentary; in: The Journal of Social Issues, 16. Jg., 3/1960, S. 67-77.

Pateman, Carole; Participation and Democratic Theory; London 1970.

Patterson, Samuel C.; Parteien und Ausschüsse im Kongreß; in: Uwe Thaysen / Roger H. Davidson / Robert G. Livingston (Hg.); US-Kongreß und Deutscher Bundestag. Bestandsaufnahme im Vergleich; Opladen 1988; S. 236-259.

Patzelt, Werner J.; Abgeordnete und Repräsentation. Passau 1993.

Patzelt, Werner J.; Imperatives Mandat und plebiszitäre Elemente: Nötige Schranken der Abgeordnetenherrlichkeit?; in: Günther Rüther (Hg.); Repräsentative oder plebiszitäre Demokratie - eine Alternative? Baden-Baden 1996; S. 184

Pelz, Manfred; Lerne die Sprache des Nachbarn; in: Günter Brinkmann (Hg.); Europa der Regionen. Herausforderungen für Bildungspolitik und Bildungsforschung; Köln 1984; S. 179-208.

Pennock, J. Roland; Responsiveness, Responsibility and Majority Rule; in: American Political Science Review; 46. Jg.; 3/1952; S. 790-807.
Peters, Bernhard; Die Integration moderner Gesellschaften; Frankfurt am Main 1993.
Peters, Bernhard; Der Sinn von Öffentlichkeit; in: Friedhelm Neidhardt (Hg.); Öffentlichkeit, Öffentliche Meinung, Soziale Bewegungen [Sonderheft 34 der Kölner Zeitschrift für Soziologie und Sozialpsychologie]; Opladen 1994; S. 42-76.
Petersen, Nikolaj; The Danish Referendum on the Treaty of Amsterdam; ZEI-Discussion Paper C 17; Bonn 1998.
Pfetsch, Barbara; Politische Folgen der Dualisierung des Rundfunksystems in der Bundesrepublik Deutschland; Baden-Baden 1991.
Pfetsch, Barbara / *Schmitt-Beck*, Rüdiger; Amerikanisierung von Wahlkämpfen? Kommunikationsstrategien und Massenmedien im politischen Mobilisierungsprozeß; in: Michael Jäckel / Peter Winterhoff-Spurk (Hg.); Politik und Medien. Analyse zur Entwicklung der politischen Kommunikation; Berlin 1994; S. 231-252.
Pflaumer, Gerd; Medien im Wandel. Zur Lage der Pressefreiheit in Mittel-, Südost- und Osteuropa; in: Internationale Politik, 53. Jg., 6/1998; S. 15-20.
Pilz, Frank / *Ortwein*, Heike; Das politische System Deutschlands. Systemintegrierende Einführung in das Regierungs-, Wirtschafts- und Sozialsystem; München u.a. 1995.
Pitkin, Hanna F.; The Concept of Representation; Berkeley u.a. 1967.
Platon; Sämtliche Dialoge (7 Bände) [Herausgegeben von Otto Apelt]; Hamburg 1988.
Pöttker, Horst; Dualer Rundfunk und Politikverdrossenheit. Zur Fortschreitenden Ausdifferenzierung von Öffentlichkeit und modernen Gesellschaften; in: Stefan Müller-Dohm / Klaus Neumann-Braun (Hg.); Öffentlichkeit, Kultur, Massenkommunikation. Beiträge zur Medien- und Kommunikationssoziologie; Oldenburg 1991; S. 91-109.
Popper, Karl R.; Die offene Gesellschaft und ihre Feinde (2 Bände); Tübingen ^{7}1992.
Poster, Mark; Elektronische Identitäten und Demokratie; in: Stefan Münker / Alexander Roesler (Hg.); „Mythos Internet"; Frankfurt am Main 1997; S. 147-170.
Postman, Neil; Wir amüsieren uns zu Tode. Urteilsbildung im Zeitalter der Unterhaltungsindustrie [Übersetzung von Reinhard Kaiser]; Gütersloh 1994.
Postman, Neil; Das Technopol. Die Macht der Technologien und die Entmündigung der Gesellschaft; Frankfurt am Main 1992.
Probst, Lothar; Politische Mythen und symbolische Verständigung. Eine Lokalstudie über die rechtspopulistische DVU in Bremen; in: Zeitschrift für Parlamentsfragen, 26. Jg., 1/1995, S. 5-12.
Prokop, Dieter; Medien-Macht und Massen-Wirkung; Freiburg i. Brsg. 1995.
Puhe, Henry / *Würzberg*, H. Gerd; Lust und Frust. Das Informationsverhalten der deutschen Abgeordneten. Eine Untersuchung. Köln.
Quarters, R. et al.; News Diffusion of Assassination Attempts on President Reagan and Pope John Paul II; in: Journal of Broadcasting, 27. Jg., 3/1983, S. 387-395.
Radunski, Peter; Wahlkampfentscheidung im Fernsehen; in: Wolfgang R. Langenbucher (Hg.); Politik und Kommunikation. Über die öffentliche Meinungsbildung; München 1979; S. 114-123.
Raschke, Joachim; Soziale Bewegungen. Ein historisch-systematischer Grundriß; Frankfurt am Main u.a. 1985.
Rawls, John; Eine Theorie der Gerechtigkeit; Frankfurt am Main ^{6}1991.
Reese-Schäfer, Walter; Jürgen Habermas; Frankfurt am Main u.a. ^{2}1994.

Reese-Schäfer, Walter; Was ist Kommunitarismus? Frankfurt am Main u.a. 1994.
Reese-Schäfer, Walter; Supranationale oder transnationale Identität - zwei Modelle kultureller Integration in Europa; in: Politische Vierteljahresschrift, 38. Jg., 2/1997, S. 318-329.
Remp, Richard; The Efficacy of Electronic Group Meetings; in: Policy Science; 5. Jg.; 1/1974; S. 101-115.
Renckstorf, Karsten; Zur Hypothese des „Two-Step-Flow" der Massenkommunikation; in: Roland Burkart (Hg.); Wirkungen der Massenkommunikation. Theoretische Ansätze und empirische Ergebnisse; Wien 1987; S. 40-56.
Rheingold, Howard; Die Zukunft der Demokratie und die vier Prinzipien der Computerkommunikation; in: Stefen Bollmann (Hg.); Kursbuch Neue Medien; Mannheim ^{2}1996; S. 189-197.
Ricker, Reinhart; Kommunikationspolitisch relevante Urteile des Bundesverfassungsgerichtes seit 1967; in: Publizistik, 21. Jg., 4/1976, S. 411-434.
Riesman, David; The Lonely Crowd. A Study of the Changing American Character; New Haven 1950.
Robinson, Gertrude J.; Fünfundzwanzig Jahre „Gatekeeper"-Forschung. Eine kritische Rückschau und Bewertung in: Jörg Aufermann / Hans Bohrmann / Rolf Sülzer (Hg.); Gesellschaftliche Kommunikation und Information (Band 1); Frankfurt am Main 1973; S. 244-255.
Robinson, Michael J. / *Appel*, Kevin R.; Network News Coverage of Congress; in: Political Science quarterly, 94. Jg, 43/1979, S. 407-418.
Roegele, Otto B.; Massenkommunikation und Regierbarkeit; in: Wilhelm Hennis / Peter Graf Kielmansegg / Ulrich Matz u.a. [Hg.]; Regierbarkeit. Studien zur ihrer Problematisierung (Band 2); Stuttgart 1979; S. 177-210.
Röhrich, Wilfried; Eliten und das Ethos der Demokratie; München 1991.
Rötzer, Florian; Interaktion - das Ende herkömmlicher Massenmedien; in: Stefen Bollmann (Hg.); Kursbuch Neue Medien; Mannheim ^{2}1996; S. 57-78.
Roesler, Alexander; Bequeme Einmischung. Internet und Öffentlichkeit; in: in: Stefan Münker / Alexander Roesler (Hg.); „Mythos Internet"; Frankfurt am Main 1997; S. 171-192.
Rogers, Everett M. / *Dearing*, James W.; Agenda Setting Research: Where has it been and Where is it Going?; in: James A. Anderson (Hg.); Communication Yearbook (Band 11); Beverly Hills 1988; S. 555-594.
Ronge, Frank; Legitimität durch Subsidiarität. Der Beitrag des Subsidiaritätsprinzips zur Legitimation einer überstaatlichen politischen Ordnung in Europa; [Schriften des Zentrum für Europäische Integrationsforschung Band 1]; Baden-Baden 1998.
Ronneberger, Franz; Publizistische und politische Macht; in: Rundfunk und Fernsehen, 31. Jg., 3-4/1983, S. 260-270.
Ronneberger, Franz; Das Syndrom der Unregierbarkeit und die Macht der Medien; in: Publizistik, 28. Jg., 4/1983, S. 487-511.
Rousseau, Jean-Jacques; Vom Gesellschaftsvertrag oder Grundsätze des Staatsrechts [Übersetzung von Hans Brockard]; Stuttgart 1977.
Rucht, Dieter; Parteien, Verbände und Bewegungen als Systeme politischer Interessenvermittlung; in: Oskar Niedermayer / Richard Stöss (Hg.); Stand und Perspektiven der Parteienforschung in Deutschland; Opladen 1992; S. 251-275.

Rucht, Dieter; Politische Öffentlichkeit und Massenkommunikation; in: Otfried Jarren (Hg.); Medienwandel - Gesellschaftswandel? Zehn Jahre dualer Rundfunk in Deutschland. Eine Bilanz; Berlin 1994; S. 161-177.

Rüggeberg, Jörg; ARTE - Das etwas andere Programm auf der europäischen Fernsehbühne; in: Bertelsmann Briefe, Heft 139/1998, S. 17-21.

Rüstow, Alexander; Ortsbestimmung der Gegenwart. Eine universalgeschichtliche Kulturkritik (Band 1: Ursprung der Herrschaft); Erlenbach u.a. 1950.

Ruggeri, Giovanni / *Guarino*, Mario; Berlusconi. Showmaster der Macht; Berlin 1994.

Runciman, Walter Garrison; Sozialwissenschaft und politische Theorie; Frankfurt am Main 1967.

Salmon, Charles T. / *Kline*, F. Gerald; The Spiral of Silence. Ten Years later. An Examination and Evaluation; in: K.R. Sanders / L.L. Kaid / D. Nimmo (Hg.); Political Communication Yearbook; Carbondale u.a. 1985; S. 3-30.

Sandel, Michael; Post-National Democracy Vs. Electronic Bonapartism; in: New Perspectives Quarterly, 3/1992, S. 4-8.

Santoro, Emilio; Democratic theory and individual autonomy. An interpretation of Schumpeter's doctrine of democracy; in: European Journal of Political Research, 23. Jg., 2/1993; S. 121-143.

Sarcinelli, Ulrich; Symbolische Politik. Zur Bedeutung symbolischen Handelns in der Wahlkampfkommunikation der Bundesrepublik Deutschland; Opladen 1987.

Sarcinelli, Ulrich; Überlegungen zur Kommunikationskultur: Symbolische Politik und politische Kommunikation; in: Walter A. Mahle (Hg.); Medienangebot und Mediennutzung. Entwicklungstendenzen im entstehenden dualen Rundfunksystem; Berlin 1989; S. 125-134.

Sarcinelli, Ulrich; Symbolische Politik und politische Kultur. Das Kommunikationsritual als politische Wirklichkeit; in: Politische Vierteljahresschrift, 30. Jg., 2/1989, S. 292-309.

Sarcinelli, Ulrich; Mediale Politikdarstellung und politisches Handeln: analytische Anmerkungen zu einer notwendigerweise spannungsreichen Beziehung; in: Otfried Jarren (Hg.); Politische Kommunikation in Hörfunk und Fernsehen; Opladen 1994; S. 35-50.

Sarcinelli, Ulrich: Politikvermittlung durch Parlamente: ein Problemaufriß; in: ders. (Hg.); Öffentlichkeitsarbeit der Parlamente. Politikvermittlung zwischen Public Relations und Parlamentsdidaktik; Baden-Baden 1994; S. 19-33.

Sarcinelli, Ulrich; Mediatisierung von Politik als Herausforderung für eine Neuorientierung - Politische Bildung zwischen „Antiquiertheit" und Modernitätsdruck; in: Deutscher Verein für politische Bildung (Hg.); Politische Bildung in der Bundesrepublik. Zum 30jährigen Bestehen der Deutschen Vereinigung für politische Bildung. Opladen 1996; S. 202-208.

Sarcinelli, Ulrich; Repräsentation oder Diskurs? Zu Legitimität und Legitimitätswandel durch politische Kommunikation; in: Zeitschrift für Politikwissenschaft, 8. Jg., 2/1998, S. 547-567.

Sartori, Giovanni; Demokratietheorie; Darmstadt 1992.

Saxer, Ulrich; Sprachenbabel in Europas Medien; in: Media Perspektiven; 10/1990; S. 104-113.

Saxer, Ulrich; Medien- und Gesellschaftswandel als publizistikwissenschaftlicher Forschungsgegenstand; in: Otfried Jarren (Hg.); Medienwandel - Gesellschaftswandel? 10 Jahre dualer Rundfunk in Deutschland. Eine Bilanz; Berlin 1994; S. 331-354.

Saxer, Ulrich / *Pfetsch*, Barbara / *Jarren*, Otfried / *Kepplinger*, Hans Mathias / *Donsbach*, Wolfgang; Medien und Politik - Zusammenfassungen und Schlußfolgerungen; in: Wolfgang Donsbach u.a. [Hg.]; Beziehungsspiele - Medien und Politik in der öffentlichen Diskussion. Fallstudien und Analysen; Gütersloh 1993; S. 317-326.

Schambeck, Herbert; Staat, Öffentlichkeit und öffentliche Meinung. Berlin 1992.

Scharf, Albert; Europäisches Fernsehen; in: Reinhold Kreile (Hg.); Medientage München. Dokumentation Band 1; Baden-Baden 1990; S. 84-90.

Scharpf, Fritz W.; Demokratietheorie zwischen Utopie und Anpassung; Konstanz 1970.

Scharpf, Fritz W.; Die Handlungsfähigkeit des Staates am Ende des zwanzigsten Jahrhunderts; in: Politische Vierteljahresschrift, 32. Jg., 4/1991, S. 621-634.

Scharpf, Fritz W.; Europäisches Demokratiedefizit und deutscher Föderalismus; in: Staatswissenschaften und Staatspraxis; 3. Jg; 2/1992; S. 293-306.

Scharpf, Fritz W.; Föderalismus und Demokratie in der transnationalen Ökonomie; in: Klaus von Beyme (Hg.); Politische Theorie in der Ära der Transformation (Sonderheft 26 der Politische Vierteljahresschrift); Opladen 1996; S. 211-235.

Schattschneider, Elmer E.; The Semi-Sovereign People. A Realist's View of Democracy in America; New York u.a. 1960.

Schatz, Heribert; Ein theoretischer Bezugsrahmen für das Verhältnis von Politik und Massenkommunikation; in: Wolfgang R. Langenbucher (Hg.); Politik und Kommunikation. Über die öffentliche Meinungsbildung; München u.a. 1979; S. 81-92.

Schatz, Heribert; Massenmedien und Massenkommunikation; in: Wolfgang W. Mickel (Hg.); Handlexikon zur Politikwissenschaft. München 1983; S. 285-289.

Schatz, Heribert; Rundfunkentwicklung im „dualen System": die Konvergenzhypothese; in: Otfried Jarren (Hg.); Politische Kommunikation in Hörfunk und Fernsehen [Gegenwartskunde Sonderheft]; Opladen 1994; S. 67-79.

Schatz, Heribert / *Schatz-Bergfeld*, Marianne; Macht und Medien. Perspektiven der informationstechnologischen Entwicklung; in: Max Kaase (Hg.); Politische Wissenschaft und Politische Ordnung. Analysen zu Theorie und Empirie demokratischer Regierungsweise (Festschrift zum 65. Geburtstag von Rudolf Wildenmann); Opladen 1986; S. 375-386.

Schauer, Hans; Nationale und europäische Identität. Die unterschiedlichen Auffassungen in Deutschland, Frankreich und Großbritannien; in: Aus Politik und Zeitgeschichte, B10/1997, 28.2.1997, S. 3-13.

Schelsky, Helmut; Politik und Publizität; Stuttgart 1983.

Schenk, Michael; Medienwirkungen; Tübingen 1987.

Schenk, Michael; Soziale Netzwerke und Massenmedien. Untersuchung zum Einfluß der persönlichen Kommunikation; Tübingen 1995.

Scheuing, Dieter H.; Zur Verfassung der Europäischen Union; in: Winfried Böhm / Martin Lindauer (Hg.); Europäischer Geist - Europäische Verantwortung. Ein Kontinent fragt nach seiner Identität und Zukunft; Stuttgart 1993; S. 135-156.

Schiller, Herbert I.; Information Inequality; New York u.a. 1996.

Schmidt, Manfred G.; Demokratietheorien. Eine Einführung; Opladen 1995.

Schmidt, Manfred G.; Der Januskopf der Transformationsperiode. Kontinuität und Wandel der Demokratietheorien; in: Klaus von Beyme (Hg.); Politische Theorie in der Ära der Transformation (Sonderheft 26 der Politische Vierteljahresschrift); Opladen 1996; S. 182-210.

Schmidt, Siegfried J. (Hg.); Der Diskurs des Radikalen Konstruktivismus; Frankfurt am Main 1987.

Schmidt, Siegfried J. / *Spieß*, Brigitte; Die Kommerzialisierung der Kommunikation. Fernsehwerbung und sozialer Wandel 1956-1989; Frankfurt am Main 1996.

Schmitt, Carl; Die geistesgeschichtliche Lage des heutigen Parlamentarismus. Berlin ⁴1969.

Schmitt, Carl; Verfassungslehre; Berlin ⁶1983.

Schmitt, Carl; Positionen und Begriffe im Kampf mit Weimar – Genf – Versailles 1923-1939; Berlin 1988

Schmitt-Beck, Rüdiger; Über die Bedeutung der Massenmedien für soziale Bewegungen; in: Kölner Zeitschrift für Soziologie und Sozialpsychologie, 42. Jg., 4/1990, S. 642-662.

Schmitt-Beck, Rüdiger; Medien und Mehrheiten: Massenmedien als Informationsvermittler über die Wahlchancen der Parteien; in: Zeitschrift für Parlamentsfragen, 27. Jg., 1/1996, S. 127-144.

Schneider, Herbert W.; Community, Communication, and Communion; in: Carl J. Friedrich (Hg.); Community (Nomos-Yearbook of the American Society of Political and Legal Philosophy Vol. II); New York 1959; S. 216-224.

Schorb, Bernd / *Mohn*, Erich / *Theunert*, Helga; Sozialisation durch (Massen-) Medien; in: Klaus Hurrelmann / Dieter Ulich (Hg.); Neues Handbuch der Sozialisationsforschung; Weinheim u.a. 1992; S. 493-508.

Schreckenberger, Waldemar; Veränderungen im parlamentarischen Regierungssystem. Zur Oligarchie der Spitzenpolitiker der Parteien; in: Karl D. Bracher (Hg.); Staat und Parteien; Berlin 1992; S. 133-157.

Schrey, Heinz-Horst; Dialogisches Denken; Darmstadt 1970.

Schroeder, Michael; Originelle Randerscheinung; in: Zeitschrift für Kulturaustausch, 46. Jg., 3/1997, S. 90-92.

Schücking, Levin L.; Soziologie der literarischen Geschmacksbildung; Berlin ²1961.

Schürmann, Frank; Öffentlichkeitsarbeit der Bundesregierung; Berlin 1992.

Schüttemeyer, Suzanne S.; Der Bundestag als Fraktionenparlament; in: Jürgen Hartmann / Uwe Thaysen (Hg.); Pluralismus und Parlamentarismus in Theorie und Praxis. Winfried Steffani zum 65. Geburtstag. Opladen 1992; S. 113-136.

Schüttemeyer, Suzanne S.; Repräsentation; in: Dieter Nohlen (Hg.); Lexikon der Politik (Band I: Politische Theorien); München 1995; S. 543-552.

Schulz, Winfried; Die Konstruktion von Realität in den Nachrichtenmedien. Analyse der aktuellen Berichterstattung; Freiburg i.Brsg. ²1990.

Schulz, Winfried / *Schönbach*, Klaus (Hg.); Massenmedien und Wahlen; München 1983.

Schumacher, Birgit; Kommunikationspolitisch relevante Urteile des Bundesverfassungsgerichts seit 1976; in: Publizistik, 32. Jg., 4/1987, S. 405-421.

Schumpeter, Joseph A.; Politische Reden [Herausgegeben und kommentiert von Christian Seidl und Wolfgang F. Stolper]; Tübingen 1992.

Schumpeter, Joseph A.; Kapitalismus, Sozialismus und Demokratie; Tübingen ⁷1993.

Schwan, Alexander; Grundwerte in der Demokratie. Orientierungsversuche im Pluralismus; München 1978.

Schwan, Alexander; Philosophie der Gegenwart vor dem Problem des Pluralismus; in: Gerhard Göhler (Hg.); Politische Theorie. Begründungszusammenhänge in der Politikwissenschaft; Stuttgart 1978; S. 24-42.

Schwan, Alexander; Legitimation; in: Franz Böckle / Franz-Xaver Kaufmann / Karl Rahner / Bernhard Welte (Hg.); Christlicher Glaube in moderner Gesellschaft (Teilband 27); Freiburg i. Brsg. 1982; S. 104-136.

Schwan, Alexander; Politische Theorien des Rationalismus und der Aufklärung; in: Hans-Joachim Lieber (Hg.); Politische Theorien von der Antike bis zur Gegenwart; Bonn ^{2}1993; S. 157-257.

Schwan, Gesine; Systemakzeptanz? Skeptische Bemerkungen zu einem methodisch erzeugten Optimismus (zum Referat von *Max Kaase*); in: Ulrich Matz (Hg.); Aktuelle Herausforderung der repräsentativen Demokratie; München 1985; S. 127-130.

Schwartz, Evan; „Electronic Town Meetings: Reach out and Vote for something; in: Business Week, 13.4.1992, S. 38.

Schweigler, Gebhard; „Internetionale" Politik. Herausforderung für Wirtschaft und Gesellschaft; in: Internationale Politik, 51. Jg., 11/1996, S. 19-26.

Schwonke, Martin; Die Gruppe als Paradigma der Vergesellschaftung; in: Bernhard Schäfers; Einführung in die Gruppensoziologie; Heidelberg 1980; S. 35-50.

Sennett, Richard; The Fall of Public Man; Cambridge u.a. 1976.

Seymoure-Ure, Colin; Prime Ministers' Reactions to Television; in: Media, Culture and Society, 11. Jg., 3/1989, S. 306-312.

Shell, Kurt L.; Liberal-demokratische Systeme. Eine politisch-soziologische Analyse; Stuttgart u.a. 1981.

Simson, Werner von; Was heißt in einer europäischen Verfassung „Das Volk"?; in: Europarecht, 26. Jg., 1/1991, S. 1-18.

Smend, Rudolf; Staatsrechtliche Abhandlungen; Berlin ^{2}1968.

Smith, Hedrick; Der Machtkampf in Amerika. Reagans Erbe: Washingtons neue Elite; Reinbek 1988.

Snider, Paul B.; Mr. Gates revisited: A 1966 Version of the 1949 case study; in: Journalism Quarterly; 44. Jg., 3/1967; S. 419-427.

Staab, Joachim Friedrich; Nachrichtenwert-Theorie. Formale Struktur und empirischer Gehalt; Freiburg i. Brsg. u.a. 1990.

Stammer, Otto; Politische Soziologie und Demokratieforschung; Berlin 1965.

Steinbach, Peter; Zur Theorie der Institutionen in der praktisch-politischen Philosophie von Platon und Aristoteles. Ein Diskussionsbeitrag; in: Gerhard Göhler / Kurt Lenk / Herfried Münkler / Manfred Walther (Hg.); Politische Institutionen im gesellschaftlichen Umbruch; Opladen 1990; S. 72-78.

Steffani, Winfried (Hg.); Parlamentarismus ohne Transparenz; Opladen 1971.

Steffani, Winfried; Einleitung in: Franz Nuscheler / Winfried Steffani (Hg.); Pluralismus. Konzeptionen und Kontroversen; München 1972; S. 9-46.

Steffani, Winfried; Amerikanischer Kongreß und deutscher Bundestag - Ein Vergleich; in: Theo Stammen [Hg.]; Vergleichende Regierungslehre. Beiträge zur theoretischen Grundlegung und exemplarische Einzelstudien; Darmstadt 1976; S. 196-222.

Steffani, Winfried; Parlamentarische und präsidentielle Demokratie; Opladen 1979.

Steffani, Winfried; Pluralistische Demokratie. Studien zur Theorie und Praxis. Opalden 1980.
Steffani, Winfried; Edmund Burke: Zur Vereinbarkeit von freiem Mandat und Fraktionsdisziplin; in: Zeitschrift für Parlamentsfragen, 12. Jg., 1/1981, S. 109-122.
Steffani, Winfried; Mehrheitsentscheidung und Minderheiten in der pluralistischen Verfassungsdemokratie; in: Roland Roth / Dieter Rucht (Hg.); Neue soziale Bewegungen in der Bundesrepublik Deutschland. Frankfurt am Main u.a. 1987; S. 344-363.
Steffani, Winfried; Parteien als soziale Organisationen. Zur politologischen Parteienanalyse; in: Zeitschrift für Parlamentsfragen, 19. Jg., 4/1988, S. 549-560.
Steffani, Winfried; Das Demokratie-Dilemma der Europäischen Union. Die Rolle der Parlamente nach dem Urteil des Bundesverfassungsgerichts vom 12. Oktober 1993; in: ders. / Uwe Thaysen (Hg.); Demokratie in Europa: Zur Rolle der Parlamente [Zeitschrift für Parlamentsfragen / Sonderband zum 25jährigen Bestehen]; Opladen 1995; S. 33-49.
Steffani, Winfried; Ernst Fraenkel als Persönlichkeit; in: Zeitschrift für Politikwissenschaft, 7. Jg., 4/1997; S.1261-1285.
Stegbauer, Christian; Euphorie und Ernüchterung auf der Datenautobahn; Frankfurt am Main 1996.
Stolper, Wolfgang F.; Joseph A. Schumpeter. The Public Life of a Private Man; Princeton 1994.
Taylor, Charles; Sprache und Gesellschaft; in: Axel Honneth / Hans Joas (Hg.); Kommunikatives Handeln. Beiträge zu Jürgen Habermas' „Theorie des kommunikativen Handelns; Frankfurt am Main ²1988; S. 35-52.
Taylor, Charles; Wieviel Gemeinschaft braucht die Demokratie?; in: Transit. Europäische Revue, 3. Jg., 5/1992, S. 5-20.
Taylor, Charles; Multikulturalismus und die Politik der Anerkennung; Frankfurt am Main 1993.
Taylor, Charles; Liberale Politik und Öffentlichkeit; in: Krzysztof Michalski (Hg.); Die liberale Gesellschaft. Castelgandolfo-Gespräche 1992; Stuttgart 1993; S. 21-67.
Taylor, Charles; Das Unbehagen an der Moderne [Übersetzung von Joachim Schulte]; Frankfurt am Main 1995.
Taylor, Charles; Ursprünge des neuzeitlichen Selbst; in: Krzysztof Michalski (Hg.); Identität im Wandel. Castelgandolfo-Gespräche 1995; Stuttgart 1995; S. 11-23.
Thaysen, Uwe / *Davidson*, Roger H. / *Livingston*, Robert G.; US-Kongreß und Deutscher Bundestag im Vergleich; in Uwe Thaysen / Roger H. Davidson / Robert G. Livingston (Hg.); US-Kongreß und Deutscher Bundestag. Bestandsaufnahme im Vergleich; Opladen 1988; S. 517-568.
Thompson, John B.; Ideology and Modern Culture. Critical Social Theory in the Era of Mass Communication; Cambridge 1990.
Tidmarch, Charles; Mandatsträger und Medienmacher: Kongreß und Kommunikation in den USA; in: Uwe Thaysen / Roger H. Davidson / Robert G. Livingston (Hg.); US-Kongreß und Deutscher Bundestag. Bestandsaufnahme im Vergleich; Opladen 1988; S. 479-499.
Tocqueville, Alexis de; Über die Demokratie in Amerika (2 Bände) [Übersetzung von Hans Zbinden]; Stuttgart 1959.
Tönnies, Ferdinand; Gemeinschaft und Gesellschaft. Grundbegriffe der reinen Soziologie; Berlin ⁸1935.

Truman, David B.; The Governmental Process. Political Interests and Public Opinion; New York ³1955.

Ulrich, Otto; Computer, Wertewandel und Demokratie. Öffnet die Informationsgesellschaft die Chancen für mehr politische Partizipation?; in: Aus Politik und Zeitgeschichte, B25/1984, 23.6.1984, S. 14-25.

Uppendahl, Herbert; Repräsentation und Responsivität. Bausteine einer Theorie responsiver Demokratie, in: Zeitschrift für Parlamentsfragen, 12.Jg., 1/1981, S. 123-134.

Uppendahl, Herbert; Responsive Demokratie - ein neuer Ansatz. Eine Antwort auf Ulrich von Alemann; in: Zeitschrift für Parlamentsfragen, 12. Jg, 3/1981, S. 440-442.

Valade, Bernard; Pareto. La Naissance d'une autre sociologie; Paris 1990.

Verba, Sidney; Small Groups and Political Behaviour. A Study of Leadership; Princeton 1961.

Verba, Sidney / *Nie*, Norman H. / *Kim*, Jae-On; The Modes of Democratic Participation: A Cross-National Comparison; Beverly Hills 1971.

Vilmar, Fritz; Strategien der Demokratisierung (2 Bände); Neuwied 1973.

Vitzthum, Peter Graf; Probleme der Parteiendemokratie; in: Peter M. Huber / Wilhelm Mößle / Martin Stock (Hg.); Zur Lage der parlamentarischen Demokratie; Tübingen 1995; S. 71-103.

Voltmer, Katrin; Politisches Denken in der Informationsgesellschaft. Zum Zusammenhang von Fernsehnutzung und Einstellungskonsistenz; in: Winfried Schulz (Hg.); Medienwirkungen. Einflüsse von Presse, Radio und Fernsehen auf Individuen und Gesellschaft; Weinheim 1992. S. 247-267.

Voß, Peter; Mündigkeit im Mediensystem. Hat Medienethik eine Chance?; Baden-Baden 1998.

Vowe, Gerhard / *Wersig*, Gernot; „Kabel-Demokratie" - der Weg zur Informationskultur; in: Aus Politik und Zeitgeschichte, B45/1983, 12.11.1983, AS. 15-22.

Wallisch, Stefan; Aufstieg und Fall der Telekratie. Silvio Berlusconi, Romano Prodi und die Politik im Fernsehzeitalter, Wien u.a. 1997.

Walzer, Michael; Zivile Gesellschaft und amerikanische Demokratie [Übersetzung von Christiane Goldmann]; Berlin 1992.

Warner, W. Lloyd; American Life. Dream and Reality [revised Edition]; Chicago 1962.

Weber, Detlef W.; Parlamentaria als Arbeitsmittel und Öffentlichkeitsmedium der Parlamente; in: Zeitschrift für Parlamentsfragen; 6. Jg.; 2/1975; S. 203-217.

Weber, Jürgen; Interessengruppen im politischen System der Bundesrepublik Deutschland; München ²1981.

Weber, Max; Gesammelte Aufsätze zur Soziologie und Sozialpolitik; Tübingen 1924.

Weber, Max; Wirtschaft und Gesellschaft. Grundriss der verstehenden Soziologie; Tübingen ⁵1980.

Weber, Max; Gesammelte politische Schriften [Herausgegeben von Johannes Winckelmann]; Tübingen 1988.

Weirich, Dieter; Das globale Dorf. Chancen und Risiken der künftig weltweiten Informationsfreiheit; in: Internationale Politik, 51. Jg., 11/1996, S. 27-33.

Weizsäcker, Richard von; Richard von Weizsäcker im Gespräch mit Gunter Hofmann und Werner A. Perger; Frankfurt am Main 1992.

White, David Manning; The 'Gate Keeper'. A Case Study in the Selection of News; in: Journalism Quarterly, 27. Jg., 4/1950, S.383-390.

Wiesendahl, Elmar; Neue soziale Bewegungen und moderne Demokratietheorie. Demokratische Elitenherrschaft in der Krise; in: Roland Roth / Dieter Rucht (Hg.); Neue soziale Bewegungen in der Bundesrepublik Deutschland. Frankfurt am Main u.a. 1987; S. 364-387.
Wilke, Jürgen; Leitideen in der Begründung der Pressefreiheit; in: Publizistik, 28. Jg., 4/1983, S. 512-524.
Wilke, Jürgen (Hg.); Pressefreiheit. Darmstadt 1984.
Wilke, Jürgen; Regionalisierung und Internationalisierung des Mediensystems; in: Aus Politik und Zeitgeschichte, B26/1990, 22.6.1990, S. 3-19.
Wilke, Jürgen; Spion des Publikums, Sittenrichter und Advokat der Menschheit. Wilhelm Ludwig Wekhrlin (1739-1792) und die Entwicklung des Journalismus in Deutschland; in: Publizistik, 38. Jg., 3/1993, S. 322-334.
Wilke, Jürgen; Multimedia. Strukturwandel durch neue Kommunikationstechnologien; in: Aus Politik und Zeitgeschichte, B32/1996, 2.8.1996, S. 3-15.
Wilke, Peter; Medienmarkt Europa. Ein vergleichender Überblick; in: Hans J. Kleinsteuber / Volker Wiesner / Peter Wilke (Hg.); EG-Medienpolitik. Fernsehen in Europa zwischen Kultur und Kommerz; Berlin 1990; S. 7-34.
Willems, Helmut; Jugendunruhen und Protestbewegung in fünf europäischen Ländern. Eine Studie zur Dynamik gesellschaftlicher Konflikte; Opladen 1997.
Wilson, Francis G.; Concepts of Public Opinion; in: American Political Science Review, 27. Jg., 2/1933; S. 371-391.
Wittkämper, Gerhard W.; Die kommunikative Demokratie und ihre Werte; in: Mechthild von Schoenebeck / Jürgen Brandhorst / H. Joachim Gehrke; Politik und gesellschaftlicher Wertewandel im Spiegel populärer Musik; Essen 1992; S. 11-23.
Woessner, Mark; Medientechnologien und wirtschaftliche Entwicklung. Ein Ordnungsrahmen für die Wissensgesellschaft; in: Internationale Politik, 53. Jg, 8/1998, S. 1-6.
Wolf, Fritz; Alle Politik ist medienvermittelt. Über das prekäre Verhältnis von Politik und Fernsehen; in: Aus Politik und Zeitgeschichte; B 32/1996, 2.8.1996; S. 26-31.
Wolff, Robert Paul; Das Elend des Liberalismus; Frankfurt am Main ^{2}1969.
Wright, Tony; Reinventing Democracy?; in: Paul Hirst / Sunil Khilnani (Hg.): Reinventing Democracy; Oxford 1996; S. 7-19.
Wriston, Walter B.; The Twilight of Sovereignty. How information revolution is transforming our World. New York u.a. 1992.
Zanker, Paul; Augustus und die Macht der Bilder; München 1987.
Zittel, Thomas; Über die Demokratie in der vernetzten Gesellschaft. Das Internet als Medium politischer Kommunikation; in: Aus Politik und Zeitgeschichte, B42/1997, 10.10.1997, S. 23-29.
Zittel, Thomas; Verändert das Internet unsere Gesellschaft?; in: Stephan Eisel / Mechthild Scholl (Hg.); Internet und Politik [Interne Studie der Konrad-Adenauer-Stiftung; Nr. 164/1998]; Sankt Augustin 1998; S. 70-73.
Zohlnhöfer, Reimut; Die Transformation des italienischen Parteiensystems in den 90er Jahren; in: Zeitschrift für Politikwissenschaft, 8. Jg., 4/1998, S. 1371-1396.
Zuleeg, Manfred; Demokratie in der Europäischen Gemeinschaft; in: Juristenzeitung, 48. Jg., 22/1993, S. 1069-1074.

Personenregister

Adorno, Theordor W. 180
Alemann, Ulrich von 46, 139
Allemann, Fritz René 236
Almond, Gabriel A. 76, 161
Altvater, Elmar 154
Apels, Karl-Otto 172
Appel, Kevin R. 115
Aquin, Thomas von 26
Aristoteles 12, 25-27, 35-36, 41, 48
Arndt, Adolf 55, 59
Axtmann, Roland 213

Bachrach, Peter 162
Bagehot, Walter 43, 46
Ballestrem, Karl Graf 159
Bangemann, Martin 178, 191
Barber, Benjamin 158, 165-169, 173, 175, 194, 198, 201
Barnes, Samuel H. 152
Baudrillard, Jean 186
Beck, Ulrich 153-154
Bellers, Jürgen 116, 146
Bentham, Jeremy 60
Bentley, Arthur F. 124-125, 134
Bergsdorf, Wolfgang 11, 93, 109, 113, 120, 199
Berlusconi, Silvio 18, 205
Beyme, Klaus von 107, 132, 143, 145, 147, 182
Bluntschli, Johann Kaspar 140
Bobbio, Noberto 189, 196
Böckenförde, Ernst-Wolfgang 217
Bodin, Jean 129
Bolingbroke, Henry 44
Bonjean, Charles M. 81
Boutros-Gali, Boutros 221
Brandt, Willy 98, 163

Brettschneider, Frank 148-149
Brosius, Hans-Bernd 85, 86, 87
Brzezinski, Zbigniew 59
Burke, Edmund 39, 40-41, 46, 49, 139, 168

Carter, Jimmy 116
Chomsky, Noam 90
Clarke, Peter 85
Clinton, Bill 99, 194
Condorcet, Antoine 44
Cooley, Charles Horton 188
Cottoret, Jean-Marie 213
Cruger, Henry 40

Dahl, Robert A. 75, 134, 176
Dahrendorf, Ralf 164
Davis, Dennis 186
Delouche, Frédéric 241
Detjen, Joachim 36
Deutsch, Karl W. 48, 77-78, 185, 213
Dewey, John 162-163, 232
Donway, Roger 201, 224
Dorn, Wolfram 117, 139
Downs, Anthony 70, 73-76, 78, 118-120
Durkheim, Emile 31, 243
Duverger, Maurice 100
Dyson, Freeman J. 220

Ehrmann, Henry W. 181
Eising, Rainer 244
Enzensberger, Hans Magnus 181
Erbring, Lutz 85
Ernst, Andreas 237
Eschenburg, Theordor 111, 133
Etzioni, Amitai 45, 48, 194

Euchner, Walter 141
Eulau, Heinz 47

Faulstich, Werner 179
Fetscher, Iring 11, 35
Forsthoff, Ernst 132
Fraenkel, Ernst 43, 46-47, 69, 73, 108, 125-131, 134, 136-138, 140-141, 204
Friedrich II. 26
Friedrich, Carl J. 59, 231, 233, 241
Fromm, Erich 161
Funkhouser, G. Ray 84

Gadamer, Hans-Georg 31
Galtung, Johann 93
Gehrke, Gernot 181
Geißler, Rainer 17
Gellner, Winand 210
Gentz, Friedrich von 49-50
Gerbner, George 182-183
Gerhards, Jürgen 145, 187, 208, 229-230, 242, 244
German, Christiano 185
Glotz, Peter 210
Goldenberg, Edi N. 85
Gore, Al 185, 194
Grabitz, Eberhard 240-241
Grenville, Lord 49
Greven, Michael Th. 48-49, 175
Grimm, Dieter 218, 230-232, 235-237
Große-Peclum, Marie-Luise 222
Guggenberger, Bernd 149-151, 155

Habermas, Jürgen 31, 56, 58, 168-172, 174-176, 179, 231-232, 243
Hackforth, Josef 181
Hamilton, Alexander 44, 165
Harden, Ian 215
Harrach, Graf Otto 68
Hayek, Friedrich August 53

Hegel, Georg Wilhelm Friedrich 137
Heimann, Eduard 133
Held, David 179
Heller, Hermann 129, 217
Hennis, Wilhelm 39, 56, 103, 138, 163, 175, 235
Herman, Edward S. 90
Herodot 37
Herrera, Cheryl Lynn 149
Herzog, Dietrich 48, 78, 101, 143
Hill, Richard J. 81
Hillmann, Karl-Heinz 162
Hobbes, Thomas 27, 30, 38-39, 44, 49, 129
Hoffmann-Riem, Wolfgang 190
Hofmann, Gunter 102
Hofmann, Rupert 41
Hohlfeld, Ralf 181
Homer 64
Horkheimer, Max 180
Huntington, Samuel P. 70
Huxley, Aldous 59

Inglehart, Ronald 161-162
Ismayr, Wolfgang 147, 149
Isokrates 50
Iyengar, Shanto 83-85, 88, 97

Jäger, Wolfgang 15, 98, 101-102, 106, 116, 213
James, William 168
Jansen, Thomas 240
Jarren, Otfried 17, 106, 113, 185, 193, 209, 211
Jennings, Ivor 137

Kaase, Max 54, 83, 151-153, 208
Keane, John 15, 186
Kelley, David 201, 224
Kelsen, Hans 68

Kennedy, John F. 81, 98
Kepplinger, Hans Mathias 86, 95, 100-101, 183
Kielmansegg, Peter Graf 41, 217-218, 220, 230-232, 235-237
Kinder, Donald R. 83-85
Klages, Helmut 161, 184
Klapper, Joseph T. 20
Klein, Josef 210
Kleinsteuber, Hans J. 10
Kluge, Alexander 148
Knöpfle, Franz 141
Kohl, Helmut 98
Kohler-Koch, Beate 244
Kraus, Sidney 186
Krause, Joachim 214
Kremendahl, Hans 132
Krüger, Udo-Michael 19
Kues, Nikolaus von 37
Kühnhardt, Ludger 87, 213, 243

Langenbucher, Wolfgang R. 91, 104
Laski, Harold 125
Lazarsfeld, Paul F. 20, 80-81
Leibholz, Gerhard 103
Lenk, Klaus 176
Lenk, Kurt 11
Lepschy, Guilio 220
Lepsius, Rainer M. 218
Lewin, Kurt 89, 159
Lijphart, Arendt 35
Lincoln, Abraham 11, 34-35
Lindblom, Charles 75
Linz, Juan L. 34
Lippitt, Ronald 159
Lippmann, Walter 79, 93, 96
Locke, John 27, 39, 140, 201, 207
Loewenberg, Gerhard 43
Luhmann, Niklas 9, 78, 93, 140, 182, 210, 225

Lykurg 127

Machiavelli, Niccolò 26, 63, 66
Madison, James 39, 123-124, 128
Mahnkopf, Birgit 154
Maier, Hans 222
Maletzke, Gerhard 10
Mandt, Hella 240
Mao Tse-tung 205
Marcic, René 57, 61
Maresch, Rudolf 180, 200
Marsilius von Padua 35
Martens, Jens 158
Marx, Karl 44
McClure, Robert D. 85
McCombs, Maxwell E. 83
McNair, Brian 179
Menningen, Walter 90, 116
Merten, Klaus 19, 21, 180
Merz, Charles 93
Meyn, Hermann 91
Miethke, Jürgen 26
Mill, John Stuart 51-53, 124
Miller, Arthur H. 85
Mills, C. Wright 173, 176, 188
Milton, John 50-52
Mitterand, Francois 98, 226
Moerbeke, Wilhelm von 26
Mosca, Gaetano 63-65, 67, 72-73, 78
Mueller, Claus 212
Mughan, Anthony 112, 117, 120
Müller-Dohm, Stefan 14, 18
Mumford, Lewis 156, 207
Mussolini, Benito 66

Naßmacher, Hiltrud 131
Naßmacher, Karl-Heinz 215
Negt, Oskar 148
Neidhardt, Friedhelm 187, 208
Neumann, Franz L. 125

Neumann-Braun, Klaus 14, 18
Nie, Norman H. 152
Niedermayer, Oskar 101
Nietzsche, Friedrich 63
Niskanen, William A. 73
Nissen, Peter 90, 116
Noelle-Neumann, Elisabeth 20, 86
Numa 128

Oberndörfer, Dieter 138
Oberreuter, Heinrich 14, 80, 111-112, 150, 154, 174, 180, 238
Ockham, Wilhelm von 37
Offe, Claus 132
Olson, Mancur 132, 160, 164
Orwell, George 59
Otanes 37

Palmgreen, Philip 85
Pareto, Vilfredo 64- 67, 72-73, 78
Parsons, Talcott 9, 31-33, 118
Pateman, Carole 162
Patterson, Thomas E. 85
Patzelt, Werner J. 47-48
Paulus 50
Perger, Werner A. 102
Perot, Ross 194, 205
Peters, Bernhard 186, 200, 232
Pfetsch, Barbara 203
Pitkin, Hanna F. 47- 48
Platon 22, 25, 29, 45
Popper, Karl R. 126
Poster, Mark 194
Postman, Neil 22-23, 174
Pöttker, Horst 210
Prokop, Dieter 181
Puhe, Henry 144

Rawls, John 28
Reagan, Ronald 116

Reese-Schäfer, Walter 172, 234
Remp, Richard 194
Rheingold, Howard 193
Riesman, David 136
Robinson, Michael J. 115
Roesler, Alexander 197
Ronge, Frank 238
Ronneberger, Franz 94, 185
Rosengren, Karl Erik 95-96
Rousseau, Jean-Jacques 36, 41, 70, 126-128, 130, 159, 173
Rucht, Dieter 139
Ruge, Mari Holmboe 93
Runciman, Walter Garrison 73
Rüstow, Alexander 29

Sandel, Michael 195
Santoro, Emilio 179
Sarcinelli, Ulrich 13-14, 97-99, 155, 203
Sartori, Giovanni 41, 73-74, 76-78, 80, 118, 120
Sauerwein, J. A. 79
Schambeck, Herbert 80, 179
Scharpf, Fritz W. 16, 219, 230-232, 235-237
Schattschneider, Elmer E. 48
Schatz, Heribert 10, 13, 97, 197
Schatz-Bergfeld, Marianne 197
Schelsky, Helmut 88, 111, 210
Schmidt, Helmut 20
Schmidt, Manfred G. 15-16, 70, 120
Schmitt, Carl 44, 88, 108, 126, 133, 163, 188, 196
Schmitt-Beck, Rüdiger 203
Schneider, Herbert W. 33
Schreckenberger, Waldemar 113
Schröder, Gerhard 243
Schücking, Levin L. 88
Schulz, Winfried 95-96

Schumpeter, Joseph A. 16, 67-76, 78, 115, 118-120, 136, 178-179
Schürmann, Frank 57
Schwan, Alexander 54, 175
Schwartzenberg, Roger-Gérard 98
Sennett, Richard 99
Servius 128
Seymour-Ure, Colin 13
Shaw, Donald L. 83
Simson, Werner von 219-220, 233
Smith, Hedrick 97, 116
Snider, Paul B. 89, 90
Solon 128
Späth, Lothar 101
Stalin, Josef W. 237
Stammer, Otto 70
Steffani, Winfried 114, 125, 131, 141, 216
Stegbauer, Christian 198
Stoiber, Edmund 243
Stolpe, Manfred 101
Suhr, Otto 125
Swarts, Jonathan P. 112, 117, 120

Taylor, Charles 212, 232
Tesla, Nikola 188
Teufel, Erwin 229
Thamus 30
Theuth 30
Thompson, John B. 171
Tocqueville, Alexis de 32, 52-53, 124, 130, 166, 243
Tönnies, Ferdinand 31, 33
Truman, David B. 125, 134
Tufte, Edward R. 176

Tullius, Christiane 183

Ulrich, Otto 178
Uppendahl, Herbert 11, 46, 139

Verba, Sidney 152, 160-161
Vilmar, Fritz 163
Vitzthum, Peter Graf 106
Voltmer, Katrin 181, 182

Walzer, Michael 234
Weber, Jürgen 155
Weber, Max 31, 66-67, 72-74, 78, 80
Weimann, Gabriel 85, 87
Weimarer Republik 109, 126
Weizsäcker, Richard von 102-103
Wekhrlin, Wilhelm Ludwig 92
Werle, Raimund 196
White, David Manning 89-91
White, R. 159
Wiener, Norbert 136
Wiesendahl, Elmar 150
Wiesers, Friedrich von 68
Wildenmann, Rudolf 20
Wilhelm III. von Oranien 38
Willems, Helmut 157
Wilson, Francis G. 79
Wilson, James 47
Wittgenstein, Ludwig 167
Wright, Tony 238
Wriston, Walter 206
Würzberg, H. Gerd 144

Zittel, Thomas 199

Sachregister

Abendland 50
Abgeordneter 38, 40, 43-44, 46-47, 61, 63-64, 70, 73, 79, 90, 107, 109, 111, 115, 117, 139, 142-146, 165, 169, 201, 240
Absolutismus 38-39, 43, 49, 57
Afrika 220
Agenda-setting 82-88, 90, 100, 106-107, 119, 157-158, 166-167, 195, 207
- Bevölkerungsagenda 84, 100
- Medienagenda 83-84, 87-88, 100
Agora 43, 58, 199, 235
Aktualisierungsmodell 95
Amt 37, 39, 43, 45-46, 60
Amtsenthebung 107
Amtsgedanke *siehe* Amt
Annuität, Prinzip der 74
Antike 12, 25, 28-29, 35, 37, 56, 58, 79, 97, 159, 224
Apostelgeschichte 50
Areopag 50
Aristokratie 63-64
Asien 220
Aufklärung 51, 53
Aufmerksamkeitsregel *siehe* Nachrichtenwert
Autoritarismus 52, 55, 159, 164

Baden-Württemberg 229
Bayern 47, 113, 243
Belgien 222, 237
Brent Spar 153, 155
Brief (als Medium) 32-33
Bristol 39-40, 46
Buch 10, 97, 162, 165, 181, 185
Bundesverfassungsgericht 34, 103, 226

Bürgerinitiativen 42, 141-142, 145, 147-148, 152-153, 158, 174
Bürgertum 43, 108, 170

Cäsarismus 98
China 53, 191
Comic 23
Computertechnologie 10, 74, 189, 190

Dänemark 222, 239
Demagogie 99
Demokratie *passim*
- antike 9, 12, 37, 42, 45, 159
- deliberative 55, 168-169, 174
- dialogische 55
- direkte 13, 42, 60, 126, 141, 154, 166, 188, 198
- elektronische 194
- europäische 214, 217, 219, 232, 238, 244
- identitäre 36, 60, 126-128, 131, 159
- kommunikative 55
- liberale 165, 168-169
- lokale 9, 12, 36
- partizipatorische 139, 199
- plebiszitäre 41, 141, 188, 199
- pluralistische 129-132, 134, 141
- repräsentative 13, 15-16, 36-37, 39, 42, 45-46, 48, 55-56, 58, 60, 67, 79, 82, 106, 123, 131, 135-136, 138-141, 159, 162-163, 166, 178, 188, 199-200, 203, 206-208, 212
- transnationale 245

Demokratietheorie 12, 15-17, 41, 45-46, 53, 56, 58, 60, 73, 76, 78, 87, 114, 120, 123, 151, 159, 165, 171, 192, 200-201, 205-207, 210, 212-214, 216-217, 234, 238, 244
- Elitentheorie 16, 60, 64-67, 70, 73-74, 76-80, 82, 87-88, 99, 117-119, 121, 123, 131, 134-135, 138, 157, 162, 170, 178, 200
- Partizipationstheorie 16, 60-61, 70, 79, 159-161, 164-165, 169-170, 173-175, 178-179, 188, 190, 200-202
- Pluralismustheorie 16, 60-61, 123-128, 130-143, 151, 156-158, 170, 174, 200
- transnationale 17, 214, 245

Demokratisierung 67, 154, 163, 194, 214, 216-220, 230, 236, 238
Demoskopie 138, 148, 214, 239
Despotismus 131
Deutsche Demokratische Republik 59
Deutschland 13-14, 20-21, 23, 34, 41, 67-68, 102, 104, 106, 108-111, 113, 115, 117, 125-126, 134, 139, 149, 163, 180-181, 191-192, 196, 215, 220-221, 224, 226-228, 230, 239, 243
Diskursivität 56, 167, 172, 214
Diskussionsfreiheit 72

Einschaltquote 23, 100
Elite 14, 16-17, 20, 63-67, 71-73, 75-79, 81-82, 88, 90, 93-95, 97, 99, 100-102, 107, 115, 118-121, 123-124, 134, 136, 140, 142, 146-148, 155-156, 158, 162, 173, 178-179, 203-204, 206, 219, 223
- Gegenelite 78
Elitenherrschaft 66, 78, 162, 177
Elitenpluralismus 120, 134
Elitenrekrutierung 101-102

Elitenzirkulation 64-65, 72
Elitismus 66
Entertainment 183
Entscheidungsbefugnis 60, 70, 121, 133-134, 141
Entscheidungsfindung 43, 75, 112, 114, 134, 155, 156, 159
Entscheidungsprozeß 12-13, 19, 97, 103, 121, 135, 143, 145, 151, 156, 159, 163, 174, 197, 206, 219, 240
Esperanto 223
EURICON 228
Europa 17, 38, 66, 104-105, 162-163, 194, 211, 214, 217-218, 220-224, 227, 229, 230-231, 233, 235, 238, 241, 244
Europäische Gemeinschaft 213, 233
Europäische Union 214-220, 222-224, 230, 233, 236, 238-239, 241-242, 244
- Amsterdamer Vertrag 215, 239, 242
- Demokratiedefizit 214-216
- gemeinsame Währung 243
- Kommission 178, 221, 239, 242
- Maastrichter Vertrag 215, 242
- Parlament 115, 215-217, 239-240, 242
- Rat 215, 242
Europarat 193, 221
Europa-TV 228
Eurovision 227
Exekutive *siehe* Regierung

Factions 123
Faschismus 33, 66, 130
- Italien 64, 66
- Nationalsozialismus 20, 59, 110, 125-126
Federalist Paper 123

Fernsehen 10-11, 13, 15, 23-24, 32, 74, 85-86, 92-94, 97-98, 100-102, 106, 110, 113, 147, 153, 170, 174, 180-184, 188, 191-192, 198, 206, 208-211, 219, 222, 225-230, 235
Feudalismus 134, 178
Film 230
Flugblatt 10
Fraktion 101, 106, 142, 144-145, 207
Frankreich 32, 36, 41, 44, 52, 98, 126, 147, 159, 181, 205, 216, 221-222, 224, 226, 228-229
Führerdemokratie 67
Fürstenspiegel 26

Gatekeeper 80, 88-92, 95, 101, 177, 197
Gemeinwillen 127-128, 136, 189
Gemeinwohl 69, 130, 136, 139
Gesamtwillen 127
Gewerkschaften 100, 144-145, 151, 174
Glaubwürdigkeit (Fernsehen) 181, 208
Globalisierung 12, 133, 211
Glorious Revolution 38
Greenpeace 153-154
Griechenland 9, 11-12, 25, 30, 43, 159, 199
Großbritannien 38, 41, 43, 46, 49, 51, 68-70, 104, 107, 110-111, 181, 222, 224, 226, 229-230
Grundkonsens 76-77
Gruppeninteressen 40, 130, 132, 142-143, 146, 156, 201

Herrschaftsverband 17, 36, 214
Herrschaftsvertrag 38
Hörfunk *siehe* Radio

Identität
- europäische 218, 233-234
- individuelle 24, 26, 232, 234-235, 241
- kollektive 218-219, 232, 234-237
Indien 233, 236-237
Informationsfreiheit 191
Informationsgesellschaft 9, 184-185
Informationspflicht 57
Informationstechnik 23
Infotainment 181, 183
Inszenierungsmodell 95
Interessengruppen 123-124, 127-128, 130-131, 133-135, 141-143, 145-146, 154-158, 195, 207, 231, 244
Interessenkonflikt 123
Interessenvertretung 34, 129, 132, 146-147, 244
Internet 10, 31, 117, 154, 166, 176-177, 188-199, 201, 211, 224, 242
Irland 215, 228
Italien 18, 63, 64, 66, 72, 109, 222, 228-229

Japan 109
Journalisten 86-87, 89, 90-92, 94-97, 102, 115, 117, 145, 225
Jugoslawien 220, 237

Kabelfernsehen 23, 192, 201
Kanada 229
Koalitionsrunde 114-115, 145
Kommunikation *passim*
- dialogische 30, 32, 47, 201
- direkte 32, 79-80, 116, 142-143, 147, 203, 207, 232, 235
- interpersonale 80-81

285

Kommunikation (Fortsetzung)
- mediale 17, 31-33, 58, 74, 77, 80-81, 95, 99, 100, 103, 106, 118-119, 156, 176, 178, 200, 206, 217, 224, 232
- monologische 175-177, 201
- responsive 45, 55, 61, 73, 136, 140, 157, 194-195, 201
Kommunikationsmonopol 59
Kommunikationswissenschaft 18-19
Kommunitarismus 12, 163-164, 234
Konservativismus 65
Konstruktivismus, radikaler 96
Kontraktualismus 27-28, 54
Kontrolle 43, 57, 60-61, 72-73, 76, 108, 114, 123, 135, 137, 140, 167, 179, 208, 219, 240, 242
Konvergenzthese 19, 180
Korea 125
Korporatismustheorie 131
Kriminalität 85, 183
Kronvasallen 38

Lebenswelt 9, 24, 32, 74, 78, 96, 117, 163
Legalität 67, 153
Legislative *siehe* Parlament
Legislaturperiode 45, 82, 107, 111, 145
Legitimation 20, 114, 134, 136, 141, 154-155, 204, 212, 214-216
Legitimität 17, 38, 41, 53-54, 67, 77, 99, 120-121, 128, 134, 151, 155-156, 203-204, 206, 212-215, 219-220, 238, 240
Leitmedium (Fernsehen) 182, 184
Liberalismus 50-51, 57, 111, 133, 163, 165, 167-168
Lobbyismus 142-143
Luxemburg 227

Magna Charta libertatum 38
Majoritätsprinzip *siehe* Mehrheitsregel
Mandat 60, 141
- freies 39, 40, 43, 45-48, 207
- imperatives 40, 46-47, 138
Marxismus *siehe* Sozialismus
Massengesellschaft 12-13, 24, 31, 42, 55, 58, 160, 164, 203
Massenkommunikation 10, 13, 17, 33, 171
Massenmedien 14, 20-21, 33, 55, 59, 77, 83, 105, 114, 139, 147, 154, 176, 179, 208, 211, 218
Medien *passim*
- audio-visuelle 10, 91, 104, 118, 225-229
- Funktionen 107, 179-181, 201, 210
- kommerzielle 19, 20, 105, 147, 180, 226-227, 230
- öffentlich-rechtliche 19, 104, 180-181, 209, 226, 228
Mediendemokratie *siehe* Teledemokratie
Medienforschung 13-14, 18-21, 24, 81, 92, 211
Mediengesellschaft 9
Medienkompetenz 200-201
Medienkontrolle, staatliche 89, 104, 118, 190
Medienkonzentration 18
Medienkritik 23-24
Medienkultur 22
Mediennutzung 18-19, 182-183, 208
Medienpolitik 17, 51, 187
Medienstruktur *siehe* Mediensystem
Mediensystem 14-15, 17-18, 20, 23, 30, 59, 61, 74, 80, 82, 87-89, 97, 105, 110, 116-118, 145, 158, 175, 177, 187, 203-204, 206-207, 209, 226-227, 230-231, 235, 244

Mediensystem (Fortsetzung)
- transnationales 190, 228-229, 231, 244
Medientechnik 22-23, 59, 81, 121, 166, 180, 187-188, 190-192, 205
Medienwirkung 10, 19-21, 81, 87-88, 91
Medienwirkungsforschung 13, 20-21, 83, 87
Medienwissenschaft 18-19
Mehrheit, Tyrannei der 52-53
Mehrheitsregel 149-150, 160, 218
Mehrheitswahlrecht 45
Meinungsfreiheit 34, 49-53, 55, 72, 121, 152, 162, 191, 193
Meinungsführer *siehe* Opinion-leader
Mittelalter 26, 97, 224
Moderne 13, 28, 33, 42, 65, 96, 159, 179, 203, 208, 224
Monarchie 36, 38-39, 64, 68, 97
Multimedia 23, 199

Nachrichtenagentur 91-92, 146
Nachrichtenwert 92-96, 100, 105, 118-119, 147, 156-157, 177, 208
Nation 17, 40, 50, 209, 213, 216, 220, 234-235, 238, 241-242
Naturrecht 52
Negativismus (in der Berichterstattung) 93, 208
Neophilie 94, 178
Neopluralismus *siehe* Demokratietheorie, Pluralismustheorie
Niederlande 222, 228, 239
Niedersachsen 243
Nomoi 29
Non-Governmental-Organizations 158

Öffentlichkeit 10, 17, 56-58, 60-61, 74, 79-80, 82, 92, 99-100, 108-109, 111-112, 114-115, 117, 124, 135-141, 143, 146, 148, 157, 164, 170-175, 177, 179, 187-190, 193-195, 197, 200-201, 206-212, 214, 218-219, 230-232, 235, 242-245
- Gegenöffentlichkeit 148
Öffentlichkeitsarbeit 57
Öffentlichkeitsgesellschaft 173, 176
Oikos 56, 163
Opinion-leader 77, 80-82
Opposition 107-108, 120, 204
Österreich 57, 68, 75, 222, 228

Parlament 17, 38-40, 44, 47-48, 57, 69, 80, 99-100, 106-109, 111-117, 120, 137, 139, 142, 153, 195, 203, 207-208, 215-216, 218
- Amerikanischer Kongreß 90, 107, 110-112, 115-116, 149
- Ausschuß 108, 111-112, 117, 207
- bayerischer Landtag 47
- bayerischer Senat 113
- Berichterstattung über 44, 109
- Britisches Parlament 38, 40, 50-51, 107
- Deutscher Bundestag 108, 110-111, 116-117, 143-144, 147-149, 243
- Franz. Nationalversammlung 147
- Funktionen 43, 46, 67, 107-108, 113-114
- Funktionsverlust 134
- House of Lords 113
- Parlamentsreform 117
Parlamentarier *siehe* Abgeordneter
Parlamentarismus 68, 113, 216
Parlamentsdebatte 43-44, 46, 108-111, 147

Parlamentsfernsehen 112, 209
- C-SPAN 110
- Phoenix 110
Parlamentsprivileg 44
Parteien 17, 42, 45, 68-69, 74-75, 79-80, 91, 100-106, 108, 113-115, 117, 120, 123, 129-130, 133-134, 136-137, 141-142, 147-148, 154, 174, 183, 195, 207, 219, 231, 243-244
- Deutsche Volksunion 136
- Europäische Volkspartei 244
- Funktionen 100, 102, 131, 158
- Levellers 51
- Parteiengesetz 103
- Parteipresse 104-105
- Sozialdemokratische Partei Deutschlands 125, 145
Parteipräferenz 20
Partizipation 16, 42, 70, 74, 139, 148, 150, 152-154, 156, 159-168, 197-198, 213, 244
- innerparteiliche 160
- unkonventionelle 142, 153-154, 158
- unverfaßte 153
Personalisierung 93, 97-99, 106, 113, 115-116, 120, 207
Phaidros 22, 29
Plakat 10, 97
Plenardebatte *siehe* Parlamentsdebatte
Polen 36
Polis 12, 29-30, 43, 56, 159, 163
Politikverdrossenheit 111, 149
Politikwissenschaft 10, 13-15, 18-19, 22, 69, 98, 125, 147, 163, 184, 217
Populismus 140
Portugal 228
Postwesen 30
Pragmatismus 163, 168

Präsident
- Deutschland 102-103
- Frankreich 147
- USA 11, 99, 116, 185, 205
Presse 10, 69, 74, 90, 96, 104, 171, 175-176, 181, 210, 225, 229
Pressefreiheit 49-50, 52-53, 72, 82, 104, 110, 121, 209, 224
Pressegesetz 104, 225
Pressekonferenz 115, 209
Primärkommunikatoren 90-91, 116
Printmedien 10, 32, 86-87, 91-92, 104, 109, 116, 209, 224-225, 227, 229
Prominenz 93-95, 99, 116, 118, 146, 177
Publizität 43, 56, 61, 72, 74, 78, 88, 92, 97, 99, 118-119, 135, 137, 139, 157, 170-171, 179, 195, 211, 214, 240

Quebec 237

Radio 10, 31-32, 92, 156, 188, 225-227, 235
Redakteur 87, 89, 91-92, 145
Redaktion 90
Regierung 17-18, 36, 39, 43, 49, 51, 57, 68-69, 71, 74-75, 77, 79-80, 100, 104, 107-108, 113-117, 120, 124-125, 127, 133-134, 137-138, 142, 144, 154, 172, 179, 194-195, 199, 201, 203, 206-208, 215-216, 225-226, 239
- Bundeskanzler 243
- Ministerpräsident 18, 101, 229, 243
Regierungserklärung 148
Regierungssystem 13, 43, 67, 99, 111, 114, 142, 213
- parlamentarisches 101-102, 105, 107-108, 114-116, 120, 141-142, 147, 212

Regierungsystem (Fortsetzung)
- präsidentielles 101, 106-107, 115-116, 120

Repräsentant 13, 38-40, 45, 111, 119, 123, 139-140, 142, 169, 171, 177, 207-208

Repräsentation 12-13, 36-41, 46-48, 70, 114-115, 139, 154, 167, 206, 216
- kybernetische 47, 48
- virtuelle 47-48

Republik 123, 168

Republikanismus 169

Responsivität 45-48, 56, 124, 139-140, 148-149, 156, 207, 214

Risikogesellschaft 153

Römisches Reich 233

Rundfunk 10, 19, 104, 109-110, 143, 170, 182, 187, 209-211, 226, 235

Rundfunkordnung 103, 105

Rundfunkrat 103-104

Satellitentechnik 229

Schleswig-Holstein 90

Schweigespirale, Theorie der 20-21

Schweiz 9, 13, 221, 228, 236-237

Selbstkontrolle, freiwillige 225

Selektionsverhalten, journalistisches 90

Singapur 191

Sowjetunion 220, 237

Soziale Bewegungen 147-148, 150, 158, 174, 231
- Frauenbewegung 132
- Friedensbewegung 147, 149
- Ökologiebewegung 132, 147, 149

Sozialismus 59, 73, 126, 161, 163

Sozialwissenschaften 170

Soziologie 14, 18, 74, 88, 99, 138, 153, 157, 196, 208, 210

Spanien 222, 230, 237

Spartenprogramm 227-228

Spätmittelalter 12, 37

Sprachenpolitik 222

Sprachenvielfalt 17, 214, 217-218, 220-222, 235-237, 245

Staat 26-27, 49-50, 56-58, 63, 67, 75, 87, 97, 114, 123, 127, 129, 133-134, 140, 150, 154-155, 170-171, 173, 187, 189, 214, 243

Staatsform 163-164

Stalinismus 11

Stände 38, 137

Starr-Report 111

Stimmungsdemokratie 46, 138

Subsidiaritätsprinzip 238

Systemtheorie 9, 48-49

Tageszeitung 225, 229

Teilöffentlichkeiten 146, 208, 211, 235, 236

Teledemokratie 18, 189, 198, 204-205

Telekratie siehe Teledemokratie

Telephon 10, 31-33

Totalitarismus 52, 55, 59, 123, 126, 164, 204

Town-meeting 166

Transparenz 43, 60, 114, 120-121, 135, 158, 197, 212, 217, 239, 240

Unregierbarkeit 133

Unterhaltung 22, 93, 175, 179-185, 198, 210, 230

Urzustand 27

Utilitarismus 52

Verantwortung 21, 43-45, 48, 60, 70, 72, 76, 78-79, 99, 108, 114, 140, 165, 169, 194, 203, 215

Verbände 17, 42, 100, 114, 127, 129, 133-134, 142-146, 155, 231, 244

Vereinigte Staaten von Amerika 11-12, 39, 44, 47-48, 50, 73, 84, 90, 97, 99, 101-102, 104, 106-107, 110-112, 115-116, 123, 125, 133-134, 149, 162-163, 165, 168, 173, 185, 188, 190, 194-195, 205, 208, 211, 224, 226, 229, 234
Vereinigungsfreiheit 124
Vereinte Nationen (UNO) 221
Verfahrenskonsens 76
Verfassung 13, 37, 39, 50, 53-54, 57, 102-104, 106, 108, 114, 123, 150, 155, 169, 218, 231, 239, 244
Verfassungsstaat 43-44, 60, 137-138, 141
Verlag 225
Verleger 87-88
Versammlungsfreiheit 152
Vertrauen 30, 39, 45, 181, 208
Volkssouveränität 12-13, 35-36, 39, 41, 55, 57-58, 60, 66, 70, 127, 159, 168, 198, 216
Vollprogramm 227-228
volonté de tous 189
volonté générale 46-48, 69, 127, 138, 140, 189

Wahl 42, 53, 60, 64, 67, 70, 74-75, 80, 105, 167, 215
Wahlaristokratie 36
Wahlbeteiligung 54
Wahlkampf 17, 71, 82-84, 88, 91, 102, 105-106, 194, 205
Weltöffentlichkeit 154
Wertewandel 147, 161, 184
Willensbildung 13, 36, 97, 102-103, 106, 111, 134-135, 138, 145-146, 151, 154, 157-158, 169, 174-175, 177-178, 197, 206-207, 213, 219
Wissenskluft 178, 186

Zeitschrift 10, 146, 181, 224, 225
Zeitung 10-11, 31, 74, 85, 89, 90-92, 137, 143, 146, 170, 209, 224-225, 235
Zensur 49, 50, 51
Zivilgesellschaft 164, 173, 175, 218, 231

Autor

Andreas Beierwaltes, geboren 1965, studierte an den Universitäten Bamberg und Freiburg Politikwissenschaft, Soziologie und Geschichte. Von 1994 bis 1997 war er Wissenschaftlicher Mitarbeiter an der Albert-Ludwigs-Universität Freiburg im Breisgau. Seit 1997 ist Andreas Beierwaltes als Wissenschaftlicher Mitarbeiter am Zentrum für Europäische Integrationsforschung in Bonn tätig.

Publikationen (Auswahl): „Das Ende des Liberalismus? Der philosophische Kommunitarismus in der politischen Theorie", in: Aus Politik und Zeitgeschichte, B43/95; Gemeinschaft und Individuum. Eine Anmerkung zur Liberalismus-Kommunitarismus-Kontroverse, in: Peter Gerlich/Krzysztof Glass/Barbara Serloth (Hg.), Im Zeichen der liberalen Erneuerung, Wien/Poznan 1996 (Humaniora), S. 249-254; als Herausgeber: Lernen für das neue Europa. Bildung zwischen Wertevermittlung und High-Tech [Schriften des Zentrum für Europäische Integrationsforschung Band 2]; Baden-Baden (Nomos) 1998; diverse Aufsätze zur Medienrezeptions- und Medienwirkungsforschung.

Milène Wegmann

Früher Neoliberalismus und europäische Integration

Interdependenz der nationalen, supranationalen und internationalen Ordnung von Wirtschaft und Gesellschaft (1932 – 1965)

Der Neoliberalismus wird in dieser grundlegenden archivgestützten Arbeit als eine wirtschafts- und gesellschaftspolitische Konzeption und zugleich als ein System von Personen untersucht, die durch den Transfer von Ideen miteinander verbunden sind. Die Außenwirtschaftspolitik und die internationale Wirtschaftsordnung gehören zum Kern der neoliberalen Wirtschaftsordnungspolitik. Das interdisziplinär angelegte Werk ist die erste umfassende Studie zur neoliberalen Theorie der Interdependenz der Ordnung von Wirtschaft und Gesellschaft auf nationaler, supranationaler und internationaler Ebene. Auf der Suche nach einer Neuordnung von Wirtschaft und Gesellschaft brachten die neoliberalen Föderalisten 1918-1945 eine spezifisch neoliberale Konzeption einer europäischen Föderation hervor. Nach dem Beginn des Kalten Krieges teilten die Neoliberalen in der Frage der europäischen Integration weiterhin gemeinsame Ziele und Prinzipien. Weil der Neoliberalismus einem »offenen System« entspricht, ließ die gemeinsame Grundhaltung jedoch aufgrund unterschiedlicher national geprägter Erfahrungs- und Erwartungshorizonte konkrete Entscheidungen für oder gegen die EWG zu.

2002, 574 S., brosch., 49,– €, 84,– sFr, ISBN 3-7890-7829-8

NOMOS Verlagsgesellschaft
76520 Baden-Baden

Guido Palazzo

Die Mitte der Demokratie

Über die Theorie deliberativer Demokratie von Jürgen Habermas

Demokratische Gesellschaften stehen heute vor Herausforderungen, die sich mit den Erfahrungen der stabilen Industriegesellschaft kaum bewältigen lassen. Wir leben in einer Zeit, in der das Miteinander in immer geringerem Maße durch gemeinsame Traditionen und Werte gedeckt ist. Verloren ist die relative kulturelle Homogenität nationalstaatlich gewachsener Demokratien.
Tradierte Muster demokratischer Organisation spiegeln den normativen und funktionalen Rechtfertigungsdruck bestimmter historischer Konstellationen. Wo sich diese verändern, wird auch das Miteinander bürgerlichen Freiheitsstrebens und politischer Legitimationspflicht andere Muster demokratischer Organisation erzeugen. Das Werk thematisiert diese Veränderungen, welche die bestehenden Gesellschaftsordnungen unter wachsenden Effizienz- und Legitimationsdruck setzen.
Daß die Bürgerinnen und Bürger lieber Subjekt ihres Lebens als Objekt politischer, ökonomischer oder kultureller Sachzwänge sind, daß eine Demokratie in einer neuen Balance von Politik, Wirtschaft und Zivilgesellschaft die Möglichkeiten dazu schaffen muß und schaffen kann, ist die Kernthese dieses Buches.

2002, 260 S., brosch., 36,– €, 63,– sFr, ISBN 3-7890-7553-1

 NOMOS Verlagsgesellschaft
76520 Baden-Baden